U0681044

London
The
Selden
and the Making of a
Map
Global City
1549—1689

伦敦

塞尔登地图与全球化都市的形成
1549—1689

[美] **罗伯特·巴切勒** 著 于振洋 王博文 译

Robert K. Batchelor

中国工人出版社

图书在版编目（CIP）数据

伦敦：塞尔登地图与全球化都市的形成：1549—1689 /（美）罗伯特·巴切勒著；
于振洋，王博文译. --北京：中国工人出版社，2020.3
书名原文：*London: the Selden Map and the Making of a Global City,1549–1689*
ISBN 978-7-5008-7361-7

Ⅰ.①伦… Ⅱ.①罗…②于…③王… Ⅲ.①伦敦—历史 Ⅳ.①K561

中国版本图书馆CIP数据核字（2020）第035796号

著作权合同登记号：图字01-2019-5192

伦敦：塞尔登地图与全球化都市的形成（1549—1689）

出 版 人	董　宽
责任编辑	邢　璐　杨　轶
责任校对	张　彦
责任印制	黄　丽
出版发行	中国工人出版社
地　　址	北京市东城区鼓楼外大街45号　邮编：100120
网　　址	http://www.wp-china.com
电　　话	（010）62005043（总编室）　（010）62005039（印制管理中心）
	（010）62001780（万川文化项目组）
发行热线	（010）82029051　62383056
经　　销	各地书店
印　　刷	北京盛通印刷股份有限公司
开　　本	880毫米×1230毫米　1/32
印　　张	15.5
字　　数	350千字
版　　次	2024年2月第1版　2024年2月第1次印刷
定　　价	92.00元

本书如有破损、缺页、装订错误，请与本社印制管理中心联系更换
版权所有　侵权必究

目录 ——————————

引 言 翻译亚洲

图书馆的视角

1687 年 9 月，英王詹姆斯二世（在苏格兰以詹姆斯七世著称）行至牛津郡。牛津大学在博德利图书馆（Bodleian Library）的塞尔登阅读室（Selden End）① 为他举办了一场宴会。这座图书馆藏有 1659 年捐赠的伦敦法学理论家约翰·塞尔登（John Selden）的大量手稿。整个夏天，国王都在试图得到英国西部对《信教自由令》（Declaration of Indulgence）的支持，传言这是贵格会教徒威廉·佩恩（William Penn）的主意，旨在结束对天主教徒和持有异见的新教徒的惩罚。但是当国王走进图书馆的时候，脑子里似乎在想其他事情。詹姆斯指着图书馆中两个大地球仪中的一个，向一位朝臣展示传说中的阿尼安海峡（Strait of

---
① 牛津大学博德利图书馆中历史最悠久的阅读室。

Anian），这是一条通往中国的北部路线。他向图书馆中被宫廷认可的波斯语及阿拉伯语翻译家托马斯·海德（Thomas Hyde），询问最近来自南京的拜访者、天主教皈依者沈福宗的情况。此前，詹姆斯曾派人把沈福宗的一幅画像挂在自己卧室的外面。同年夏天，作为路易十四资助的法国耶稣会的一员，沈福宗离开了伦敦前往牛津，帮助海德给图书馆的大量馆藏中文书籍编写目录。出于对这位天主教国王（詹姆斯二世）的尊重，抑或出自圣公会教徒（英国国教）的沉默，海德基本接受了沈福宗到来的这一既定事实。海德指了指圣公会高教会派大主教劳德的藏书说，这些书与约翰·塞尔登的藏书共享了图书馆的这一区域。劳德和塞尔登的藏书是当时世界上内容最为丰富的两套书籍，17 世纪早期都曾被保存在伦敦，其内容涵盖从墨西哥绘本至中国、日本的书籍。但是詹姆斯只问了海德关于新印的巴黎版本的"四书"，并没怎么关心伦敦和牛津收藏亚洲手稿的悠久历史。[1]

[1]

虽然詹姆斯二世远比以亨利八世为代表的君主们见多识广，但他似乎对伦敦一个半世纪以来发生的种种变化知之甚少。然而，劳德和塞尔登的藏书见证了伦敦的历史变迁。换句话说，越来越多的亚洲藏书汇集伦敦，而清朝的一位年轻人（也就是沈福宗）最近对这些来自亚洲的书籍、地图和手稿进行了细致研究。

当图书馆于 1602 年 11 月正式开放的时候，托马斯·博德利

《中国皈依者》（沈福宗）　

重建的图书馆——这座图书馆在 1487 年属于老公爵汉弗莱
（Humfrey），之后新增了"艺术阅读室"（1622 年）和"塞尔登
阅读室"（1637 年）——与亨利八世时期的样子差异很大。这
要从 1549 年说起。当年的英国爆发了"祈祷书叛乱"。也是在
这一年的夏天，护国公萨默塞特（Somerset）从伦敦出发对牛

津大学进行了一次王室访察。他们在学校里发现了一批"教皇式"手稿。在时任校长理查德·考克斯（Richard Cox, 1547—1552）的监督下，这些手稿随即在室外被焚毁。其中的一本书中有一些违规的彩图和首字母，甚至还有红色标题以及"恶魔般"的数学图表。在天主教徒玛丽女王（Queen Mary）统治时期，1556 年初，其他的类似手稿被人们偷窃并公然地售卖，包括图书馆用的家具。[2] 由伦敦引起的诸多事件①正在瓦解这座古老大学的图书馆。1549 年，访察人员呈送了由萨默塞特和枢密院起草的法令，其目的是去除所有过往的礼拜仪式并宣布爱德华六世为教会领袖。托马斯·克兰麦（Thomas Cranmer）的新祈祷书于当月在舰队街（Fleet）的爱德华·惠特彻奇（Edward Whitchurch）印刷厂出版。对于牛津来说，要想压制对伦敦策划的这些宗教计划的抵抗，还需要把外部人才引进来——尤其是爱德华的前导师、杰出的佛罗伦萨新教神学家彼得·马提拉·菲密格里（Pietro Martire Vermigli），以及曾经在与苏格兰和法国的战争中指挥 1500 名日耳曼和瑞士雇佣兵的老将威廉·格雷勋爵（Lord William Grey）。[3] 1549 年的伦敦已然成为将欧洲的书籍、思想甚至士兵送至英国乡村的门户，但这并不一定使得乡村地区人们视野开阔起来。同年，从大学前往苏黎世的瑞士医

---

① 指亨利八世宗教改革及其引起的后续事件。

学生约翰·乌尔姆（Johann Ulmer）写道："牛津郡的天主教徒们最终被制服，他们中的许多人被逮捕，一些人被虐待，头被牢牢地钉在墙上。"牛津大学图书馆是这些天主教徒向往的地方，因为这里象征着一个更加古老、更加广阔的天主教世界，有着神圣的地位。但是从后世来看，将牛津大学图书馆想象成天主教世界该有的样子，可能仅是最后一位英国护国公汉弗莱公爵的愿景。当时的人们还没有立即意识到来自伦敦的这些祈祷书和大陆的理论家能够弥补所失去的东西。4 [3]

16 世纪 60 年代，当博德利还是学生的时候，他首次看到这座空荡荡的图书馆。90 年代，在埃塞克斯伯爵和塞西尔家族之间的派系斗争中，博德利从外交工作退休并来到牛津。1600 年，他开始为这座新图书馆收集书籍。1608 年，在伦敦，博德利请英国驻阿勒颇（Aleppo）使臣、伦敦黎凡特公司的倡导者保罗·品达（Paul Pindar）寻找"叙利亚语、阿拉伯语、土耳其语、波斯语或者其他任何东方国家语言的书籍，因为我毫无疑问地相信，随着时间的推移，凭借着一些学生的勤奋努力，他们或许能够读懂这些书"。仅在 1611 年，博德利就从品达手里收到了 20 本书，并从托马斯·罗爵士（Sir Thomas Roe）那里得到了其他书籍。5 但是在 1604 年图书馆获得第一本《古兰经》阿拉伯语手稿之前，博德利就已经在 1603 年用诺森伯兰夫人的礼物购买了图书馆的第一本印刷中文书籍，这是一本包含了《论语》和《孟子》部分内容的经典著作。1606 年，博德利从埃德温爵士的妻子凯瑟琳·桑蒂斯（Katherine Sandys）那里得到了价值 20 英镑的礼物，包括八本中文书和两本在中国印刷的中文书。[6]1607 年 6 月，又有一批中文书籍被送到图书馆，博德利向托马斯·詹姆斯（Thomas James，博德利的第一位图书管理员）解释道："由于我无法说出这些中文书籍的书名，所以我在每本书上都写上了赠予者的名字。"[7] 博德利于 1613 年去世时，他一共收集了 49 本中文图书，其中大部分是医学文献，可能是由他本人或与福建商人有联系的医生们把这些书籍带到海外的。总体来说，博德利的这些藏书是 16 世纪晚期到 17 世纪初海外华人阅读偏好的缩影，其中包括经典著作、医学、小说以及历法，它们都是通过伦敦东印度公司和荷兰同行的活动收集而来的。

伴随着这些新颖的书籍而来的问题是如何翻译。1549 年，汉弗莱公爵图书馆丢失了一些书籍，包括 14 世纪藏书家理查德·德·伯里（Richard de Bury）的大量著名藏书，而这些藏书事实上在十年前达拉谟学院（Durham College）解散时就被保存在了汉弗莱公爵的图书馆。在伯里的著作中，《书林》（*Philo-biblon*，1345 年)① 是对中世纪英格兰思想翻译的经典解释。拉

---

① 中世纪时期藏书家理查德·德·伯里的一本散文集，其内容涉及图书的获得、保存与整理。全书用拉丁文写成，共 20 章，每一章都探讨了与图书收藏有关的不同主题。

伦敦：塞尔登地图与全球化都市的形成（1549—1689）

丁语概念中的"统治转移"（translatio imperii）① 指的是把统治者和政治实体之间的主权线性转移比作太阳的东升西落，与之相似的是知识转移（translatio studii）② 的信条，即书籍和知识从印度逐步转移到巴比伦、埃及、希腊和罗马，然后再转移到阿拉伯、巴黎，最终到达英国。16 世纪 90 年代，当博德利探究修复汉弗莱公爵的手稿时，托马斯·詹姆斯曾试图复原这种知识转移，也就是书籍的传播路线。博德利出版了伯里的手稿。在编辑这些手稿的过程中，他或许使用了达拉谟图书馆保存的伯里手稿的副本。然而，托马斯·詹姆斯生活在一个不同 [4] 于伯里的世界里。1627 年，詹姆斯捐赠了图书馆的首批爪哇文和古老的巽他文书籍，内容写在棕榈树叶上。这些书籍都是他通过各式各样的渠道得到的，包括他自己的家族以及伦敦东印度公司通过爪哇的工厂建立的关系网。[8] 在诸如此类的捐赠中，很明显，知识转移的路线不仅效仿太阳周而复始的东升西落，更是暗含在错综复杂的关系网之中。这种关系网涉及东南亚和印度洋上的诸多贸易城市，并且在这些关系网中传递的书籍是伯里这样的藏书家无法获得的。书的存在与流通表明，在世界

---

① "统治转移"指的是起源于中世纪的一种史学概念。在这一概念下，历史被视为君主对统治权的一种线性演替。

② "知识转移"指的是起源于中世纪的一种史学概念。在这一概念下，历史被视为知识在不同的时间和空间之间转移的一种线性演替。

的彼端，人们仍在积极地创作新书，而且翻译也在以不对称和不同步的方式进行着。因此我们所说的知识转移与线性和集中式的"转移"概念完全不同。牛津大学将知识转移应用于翻译领域，导致了翻译方式的变化。这种翻译认知的变化也存在于伦敦。这就意味着从 1549 年至 1689 年，牛津和伦敦这两座城市都跳出了中世纪的围墙，并克服了新教徒的恐惧，从而能够在一个全新维度里与世界进行接触。

全球化都市

如今，在学者们看来，伦敦是"全球化都市"的典范。据估计，目前伦敦市区和郊区的常住人口多达 2100 多万人。[9] 这座城市是当今世界的金融中心之一，其居住者来自世界各地。然而，1549 年的伦敦还不具备这样的全球性。大多数伦敦商人还需要依赖安特卫普的金融市场，或通过汉萨同盟等在伦敦定居的外国商人来了解海外贸易的消息。当时，伦敦面临的问题几乎不会涉及欧洲以外的地区。当时的伦敦人对翻译、语言或者宇宙观的理解还要依赖欧洲其他国家的学者，如多瑙河、莱茵兰和低地国家的讲德语的城市或亚平宁半岛的人文主义者和新教徒作家，代表性人物有彼得·阿皮安（Peter Apian）①、塞巴斯蒂安·明斯特（Sebastian Münster）②或乔瓦尼·巴蒂斯塔·拉穆西奥（Giovanni Battista Ramusio）③。

如果一个人曾在16世纪40年代在欧洲范围内寻找全球化城市，最有可能入选的城市将会是伦敦的重要贸易伙伴——安特卫普。16世纪初，安特卫普是德国和西班牙白银交易的中心，也是葡萄牙香料以及西班牙白糖贸易的中心。伦敦最富有的行会——羊毛贸易冒险商人公司——特地设立于此。不仅如此，1516年，托马斯·莫尔爵士（Sir Thomas More）就是在这座城市的印刷厂首次出版了《乌托邦》（Utopia）。1540年，安特卫普已经成为查理五世时期十三省的文化、政治和经济中心，成为连接神圣罗马帝国和西班牙的帝国城市。但安特卫普存在一 [5] 个严重的问题，就是它将自身的关系网外包出去，这也就意味着这座城市对外的依赖度很高，无法独立自主。正如历史学家斐迪南·布罗代尔（Ferdinand Braudel）所说："安特卫普是一座由外部代理机构创造的世界城市。"安特卫普自身关系网的特

---

① 彼得·阿皮安（1495—1552），德国人文主义者，以其在数学、天文学和制图学方面的著作而闻名。

② 塞巴斯蒂安·明斯特（1488—1552），德国制图师、宇宙学家和基督教希伯来语学者。他于1544年出版的著作《宇宙志》（Cosmographia）是已知德国对世界最早的描述。

③ 乔瓦尼·巴蒂斯塔·拉穆西奥（1485—1557），意大利地理学家、旅行作家。

性促使在解释这个世界时，萌生了新的思想和技术，此处的"世界"是安特卫普这座城市抽象的产物。[10] 鲁汶（Louvain）的伽玛·弗里西斯（Gemma Frisius）① 和赫拉尔杜斯·墨卡托（Gerardus Mercator）② 的著名地图和宇宙学作品，以及后来的地图集绘制者亚伯拉罕·奥特利乌斯（Abraham Ortelius）③，将这座城市的关系网变得众所周知。他们的作品常常被视为整个欧洲甚至纯粹科学的产物，比如墨卡托的地球仪。[11]

相比之下，当伦敦对全球空间和时间进行重构时，原本仅在局部地区显得重要的事物，也就是 1675 年建立的格林尼治皇家天文台（Royal Observatory）以及 1767 年诞生于此的航海天文历（Nautical Almanac），现如今也都能证明伦敦作为中心地位的持久性。尤其是新天文台的出现，表明伦敦在 1549 年到 1687 年间发生了很大的变化，特别是航海事业取得了显著发展。例如，1682 年，这座城市接待了来自摩洛哥、俄国和万丹的有名望的使臣；威廉·佩恩留在这里着手与德拉瓦人（Lenape）就土地问题进行谈判；东印度公司从泰晤士河边的仓库中拿出武器，

---

① 伽玛·弗里西斯（1508—1555），荷兰物理学家、数学家、制图师、哲学家和工具制造师。

② 赫拉尔杜斯·墨卡托（1512—1594），佛兰德斯地理学家、地图学家，他在 1569 年首次采用了正轴等圆柱投影编制航海图，这种投影后来被称为墨卡托投影。

③ 亚伯拉罕·奥特利乌斯（1527—1598），布拉班蒂的制图师和地理学家，被公认为是第一部近代地图集《世界之球》的创始者。

伦敦：塞尔登地图与全球化都市的形成（1549—1689）

支持与郑氏家族的商人团体结盟，这是郑氏家族最后一次不顾一切地抵抗清王朝。以 16 世纪理查德·伊登（Richard Eden）①和理查德·哈克卢特（Richard Hakluyt）②汇编的著作为基础，伦敦书商的书架上现在摆满了旅行者、传教士和商人撰写的书籍。英国皇家学会（建立于 1660 年）的目标是建立一门与全球性相关的学科。除伦敦以外，牛津和剑桥此时也都拥有了真正意义上的世界一流图书馆；勤勉的陶工们也在努力工作，试图与中国瓷器和荷兰代尔夫特瓷器竞争；最初的咖啡馆和瓷器店也应运而生。从德特福德（Deptford）和其他地方扬帆远航的船只所需要的各种物资供应，为成千上万人提供了就业机会。

　　为什么伦敦出现了这些变化呢？最显而易见、最传统的答案是伦敦崛起了——有时被称为"简单的范式"。这座城市在 15 世纪末、16 世纪初通过移民逐渐发展起来。这些移民有的来自英格兰、威尔士、苏格兰和爱尔兰，有的来自低地国家、德国城市、法国、伊比利亚半岛和意大利。还有就是乘船来到伦敦的人，如人数不多的中国和印度水手、西非和北非人以及美洲的克里奥尔人。历史学家们早就意识到，现代早期的伦敦在英国乃至欧洲，都是一座独具特色的城市。16 世纪初，当大多

---

①　理查德·伊登（1520—1576），英国炼金术士、翻译家。

②　理查德·哈克卢特（1552？—1616），英国地理学家、历史学家，编辑出版了《英吉利民族重大的航海、航行、交通和发现》（1599 年）。

数英国城镇还在努力从黑死病中恢复元气时，伦敦已经繁荣起来了。1550 年，伦敦已经成为一座拥有 7.5 万人的城市，是英格兰第二大城市人口的 7 倍。但是不得不说的是，这一人数还是比 14 世纪 40 年代瘟疫暴发前的人数要少得多。伦敦的人口增长十分迅速。1600 年人口数量增长到 20 万人，1650 年增长到 40 万人，并于 1700 年增长到 57.5 万人。尽管 18 世纪伦敦的死亡率还很高，但其人口增长速度仍然比欧洲其他任何城市都要快。[12] 直至 1800 年，伦敦人口数量已达 100 万人，与当时的北京或江户的人口持平，后面这两座城市此前都是世界上最大的城市。有些人认为，生活在伦敦这样的城市中能够体验现代的人口流动性，即便是那些从未去过其他地方旅行或没有进行过贸易磋商的英国人，很可能也体验到了全球化的感觉。[13]

理查德·伯里的《书林》是在一个黄金时代的末期写成的，仅仅比黑死病在英国暴发早了三年。人们很难低估这场瘟疫给伦敦乃至整个英国带来的创伤。受黑死病的影响，英国的人口从五六百万人减少到这个数字的三分之二，1547 年的人口数量也只有 280 万人。据统计，从 1348 年到 1665 年最后一次大瘟疫之间，瘟疫至少复发了 16 次。近两个世纪以来，在英国游历的欧洲旅行家都会描述令人震惊的空旷场景。多亏了移民，伦敦才能够恢复得更快，并在 1550 年恢复到了瘟疫前的人口数量。然而，在伦敦以外的地方，人们随处可见成群的羊。1400 年，尽管伦敦是英国最著名的交易中心，但也仅出口了30%的原毛和50%的呢绒。[14]15世纪，伦敦逐渐在呢绒出口和对外贸易中占据主导地位。但值得注意的是，绝大多数贸易活动都是抵达安特卫普的短途贸易。16世纪中期，英国出现了呢绒出口的危机，安特卫普也陷入困境，这些事情迫使伦敦将目光投向地区贸易之外。然而，无论是由瘟疫造成的创伤，还是羊毛带来的机遇，抑或乡绅阶层的崛起，都不意味着一种全球性关系的出现。

历史学家们经常认为，英国文化是由圈地的乡绅创造的。他们甚至凭借着"种植园"缔造了一个大西洋贸易世界，一种由城市商人制造的乡村景象。从爱尔兰到弗吉尼亚，我们都能清晰地看到这些乡绅在这个贸易世界中扮演了重要的角色。不仅如此，乡绅群体内部还形成了一种民族意识。据说这种民族意识最初是通过印刷行业而形成的。因为印刷业的发展推动了书籍的传播，而通过读书，乡绅对历史、法律和政治，乃至"帝国"的概念都有了重新认知。[15]此外，大西洋贸易世界的诞生还要归功于16世纪初像约翰·霍金斯（John Hawkins）这样在非洲与美洲从事私掠活动的船长们。因为当时布里斯托尔（Bristol）和普利茅斯（Plymouth）等英国地方城市逐渐对外开放，并且在重商主义的影响下，国家利益也日益凸显。霍金斯等人正是抓住了这一发展契机，构建了一个大西洋贸易世界。与此同时，由于17世纪五六十年代《航海条例》（Navigation

Acts）的颁布，北海经济圈也逐步形成，这确保了"英国国家对转口贸易的控制"，从而使得伦敦成为一个"多功能的大都市"。[16] 就英国的发展道路而言，罗伯特·布伦纳（Robert Brenner）和克里斯·伊塞特（Chris Isett）从全球视角出发提出了一种观点：英国的发展有别于东亚国家，这种发展"并非其国内经济优势的结果，而是其重商政府和商人公司的独特形式，使得国家能够获得美洲殖民地的土地、原材料，尤其是奴隶劳动力"[17]。这种"英国例外论"的制度解释与大西洋经济存在着密切关系，而这种制度解释的出现可以追溯到 18 世纪。当时的一些人并不愿接受英国国家制度，包括苏格兰人（斯密和休谟）、爱尔兰新教徒、美洲殖民地的群体（从加拿大到圭亚那）。事实上，这些人群根本无法确定自己是否认同辉格党就英国勤奋和田园般的"国内经济"的阐述，更不用说是否认可托利党将教会与国王比作牧羊机构的论调了。即使如此，"大西洋世界"的主题还是产生了丰富的学术成果，这些成果基于"英国农牧业例外论"描绘了一个错综复杂的世界。[18] 学者们的这些观点或许可以用同心圆的形式呈现出来，也就是说"小英格兰—大不列颠—英联邦或帝国"。他们最终暗示了一种计划的而非协商的价值观范式，即乡绅种植园道德规范，它对爱尔兰芒斯特省和弗吉尼亚的形成至关重要。

乡绅阶层的崛起对英国历史来说意义重大。不仅如此，

1549 年至 1687 年，伦敦与亚洲的一些城市建立了贸易关系，这促使英国人的价值观发生了变化，而乡绅阶层在这种价值观的变化中同样起到了重要作用，对伦敦来说尤其如此。因为这种转变与全球贸易和贵金属积累密切相关。在某些情况下，价值观的变化也会为赚取财富以及造船提供必要的条件，用西塞罗的话来说，那就是创造了"竞争的原动力"。[19]自 16 世纪 50 年代以来，伦敦从美洲和亚洲进口和再出口的商品越来越多。这造成了英国与欧洲大陆的贸易顺差，甚至在与亚洲的贸易出现了危险的黄金外流时，这种有利于英国的贸易顺差仍然存在。直至 18 世纪，这种贸易及与其相关的金融结构的发展为 19 世纪英帝国的正式形成以及 20 世纪的英联邦奠定了基础。与此同时，对于伦敦自身的持续发展来说，贸易更是发挥了重要作用。此时伦敦的货币和人口实现了高度集中化和网络化。[20]

1687 年，光荣革命前夕，东印度公司总督约西亚·柴尔德爵士（Sir Josiah Child）给公司驻孟买的代理人写了一封信。信中提及，对于荷兰和英国来说，胡椒都是经济繁荣与军事强大的关键因素。

如果两国（英国和荷兰）之间目前的误解演变成一场公开的战争，那么，老百姓就会认为这是一场争夺胡椒的 [8] 战争。他们认为这就是一件小事，每户人家只须平摊一点点胡椒就可以了。但说到底，这将是一场英国争夺贸易主导权和控制印度洋的战争。因为如果荷兰人的到来是为了垄断胡椒的贸易，就像他们已经垄断了肉豆蔻、丁香、肉桂等香料，那么这种用途广泛的胡椒给他们带来的利润要比其余的所有商品都要丰厚，很可能足以在欧洲维持一支强大的海军。[21]

胡椒作为一种最基本的日常奢侈品，价格昂贵。但这种香料的价值不只于此，作为一种压舱物，胡椒成为船运的一部分。更为重要的是，它还确立了一种交换模式。此外在历史上，胡椒也被人们用来充当货币，具有价值尺度的功能，以此明确生产者、中间商、托运人、供应商和消费者之间的关系。从这个意义上说，胡椒不同于美洲种植园经济的蔗糖和烟草，这两者是非洲"三角贸易"的核心要素。17 世纪晚期，马拉巴尔（Malabar）、爪哇岛和苏门答腊岛（Sumatra）都扩大了胡椒的生产规模，结合城市港口的发展，对一些乡村商品农业进行了重组和扩张。如果说美洲作物和胡椒的种植有什么区别的话，那就是美洲土著和从事非洲奴隶贸易的中间商给内陆地区带来了更大规模的动荡和战争；相比之下，正如柴尔德所说，将不断扩大的胡椒生产中心与欧洲、美洲和亚洲的消费者联系起来的商业活动，为欧洲海军力量的专业技术提供了资金支持，其间涉及较为漫长且复杂的运输行程和交换模式。在这一过程中，伦敦不仅发展成为一个布罗代尔理论中的集镇，即把周围乡村的货物都汇集于此，更是发展成为一个能够推动亚洲、大西洋世界和欧洲之间进行全球贸易的城市。与里斯本、塞维利亚、巴黎和阿姆斯特丹这些同时代的对手相比，与亚洲等地之间的贸易往来使伦敦的商业根基更加稳固，从而在 16、17 世纪，以更加有效且持久的方式参与印度洋和东亚海上的文化和经济互动。凭借与外部建立的贸易联系，英国创造了一种自治的意识，尤其是伦敦在政治和经济上摆脱了来自欧洲大陆的束缚（如汉萨同盟、神圣罗马帝国），从而实现了自治。在与亚洲的接触过程中，英国人也逐渐意识到，英语与拉丁语、法语、阿拉伯语、波斯语、马来语或汉语一样，也可以作为一种不局限于殖民地而是能在全球范围内使用的语言。[22]

[9]

翻译的问题

柴尔德的观点提及了一点比较有用，那就是英国人对本国的认同和英国制度的可应用性，使得这个国家及其人民赢得了"现代"的头衔。此处所说的"英国制度"是指民族国家、法律、权利以及科学的普世性。无论伦敦是否具备足够强大的金融实力，还是霍布斯、洛克以及牛顿等人的政治学与科学语言具有何种重要性，抑或英语获得了某种显著的成功，有关 16、17 世纪英国历史的讨论都呈现出了一种更为普遍的特征，这是人们往往没有预料到的。这个简单的事实掩盖了翻译的理论问题。从广义上看，"翻译"的意义是如何随着时间的推移而进行传递［艾伦·贝内特（Alan Bennett）称之为"传递包裹"（passing the parcel）①］，以及如何跨越明显的政治、经济、语言和文化界限进行传递。

历史学家可能难以解决翻译问题，这是因为语言的迁移过程似乎破坏了直接经验的范畴。换句话说，经过翻译，一件亲历的事情就变成从书本中获得的事情。这意味着翻译会质疑民族经验，这些民族经验往往是通过单一的语言塑造的。每一种语言都保有其独特的历史书写方式。如果经验是通过语言产生的，那么，从一种语言翻译过来的事物似乎总是产生于经验之外，也就是不再属于直接经验范畴，至多也只能将这些翻译过来的事物归于另外一种文化和语言的领域。如果我们提倡英语的民族语言学传统，那么或许可以使历史避免直面从弗里德里希·尼采、贝尼代托·克罗齐、迈克尔·欧克肖特，到海登·怀特等哲学家提出的一系列挑战。这是因为民族语言学研究的

---

① 传递包裹是一个经典的英国派对游戏，一个包裹从一个人传递到另一个人。准备比赛时，奖品（或"礼物"）要用大量分层的包装纸或大小不同的可重复使用的布袋包装。通常每一层都有不同的设计，因此很容易区分它们。

　　　　　　　　伦敦：塞尔登地图与全球化都市的形成（1549—1689）

正是语言和文化之间的关系。对于尼采等人来说，他们对史学家是否能够翻译"外国"的历史深表怀疑。[23] 作为对这一批判的回应，R. G. 柯林武德（R. G. Collingwood）认为，历史确实是经验的内在组成部分，但是对于他来说，历史始终是一种技术性的"再现"，而不是一种对往事进行的虚拟体验，甚至不是一种亲眼所见的行为。被忘却的、没有经验的过去是一种虚假的存在，这就好比是一个包裹，或者是一本亟待被人们打开并翻译的书。这与瓦尔特·本雅明认为可译性是任何作品的固有特征的观点并无不同。某些文本就是为翻译而著写的，并且暗指某些历史事件和城市的经验具有可译性。作为现代早期的一座商业中心城市，伦敦就是这样一个地方，而印度洋和东亚的众多贸易城市也是如此。相较于"英国"，"伦敦"是一个更具可译性的空间。此外，"伦敦"似乎更加适合再现除英语以外的其他语言，而对于"英国"这种同质的民族语言空间来说，这种再现就不太适合了。[24] 通俗一点儿说，当时的英国并非全都融入世界贸易的关系网，只有伦敦可以算作这种关系网中的一环。因此，伦敦更加需要将其他国家的语言、文化翻译过来，从而对其有深入的了解。

[10]

要想重现往日语言和翻译的活力，就需要一种能在历史与语言之间构建联系的方法论，还需要考虑至少两种，往往是三种或更多的语言和角色之间的互动。

而这种方法论则要回避关于历史和异国格调的论述，以及过度关注英国或欧洲文献的问题。对于这一方面，倒是有很多优秀的指南著作。[25] 在考察这一问题时，正如一些已经被翻译的英语和拉丁语文献，档案中那些仍未被翻译的内容对于理解历史与翻译之间的关系同样重要。

事实上，托马斯·詹姆斯捐赠给博德利图书馆的一份棕榈树叶手稿——《布吉加·玛尼克》（*Bujangga Manik*），它的主题就介绍了语言之间的关系，以及词语和概念之间的相互转化。这个故事可以被追溯到 15 世纪或 16 世纪早期，其内容有助于我们理解在两种宗教语言之间以及多个商业贸易中心之间如何进行恰当翻译的问题，特别是将爪哇语的某些宗教层面的因素带入古巽他语，以恢复其生命力。主人公爪哇人布吉加·玛尼克没有待在家中迎娶某位公主，而是通过深入理解爪哇语，踏上了寻找精神启蒙的朝圣之旅。[26] 玛尼克第一次旅行的目的地是爪哇东部，这里有着 14 世纪古老的满者伯夷国（Majapahit Empire）的遗址，也是 15 世纪末、16 世纪初的淡目国（Principality of Demak）的所在地。他将爪哇人的语言、文本和贸易实践融入巽他语。在这段旅程之后，玛尼克已经可以讲爪哇语，而且熟知了爪哇的宗教典籍（*tangtu*）和法律（*darma*）。可以说，《布吉加·玛尼克》是关于梵语传统从东爪哇（比如当今巴厘岛的梵语传统）回归使用巽他文字地区的一个著名故事。相比

伦敦：塞尔登地图与全球化都市的形成（1549—1689）

之下，随着中国和印度—波斯商人的到来，西爪哇和南苏门答腊的语言和文化发生了变化，这些地方也就渐渐失去了与梵语的联系。概而言之，这个故事表明爪哇语和巽他语的相互融合，以及一种语言蕴含的历史与文化是如何用另一种语言表达出来的。

为了研究不同的语言和文化中开放式结局的故事，并对其进行收集和归档，谢尔登·波洛克（Sheldon Pollock）和罗尼特·里奇（Ronit Ricci）在考察印度洋和东南亚地区与梵语和阿拉伯语相关的文本和翻译时，提出了"国际都市"（cosmopolis）的概念，[27] 波洛克和里奇的研究方法与基尔提·乔杜里（Kirti Chaudhuri）和苏嘉塔·鲍斯（Sugata Bose）等经济史学家的方法有着相似之处，他们都把印度洋视为一个"区域舞台"。这个舞台作为一种贸易和移民的空间，使用着特定的货币和文献，并有独特的交换和翻译的逻辑。相似的观点还出现在卫思韩 [11]（John Wills）、包乐史（原名赖纳德·布塞斯，Leonard Blussé）和维克多·李伯曼（Victor Lieberman）对中国朝贡体系观念的评论中。[28] 亚洲的海上空间——在某种程度上取代并补充了更为古老的丝绸之路——通过家族关系网、宗教秩序以及契约伙伴关系［抑或被称作中世纪意大利城市中所谓的康曼达契约（Commenda）］相互连接。在马可·波罗时代的亚洲和地中海的大部分城市中，这种一方出资、一方从事经营活动的合伙人制度是相当普遍的，其中包括蒙古与穆斯林商人（斡鲁朵制，Ortogh）的关系及印度洋的海上关系，但直到 16 世纪，伦敦在经济和法律实践中还没有广泛运用这种伙伴制的商业合作方式。[29] 不足为奇的是，这些合作伙伴之间明显存在竞争，而且必然使用多种语言。这与 16 世纪中期伦敦高度有序的行会结构及汉萨同盟、意大利商人的高度制度化形成了鲜明对比，后者往往尽可能地限制从事翻译的人群、地点以及方式。相反，从亚洲港口城市之间的关系网来看，当地的中间人，甚至是相对无国籍的山民和海上游牧者（orang laut），都在经济和语言方面带来了许多活力。[30] 换句话说，这些人群在不同的语言、文化和历史的传播过程中发挥了重要作用。但从 16 世纪下半期开始，伦敦人开始在印度洋和东亚地区探寻表达城市、商业关系网、语言、印章和硬币的方式；约西亚·柴尔德甚至描述了一种贸易的"媒介"，而非简单的交换体系，从而为构建创新型关系、新型交易和翻译创造了条件。[31]

自兰克时代以来，如果人们经常将档案馆看作国家的象征、民族语言的整合之地以及历史著作的首选诞生之地，那么跨语言的翻译实践——涉及不同宗教和宇宙哲学的传统——则脱胎于这些港口城市的关系网以及收藏手稿的家庭社群（house societies）。[32] 就像在博德利图书馆里一样，上锁的书箱和未被阅读的手稿都暗示着一种与收集和翻译相关的危险感，这种看法并非伦敦和牛津所独有。《布吉加·玛尼克》一书以对家庭社群危险性的批判为开篇，因为这些人群很容易收藏各式各样的不当物品，特别是那些可能产生宗教歧义和过于舒适的家庭生活物品。[12] 在这份手稿中，一个盒子成为布吉加·玛尼克潜在新娘的象征，从而被视为一种危险的诱惑，因为它将一名僧侣从朝圣者的生活中引诱了出来。 [13]

> 因此她坐在一席床垫上，
>
> 在她的身边有一个中国盒子，
>
> 这是一个镀金的中国盒子，
>
> 从海外进口而来。[33]

当第一次返航回来的时候，王子布吉加·玛尼克拒绝了一桩婚姻和所有的家庭装饰，如槟榔叶托盘、中国奢侈品和精美的传统服装，其中包括一条哇扬戏（Wayang）腰带和一把马来短剑（Keris）。人们误以为这些收集而来的物品是贵重的或者可译的，这使得通过收集和翻译文本而更新语言的过程表现出更大的价值。令人迷惑不解的是，房屋及里面的物品被融入长途贸易模式，并且被赋予了复杂的本地化、个性化意义。布吉加·玛尼克最终拒绝了将港口城市和家庭联系起来的居家收藏形式，而是带着自己的私人物品再次踏上了朝圣的旅程。这次他带的东西包括一根朝圣手杖、一条藤条鞭子和两本爪哇语书籍，即《伟大之书》（*Apus Ageung*）和《教师之书》（*Siksaguru*）。因此，在翻译和收集之间的关系中产生了一种特定的私人主题，这种主题分别界定了可译的文本和语言，并在流通过程中保持这些书的新版本，以保持翻译与交换的活力。虽然伦敦人经常读不懂诸如《布吉加·玛尼克》等收集而来的书籍，但他们从获取这些文稿的过程中学到了在翻译和收集之间进行转换，并学会了构建新型自我以及适合于在海上亚洲进行交换的新制度。

本书的主题

19世纪，东方学学科的正式确立使得17世纪普世主义者的研究方法过时了。我们在这里所说的东方学，提倡在不同的阅读室以阐释学的方式阅读亚洲书籍。换句话说，在此之前，在图书馆中，阿拉伯语、波斯语、汉语、泰卢固语的书籍和拉丁语、希腊语的书籍混在一起摆放。档案馆逐渐拥有各种语言的书籍，如汉语、日语、巽他语、爪哇语、马来语、波斯语、阿维斯塔语和阿拉伯语，以及希腊语、拉丁语等欧洲语言书籍，这使得从翻译的角度描绘伦敦需要掌握多种语言。毫无疑问，任何个体都很难单独完成这项工作。但是，为了说明个体也能

[14]

够实现多语言翻译，我使用了爱德华·萨义德（Edward Said）的"对位式阅读"（contrapuntal reading）。这种阅读方法主要指不同的文本之间的相互对比。不仅如此，我还参考了钱锺书关于中国与欧洲在文学与哲学中提出的"打通"理论。我希望这样做能够反映出 16、17 世纪城市内部及城市之间收藏书籍以及对其进行翻译发生的变化。[34]

我在研究过程中也发现，在对这些书籍进行溯源时，能够看到人们收藏它们的原因，以及在不同的时期人们是怎样翻译和阅读这些书籍的。[35]2006 年，当我在汉弗莱公爵的"人文阅览室"中从老图书馆的馆藏目录中查找词条时，我想起了一本伊莱亚斯·阿什莫尔（Elias Ashmole）在 17 世纪 80 年代汇编的合订本书籍。这本书的开篇有一份奇怪的手稿残篇，上面写着"什么也没有"，这让人感觉很失落。[36]在其他数学和医学题材中文书籍残篇以及样稿和法国徽章中，有一本此前未被注意到的 1677 年版日历的副本，这本日历是身居台湾的郑氏拥明者制作的，时间为永历三十一年。在日历的封面上有一段文字："一本中国历书，1680 年 9 月 28 日由克里先生赠予我。E. 阿什莫尔。"从那以后，这本历书副本就被拆开保存于不同的地方。阿什莫尔是从亨利·克里（Henry Coley）那里得到该历书副本的，后者是王政复辟时期伦敦最重要的历书出版商。显然，有人已经充分知晓了这本历书的内容，然后将其交给了克里，而克里也认为阿什莫尔能够回答关于这本历书的某些问题。然而，将这些书籍合订在一起似乎表明了一种知识的缺失——克里所知道的是，这样的一种历书只不过是纸制收藏品。

次年夏天，我在伦敦寻找托马斯·海德的私人图书馆。这是一处小规模的收藏馆，有别于博德利图书馆等大型书籍收藏地。值得一提的是，博德利图书馆的藏书如今分散在大英图书馆的馆藏中。托马斯·海德图书馆的藏书最终归汉斯·斯隆爵士（Sir Hans Sloane）所有。想要追溯并重新找回这些书籍，既要依靠老版的词条目录，又要凭借大英图书馆的古籍珍本、西方手稿和亚洲研究成果。[37] 在海德拥有的1671年版永历历法的副本中，就有大量自1687年开始的翻译注释。这些注释表明，凭借沈福宗的帮助，海德并没有把这些历法当作"年鉴"，而是看作"图"——该词的含义广泛，囊括地图以及其他传递信息的图表和表格。这一词语在17世纪也用来指棋艺游戏。

[15]

[16]

总之，"图"在当时是一个极其重要的概念。在牛津期间，沈福宗拿出了一款印刷品棋盘游戏——《升官图》（字面意思是"官吏晋升的图"），这似乎是他从中国带来的唯一一份印刷资料，海德将《升官图》翻译并印刷在了一本东方游戏书籍中。海德和沈福宗把"图"一词译成了拉丁文的"*tabula*"，从欧洲人的视角理解这一独特的类型，并进行比较研究。[38] 海德留下的一些零散材料上还有和沈福宗一起作的奇怪注释，其内容涉及中国指南针和两张不同地图上的题字。这些似乎是他们对"图"研究的一部分。但在当时，这些注释到底指的是哪些地图并不明确。[39]

2008 年 1 月，我回到牛津参加一次会议，从而有机会继续使用博德利图书馆中的地图。我发现，海德和沈福宗把一张地图编入了约翰·塞尔登的藏书，因此我猜测它应该与大英图书馆中的那些注释有关。我希望除了《门多萨抄本》（*Codex Mendoza*），塞尔登也从塞缪尔·珀切斯（Samuel Purchas）的财产中获得那份中国地图原件，该地图是东印度公司约翰·萨里斯（John Saris）在万丹获得的，并在《珀切斯世界旅行记集成》（1625 年）中得以重刻和印刷。我询问戴维·赫利韦尔（David Helliwell）是否知道这幅地图藏于何处。他回答说，他曾经在重新编订台湾"中研院"手稿目录的时候见过这幅地图，并把它编了进去。在书架上找到这幅地图后，他说我们需要一个更大的房间。他在两个阅览室之间找到了一张大桌子，大到可以展开《塞尔登的中国地图》。在这幅地图中，我注意到横跨东亚的商船航线网络的细微痕迹，这是现代早期中国商业组织留下的唯一一张此类图表。三年后，也就是 2011 年 1 月，在地图复原之后，我们有了另一个发现。地图背面竟然是一幅航线草图，这意味着这些航线实际上是先于正面的地图勾勒出来的。这幅地图从本质上说仍是一幅示意图，它揭示了一种被遗忘的中国地图制作方式。

在研究其他中文书籍中的历法和注释时，我仍然是在概念和语言差异性的框架内进行思考。本书在写作初期得到了本杰明·艾尔曼（Benjamin Elman）的指导，他认为要"从中国术语本身"思考中国科学。[40] 从历史观点上看，此时的翻译出现了一个问题——中世纪普世主义倡导的"知识转移"在17世纪已经过时了。17世纪，人们在翻译方面认可的是一种在文化层面上对一些概念（如"图"）的共同认知。

[17]

[18]

塞尔登于1635年出版了《闭海论》（*Mare Clausum*）一书，书中指出，即使语言上存在差异，但是在寻求合法所有权方面，人们仍然能够以相互认可的知识和更为精确的测量技术来表明对某一海洋空间的占有。换句话说，凭借着一些共性的知识，语言和概念上存在的差异并不会妨碍人们就某一问题达成共识。

对于我来说，绘图这种另类的表现形式成为一个重要内容，本书的标题也由此而来。我起初看到的那些被带到伦敦的中国地图和在伦敦本地制作的地图，如塞巴斯蒂安·卡伯特（Sebastian Cabot）、爱德华·赖特（Edward Wright）等人制作的地图，都包含着共同的内容。《塞尔登的中国地图》曾是他在白衣修士区（Whitefriars）① 最重要的收藏品，并且地图上还带有一枚指南针。这幅地图似乎是在 1619 年左右绘制的。当时，世界局势发生了显著的变化，如晚明在贸易转型方面出现的动荡、日本德川幕府的崛起以及全球白银贸易或"白银周期"发生的变化。塞尔登地图不仅是现存最早的中国商人地图绘制学的范例，而且也是一种公认的技术成果。值得一提的是，1651 年，塞尔登地图还曾在伦敦的一场辩论中被人们提及，辩论的主题是"运用《航海条例》封锁大西洋是否合法"。塞尔登地图的空间表示法在许多方面都要比欧洲传统的全方位的墨卡托世界地图对现代早期"全球化"的理解更加深入。之所以这样说，是因为塞尔登地图以树状图的形式绘制了许多条航线。这些航线将有贸易往来的国家连接在一起，同时把从波斯湾到西班牙银矿这样的长途贸易地点关联在一起。塞尔登地图上标注了大量港口，表明这是一个信息密集的世界，但这些信息既不容易被翻译，又不容易被分享。

这样看来，郑式历法以及档案馆中那些起初无人问津的中国医学书籍、哲学经典和小说，似乎在不同的背景下都变成可读的了。按照苏源熙（Haun Saussy）的解释，每一个背景都有多层含义，就像一本原稿可以拥有多种译文一样。在一个商品

---

① 英国伦敦天主教加尔默罗会修道院所在地。

可以在诸多港口、语言以及民族之间进行传递并重新估值的世界里，不同语言的书籍变得可读并不会令人吃惊，但这种情况意味着伦敦卷入亚洲交换和翻译模式的程度之深远远超出人们的想象。[41] 在 300 年的时间里，人们第一次注意到地图上标注的这些航线和港口，这就揭露了一个此前未被关注的问题——如何理解伦敦的全球性角色。

　　人们可以把这本书当作故事来读，它讲述了一个全球性角色是如何出现的，一个全球性城市是如何形成的；但它也是一篇延伸性文章，讲述了我是如何与塞尔登地图邂逅，以及这幅地图怎样改变了我对英国、中国乃至世界历史的看法。

　　为了展示翻译的力量，我围绕伦敦历史上的五个转折点进行阐述。第一个转折点涉及 1549—1553 年发生的政治、宗教和经济危机。这些危机对伦敦产生了最为深远的影响。当时正值爱德华六世的统治，由于人们意识到英国宗教改革（Henrican Reformation）和传统共治模式的弱点和不完善之处，所以出现了一系列令人震惊的变化。第二个转折点出现在伊丽莎白时代晚期，涉及英国和不列颠民族作为一个"帝国"的思想和语言的发展，这里所述的帝国可以为伦敦日益增长的全球性贸易和航海战略野心提供支撑。第三个转折点涉及在詹姆斯一世和其

[19]
[20]
[21]

之后的查理一世统治下，律师学院（Inns of Court）①和伦敦知识界努力定义一个自主的法律和商业框架，这样就可以在全球范围内，特别是在海洋范围内，为城市取得独立的地位。这里说的法律框架在英国内战中瓦解，并在第一部《航海条例》颁布时及第一次英荷战争中得以重建。第四个转折点发生在王政复辟时期，英国致力于运用国王的形象，创建一种清晰的国家权威意识，以此支持城市新近改革的交换制度和金融实践。第五个转折点引发了光荣革命（Glorious Revolution），当时伦敦与法国和荷兰全球战略之间的关系，以及清朝和莫卧儿帝国扩张导致的亚洲剧变，都要求城市和国家治理进行根本性的变革。在这五大时期，传统观点都试图将伦敦的利益纳入地方和国家框架。本书的观点则与之相反，即在亚洲和全球范围内发生的这些外部变化是如何通过伦敦促进国家快速发展的。

简而言之，本书的五章内容都与亚洲的发展变化有着密切关联，并且每一章都考虑了现代性元素——公司、民族、法治、国家和政治革命——的发展。在每一章中，我都试图阐述翻译的过程是如何影响伦敦发展的。第一章介绍了1549年伦敦首幅

---

① 律师学院于中世纪成立，位于英国伦敦，由林肯学院（Linconln's Inn，1422年）、中殿律师学院（Middle Temple，1501年）、内殿律师学院（Inner Temple，1505年）、格雷律师学院（Gray's Inn，1569年）组成，但四所律师学院是互不隶属的。律师学院是训练英国大律师的组织，其拥有将应试者引入英国律师界的专有特权。

世界地图的出版，1549 年至 1553 年伦敦第一家股份制企业的创立——"中国公司"，以及理查德·伊登于 1553 年和 1555 年出版的伦敦首套全球旅行选集。现代早期的伦敦有着浓厚的宗教氛围，王朝更迭以及各种不确定性因素时有发生，国家债务与日俱增，英国与安特卫普之间的贸易也出现了种种问题。正是在这样的背景下，由塞巴斯蒂安·卡伯特创立的"中国公司"为英国提供了一种将伦敦和亚洲联系起来的世俗策略，这一策略依靠的是欧洲基督教世界以外的评价体系。推动伦敦发展的并非日益稳定的国家和宗教制度——正如杰弗里·埃尔顿（Geoffrey Elton）为道格拉斯·诺思（Douglas North）获得诺贝尔经济学奖的著作提供的经典制度理论，甚至还有弗雷德里克·梅特兰（Frederic Maitland）提出的"乡绅土地信用社"这一更为古老的概念——而是一种全球性公司制度。在当时的伦敦，这种公司制度是非常新颖且极具活力的。[42] 一般而言，全球性公司制度起源于早已存在的合伙制形式以及亚洲海上世界与地中海地区的商人冒险活动。但是，"中国"这一新概念让全球性公司在理解全球白银流通的起点时变得复杂起来。在这种流通中，亚洲尤其是中国白银的需求得以满足，有赖于西班牙、德国和日本等地矿山的开采。因此，相较于那些短期存在的合伙制形式和缺乏变通的行会，新兴的全球性股份制公司非常依赖一个由全球关系网和贸易周期组成的数据库。在这种全球关

[22]

伦敦：塞尔登地图与全球化都市的形成（1549—1689）

系网以及贸易周期中，当时欧洲人尚未了解的明朝居于中心地位。

尽管股份制公司这一新制度的发展，为伦敦摆脱安特卫普和西班牙在商业上的束缚，从而在财政和商业上实现自治奠定了基础，但这种制度并没有为整个英国提供一种明确的自治意识，或者说它并没有为主权交织在一起的英格兰、威尔士、爱尔兰和问题不断的苏格兰提供一个统一的"英帝国王冠"。第二章认为，弗朗西斯·德雷克（Francis Drake）以及托马斯·卡文迪什（Thomas Cavendish）的环球航行提供了白银流通周期的数据，并且让英国人意识到明朝的领土规模和统一性。同时期的英国却经历着天主教复辟、西班牙入侵、爱尔兰叛乱，甚至荷兰人也骚动不安，所有这些都可能使"英帝国"分崩离析。因此，对于一个国家来说，构建一个主权实体、实现自治是非常必要的。在环球航行中，卡文迪什得到了一幅地图，上面记录了明朝的人口数据。此外，英国人对卡文迪什带到英国的两名日本水手使用指南针的情况进行了采访。这明确地表明了"中国"（China）的实际规模，非常有别于"古代中国"（Cathay[①]）。而且事实上，明王朝统治下的中国实现主权独立，依靠的是人口普查数据和指南针技术。中日两国在东亚

[①]　中世纪欧洲对中国的称呼。

[23] 地区界定主权边界的历史过程，为伦敦重估地图、人口和航海数据的价值奠定了基础。16世纪90年代，对于东印度公司的成立以及像爱德华·赖特一样的科学和数学知识理论家来说，在缺乏国家官僚机构的情况下，由公司汇集数据就变得十分重要。

第三章考察了17世纪初期的伦敦。诸如律师学院这样的法律机构的出现使得君主权力合理化，并促使权力下移，这有助于界定基于合约的法律程度。这一章的大部分内容都集中在约翰·塞尔登这个重要人物身上，最近，人们都认为他是希伯来共和主义（Hebraic Republicanism）的倡导者。但事实上，塞尔登关注最多的问题是法律和技术的翻译问题，以及界定合法的所有权或统治权的问题。对于他来说，海洋是商业谈判和技术交锋的历史场所。换句话说，海洋可以通过缔结条约的方式变得有界线，而非开放和不为人知。塞尔登的荷兰同行雨果·格劳秀斯（Hugo Grotius）就是以这种方式理解海洋空间的。塞尔登从世界各地收集而来的书籍和手稿，以及中文航线图和风水罗盘都表明，在这一时期，托马斯·博德利、塞缪尔·珀切斯、威廉·劳德（William Laud）等人对翻译语言、法律、历史和技术进行的广泛研究，是如何赋予伦敦人一种可以根据荷兰的自然法战略选择行使帝国统治权的意识。与此同时，对贸易方面的法律和契约的探究以及使商业概念化，有助于推动商业立法，例如 1651 年颁布的第一部《航海条例》。这部法案就大西洋贸易的问题提出了历史性主张。

第四章探讨了英王查理二世复辟时期专制国家权威形象的出现，这一形象的出现主要源于两大方面：其一，就两部《航海条例》而展开的一系列协商；其二，一些重要的法庭案件，这些案件旨在保障贵金属的自由贸易以及垄断东印度进口商品和美洲奴隶贸易。然而，在查理二世统治的初期，因各种棘手的法庭案件和破产的王室海外计划，塑造这种权威形象的努力失败了。英国东印度公司和新兴的伦敦印刷业和雕刻业则趁虚而入，填补了这些主权权力的空白。他们表现出的进取心甚至超过了查理二世及其宫廷，从而进一步提升了伦敦及其全球网络的重要性。印刷等行业表现出的积极性，突出体现在约翰·奥吉尔比（John Ogilby）的著作中。他翻译了一系列荷兰地图集和清朝主题的游记，并根据这些旅行活动的轨迹绘制了一套路线图。

学者们经常以清朝为例，以此说明在国内战争后社会发展仍保持延续性，而这种延续性依靠的是为构建一种专制主义形象而使用的各种手段，包括道路与邮政体系。这是因为通过控制道路与邮政体系，政府能够有效地对各地方实行统治。与此 [24] 同时，英国与在爪哇的万丹人、中国台湾郑氏的商人海盗"王朝"建立联系，体现了以商业贸易为基础构建权力权威的模式。

然而，在查理二世统治末期，英国东印度公司 1682 年在万丹和 1683 年在中国台湾的计划失败，并遭遇 1683—1684 年孟买爆发的革命以及 1684 年在丹吉尔（Tangiers）发生的军事溃败，这些事情都反映了这种商业层面的专制主义形象并不牢靠。尽管查理二世和詹姆斯二世努力在加勒比地区和北美殖民地建立一个奴隶帝国，但是在亚洲的种种失败表明，伦敦的地位与商业性的城市国家（如万丹）或者航运发达的小国家（如暹罗）比较相似。但是要与领土广阔的清朝或莫卧儿帝国，以及法国和荷兰相比，伦敦还是稍显逊色。

第五章分析了政治与科学领域出现格劳秀斯和牛顿革命的亚洲根源，许多人将这些革命视为"现代诞生"的象征。在分析上述革命根源的基础上，本章认为 17 世纪 80 年代伦敦东印度公司亚洲计划的失败表明亟须构建新的政治形式。清政府成功地抵御了郑氏的反攻并在黑龙江流域抗击俄国人，以及汉语在技术和哲学方面的成就，都成为人们密切关注的重要话题。与此同时，在暹罗和印度各个港口试行的混合式统治制度，以及东印度公司向印度洋发动战争的尝试，都表明有必要从根本上对翻译进行全新的理解。托马斯·海德和沈福宗特别指出，古印度—波斯的传统———部分传统由讲波斯语的社群传播——要比衰落的清朝更值得关注。在清朝，选贤制度和官僚体系已经成为一种博弈。艾萨克·牛顿（Isaac Newton）提出的"世界体系"新理论以及在光荣革命中人们对主权的新理解导致出现了一个的伦敦为中心的财政—军事国家。并非要像清朝那样日益实现中央集权化，但是亚洲海上的商业关系网、港口城市中出现的权力下移以及孟买和暹罗最近发生的事情都表明，亚洲的这些地方急需混合式的权力体系，并且能准确理解政治、经济重心的多元化。抵制专制主义并非仅针对法国、天主教，乃至清朝的专制统治和精英制度。事实证明，伦敦与亚洲贸易关 [25]系网建立的联系，要比迅速发展的大西洋世界的奴隶殖民地更为重要。总之，现代性的诞生以及谋求专制主义以外的权力体系，使得牛顿提出的"世界体系"理论和荷兰奥兰治亲王威廉在英国的议会选举成为可能。

本书的主要观点是，文化冲突不仅指两种文化之间仅仅保持一种静态关系，或者相互之间有着密切的关联，它更多的是指一种动态联系。16世纪50年代到17世纪80年代的伦敦就是一个很棒的例子，这一时期是翻译的黄金时代。而这种翻译既是亚洲商业充满活力的产物，又是全球白银流通的产物。在这种流通中，大量的美洲白银被转移到了东亚以及印度洋地区。在伦敦，翻译是活力而非衰落的象征，同时它是创新而非迷恋古典的希伯来语的一把钥匙。与此同时，翻译也是一个历史进程，与"世界主义"等更广泛的伦理立场不同，翻译是通过某些特定的联系才产生的。总体来说，亚洲主题的翻译成果要比非洲和美洲的成果多得多。然而，这本书的基本论点是关于翻译的多极性、分散性，以及在某些背景下具有一定的顺序性。凭借着这些特性，翻译为更广泛的启蒙运动和 17 世纪晚期的政治、经济和科学"革命"奠定了基础。我们尚不清楚现代早期伦敦人作为一个整体，他们的世界观是否特别具有世界性，但在某些情况下，这通常是必然的，因为伦敦人主动从事翻译活动，并且在许多方面做得很成功，使他们的城市充满活力，并

[26] 以动态且创新的方式一直发展下去。

伦敦：塞尔登地图与全球化都市的形成（1549—1689）

第一章　全球公司

1553年：股份制公司

1549年，曾经的西班牙航海家、宇宙学家以及之后"中国公司"的创始人塞巴斯蒂安·卡伯特与克莱门特·亚当斯（Clement Adams）合作出版了伦敦第一张印刷版世界地图。卡伯特熟知南美洲的部分海岸，而且他的父亲曾在北美洲探险，除此之外，卡伯特制图的剩余资料取自西班牙和葡萄牙的地图，或者说大部分信息是推测出来的，尤其是有关东亚的部分。他在地图上突出地展示了坐在王座上的中国大可汗（Great Khan of Cathay），以及传说中的恰帕古岛（Ciapagu），这座岛屿位于下加利福尼亚（Baja California）和中国南部海岸线之间的空白区域。塞巴斯蒂安·卡伯特的这张地图表现出一种连续性，因此他返回英国把它填写到父亲的遗产当中。对于约翰·卡伯特（John Cabot）来说，时间已经过去50多年了，他的记忆有些模糊了。1496—1500 年，在王室的特许下，他从布里斯托尔出发，在数次航行中到达了被明确命名为"新发现的土地"的地方或塞巴斯蒂安地图上的"布雷顿角岛"（prima tierra vista）。1553 年，伦敦人支持了他的儿子塞巴斯蒂安进行的新事业，他们在一家未持有王室特许的由私人组建的股份公司组织的航行中充当投资者。[1] 对于伦敦这座城市来说，这是一个极其重要的时刻，来自中世纪古老行会的市民——通常会为横跨英吉利海峡到安特卫普的造船业投资——聚集在一起，为一个明确的全球计划提供资金。这也标志着伦敦的信息世界开始发生变化。

16 世纪 50 年代，"中国"还不是一个真实的概念，这个术语虽然尚存在于宇宙志（cosmographies）和一些地图中，但随着越来越多的地方被欧洲人发现，这个词所指代的准确地点就需要明确了。[2]13、14 世纪，马可·波罗和约翰·曼德维尔爵士（Sir John Mandeville）以及教皇派往蒙古的使节的记述，表明遥远的中国是真实存在的，并详细描述了横跨陆路丝绸之路的城市链条。事实上，"中国"这一术语在 16 世纪初的伦敦仍然适用；当时曼德维尔仍受到新兴印刷业的欢迎，1496 年到 1503 年，伦敦的主要印刷商至少出版了他的《游记》（*Travels*）的三个版本。[3] 但"中国"一词并非出自欧洲人，《蒙古秘史》（13—14 世纪）（*Mongol Secret History*）中就已经提及了契丹人的辽王朝（907—1125 年），并且这种习惯用法已经被俄语吸收（Китай

或 Kitay），而且波斯人和 15 世纪脱胎自察合台语的乌兹别克语和维吾尔语保留了早期的用法，并将这些用法传给了金代的女真族（1115—1234 年）以及后来的民族。[4] 在各种语言的翻译传播过程中，"中国"一词表现得非常有吸引力，因为"中国公司"——也就是后来的俄国公司——雇员们会在俄国和波斯听到这种用法，并将其传到伦敦，这使得通过北部路线前往东亚城市的希望一直延续到伊丽莎白统治后期。通过地图、公司以及与中亚建立的联系，卡伯特令"中国"这一词语的使用得以恢复。实际上卡伯特的父亲在很大程度上将"中国"与日后指代美洲的"新大陆"从英国的地理学讨论中抹除了。因此，我们不应该将塞巴斯蒂安的公司仅仅当作对中世纪宇宙学的再现。[5] [30]

玛丽和她的丈夫，也就是日后的菲利普二世（Philip II），要求"中国公司"需要持有王室特许状。这是一家私人性质的公司，该公司拥有许多股东，并且在伦敦这座城市里有着较为雄厚的商业根基，这使得公司在对外行事时表现出了相当大的自信。详细的地图更加增加了这种自信，因为地图汇集了同时代信息的关系网，如塞维利亚的西印度交易所（Casa de la Contratación）①、里斯本的葡萄牙印度交易所（Casa da Índia）

---

① 西印度交易所是 1503 年由卡斯提尔国王在塞维利亚港建立的（并于 1717 年移交给加的斯）西班牙帝国皇家机构，它一直运行到 1790 年，之后在一次政府重组中被解散。该交易所对海外事务拥有广泛的权力，特别是与贸易有关的金融事务和由此产生的法律纠纷。

以及迪耶普的法国制图师和德国宇宙学家。对地图和公司投资并不一定要找到明确的目的地，也就是中国，因为此处的"中国"一词几乎就是一个占位符，也就是符号而已。这种投资的背后更多的是公司选定交换的路线和进程，如葡萄牙人游历的印度洋和东南亚城市以及交换白银的安特卫普，这些为亚洲海上贸易的重要性提供了可见的证据。卡伯特的地图最引人注目的内容之一是沿海地区名称的密度，这些数据来自卡伯特收集的档案和在西印度交易所（Casa de la Contratación）存放的世界地图，以及迪耶普的法国制图师的资料。因此，"中国"一词是一种思辨性元素，它把人类和信息以自然科学家所称的"多元"方式结合在一起——确切地说，这是一种非亚里士多德式的哲学分类或概念，它由各种交换和历史脉络构成。[6]

卡伯特汇编全球地图和重新使用"中国"这样的术语表明了他是一名出色的翻译者。就个人层面而言，他与两位国王保持联系，在四座城市中求得合法权利，并且具有多重的主体性和忠诚。卡伯特建立"中国公司"似乎是为了利用他作为西班牙航海家的身份，从塞维利亚带回专门技术，同时这家公司解决了一些由卡伯特的不确定身份所造成的问题，即作为神圣罗马帝国皇帝查理五世的一位家臣和一名威尼斯公民。1547 年，也就是亨利八世死后的过渡年份，卡伯特应枢密院之邀来到英国。1548 年，他先是来到了布里斯托尔，在那里，他和家人曾

伦敦：塞尔登地图与全球化都市的形成（1549—1689）

度过了一段青春时光。此时的卡伯特仍然在西班牙工作，但他从枢密院那里获得了一笔资金和一些证件，从而确立了他在英国的地位，其中包括一笔之前作为"高贵领航员"的津贴（签于1548年1月，开始于1548年9月初）和一张旅行特许证（从1547年10月到1549年9月）。由此，卡伯特于1549年搬到了伦敦。与此同时，为了让卡伯特继续为西班牙人服务，1548年10月、11月，查理五世下达了一系列命令，目的是在卡伯特于夏天去布鲁塞尔拜访他之后，向他支付报酬并给予特权。[7]1550年1月，查理五世皇帝要求卡伯特返回西班牙，可以想见皇帝的命令颁布于他出版了"1549年世界地图"之后，这张地图复制了西印度交易所曾经用过的许多秘密细节。虽然卡伯特可以自由地返回西班牙，但护国公萨默塞特声称他已被皇帝解除了职务，他现在是一名英国的臣民。卡伯特从英国档案馆获得了新的专利特许证——这些特许证与他父亲的探险有关——以取代15世纪90年代颁发给他的专利特许证。[8]与此同时，从1551年9月开始，在旅行作家、参议院秘书乔瓦尼·巴蒂斯塔·拉穆西奥的帮助下，卡伯特试图去争取威尼斯公民的身份，这样他就可以在服务于英国和西班牙之外再求得某些特权，并有可能分享父亲约翰的探险成果。直到1555年查理五世退位的时候，塞巴斯蒂安·卡伯特还在向皇帝的代表传达他希望继续为西班牙效力的诉求，并有重要信息需要传达。[9]那时，这已经不重要了，因为在卡伯特生命的最后两年里，未来的西班牙国王菲利普同时也是英格兰的国王。

卡伯特的"中国公司"——后来玛丽女王的王室特许状称它为"探索地区、领土、岛屿和未知地方的冒险商公司"，而且在最初的航程缩短至莫斯科大公国（Muscovy）之后，它成为首家不依赖于政府、宗教或家族准则的私人长途贸易组织。[10]1553年5月21日，以乐观和具有意大利风格的名字命名的海船"博纳·斯佩兰扎"号（Bona Speranza）、"博纳·康弗丹提亚"号（Bona Confidentia）和"爱德华·博纳文图尔"号（Edward Bonaventure）——分别代表着希望、自信和好运——代表"中国公司"起航的时候，克莱门特·亚当斯写道：为了在格林尼治进行康复的年仅15岁的爱德华六世国王的利益，让水手们穿上蓝色制服，爬上海船上的绳索。[11]然而，这次探险是在卡伯特没有参与的情况下组织的。与亨利七世和亨利八世在这方面的活动相比，教会和国王的软弱是该股份公司建立的一个关键因素。对于伦敦来说，这些海船就是一场盛会，展现了市民的团结，这就像1510年仲夏时节亨利八世在齐普赛街（Cheapside）参加的庆典一样。1539年之后，这样的活动就被禁止了。[12]伦敦市长约翰·格雷欣爵士（Sir John Gresham）在1548年，也就是卡伯特到达的前一年，重新举办了这样的盛会，这些海船更戏剧性地展示了伦敦商人超越君主成就的能力。他们从德特福德

（Deptford）皇家码头建筑群起航，该码头是由亨利八世于 1513 年建造的。但这些海船是为长途贸易而设计的，并非为浅海沿岸作战建造的，它们一定使皇家海军的战船显得过时了。即使是在造船业扩张的 16 世纪 40 年代，英国海军在"英吉利海峡和爱尔兰海"所使用的航行技术依旧是（测量水深的）探通术和"海岸线平行航行法"（望向海岸线），确保英国海军在波罗的海以南和比斯开湾以北航行。[13]

在过去的一个世纪里，伦敦为这样的变化奠定了基础。大规模的造船业、印刷业和其他新兴工业都使股份制公司的出现成为可能。行政官员对伦敦相关数据的搜集日益增多，以及建造了更多的基础设施——无论是道路和供水系统，还是救济院和医院——都促进了新型市民机构的出现以及行会之间的合作。这段较长的历史有助于解释在修道院解散和亨利八世死后，出现的新型市政机构涌现的现象，尤其是感化院监狱（Bridewell prison，1553 年）和四所医院的建立——基督孤儿院（1552—1553 年）、贝特莱姆精神病院（1547 年）、圣·巴塞洛缪医院和圣·托马斯医院（1551 年）。[14] 尽管在 1549 年，伦敦的人口以及市政与财政资源或许已经到达了一个转折点，但布里斯托尔和普利茅斯等西部港口在很多方面似乎更具活力。16 世纪五六十年代，伦敦仍然由外国商人主导——强大的汉萨同盟和意大利商人群体，而冒险商公司几乎只与西班牙控制的安特卫普有贸易往来。

　　值得注意的是，"中国公司"是一个超越城市中各种行会和政府机构的企业组织。这家公司拥有超过 200 名投资者，有时被称为"公司"，有时则被称为"公会"，实际上它是由契约式合伙关系组建的。与安特卫普进行贸易，他们采用了同等比例的股份，没有任何类似于与安特卫普进行贸易的冒险商公司持有的公司特许状。[15] 尽管卡伯特当时从西班牙经由布里斯托尔抵达伦敦，但他还是得到了伦敦市长乔治·巴恩爵士（Sir George Barne）和治安官威廉·加勒德（William Garrard）的支持——两个人都是杂货商行会的成员。卡伯特的这家股份公司中也有一些贵族和宫廷的投资者［如休·威洛比（Hugh Willoughby）就是一名骑士］，但四分之三的投资来自伦敦商人，尤其是那些不直接参与城市大宗商品——羊毛呢绒——贸易的同业公会成员。在安特卫普的英国呢绒价格和需求出现波动的时期里，以及当西班牙通过白银获取财富、葡萄牙通过香料获取财富开始显著改变大陆的交易行为时，在"多次共同商谈与会议"之后，"一些严肃的伦敦市民，以及那些为国家利益着想的人，开始反思怎样才能补救呢绒价格下跌带来的损失"[16]。伦敦市民们的这种新的"自我思考"方式从根本上涉及一种新的共同思考方式，标志着城市历史的一个重要转变。

[33]

[34]

　　爱德华和枢密院本来可以给卡伯特的"中国公司"颁发一

份特许状，就像 1552 年颁给布里斯托尔冒险商公司的一样，但他们并没有这样做，这可能反映了当时政治甚至宗教情况的不稳定性。与塞巴斯蒂安的父亲约翰在"纽芬兰"（Newfound-land）持有特许状而进行探险不同——据传闻，在那次探险中，约翰同时插上了英格兰和威尼斯的国旗，而"中国公司"最初并没有提出领土征服或传教活动的声明。[17]爱德华确实写了一封介绍信，探险队的领头人休·威洛比和理查德·钱塞勒（Rich-ard Chancellor）将这封信译成了拉丁文、希腊文和"多种其他语言"随身携带，但这封信是写给"世界上所有国王、君主、统治者、法官、总督，以及所有拥有同样尊贵地位的人"。爱德华用相当平实的术语描述了商人的职能，即把"好而有利可图的东西"转移到"广阔"的市场，从而营造出"每个商人都力图满足所有人"的互相依赖的氛围。[18]这种相互满足的观念是一种城市道德，在接下来的一个半世纪里得到了见证，这种道德源于"社会"本身的契约基础，以及在缺乏（本国）君主直接支持的情况下与外国君主签订贸易协议的需求。

1553 年 5 月 9 日，距"中国公司"的船队起航不到两周的时候，一份《航行至中国的原定方向条例》（*Ordinances for the direction of the intended voyage for Cathay*）值得人们关注。[19]这表明，卡伯特和他的投资者明白，航行到中国需要一种全新的实践，卡伯特称其为"世俗性"。水手们需要规范他们的行为，这

"不仅仅是为了向上帝表明他们的职责和良知……而且是为了节俭且世俗的政策和公共福利，所以你们要尽力满足投资者们的期望，因为他们付出了巨大的代价，才使你们的装备如此精良"[20]。制定条例的那些人认为，任何航海活动都将涉及多方面的交换，而不是只会遇到单一的主权实体或商业可能性。对于一个商人群体来说，长途贸易依赖沿着航线建立的交换关系，并且通过谨慎的行为避免潜在的争议和冲突。

[35]　"中国公司"的航行不会像哥伦布或塞巴斯蒂安的父亲约翰那样，宣扬宗教和王朝的权威，而且投资者明确规避这种与贸易有关的危险主张。该特许状刻意回避了亨利八世改革后在伦敦出现的宗派问题。卡伯特下达了严格的命令："不要向任何国家泄露我们国家的宗教状况，而要默默地回避它，不作任何声明，就好像容忍你们即将抵达之地的法律和仪式。"考虑到卡伯特本人与信奉天主教的西班牙和威尼斯的关系，以及当时英国在宗教问题上的冲突和不确定性，"我们的国家"与"中国"一样都是不确定的。在伦敦，空荡荡的宗教场所犹如纪念碑，代表着基于"迷信"而共同占有的财产有可能被没收。16世纪四五十年代，面对着1553年7月爱德华（六世）去世后围绕着简·格雷以及之后玛丽继位带来的不确定性，保障从事贸易的行会与伦敦公司的财产所有权的法律，使得所有权的延续可能成为王室特权。甚至在爱德华六世统治初期的1547年颁布的立

法——确保公司与行会免予财产被没收——也暗示了这些关于"免予没收"的表述发生变化的可能性。[21] 由于其特殊的目标和翻译实践，在一定程度上，"中国公司"需要从宗教以及宗教争论中展示出前所未有的独立性。该公司的第一次航行所处的特殊历史时刻使情况变得更加复杂——尤其是在 1553 年 5 月，当时简、玛丽和伊丽莎白就继承权问题发生了争执。这也与西班牙和葡萄牙更为激进并富有争议的宗教政策形成了直接对比。1552 年，耶稣会传教士方济各·泽维尔（Francis Xavier）在中国沿海的一个小岛上去世。据传闻，在他从印度到日本的旅行中，皈依基督教的人数比保罗之后的任何时期的人数都多。

当地区之间的首次交换充满着极端不确定性，并且涉及与主权和宗教相关的翻译时，这次交换对于卡伯特来说变得尤为重要。

由于我们的人和船或许在他们（外国人）看来都是奇怪的、令人惊奇的，我们也是这么看待他们的：要考虑如何利用他们，尽可能地了解他们的性格和脾性。通过某些个体，正如你要么吸引他们，要么把他们带到你的船上，从而能够使你对他们有所了解，其间没有暴力或强迫，没有女人被诱惑，或被要求失节，抑或欺诈。 [36]

在没有达成共识的情况下，人们之间的集体性的翻译——"他们的"和"我们的"——就必须由个体的"社会角色"（persona）所替代。任何人——无论有何宗教偏好或者公民身份——都可能在这一角色中发挥作用，其中可能涉及一种双重的隔阂，即双方都可能表现出"奇怪的、令人惊奇的"的神态。因此，商品本身就成为翻译欲求的主要场所，卡伯特明确建议把遇到的外国人灌醉，以"了解他内心的秘密"，并希望他们可以"引诱他人前来展示商品"。与此同时，通过隐喻性的友爱习俗（"兄弟般的爱"）和礼仪，公司的雇工们会将自身的想法隐藏起来。对国外习俗表现出的"轻蔑、嘲笑和轻视"，必须通过"谨慎的细心，加之亲切礼貌"的方式来缓和。

上述策略是否应该以不同于马基雅维利以及卡斯蒂廖内（Castiglione）的意大利宫廷道德来理解呢？这里的道德指的是《君主论》中体现的世俗掩盖和机会主义，或者廷臣、使节以及外交家的礼节准则，斯蒂芬·格林布拉特将其称为文艺复兴时期的"自我塑造"。[22]"社会角色"毕竟是一种罗马的修辞，字面意义源于伊特鲁里亚人的剧场面具，但通常是指像朱文诺（Juvenal）一样的讽刺作家作为一种伪装而使用的声音。但卡伯特作为"中国公司"管理者的"社会角色"，源于他有将各式各样的权威和知识资源整合为一个公司角色的能力，其中不仅有掩盖宗教动机的可能，而且还能翻译人们不熟知的事物。在这个意义上，公司"条例"的"社会角色"是基于一个群体内部和群体之间互不相关的身份的理念，这表明了翻译不仅在伦敦与亚洲之间，而且在伦敦水手和商人之间也是根本必要的。

最重要的地中海遗产不是源于宫廷生活，而是来自贸易实践。塞巴斯蒂安的父亲早年在热那亚和威尼斯工作，其中包括与亚历山大、贝鲁特和麦加等马穆鲁克布尔吉王朝（Burji Mam-luk）城市的商人进行跨文化的康曼达契约式的交易活动。根据米兰驻伦敦使臣的说法，约翰·卡伯特了解到阿拉伯人不知道香料的种植地点，但"商队从遥远的国家带着这些商品来到他们的家门前，商队说这些商品是从其他偏远地区带过来的"。这些商品经过"转手"传递，最后接收它们的是那些"面朝西方的北方人"。15世纪90年代的布里斯托尔航行是为了"在伦敦建立一个香料仓库，它要比亚历山大那里的仓库还要大"[23]。亨 [37] 利七世时期的海关登记簿——不幸的是，伦敦和布里斯托尔的海关登记簿残缺不全——记录了（外籍）居户（denizens）和外国人之间达成的诸如康曼达契约式的伙伴关系。自1480年以来，通过利用15世纪50年代以来葡萄牙人对"七城之岛"① 的猜想以及（外籍）居户赞助的冰岛捕鱼航行，布里斯托尔已经成为一个探索中心，同时是搜集、翻译书籍和手稿的中心。但

---

① "七城之岛"实际上是布雷顿角岛，位于今加拿大新科斯舍省东北部。

在亨利七世统治的最后几年，约翰·卡伯特的航海遗产逐渐消失殆尽，加之葡萄牙和法国的水手们开发出了外滩群岛（Outer Banks）的鳕鱼场以及从事毛皮贸易的潜力，其水平都要比布里斯托尔高。[24]

与此同时，16世纪初，在英国的大部分地区，除了像布里斯托尔这样对北海捕鱼业有特殊需求的地方，行会式的团体利用其权力关闭或阻止康曼达契约式的经营及其衍生产品进入英国。伦敦的英格兰冒险商公司（Fellowship of Merchant Adventurers of England，成立于1407年，1505年获得特许资格）在这方面具有代表性，该公司的前身（雏形）是垄断羊毛贸易的商栈商人公司（存在于1240—1260年）。[25] 事实上，英格兰冒险商公司将总部设在安特卫普，在那里决定布料价格并谈判货币兑换。公司通过这座城市的关系网和（翻译）实践有效地将翻译事务外包出去。[26]

因此，卡伯特的公司有着真正独特的干预手段——它先后借鉴了来自意大利及地中海与亚洲贸易的诸多翻译实践，这在伦敦的商人圈里几乎没有先例。与此同时，卡伯特使用了"准虚构式的中国"（quasi-fictive Cathay），开辟了一个巨大的潜在的翻译和贸易空间，这远远超出了大多数伦敦商人和宫廷的野心。股份制公司诞生的核心包括三方面的问题：如何在城市内部的商业与宗教派系之间进行转化，如何在拥有行会成员身份的市民与像卡伯特这样来自欧洲其他商业城市的（外籍）市民之间进行转化，如何将区域性的欧洲背景转化到与亚洲商业城市有来往的一系列更广泛的关系中。这种将股份抽象化的公司是上述转化的理想形式，它使投资者成为平等的参与者，并使公司尽可能地与教会、国王关注的宗派和王朝问题分离开来。正是"中国公司"奠定了一种既不同于教会和国王，又不同于用十字架和旗帜索取土地的价值观可能性，实际上，这一价值观存在于交换网络之中。

[38]

实际上，1553 年从英国东北部出发到达中国的旅程是一个记载了意外和灾难的故事。然而，"中国公司"及其探寻中国的故事都是不确定的。只有以理查德·钱塞勒为船长的爱德华·博纳文图尔号抵达过俄国，停靠在白海的北德维纳河（Northern Dvina River）上。其他海船的船员，包括休·威洛比爵士，都冻死在科拉半岛（Kola Peninsula）的摩尔曼海岸（Murman coast）上。钱塞勒收到了前往莫斯科的邀请，他在那里会见了伊凡四世（Ivan IV）。1552—1556 年，罗曼诺夫王朝在南部征服了喀山汗国和阿斯特拉罕汗国，粉碎了解体很久的蒙古帝国的残余势力，这使莫斯科大公国得以进入整个伏尔加河和里海地区。钱塞勒把莫斯科描述为虽然没有伦敦富裕，但面积很大，控制着广阔的领土，他还特别询问了其与中国可能存在的联系。[27] 理查德·伊登是英国印刷时代第一位重要的旅行作家，也是伟大的航海宣传者。1554年夏天，钱塞勒回国后，理查德·伊登采访了他。钱塞勒解释道，"莫斯科大公"（或"俄国沙皇"）曾说："所有的基督教世界国家都不可能想象去往中国的航行是如此的方便。沙皇可能补充道，（前往中国的）东北航线将比葡萄牙或西班牙的航线短得多。"[28] 因此，伊凡四世证实了有关中国古老手稿和印刷术的故事，从而使得这些故事在俄国拥有一种全新的真实性以及一套全新的、可能的关系网。

伊凡的这番话说服了信奉天主教的玛丽女王和她的西班牙丈夫菲利普——也就是1554年7月带着一大群随从抵达英格兰的西班牙国王——于1555年2月向一家伦敦长途贸易公司颁发了第一份特许状。约翰·洛克（John Lok）曾在1554年10月离开伦敦前往几内亚，并于次年春天带着黄金、胡椒、象牙和五名奴隶回国，但他没有得到任何回报，因为西班牙人菲利普对向加勒比地区输送奴隶丝毫不感兴趣。与（"中国公司"的）《条例》不同的是，王室特许状赋予公司传统的君主和天主教的权威，从而能够"征服和占领所有他们发现有不忠行为的城市和其他类似的地区，使他们成为国王和王后的封臣和臣民，同时将这些地方的统治权和司法权永远交给王室"[29]。即使菲利普作为英国国王没有实权，而且特许状表明英国会像安特卫普一样成为西班牙帝国的附属国，但他和玛丽仍然出人意料地支持了这一计划。其目标似乎是将卡伯特的公司重新转变成一个传

伦敦：塞尔登地图与全球化都市的形成（1549—1689）

统实体。钱塞勒在第二次前往俄国的航程中未能生还，但沙皇的使臣奥斯普·内佩贾（Ossip Nepeja）在返程后把钱塞勒的遗体送回了伦敦。1557 年，也就是卡伯特去世的那一年，玛丽和 【39】 菲利普（事实上在 1556 年 1 月的时候，他也是西班牙的菲利普二世和勃艮第公爵，但在他父亲退位后，菲利普仍然住在伦敦）正式致函伊凡，以确认商业关系，并要求保证英国商队安全到达波斯。[30] 这激励了拥有新式且简短名称的俄国公司的诞生。尽管菲利普和玛丽试图收编这家莫斯科公司，但是这家公司及其持有的特许状后来普遍成为英国长途贸易公司的基本范式。[31] 与此同时，尽管这家公司从来没有到达过中国，但是它却擅长在迥然不同的基督教主权国家之间——俄国、英国、西班牙和勃艮第——建立一套极其复杂的翻译体系。它开启了英国通过俄国与波斯的萨法维王朝和布哈拉汗国达成契约关系的可能性，安东尼·詹金森（Anthony Jenkinson）在伊丽莎白统治初期曾到达过这些地方。

重新界定译者

16 世纪中期的伦敦充斥着关于翻译行为的高度地方化以及重视宗教的争论，而且卡伯特与西班牙和威尼斯的联系使其不得不小心行事。在 16 世纪的欧洲，大多数翻译的基础都是宗教动机，而非来自经济领域——这体现了一种履行上帝话语的期望。在来英国之前，卡伯特在为查理五世印刷的地图左上角描绘的"天使报喜"形象就体现了这种动机。"中国公司"在首次航行过程中携带着一封来自虔诚的少年国王爱德华六世的信和托马斯·莫尔的《乌托邦》，都是基督教式的且充满人文主义精神。这在信中有所表现："每个人都试图去满足所有人。"翻译是为了颂扬真言（true word），正如卡伯特地图中突出描绘的玛丽亚的"天使报喜"与"颂歌"。好的译者就像威克里夫经常引用的《但以理书》第5章第16节所说的那样——"解释疑难"，从而打开并照亮未看见的世界。[32] 然而，如果翻译承载了很大的希冀，同样承担着极大的风险。16世纪四五十年代，在伦敦、牛津和剑桥，对语言、制度和权威进行恰当的翻译——如《祈祷书》——成为焦点。在这样一个充满正义的环境中，值得注意的是，无论怎样，一位西班牙—威尼斯之间的叛逃者的探索计划吸引了人们的注意。

[40] 　　直到1553年，当卡伯特为公司撰写《条例》时，涉及宗教问题的翻译在伦敦出现了分歧。最著名的是1535年至1546年与剑桥改革有关的温和人文主义者的斗争。他们对翻译来自德国的新教思想持开放态度，同时希望限制这种做法对教会或王国制度带来的影响。剑桥造就了一代在卡伯特公司中拥有举足轻重地位的人物，包括游记作家理查德·伊登。[33] 这一群体普遍经

伦敦：塞尔登地图与全球化都市的形成（1549—1689）

受了 16 世纪中期瞬息万变的王朝变动和宗教动荡，从而在日益重要的枢密院与王室内府（Royal Household）中占据主导地位。此外，他们支持安特卫普的多语言学术文化以及英国乡绅与跨海峡呢绒经济的联系。这些人文主义者不断地传播此类思想观念。例如，伊登在《新世界的数十年》（*Decades of the New World*，1555 年）一书中，翻译了葡萄牙人文主义者达米昂·德戈伊斯（Damiao de Gois）关于埃塞俄比亚和拉普人（Lapps）的论述，反映了基督教释义更广泛的争论。莫尔的第一版《乌托邦》（1551 年）的英译本——同业公会为了公众利益而支持这本著作——同样提供了一幅关于"人群、城市与市镇"的全球网络愿景，其中"不仅在他们自己中间、他们与边民之间，也在他们与外国商人之间，都有着络绎不绝的交流，其间充斥着各种商品与讨价还价"。[34]

[41]

但几乎从 16 世纪 40 年代以来，在教会和大学内部出现了强大的保守派，他们一致反对这些温和的人文主义者。斯蒂芬·加德纳（Stephen Gardiner）就表现出了一种英国"天主教的"正统观念——这种观念帮助没有权势的菲利普当上了英格兰国王。但是矛盾的是，加德纳却提倡王权高于教会，并为了尊重更多的地方传统，而对翻译加以限制。他所信奉的是伦敦城里最古老的天主教。在 16 世纪 20 年代的伦敦城内，有着超过 100 座教区教堂、1 座大教堂以及 39 座修道院，由此可见这是一个有着街区忠诚（neighborhood loyalties）的极具地方性的世界，此处的忠诚强调地方性价值高于人文主义以及商业的世界性。[35] 甚至托马斯·莫尔的晚期作品，特别是《慰藉驳斥苦难的对话》（*Dialogue of Comfort against Tribulation*）一书——这本书是莫尔于 1534 年在伦敦塔中写成，但直到 1557 年才得以出版——可以用来支持加德纳的观点，以反对城市中更多的人文主义作品，如使安特卫普的世界主义暴露出诸多弊端的《乌托邦》。在一系列贬低"世俗"的言论中，莫尔警告"不要因为如此之多微不足道的事情把我们的思想散播到国外去"，并建议"把我们的思想从对所有世俗的尊重幻想中抽离出来，把我们的信仰聚集到一间狭小的房间里"。[36] 对于加德纳来说，此处"狭小的房间"指的是"王在议会"，这与萨默塞特的博学的人文主义者议会（learned humanist Parliament）或后来的红衣主教雷吉纳尔德·波尔（Reginald Pole）的博学教会有着重大区别。与莫尔后期的忏悔作品一样，加德纳试图避免翻译和"世俗幻想"的问题。[37] 保守派对任何译著都保持高度质疑——无论是来自德国的新教书籍，还是来自地中海的天主教学者的著作。

在抵制人文主义者和保守派的同时，激进的新教徒出现了，尤其是在伦敦阐释或宣扬真理的牧师中，他们不把翻译看作一种解释，而是会讲多门语言的人所体现的福音派范式。他们拒绝天主教和新教中的人文主义者姿态，进而构建一种更为广泛

　　　　　　　　伦敦：塞尔登地图与全球化都市的形成（1549—1689）

和宽容的欧洲智力文化。为了支持把《圣经》翻译成英语，他们很少强调翻译或解释自身的实践，并将（翻译）与"神职人员的谋略"以及教会的调解联系起来。对于他们而言，人文主义者和像加德纳这样的保守派天主教徒在运用语言方面都显得"老谋深算"。[38] 这些激进的新教徒支持圣像破坏和拆卸圣坛。1549 年，汉弗莱公爵的焚书行为似乎是为了安抚这一群体而做出的努力。这些激进的新教徒还攻击天主教徒或者"异教徒" [42] 对圣像和仲裁的"东方式"偏爱，其缘由是担心国王盲目崇拜圣像所带来的同化影响，特别是王朝的更迭和变成民族混杂的古亚述城市这样的影响，但像加德纳一样，他们主要关心的是自治问题。[39] 威廉·廷代尔（William Tyndale）的英文版《圣经》具有一定的影响力，其部分原因就是他的译本用"阐述者"的直接引语取缔了"解释者"的拉丁语。该译本的第一版是在科隆和沃尔姆斯印刷的，由约翰·罗杰（John Roger）使用 16 世纪 30 年代中期安特卫普的迈尔斯·科弗代尔（Myles Coverdale）的译本完成。在英国，廷代尔的版本仅以"大圣经"（Great Bible，1539 年，到 1541 年译本修订了 6 次）的名称出版。真实预言的直接引语是对话语的阐述与宣扬，胜过了翻译的译文，因而不必担心由人文主义者和地方主义者设置的翻译上的学术限制。

卡伯特的团体来自城市中的第四派别，这些人愿意坚守他们的宗教观点，以回避此类当地的翻译问题。对于他们来说，通货膨胀、货币贬值以及与安特卫普之间呢绒贸易产生的问题，都推动翻译向更加激进的方向发展，其方向偏离了欧洲和基督教人文主义语言的标准范围。通过卡伯特的关系，这一团体已经准备好与中国人以及更直接的俄国和萨法维帝国进行贸易。有些自相矛盾的是，玛丽信仰的极具普世性的天主教——与菲利普二世的西班牙以及红衣主教波尔这样的教皇制度改革者有着直接的联系——证明了第四派别的幸存是富有成效的，就像伊丽莎白早期存在的更激进的新教与天主教西班牙之间的关系所体现的模糊性。翻译的处理手段必定是双向的——既要对翻译与解释坚守自己质疑的、本土宗教的观点，又要认可在一个不同语言构成的世界里充满着神圣（宗教）语言的复杂传统。换句话说，翻译不仅是语言之间的转化，还是两种不同文化之间的碰撞与交换。但是，如果任何个体与机构在从事翻译方面都无法让人们信任的话，那么谁又可以做这项工作呢？抑或做些什么呢？

为了解决这一疑问，卡伯特和他的支持者们提出了一种"社会"或"公司"的理念。为了赋予该理念以价值，他不得不将"公司"与对中国的外部交换与翻译的价值观念联系在一起，中国在他看来是一个未知但并非幻想的目的地。奥利弗·威廉姆森（Oliver Williamson）认为，以公司为基础达成契约的关键是"互相之间有着持续不断的利益",而非各自内部法律或者契约结构的合理性。从传统意义上讲,这预示着臣民和国王之间的关系,正如约翰·卡伯特至少在一定程度上与亨利七世构建的关系,或者更为常见的做法是通过行会会员身份获得公民权。与此同时,这也适用于像曼德维尔爵士这样的朝圣者和教会之间的关系。以卡伯特的公司为例,之后的黎凡特或东印度公司是更具代表性的实例,卡伯特的公司被界定为翻译的中介者角色。[40]

马可·波罗和约翰·曼德维尔爵士表达的"社会角色",在界定参与交换关系方面仍保留着重要的谬见,他们二人以中国的大可汗作为亚洲翻译的典范。但这些"社会角色"都是由在教会权威下工作的基督教朝圣者阐述的。在公司的《条例》中,卡伯特塑造了"虚构的社会角色"(persona ficta)这一宗教人物形象——他能够以教会的名义解释和翻译权威,并作为一个中间人(interpres)——在价格与欲望之间进行调解的中间人——回归拉丁语词源。

虽然调解者在亚洲贸易中作为中间人仍占据重要地位,但是在信奉基督教的欧洲的许多行业却消失了,这通常是由于1290年至1656年实行的将犹太人驱逐出伦敦等明确政策所造成的。作为一个机构性的调解实体,"虚构的社会角色"是中世纪教会解决跨越主权空间的翻译、组织自治以及随时间而来的持久性这几个相互关联的问题的方法。"虚构的社会角色"是由辛尼瓦尔德·菲耶斯基（Sinibald Fieschi）提出的，他成为教皇英诺森四世后，于 1245 年至 1247 年发布诏书丰富了这一概念的含义，在面对神圣罗马帝国皇帝、拜占庭人、穆斯林、蒙古人以及教会高级神职人员自身的关系，以及 1245 年里昂大公会议的"五伤"（five wounds）的挑战时，这一概念巩固了教会的权威。因此，"虚构的社会角色"的创设与关于中国的最早的故事和蒙古人的到来相吻合，蒙古人曾于 1241 年入侵了波兰和匈牙利。1245 年，英诺森四世派遣方济各会修士加宾尼（John of Plano Carpini）和波兰方济各会修士本笃（Benedict the Pole）作为特使前往忽必烈的宫廷，大约比从威尼斯出发的马可·波罗一行人①早了 15 年。加宾尼的大部分文本都涉及一个实际问题，即如何通过乌克兰的译者将英诺森四世的拉丁语信件翻译成蒙古语，而且这些信件明确地提到他们是教皇的代表，即使团（legate missi）②。根据英诺森四世的构想，教会是一个团体，而且就其本身而论，在波埃修斯（Boethius）看来，教会就是一种虚拟形象。基于其权威，它可以创造一个虚拟人物，一个虚假的或法律上的"人"，一个既可以翻译，又可以利用它的威名掌控局势的人。[41] 创造出任何一个类似的虚拟形象都依赖于教会的

---

① 包括马可·波罗本人以及他的父亲和叔叔。
② 罗马教皇的使节团。

　　　　　　　伦敦：塞尔登地图与全球化都市的形成（1549—1689）

权威。这就是为什么约翰·卡伯特特地同时插上一个十字架和一面旗帜，以作为其重新确立统治权的一种方式，他把教会神圣而可译的权威与国王有限的统治权相结合。亨利八世宗教改革造成的一个问题是此类调解人的消失。耶稣会的建立和后来在玛丽统治时期作为教皇使节的雷吉纳尔德·波尔的出访，都是天主教教会解决这一问题做出的努力。 ^[44]

　　虚拟人物的法律虚拟①已经赋予整个中世纪文学流派以灵感，在这些流派中，有像马可·波罗或者约翰·曼德维尔爵士这样的半虚拟式人物，他们以权威人物的形象启程，与非基督徒的封臣们展开谈判，这都不会危及小说家或读者的心灵。[42] 马可·波罗讲述的整个故事框架是由比萨的鲁斯蒂谦（Rustichello）在热那亚的一所监狱中设计的，因此即使这件事是真实的，但这个监狱故事显然也是虚构的。曼德维尔的故事也有一个框架设计，这个故事发生在伦敦西北部约 25 英里的圣奥尔本斯（St. Albans）修道院，据说游侠骑士曼德维尔坐在那里撰写了回忆录。从根本上讲，曼德维尔回忆录里的中国之旅是关于城市之间关系的传奇故事，特别是城市或者城市中的场所作为交换地点，而不是作为基督教社群的一个集会点。[43] 就像马可·波罗的记述和约翰·卡伯特来自麦加的报告一样，它包含了这样

---

　　①　指在法律事务中为取得良好效果所拟定的某种虽有可能，并无真实依据，但仍可被采纳的假设性推断。

一种思想：一连串的城市和商人，在没有任何权威支配一切的情况下，把亚洲的商品源源不断地"翻译"到欧洲。更确切地说，让威尼斯和热那亚凭借自己的实力变得富有的商品和价值观念都来自中国。因此，亚洲的城市网络代表了一种可供选择的强大的价值体系，挑战了基督教城市的普遍主张。

卡伯特通过公司这一媒介试图扭转对世界的中世纪式理解，并意识到"中国"是宗教和世俗［1493 年教皇对西班牙和葡萄牙的捐赠以及随后的《托德西拉斯条约》(*Treaty of Tordesillas*)］遗产之外的空间。购买股份的伦敦商人既没有得到土地信托意义上承诺的回报（约翰·卡伯特赠予其合伙人以岛屿），又没有得到君主确保的王朝特权。相反，他们在削减交易成本并以最合理的价格进行交换的承诺中获得了一份股份，即在亚洲和欧洲这两个普遍而独特的交换体系之间的转换中获得了股份。因此，这些"条例"颠倒了莫尔对英国乡村中封闭的乡绅与伦敦商人从事的安特卫普呢绒贸易之间看似牢不可破的关系的理想化批判。另一个世界可能是一个没有财富的理想之地。正如一些乡绅后来试图索取涉及爱尔兰或弗吉尼亚的领土。相反，这是一个彻底交换的世界，在这个世界里，任何愿意在股份公司中购买股份的人都可以规避诸如冒险商公司这类行会对当地的控制，以及伊比利亚半岛上强权的全球主张。

接下来要做的就是证明卡伯特所宣扬的独立价值体系（中

［45］

国）是真实存在的，而不是被虚构出来的。1553 年 6 月，即在
爱德华六世去世前几周，受卡伯特公司的鼓舞，第一部重要的
英国宇宙志文献在伦敦出版，它试图证明亚洲存在独特的贸易
和交换体系。正如理查德·伊登的副标题所表明，它不是一部
综合性的宇宙学文献或旅行文集，《新印度与其他新发现的土地
和岛屿的论著》(*A treatyse of the newe India with other new founde
landes and islandes*) 编译了巴塞尔学者塞巴斯蒂安·明斯特拉丁
语《宇宙志之书》(*boke of universall cosmographie*) 第二版的一
章（1552 年）。最有可能进入伦敦书店的明斯特的畅销书是
1550 年或 1551 年的拉丁语版——1544 年第一版是德语版，之后
的 1550 年版是拉丁语版。[44] 插图丰富的德语版《宇宙志》(*Cos-
mographia*) 是其最初流行的版本，（巴塞尔：1544 年版、1545
年版、1546 年版、1548 年版以及随后的版本），但 1550 年的拉
丁语译本，以及之后的 1552 年、1554 年和 1559 年的版本是这部
作品在欧洲流行的关键。16 世纪，超过 5 万本德语版复制本和 1
万本拉丁语版本以及 5 个法语版本同时流通。明斯特希望他的
书能传播到德国所有的城市，因此他小心翼翼地删除了任何可
能被视为对西班牙或天主教普世主义进行批评的内容，但葡萄
牙人文主义者达米昂·德戈伊斯甚至在《宇宙志》第一版出版
之前就在鲁汶提出了很多异议。[45]

　　伊登的印刷商是非常虔诚的安特卫普新教徒斯蒂芬·米尔

德曼（Stephen Mierdman），他在 1550 年搬到伦敦后获得了一份
生产新教小册子以及"雇用英国和外国的印刷工"的特别许可
[46] 证。[46] 但伊登并不希望整幅图景都像帝国时期的德国城市，甚至
是德国新教人文主义者所设想的那样，也不希望地图引发任何
辩论。伊登的翻译更具针对性，主要来自明斯特的第五部著作
《亚洲宇宙志》（De Terris Asiae Majoris）。尽管没有得到教会明确
的许可，但是通过提及《地理志》（periegesis）中古典的、普世
的思想或者络绎不绝的朝圣活动，明斯特——以斯特拉博
（Strabo）以及马可·波罗（的著作）构建自己的思想——还是
试图消除翻译的痕迹。伊登基本略过了明斯特对斯特拉博（著
作）的大量引用，而是以"中国地区"和印度西部之间的关系
开篇，这两个地方被描述为截然不同的贸易和朝贡体系。[47] 实际
上，伊登是在剖析宇宙志。

　　伊登的选择展示了一条连接印度洋商业中心城市的环形路
线：亚丁、霍尔木兹、古吉拉特邦的哈姆巴特（Khambhat in
Gujarat）、耶那迦罗（Vijayanagara）、坎努尔（Kannur）、科泽科
德（Kozhikode）、斯里兰卡、德林达依省（Tanintharyi）、孟加
拉、缅甸、马六甲、苏门答腊、婆罗洲、吉雅瓦（Giava）以及
大小爪哇岛、马达加斯加和桑给巴尔岛。阿拉伯、波斯和古吉
拉特商人从 9 世纪开始就开辟了印度洋的环形航线，他们使用
点对点式罗盘方位角，从斯里兰卡顺流穿过，抵达马来半岛

　　　　　伦敦：塞尔登地图与全球化都市的形成（1549—1689）

（用航行天数来描述），之后顺着南赤道洋流，从苏门答腊和爪哇之间的巽他海峡穿过马达加斯加北部和桑给巴尔岛。从瓦斯科·达·伽马开始，葡萄牙水手们就雇用来自印度洋、中国南部和爪哇海域的领航员，跟随这些领航员掌握这些传统航线。根据伊登的说法，"土耳其人、叙利亚人、阿拉伯人、波斯人、埃塞俄比亚人、印度人"，以及跨地区的葡萄牙人和中国人都使用印度洋的贸易体系，但是在东亚，中国等国都有自己的贸易体系。他将（印度洋的贸易体系）翻译为"卓越的"（Superior）或"高地印度"（High India），这一区分动摇了葡萄牙人对东印度群岛所有贸易的要求。

在东方，两个印度地区即高地地区和低地地区通过贸易相互影响，但作为经济体系，两个地区仍然是分开的。特别一提的是，纸币使中国在经济实践中变得与众不同，而印度洋上的穆斯林—葡萄牙航线与中国的附属国没有直接的联系。上述两大印度地区也允许伊登思考如何挑战奥斯曼（土耳其人）对地中海和红海统治这一问题，伊登认为不是通过与葡萄牙和西班牙帝国的联盟解决问题，更不用说采纳他们的普世概念，而是通过与作为文化和政治实体的波斯和中国建立联系，这两个国家明显主导了该区域的海洋贸易体系。 [47]

1555 年，随着菲利普二世即将加冕为英格兰国王，政治上讲究务实的伊登认为，"再没有比与中国的大可汗和波斯的苏非派"结盟能"更好地解决土耳其人的骚乱了"[48]。可以说，基督教人文主义者的观点与伊登相同，因为这是逃避根植于希伯来语、希腊语、拉丁语以及阿拉伯语的翻译争论的一种方式。

宇宙学说的崩溃

卡伯特非常了解同时代欧洲在宇宙学方面的争论和成就。他是知晓西班牙在美洲、葡萄牙在中国南方海岸活动的最新数据的少数欧洲人之一。例如，卡伯特的地图表明，他熟知福建省厦门附近的一座岛屿，1541年葡萄牙人曾经来到这里进行贸易活动。这是地图上众多岛屿中的一个，16世纪40年代，葡萄牙人与日本等国的少数渔民、商人和海盗进行非法贸易和合作。16世纪20年代，皮莱资（Tomé Pires）组织的使臣遭到禁令与囚禁。[49]但是在伦敦，1544年和1549年版本的卡伯特地图不仅翻译了西班牙和葡萄牙的地理知识，而且也揭示了伊比利亚人公司①的界限与边际。

现存的唯一一份卡伯特的印刷地图是在1544年后的某个时间完成的，最有可能是1548年在安特卫普或纽伦堡印刷的，同时附带了一本拉丁语小册子。克莱门特·亚当斯要么重新刻印

① 即伊比利亚半岛上的两个国家：葡萄牙和西班牙。

了这幅地图，要么于1549年在伦敦用一套修改过的旧图版复制了一份，但除了一套带有题字的新版印刷抄本，没有完整的伦敦地图副本留存下来。[50] 卡伯特还把另外两张地图的原稿分别寄到了白厅（Whitehall）和塞维利亚，其中一张可能是1544年的原版地图。现在遗失的白厅地图——其中包括一幅卡伯特的肖像，最后被放在了私人画廊中。16世纪晚期和17世纪初，汉弗莱·吉尔伯特（Humphrey Gilbert）、理查德·威尔斯（Richard Willes）、塞缪尔·珀切斯等人都看到过这幅地图。[51] 大多数伦敦人最熟悉的是这幅地图的印刷版，而非原稿版本。16世纪80年代，卡伯特的地图仍然是伦敦商人和投资者眼中的典范，这将一种历史方向感赋予了这座不断成长的大都市。[52] 通过卡伯特，伦敦的商人们在拥有英格兰或伦敦城地图之前，就已经拥有了自己的世界地图。

泰勒（E. G. R. Taylor）对都铎王朝时期地理认识的发展所作的论述表明——这一论述堪称经典且仍被人们广泛接受——由于缺乏机构和宫廷的支持，16世纪初及中叶的英国地理学和宇宙学应该被看作对条理清晰的大陆理论和实践的一系列模仿。[53] 伦敦没有与西班牙或葡萄牙印度贸易中心（casas）类似的中心机构，因此它不得不依赖迥然不同的翻译实践，进而引进来自巴塞尔、迪耶普、塞维利亚、里斯本、威尼斯等欧洲城市的航海家和宇宙学家为其工作。卡伯特的地图表明，与早期那些专注于特定航线或狭窄海域的贸易行会相比，股份制公司在航行和宇宙学技术的翻译方面有着更为复杂的认知需求。由于大量缺乏英国领航员，所以人们不得不全部翻译这些知识，早在莫尔的《乌托邦》中，见多识广的伦敦人就已经将这些事情作为讽刺的对象。[54] 但是，当卡伯特在地图上为北美和中国之间留下一大片空白区时，他涉及了一个同时代欧洲印刷匠竭力掩盖的问题：欧洲知识的有界性和最为重要的主权问题。

[49]

卡伯特的地图被明确地设计成一个技术对象，而非简单的呈现对象。地图上有众多的注释和说明性文字，可以被用来构建某个研究项目。此外，地图还包括卡伯特所作的独特的纬度和气候体系的使用说明，这个体系曾因政治问题而被西印度交易所拒绝使用。[55] 1541年，在查理五世的委托下，关于沿海地区地理标记的丰富目录完成了，这个目录效仿了墨卡托和弗里西斯的地球仪（的做法）。年轻的约翰·迪伊（John Dee）于1547年将上述目录首次带到了剑桥。在伦敦，卡伯特的地图使此类的知识和技术工作得到了更广泛的应用。卡伯特曾计划在塞维利亚出版这样一幅带有丰富地理标记的地图，并于1541年与印刷商拉扎罗·诺伦伯格（Lazaro Noremberger）和加布里埃尔·米歇尔（Gabriel Miçel）签订了合同，但之后很可能没有得到查理五世的批准。1544年版的地图——其中包含了查理五世的信笺饰章——或许是在安特卫普再次获得支持的一种尝试。1544

伦敦：塞尔登地图与全球化都市的形成（1549—1689）

年，墨卡托作为一名异教徒被囚禁了数月，这表明此类工作存在潜在的危险。卡伯特给出了沿海地区引人注目的细节，如加勒比地区、南美洲和中美洲、非洲、印度洋和东南亚——被西班牙和葡萄牙所熟知的地区，以及包括许多西属美洲殖民地的太平洋海岸，其中包含的地区名称远远超过弗里西斯能够接触到的，也许是弗里西斯认为自己列出的地点已经足够详尽了。因此，在没有标明位置的情况下，墨卡托出版了地图的第一版，并在守旧的、充满新教徒的伦敦提供的安全环境中再次出版了该地图。[56]

在宫廷里，卡伯特的地图与挂在白厅里的一幅由佛罗伦萨地图绘制者吉罗拉莫·维拉扎诺（Girolamo Verrazano）绘制的地图形成了最直接的竞争，这幅地图是在 1527 年赠送给亨利八世的，当时维拉扎诺的兄弟乔瓦尼（Giovanni）正在为弗朗索瓦一世（Francis I）探险北美海岸。尽管亨利八世在婚姻和宗教问题上遇到了困难，但在 1543 年与苏格兰和法国的战争中，查理五世成为英格兰的忠实盟友。人为的英法联盟已经慢慢地过时了。维拉扎诺的海图对东亚地区的描述尤其模糊，不严谨地将众多岛屿置于越南和广东省的海岸以外，以此来界定中国的南部海域，这甚至明显比 16 世纪 20 年代麦哲伦之后的葡萄牙人和西班牙人所了解的要少得多。法国人想要通过所谓的维拉扎诺海（Sea of Verrazano）获得通往中国的通道，这片海域是乔瓦尼在 1524 年看到的北卡罗来纳的外滩群岛内侧水域。这片海——
后来启发了沃尔特·罗利（Walter Raleigh）——对在巴塞尔广
泛流行的明斯特世界地图起到了重要作用，因为它成为胡格诺
派、加尔文派、英国圣公会（Anglican）甚至英法联盟的希望所
[50] 在，他们希望以此挑战伊比利亚人在亚洲贸易中的主导地位。
针对这种与特定王朝和宗教联盟有关的思索，卡伯特的地图表
明需要对前新教时期文本中不确定的象征图示作进一步的研究。

　　自从 1511 年葡萄牙人到达马六甲以来，他们就一直忙于航
海，与爪哇和马来人制图师以及广州和福建的商人进行合作，
从而绘制出相对详细的东南亚商业中心位置的地图。就像第三
章讨论的塞尔登地图一样，这些东南亚地图显示了由航行时长
（"更"或"表"）、指南针方位和太阳运动测量确定的航线。
这些路线为港口之间的航行、躲避暗礁以及了解洋流和风向提
供了精确的方位。[57]1511 年，在入侵马六甲期间，印度总督阿方
索·德·阿尔布克尔克（Afonso de Albuquerque）虏获了一张由
爪哇制图师绘制的海图。该海图——受到了伊斯兰和中国绘图
法的影响——展现了从葡萄牙和巴西到中国台湾和琉球群岛途
中的一切（航海）细节，其中包括"中国人和琉球岛上的人的
航行情况、海船遵循航线和路线的方式、腹地以及地区之间的
界线"[58]。1512 年，这幅地图在一场海难中丢失了，但阿尔布克
尔克在写给国王曼努埃尔（Manuel）的信中说道，他让弗朗西

斯科·罗德里格斯（Francisco Rodrigues）把地图中东方的部分从爪哇语翻译成葡萄牙语，国王由此可以"真正看到中国人和琉球人来自哪里，以及到达富有金矿的丁香岛、盛产肉豆蔻和豆蔻香料的爪哇岛和班达岛、暹罗国王的领地的航线，再有就是海船驶向航线尽头的中国要遵循的航向，地图已无法让他们航行得更远"[59]。随着塞尔登地图的发现，人们才清楚地认识到，上述地图信息是如何被翻译成葡萄牙语的航海指南和航迹图，最终变成欧洲宇宙学家出版的概述。

其中的一个例子是南海的西沙群岛（万里长沙）复杂的暗礁和岛屿地区，一些人将这个地区称为万里石塘。事实上，这些划分基于对这些岛屿的现代分类，并显示出一种基于多条航线——大多数欧洲地图直到19世纪才采用这种方法——进行理解的复杂性。这些岛屿以简化的形式出现在卡伯特的地图上，正如中国航海文献对其的记载，这种记载早于欧洲人。[60]

西沙群岛是由14世纪的中国旅行家汪大渊所描述的，据说他前往的地方远及60年后郑和到访之处。卡伯特地图中的四条航线清晰地保有了西沙群岛的区域。

这些岛屿也为更广泛的东亚航行提供了方向性线索，因为它们在塞尔登地图上的定向路线中显示得格外清晰。卡伯特地图上的标识错误地指出了一条通过西沙群岛到达琉球群岛或琉球（Ryukyus）的航道，麦哲伦的水手曾描述那里是中国和马鲁古群岛水手们的聚会地。西沙群岛上方的另一串岛屿表明，沿着这些岛屿和暗礁上方航行会抵达日本，而日本就位于大可汗（Great Khan）王国的正下方。对于卡伯特来说，日本成为中国古老的陆路丝绸之路与葡萄牙通过翻译爪哇语和马来语绘制的东南亚航线体系之间的枢纽之地。葡萄牙人于1556年进入澳门之前，未能在中国建立合法的贸易或传教团，甚至在卡伯特即将完成他的地图时，葡萄牙人在澳门都会被监禁和惩戒。

因此，像伊登一样，卡伯特进行了摘译——剖析了普世的宇宙学以及德国城市或西班牙和葡萄牙的航海中心绘制的地图。他也保留了类似西沙群岛的图像，这些图像可能在改变上述宇宙学的争论中是重要的。对于卡伯特来说，航行远远不是纯粹抽象的和数学意义上的，而是始终在标志性地理结构之间联结并且转化——这些结构已经流传下来，并且通过多种传统而得到翻译，其传统体现在把中国图像学翻译成爪哇语，爪哇语的版本又被翻译成葡萄牙语，葡萄牙语的版本又被翻译成西班牙语，最后西班牙语版本被翻译成英语。在不同语言之间，图像作为航海图案一直保存了下来，甚至在这种比喻已经变得晦涩的时候，亦是如此；卡伯特地图和葡萄牙人的地图不再直接使用图像技术。尽管《世界地图》（*Mappa Mundi*）上有着各种地图标识物，人们也为了将位置的数据与经纬网格联系在一起做出了一定的努力，这种方法与在印度洋和东亚的航行实践仍有着相似之处，在这两个地区，依据诸多信号物、指南针方向以及船只瞭望的距离，确定了交通繁忙的航线。

卡伯特是如何学会把这些图层放在一起的呢？在15世纪90年代和16世纪初的布里斯托尔冒险旅行之后，1512年，卡伯特先是去了西班牙，在罗伯特·威洛比（Robert Willoughby）手下做制图师，奉亨利八世之命尽力支持斐迪南二世（Ferdinand Ⅱ）对抗法国的战争。亚美利哥·韦斯普奇（Amerigo Vespucci）在塞维利亚死于疟疾，而卡伯特通过在布尔戈斯（Burgos）的联系人，设法取得了西班牙海军上校的职位，隶属于西印度交易所。1519年，就在年轻的国王查理一世成为候选人的一个月前，当时正值伊比利亚人就"南方之海"或太平洋的主张引起争执开始引发冲突的时候，卡伯特成为一名航海家。[61] 西班牙的贸易中心是在葡萄牙模式的基础上发展起来的，并且这两个组织都将知识整合到一个绘制地图中心数据库中——这里说的组织是指1507年之后的葡萄牙皇家机构（Padreo Real）或西班牙皇家登记处（Padrón Real），以便策略的统一行使。[62] 西班牙人在1527年8月后将其名称改为皇家总登记处（Padrón General）。[63]

[53]

从思想上说，卡伯特的地图延续了麦哲伦之前的基本世界图像，这些图像出自伟大的西班牙航海家马丁·费尔南德斯·德·恩西索（Martin Fernandez de Enciso）于1519年在塞维利亚出版的经典著作《太阳赤纬地理志》（*Suma de Geographia*），这与卡伯特成为西班牙航海家发生在同一年。[64]恩西索书中的很多内容都是对球体的一种延伸和抽象思考，即里卡多·帕德隆（Ricardo Padrón）所称的"新抽象文化"的人工产物，在麦哲伦、科尔特斯和皮萨罗之前，恩西索的书展示了西班牙与东亚之间确定关系的唯一可能性。[65]但是1511年葡萄牙围攻马六甲时，麦哲伦把一名马来语翻译作为奴隶带了回来，这名翻译还为西班牙人构建了1519年著名的环球航行中对东亚路线的认识。与马来人的接触以及葡萄牙人的经验是这些岛屿一直被称为"蒲牢"（pulao）的原因之一，而"蒲牢"现在则指已经遗失的马来绘图传统。从1523年开始，在麦哲伦船队的剩余船员回国后，卡伯特与这次环球航行的制图师迭戈·里贝罗（Diogo Ribeiro）一起工作。葡萄牙人里贝罗被任命为交易所的仪器制造者和宇宙学家，而卡伯特地图上对中国南部的详细描述部分来自他与里贝罗及其制图家族共同工作的成果。

1524年4月，卡伯特和里贝罗都参加了巴达霍斯（Badajoz）的军政府，从而决定葡萄牙是否可以对马鲁古群岛拥有主权，西班牙最终在1529年签订的《萨拉戈萨条约》（Treaty of Zaragoza）中放弃了该群岛。[66]与卡伯特不同的是，里贝罗在幸存的1529年版地图中——在西班牙以外以手稿的形式流传（幸存于罗马和魏玛）——给苏门答腊南部和暹罗湾以外的地区留下了大量可制图的空白。他确实效仿了恩西索的做法，将中国

伦敦：塞尔登地图与全球化都市的形成（1549—1689）

和马鲁古群岛与亚洲其他地方相分离，因此它们出现在地图的西部而不是东部边缘，就像它们在卡伯特地图上显示的一样。所有的这些意图都通过麦哲伦证实了西班牙的主张是正确的。

卡伯特没有西班牙探险航行计划的直接经验，但他看到了一个使其海图工作具体化的机会，他把交易所的领航员训练工作交给阿隆索·德·查维斯（Alonso de Chaves，1528年后成为皇家宇宙学者），并将绘图工作交给了里贝罗。1526年4月，卡伯特"为了探寻世界极西之地（Tharsis）、俄斐（Ophir）和东方的中国"离开了西班牙。卡伯特从布里斯托尔招募了两位英国人——亨利·拉蒂默（Henry Latimer）和罗杰·巴洛（Roger Barlow）。在1527年至1528年这一短暂的时期中，卡伯特仍在海上，罗伯特·索恩（Robert Thorne）试图让亨利八世对卡伯特的努力感兴趣，他在塞维利亚给国王写信的时间，几乎与亨利八世向安妮·博林示爱的时间完全一致。[67] 但卡伯特没有找到一条通往东亚的捷径，也未能与任何主权国家进行一次简单的磋商。卡伯特确实在拉普拉塔河以及圣维森特体验到了极为多 [54] 元化的语言，圣维森特是葡萄牙人为进行美洲土著奴隶贸易而建立的一个据点。[68] 当卡伯特的探险队在拉普拉塔河以悲惨的结局告终时，塞维利亚和布里斯托尔的投资者们非常愤怒，其中包括巴洛的朋友罗伯特和尼古拉斯·索恩（Nicholas Thorne）。卡伯特因此被关进了西班牙监狱。

不久，卡伯特便被释放了。此时，他试图通过航海方法来弥补自己的错误，他提出了一种新的方法——在船上获取经度，这能够为西班牙在测量方面打下基础。对于这一方法，卡伯特在 1544 年版的地图上作了详细的文本注释。早在 16 世纪 20 年代，卡伯特就声称可以利用指南针的磁偏角和太阳赤纬进行航行，这与乔安·迪·里斯波阿（João de Lisboa）[①] 发明的技术类似。里斯波阿的体系建立在一个错误的假设上，即指南针磁极或磁偏角的位置变化与太阳赤纬有关。[69] 卡伯特于 1549 年在伦敦印刷的地图是用来说明这些想法的一种工具，自 1533 年以来，他一直使用网格或方格体系，该体系与迭戈·里贝罗 1529 年版的波特兰型海图（portolan-style）原图上的对角方位线（diagonal compass rose）和等角航线（rhumb line）截然不同。但是，卡伯特的意图并不完全是对更为古老的绘图体系进行翻译。托勒密的经纬网格可以直接解决已知和未知间的区别，因为新确定的地点被抽象的经纬网格相对化，所以需要系统地组织从许多来源收集到的航行数据。[70] 1538 年的竞争和 1545 年佩德罗·德·梅迪纳（Pedro de Medina）在西印度委员会（Council of the Indies）对卡伯特的诉讼，导致了波特兰型海图和经纬网格融合

---

　　①　葡萄牙探险家，于 1511 年至 1512 年左右探索过拉普拉塔港，可能还探索过圣马蒂亚斯湾（San Matias Gulf）。其代表作为 1514 年出版的《关于航海指针的论述》。

　　　　　　　　伦敦：塞尔登地图与全球化都市的形成（1549—1689）

形式的采用，以此作为交易所地图制作的标准，这降低了有关经度争论的重要性，而这正是卡伯特再次提出的观点的基础。[71]

正当卡伯特在塞维利亚的努力陷入困境时，伦敦商人和某些在宫廷中地位显赫的人文主义者开始表现出愿意摆脱对法国和伊比利亚制图知识的依赖的倾向，特别是在 1549 年之后，他们开始从与安特卫普的贸易中摆脱出来。16 世纪三四十年代，大多数英国水手参与的长途航行实际上都是从普利茅斯出发的，他们经常与迪耶普的胡格诺派领航员合作，这些领航员使用从葡萄牙和西班牙虏获的海图。这些商人在弗朗索瓦一世的支持下，在西非、巴西和加勒比地区进行非法贸易。[72] 从 1530 年起，由普利茅斯的威廉·霍金斯（William Hawkins）带领的数次几内亚和巴西的航行，直接受到了与迪耶普之间联系的影响，而 1540 年离开伦敦前往巴西的巴巴拉号（Barbara）上有 12 名法国船员，其中包括来自迪耶普的领航员罗伯特·尼科尔（Robert Nycoll）。[73] [55]

这些航行是通过地中海和北海技术的扩展使用来进行的——法国人和葡萄牙人在约翰·卡伯特的航行后开始采用了这些技术，并且当时对基本的大西洋洋流和风向都有了较好的了解。但是，随着政治和军事联盟在 1543 年和 1544 年转移到西班牙，这些与法国航海家的联合计划在政治上被认为是危险的，并且在亨利八世的晚年，枢密院开始寻找替代这种航海依赖关系的方法。1546 年，约翰·达德利——未来的海军上将莱尔勋爵，将法国宇宙学家尼古拉斯·德·尼古拉（Nicholas de Nicolay）和迪耶普领航员让·里博（Jean Ribault）带到了伦敦。16世纪 40 年代末，达德利可能还努力促使枢密院为卡伯特提供津贴。

直到 1550 年，随着安特卫普的呢绒市场陷入麻烦，卡伯特从一群西班牙、葡萄牙、法国和穆斯林领航员那里搜集信息，这些人都与地中海和大西洋世界存有联系，而且也都拥有航海技能，并有助于新航线的翻译。作为塞维利亚贸易中心的负责人，卡伯特无疑拥有经验和专业知识，这赋予了他一种权威的形象，但他在英国的实际做法并不依赖于此。[74]1550 年 11 月，卡伯特帮助管理安东尼·奥彻爵士（Sir Anthony Aucher）的一艘船。在布里斯托尔的罗杰·博德纳姆（Roger Bodenham）船长的带领下，他们在加的斯领航员诺比兹亚（Nobiezia）和另一名希腊领航员以及包括理查德·钱塞勒在内的新一代远途航行的英国水手们的帮助下，航行到了希俄斯岛（Chios）。1551 年，卡伯特的雇员约翰·阿尔戴（John Alday）准备乘坐"伦敦狮子"号（Lion of London）前往摩洛哥，但是由于他生病了，托马斯·温德姆（Thomas Windham）和两名穆斯林领航员接替他进行了两次出色的航行。1551 年和 1552 年，两名葡萄牙领航员与温德姆的远途航行最远到达了几内亚海岸，进行黄金贸易，但是他们未能到达尼日尔河三角洲（Niger Delta）进行胡椒贸易。1551 年初，里博和卡伯特据说被关在伦敦塔中，从而有时间为去印度群岛的航行制定计划。[75] 如果这是真的，那么塞维利亚和迪耶普的综合性专业技术在枢密院的支持下并没有得到体现，迪耶普和朴次茅斯私掠船队更为有限的野心，也没有创立任何与"中国公司"这种股份制组织类似的新奇的企业。

不管伦敦塔的秘密努力和多次试航的结果是怎样的，这的确对伦敦在西非和地中海的贸易产生了长期影响，通过印刷地图以及展示伦敦对多种新信息、新翻译以及新交流机构的需求，卡伯特已经对翻译的知识进行了一种不同的、更持久的公开整合。埃德温·哈钦斯（Edwin Hutchins）在《野外认知》（*Cognition in the Wild*）一书中关于海上航行认知方面的一个基本观点是，海上航行需要通过海图搜集而来的各种类型知识的叠加。[56] 对于哈钦斯来说，这就定义了海上航行的"计算能力"。因此，地图等认知型人工制品的计算能力并非来自方法论的正确性（指出了卡伯特的经度错误理论），甚至也不是来自其中的具体数据，而是来自作为"相互联系模式"（patterns of interconnectivity）的图表在一系列哈钦斯所称的"约束—满足网络"（constraint-satisfaction networks）中进行协调的潜力。[76] 卡伯特最大的优势似乎是他有能力始终将所谓的封闭式知识体系——宇宙志和特定的航海机构或学校——向其他从业者开放翻译，同时能够认识到普世的和帝国的主张的局限性。卡伯特的地图不仅吸引了伦敦的人文主义者，而且吸引了持怀疑态度的本地天主教徒以及更激进的新教徒，更不用说实际参与航行的商人和水手了。从这个意义上说，卡伯特是一名译者中的译者。

亚洲人的需求：新兴的白银流通

所有这一切最终留下了一个问题：为什么卡伯特凭借地图和"条例"就能成功地在伦敦筹集到资金，并构建了一个更持久新颖的翻译实践体系——与在伊比利亚的交易所、迪耶普，或莱茵兰等城市发展出的那些实践迥然不同？对于这个问题，卡伯特的制图师克莱门特·亚当斯给出的理由是"某些严肃的伦敦市民"改变了在长途贸易中获利就要冒险的看法，不再仅仅与安特卫普保持亲密关系。第一个理由是呢绒价格的下跌："我们的商人认为，我们周围的国家和人民对英国商品和货物的需求量很少，如今很多国家的人都不在乎我们的商品，因此价格下降了。"随着物价下跌和战争债务的增加，爱德华六世时期的枢密院无法筹措到足够的货币。因此就像亨利八世在统治后期所做的那样，枢密院继续实行货币贬值的政策。尽管这一政策并没有对呢绒出口造成影响，却导致了进口商品以及国内商品出现通货膨胀。这使得"中国公司"和当时进行的几内亚航行都致力于降低进口价格，并在 1549 年后面对安特卫普贸易的挑战时，通过创造需求来提高出口价格。当时的困境为艰难的翻译提供了新的动力。

但是，亚当斯提供了为该公司投资的第二个也是更重要的理由，那就是伊比利亚人长途贸易的显著的盈利能力。他写道： [57]"西班牙人和葡萄牙人通过发现和探索新的贸易和国家而获得了惊人的财富，他们认为这同样是获得类似东西的途径和手段，于是决定开辟一种新的航线。"[77]直到 16 世纪 40 年代，获得商品白银（西班牙）和亚洲贸易（葡萄牙）的收益，对于有领土野心的宫廷而言变得重要，对于没有领土扩张动机的私商来说同样重要。伦敦显然缺乏安特卫普以外市场的相关优质信息，尤其是亚洲的葡萄牙人和美洲的西班牙人进入的全球市场。正如肯尼斯·阿罗（Kenneth Arrow）所指出的："在非均衡的条件下，除了价格和数量，获取信息需要支付额外的费用。"[78]

历史学家对这一时期贸易变化的传统经济学解释，涉及亚当斯关于货币贬值和通货膨胀导致的地方不均衡的主张。从 16 世纪 40 年代开始，王室和枢密院频繁地利用伦敦与安特卫普之间的呢绒贸易，筹集对苏格兰和法国作战所需的资金。从 1542 年到 1551 年，亨利八世和之后在爱德华统治下的枢密院使英国的银币贬值。第一次贬值的尝试早在 1526 年就开始了，但从 1544 年开始，贬值的势头随着伦敦塔铸币厂的重组而增长。

1542 年的货币贬值使得在安特卫普用呢绒交换银币变得更加困难。但是，这一局势却推动了用克尔赛（kersey）粗呢——英国最便宜的成品呢绒，在这一时期取代了"短"、"长"呢绒布——换取奢侈品的进口贸易。从 1549 年开始，枢密院试图通过新的银币贬值、套汇和利率协商的方式，与安特卫普进行博弈。枢密院的这些举措对于 16 世纪 40 年代晚期呢绒出口创下新高产生了直接的影响，但随着时间的推移，利润逐渐减少。[79] 与此同时，从 1544 年开始，英国王室开始积累大量外债，用以在安特卫普市场上购买银器和军需品。从 1549 年到 1551 年，随着萨默塞特公爵爱德华·西摩（Edward Seymour）用越来越少的英国银币为英格兰与苏格兰的战争买单，与安特卫普的交换条件也急剧贬值。安特卫普的银币卖家（bullion sellers）愿意以 2%～5% 的利率为英国王室提供贷款。即使这一利率要比给神圣罗马帝国皇帝的贷款利率还要优惠，但英国王室还是深深地陷

[58]

入了更深的债务体系。[80] 1551 年货币的大幅增值严重地破坏了政治和商业关系。尽管 16 世纪英国面临呢绒出口总体停滞的局面，但英国呢绒商人还是恢复了元气，这主要是因为 1552 年汉萨同盟在伦敦的"钢院"（Hanseatic Steelyard）失去商业特权后，生意被英国商人接管。[81]

在伦敦与安特卫普的关系"危机"中，人们提出了两个基本的解决方案。其一是由剑桥人文主义者托马斯·史密斯

（Thomas Smith）提出的，他被亨利八世任命为钦定民法讲座教授（Regius Professor of Civil Law），也是伊登和塞西尔的导师。在爱德华六世的统治下，史密斯成为枢密院大臣，后来又成为两名国务大臣之一（1548 年 4 月）。1548 年夏天，他的首要任务之一就是在布鲁塞尔会见查理五世，以恢复英国在安特卫普的贸易特权。大约也是在同一时间，卡伯特也开始谋求在伦敦的职位。当卡伯特准备出版地图时，史密斯在 1549 年撰写了《论公共福利》（*Discourse of the Commonweal*，1581 年出版）一书，其主要内容是一位骑士、一名博学的医生、一名商人、一个农夫和一名制帽人（代表工匠）之间的对话。[82] 对话从抱怨频繁圈地开始，但商人把讨论的话题转移到"所有东西普遍缺乏"上，特别是进口商品。这些进口商品满足了英国制造业的大部分需求，并表明圈地（尊敬的托马斯·莫尔）不可能是造成"危机"的原因。然后，骑士和农夫就通货膨胀问题展开了一场辩论。博学的医生也参与进来，并认为进口商品价格上涨的原因是英国货币并非"商品"。在对话的时候，骑士和农夫都认可无法对价格进行有效的控制。对于史密斯来说，解决"危机"的办法是保守的，即放弃萨默塞特的政策，通过恢复货币的"以往汇率和质量"，从而真正恢复以往的"公共福利"。[83] 然而，这种解决方式并没有实行，1552 年 6 月，作为枢密院代言人的爱德华六世威胁伦敦市长和市参议员，如果他们无法控制"不合理的物价"，将要收回他们的自由权（liberties）。[84]

托马斯·格雷欣（Thomas Gresham）——他在之后建立伦敦交易所（成立于 1565 年，1571 年改为皇家交易所）的过程中发挥了重要作用——提出了一种替代史密斯保守主义的切实可行的方案，即脱离欧洲大陆的债务关系，在伦敦创建一个金融市场来筹集资产。1546 年，高利贷法案的废止促进了伦敦借贷业的发展。从 1552 年开始，格雷欣任职于枢密院，在玛丽统治时期和伊丽莎白统治初期，格雷欣作为王室在安特卫普的代理人玩弄复杂的套利游戏，以此让宫廷摆脱债务关系。王室会向安特卫普的商人冒险商公司借钱，以换取英国货币的信用（promise）。冒险商们把羊毛送到安特卫普，在那里他们把卖羊毛所得的金银付给国王的代表（从 1553 年起，格雷欣担任此代表）。然后，格雷欣用这笔钱付清在安特卫普的王室债务，并根据浮动的汇率进行更多的贷款。除此之外，白银和一些黄金会被运回英国，并在伦敦塔铸币厂铸造，国王用这种铸造后贬值的货币偿还商人。虽然这一体系在减少王室债务方面是有效的，但极为脆弱。如果商人大量出售呢绒，那么即使实行货币贬值，汇率依然会上升，英国的银币还是会流向安特卫普。这也意味着羊毛贸易的利润减少了，因为王室通过间接套利从中攫取了利润。1553 年 4 月 16 日，也就是卡伯特出航前的一个月，格雷欣写信给护国公达德利，说明汇率开始上升，因为英国商人卖

[59]

伦敦：塞尔登地图与全球化都市的形成（1549—1689）

了太多的呢绒，而较高的汇率可能导致英国的金银外流。格雷欣最初的建议是强化冒险商公司的学徒制度，让公司行事更像一个卡特尔，而不是个体。换句话说，他要限制参与安特卫普贸易的伦敦商人的数量。[85]

"中国公司"和股份制的组织方式颠覆了减少从事出口贸易的商人数量这一新兴策略。公司向作为股东的商人投资者广泛开放，把香料和亚洲奢侈品直接带到伦敦，以降低伦敦对安特卫普呢绒出口的依赖，并减轻安特卫普汇率方面的压力。由此，伦敦应该更像是一个从事各种交换和翻译活动的亚洲商业中心，而不是为了自身货币的价值依赖一个更大的帝国。1553 年，在"中国"／"俄国"公司的投资者中，有几个投资者具有在安特卫普筹措贷款和套利的背景，事实上这类投资者几乎包括了所有在 16 世纪 40 年代末 50 年代初为王室筹集贷款的人（无论筹措成功与否），如托马斯·格雷欣及其叔叔约翰·格雷欣爵士、约翰·戴默克（John Dymocke）、威廉·丹塞尔爵士（Sir William Dansell）和克里斯托弗·道恩西（Christopher Dauntsey）。在理想情况下，"中国公司"允许新公司引进商品用于向欧洲出口，以换取在全球销售羊毛，从而使得伦敦有能力掌控白银、香料与广泛的欧洲经济之间的关系，并使伦敦能够制定自己的利率和货币政策，尽管"中国公司"与德国、美洲的白银或西非的黄金没有直接的联系。安特卫普交易所是稍晚建立的格雷

欣和伊丽莎白皇家交易所（1571 年）的典范，但是"中国公司"是在伦敦第一家高度重视在全球范围内收集信息，并利用

[60]

各种可再出口的奢侈品来调解全球经济失衡问题的组织。

事实上，这种转变还有一个更普遍的原因，也就是无论对于伦敦还是全球而言，安特卫普制定的区域价格体系都不再是一个充分的信息来源。在某种程度上，该转变可以归结为这一时期世界众多地方人口的快速增长导致的区域市场的发展。[86] 此外，从 16 世纪 40 年代开始，大量的白银先后从德国矿场和新大陆流入欧洲，造成了大宗金属商品的流动。这种金属商品与具有相对固定的复本位制和三本位制比率（黄金、白银与更常见的通货铜、锡及贝币之间存有关联）的信贷市场形成了关联。一种著名的货币主义者的旧观点（可追溯到 20 世纪 30 年代）表明，白银供应是导致这一时期通货膨胀的一个原因。[87] 从 16 世纪 20 年代开始，德国和日本的白银繁荣和新的采矿技术，继之以 16 世纪 30 年代后期西班牙白银的大量进口，特别是 16 世纪 40 年代中期墨西哥和秘鲁新矿的发现，都开始满足明朝对白银的需求。[88] 从 1519 年开始，西班牙王室虽然在理论上控制了所有的白银，却欠了富格尔银团一大笔债务，因此王室将到达塞维利亚的大部分贵金属转移到布鲁日和安特卫普，以偿还贷款。出于这个原因，安特卫普在 16 世纪 20 年代超过布鲁日成为货币市场，1531 年安特卫普交易所扩张之后，情况更是如此。[89]1553

年，伦敦商人已经知道，安特卫普的几乎所有交易使用的都是来自美洲矿场的西班牙巴里尔银币（reals）。[90]

正如许多历史学家在过去20年里所指出的那样，上述这种说法的不足之处在于东亚对白银的需求是动态的。中国人、葡萄牙人、马来人、爪哇人、摩洛人、琉球人、日本海盗和散居商人，在南海和爪哇海域的活跃竞争以及合作的努力，也为伦敦摆脱对安特卫普的依赖创造了新的机会。15世纪初，明朝早期制造纸币的试验失败后，凭借强大的商人关系网，铜钱成为一种出口商品。由于缺乏足够的铜钱，造假者伪造了很多此类的铜钱，抬高了官方铜币对私人劣币的比值。因此，尽管大多数硬币和日常交易使用的货币都是由铜、锡和铁混合制成的伪币，但白银仍成为明朝的价值尺度和国库的基本储备。[91]16世纪20年代，对白银的需求最终刺激了日本人开始采矿，并在16世纪40年代将葡萄牙人吸引回中国。1540年，来自泉州和漳州的 [61] 福建商人开始与日本人进行白银贸易，但明朝政府对他们与日本倭寇或海盗的合作时常表示担心。[92]1543年，葡萄牙商船在来自南海的线人帮助下抵达日本，也开始参与这种白银贸易。巧合的是，这种白银贸易进行的时候，恰好西班牙人在波托西（Potosí，1545年）和萨卡特卡斯（Zacatecas，1546年）发现了银矿。从16世纪40年代晚期到17世纪40年代，不夸张地讲，著名的白银流通开始从日本、欧洲、美洲转移到中国。[93]

从 16 世纪 40 年代开始，随着白银逐渐成为全球的标准货币，此前存在于葡萄牙商人网之间的全球套利体系经历了深刻的变革。葡萄牙人筑有防御的商站（feitoria，1503 年在科钦、1509 年在第乌、1510 年在果阿、1511 年在马六甲、1515 年在霍尔木兹）在很多方面都是储存贵金属的枢纽，而这种储存严重依赖中国、马来西亚、古吉拉特邦和其他中间商的关系网。这些中间商擅长从欧洲、南亚和东亚货币体系之间的差异中获利。[94] 但葡萄牙王室对贸易的垄断需要筹集资金，用以航行和维护堡垒，为此，它将胡椒利润的一部分分给了银行业的辛迪加。1499 年，一家葡萄牙工厂从布鲁日迁到了安特卫普，1501 年，曼努埃尔在安特卫普有了代理人，以香料交换白银、黄铜和海军军备物资。1508 年，他与安特卫普的阿芙艾菲特（Affaitati）和古艾特罗蒂（Gualterotti）辛迪加签订了合同，以购买香料（胡椒、肉豆蔻、豆蔻、生姜、丁香）来换取贷款，从而通过西印度交易所的弗兰德商站（Feitoria de Flandres）购买贵金属和供应品。但在 1543 年，也就是亨利八世开始进行英国货币贬值的那一年，若奥三世（João III）再也不能按时支付贷款利息了。实际上，葡萄牙人在 1549 年关闭了他们在安特卫普的工厂，并开始在里斯本大量出售香料，以遏制贷款利息的损失。支付的问题直到 1554 年才得以解决，当时若奥为贷款事宜重新进行谈判，他中断了与阿芙艾菲特辛迪加的关系，并将香料交易完全撤出安特卫普。[98] 总的来说，像安特卫普这样的古老商业中心——与特定的帝国战略存在联系——见证了帝国权威的衰落，从而有利于一种更加分散、日益私有化或外包的全球贸易，这种贸易能够通过在不同关系网之间转化而减少出售白银的交易成本。尽管卡伯特的"中国公司"并没有明确计划出口白银，但它是在众多地区出现这种权力转移的早期例子，包括福建人、日本人、葡萄牙人在东亚的合作，以应对新兴的全球白银流通的需求。作为一家公司，"中国公司"的独特且明显虚构的一面恰恰源于这样一个事实：参与其中的人并不了解全球范围内正在发生的事情，但他们需要开发潜在的翻译机制。

直到 16 世纪，大多数在世俗方面自命不凡的城市，要么像安特卫普一样，是周边帝国控制下的商业中心，要么像北京或伊斯坦布尔一样，是被帝国圈起来的首都。1553 年后，伦敦开始有了不同的发展方向。股份制公司和制图策略——来自卡伯特的伦敦团体努力的结果——是保持开放以及翻译广泛的全球进程（直接或间接的）的机制。并非从英国或多个未知的亚洲地区简单地供应一系列商品，由于白银需求的拉动，该公司和地图证实了这些商业城市链的价值来源。国内的政治—宗教危机和全球范围内的白银流通的出现——这两种因素的混合，遏制了伊比利亚人向最高权力（imperium）的方向前进，并重新开启了亚洲商业城市之间航线网的议题。中国和其他亚洲国家的众多沿海港口城市需求的拉动，解释了卡伯特的团体为何能突破万难，不仅在 1553 年获得了达德利领导的新教枢密院的认可，而且在 1555 年获得了天主教和西班牙国王玛丽和菲利普的支持。亚洲的关系网和交换实践将伦敦的雄心推向了全球，这也是塞尔登后来重视他所拥有的地图的一个原因。卡伯特的公司和地图引进了翻译，这使得亚洲的经济、知识和语言成为伦[63] 敦这座城市未来成功的重要组成部分。

第二章　国家自治

　　卢修斯·弗洛鲁斯（Lucius Florus）在《罗马人的历史》（Historie de Gestis Romanorum）的结尾处记载了一个绝妙的事迹：由于罗马帝国声名远播，塞里斯人（我认为指的是中国人）派大使到罗马，请求建立友谊关系。马鲁古群岛和爪哇岛的国王们都渴望得到其陛下的宠爱，并希望能够与其人民通商往来，难道我们没有理由钦佩他们吗？日本和菲律宾的土著居民来到这里繁衍生息，他们适应我们的气候，说我们的语言，告诉我们他们东方国家的习惯，这难道不奇怪吗？

　　——理查德·哈克卢特写给弗朗西斯·沃尔辛厄姆爵士（Sir Francis Walsingham）的信——《16世纪英格兰国家的主要航海、航行和发现，使用指南针通过海洋或陆地，能够到达地球上最遥远的地方》，1589年11月17日，伦敦。收录于《敬献书信》（Epistle Dedicatorie）。【伦敦：乔治·毕舍普（George Bishop）和拉尔夫·纽贝里（Ralph Newberie），1589年】

　　汝往来者皆在吾梦中耳！

　　——《明儒学案》所记罗洪先（1504—1564）之语。

1588 年：解读伦敦的一份中国地图

伦敦的人口数量从 1550 年的 7 万人左右增加到 1600 年的 20
万人，它是一个经济日益复杂且多样化的繁华城市地区。然而，
这座城市仍然令人觉得没有扎实的根基且脆弱，到处都是来自
乡村和低地国家的移民和难民，到处弥漫着宗教紧张气氛，对
[64] 西班牙人的入侵充满恐惧。在 1588 年这个重要的年份里，托马
斯·卡文迪什在完成环球航行后，带着一幅明代中国地图、一
枚中国指南针、两名日本水手和三名菲律宾年轻人回到伦敦，
所有的人和物都是在墨西哥海岸附近的一艘西班牙船上俘获的。
这是来自中国的三幅重要地图中的第一幅——第二幅是塞缪
尔·珀切斯在 1625 年印刷的，第三幅是塞尔登地图。这些地图
都在伦敦塑造了关于东亚和全球贸易的观念。卡文迪什带回的
地图是确确实实可见的。它间接证明了，一直围绕在弗朗西
斯·德雷克周围的关于英国航海与发现的传言，以及推动西班
牙人和葡萄牙人在全球成功的力量：那些亚洲贸易城市的关系
网，尤其是人口众多的明朝，生产和出口从纺织品到瓷器的各
类商品，因此汇集了大量的白银。16 世纪最初 10 年中的葡萄牙
人和 16 世纪 60 年代的西班牙人，已经开始接触东亚的城市化，
或许这在英国可能令人不快，因为当时他们正在与前国王菲利

伦敦：塞尔登地图与全球化都市的形成（1549—1689）

普二世的复合君主国（joint monarchy）作战。16 世纪 70 年代，欧洲人或多或少知道葡萄牙人在中国的早期活动——包括 16 世纪最初 10 年的费尔南奥·佩雷斯·安德拉德（Fernao Peres d'Andrade）和托梅·皮雷斯（Tome Pires）①——遭到了中国官方的拒绝。[1] 在伦敦，出现了一种类似联省共和国的激励，人们希望看到伊比利亚人传达之外的东西，并以新的方式理解这个世界的政治地理。地图、指南针以及来自太平洋贸易世界的水手们提供了这样一个契机。

要想认识 16 世纪晚期的世界，就意味着要理解人口、主权和宇宙学方面发生的巨大变化，这种变化不仅由在伦敦拥有优势地位的哈克卢特所见证，而且也被他看到的罗洪先的地图所见证。罗洪先是一位明代制图师和哲学家。他绘制刊刻了中国现存最古老的地图集，即《广舆图》。1555 年左右，该地图集首次在江西刊刻。明斯特的宇宙学计划是在试图绘制德国莱茵兰各城市之间的关系时产生的，与明斯特一样，在 15 世纪明朝倡导的经济和政治变革开始在全球范围内产生影响的背景下，罗洪先绘制了地图集。[2] 尽管罗洪先的地图出自一种可以追溯到朱思本的元代（蒙古）《舆地图》的传统，但是他使用了更新

---

① 托梅·皮雷斯（1465？—1524 或 1540），葡萄牙里斯本的一名药剂师，他是第一个驻中国（明武宗时期）的欧洲国家（葡萄牙）官方使团的负责人，直至在中国去世。

的明朝人口普查数据和朝贡报告来编纂数据，其方式类似于安特卫普的地图集绘制者亚伯拉罕·奥特利乌斯（Abraham Ortelius）。但是当欧洲的宇宙学家专注于整理地名时，罗洪先则用更[65] 广泛的数字数据比较家庭数量、行政类别和军队规模。

《广舆图》标题中的"广"字具有"传播"或"扩展"的含义，这表明了向外扩展地图权威形象的愿望。此外，他在地图集中收入了日本和琉球群岛的地图。[3] 尽管罗洪先在宫廷中因派系斗争而被贬，被迫退隐，但在他的地图集第一版刊刻之后，又出版了一些新的版本（尤其是 1579 年版），由此而大量举债，他赋予了该书一种明斯特和奥特利乌斯一类人欣赏的身后之名。晚明时期，一代代商人以各种推广和改造的形式，使用这些与地图描绘的与城市关系网有关的人口普查数据，将其作为一种象征中国商业力量的宣传。

1588 年末，罗洪先地图集中的一张中国地图被运抵伦敦，恰逢英国及其被逐出教会的君主伊丽莎白侥幸躲过西班牙入侵，[66] 哈克卢特决定在他的新书中出版这些（地图）数据的译文。即使罗洪先的版本和哈克卢特的版本之间在某些地方出现了不一致，但仅是军队的数字就已经是惊人和精确的了——共有常备军7,923,785名，其中有454,728名骑兵和7,459,057名步兵（原文如此，精确的总数为7,913,785）。[4] 户数和士兵的统计数字同样精确，不仅显示了明朝商业的力量，而且反映了"财政—军事"国家背后的逻辑——国家是由收集的人口普查数据和税收收入支撑的。随着这张地图而来的是两名日本领航员，他们知道中国的航海指南针的使用方法，并向16世纪90年代伦敦的航海理论家们展示了它的技术要领。这些特别的翻译有助于促进16世纪八九十年代英国人对中国的认识，这是一个合理的、由数据支撑的国家范式，并且由具有准确实践知识的航海家所支持，而这些航海家能够为投机性活动奠定基础，包括1600年英国东印度公司的建立。

在这一时期，经过爱尔兰的血腥冲突和苏格兰玛丽女王的无情杀戮，"不列颠"的领土和王朝正在走向统一，这一过程类似于联省共和国及遥远的日本经历的激烈的暴力兼并。腓力二世的西班牙在所有这些"国家"的斗争中都扮演了重要角色，而这些斗争与世界上三个城市化进程最快的地区有关。对于伦敦而言，1588年不仅是抵制外部统治的关键年份，也是一系列交换的关键年份，正是这些交换为独立的国家或者民族，幻想一个存在于广泛的宗教宇宙论之外互动的世界奠定了基础。

16世纪八九十年代，作为一个城市，伦敦受到了比纯粹的人口和商业增长更强大的力量的冲击。在城市内部，股份制公司的数量迅速增加，它们提供了一种新的共同身份，从而有别于行会提供的公民身份。许多行会成员不再与其他行会成员住得很近，成功的伦敦人通常与不止一个行会有联系。理查德·

哈克卢特就是皮革商，这一家行会与俄国公司关系密切，但他在牛津大学的部分教育支出是由呢绒工人支付的。伦敦的印刷商们不断地促使地方乡绅把伦敦想象成一个知识和经济生活的中心，年轻人尤其喜欢居住在那里。[5]

与城市内部古老的行会和政治结构不同，城市郊区展现了更强的活力。向西望去，河岸街沿路的精美房舍激增——最有名的是威廉·塞西尔（William Cecil）的伯利宅邸（1560年）、罗伯特·达德利（Robert Dudley）的莱斯特宅邸［1575年，由罗伯特·德弗罗（Robert Devereaux）在1588年继承，改名为埃塞克斯宅邸］，以及沃尔特·罗利的达勒姆宅邸（1583年）。这些地方成为资助"大型科学项目"和政治阴谋的中心。[6] 向东望去，那些被禁止在城市中居住的贫穷的农村移民和激进的新教异议者，开始涌入斯皮塔菲尔德（Spitalfields），该地区因伪造硬币、胭脂虫红①这些东西而臭名昭著，然而沿着泰晤士河北岸，水手们和服务于蓬勃发展的造船业和海事供应产业的人们挤满了沃平（Wapping）、拉特克利夫（Ratcliff）和莱姆豪斯（Limehouse）地区。在整个伦敦东区，越来越多的法国、荷兰以及其他国家的水手、织工和工匠，将伦敦的语言、宗教和技术界限推向了新的方向。当罗利让托马斯·哈里奥特（Thomas

[67]

---

① 胭脂虫红是一种染料，主要用于给食物着色。

伦敦：塞尔登地图与全球化都市的形成（1549—1689）

Harriot）在达勒姆宅邸翻译曼蒂奥（Manteo）① 和旺奇斯（Wanchese）② 的阿尔贡金语（Algonquin）时，在伦敦东区的码头附近，人们能够发现越来越多更复杂的语言和宗教派别；伊丽莎白一世觉得有必要在 1596 年给市长寄去一封关于抱怨"黑人奴隶"的公开信。[7] 在泰晤士河对岸的南华克（Southwark）和班克塞德（Bankside）以及城市东部的肖迪奇（Shoreditch），娱乐产业在 16 世纪发展起来了，特别是著名的玫瑰剧场、天鹅剧场以及环球剧场，它们产生了许多与当时"英国"文化有关的东西。约翰·诺登（John Norden）③ 制作的 1593 年版"伦敦城地图"——以大约 1563 年版的更具价值的阿加斯地图（Agas map）④ 为基础绘制——几乎否认了这种新式城郊的发展，并试图用"十二公会"固定的饰章包围地图，构建了一个城墙内的伦敦，从而创造了一个稳定的、寡头政治的精英阶层（由他们决定市长人选）的形象。郊区和全球性力量慢慢地瓦解了伦敦这座古老的城市。也许更重要的是，这些新兴的力量取代了伦敦城内那些古老的力量。

德雷克和卡文迪什的航行具有巨大的象征意义，不仅因为

---

① 曼蒂奥是美国北卡罗来纳州达雷郡的一个小镇。

② 旺奇斯是美国北卡罗来纳州罗阿诺克岛上的达雷郡的人口普查指定地点。

③ 约翰·诺登（1547—1625），英国制图师、古物收藏家。

④ 伦敦木刻版地图。

他们获得了与麦哲伦同样的技术成就，而且在与西班牙战争的僵持以及伊丽莎白各种殖民计划不断失败的情况下，他们提出了一种切实可行的方法，以此奠定了英国的民族自治地位，并实现了其想象中的全球地位。这不是对帝国的渴望，也许除了具有统一不列颠群岛的有限意义，帝国的概念对理解这一时期所发生的转变没有什么意义。[8] 从经济上来说，德雷克等人的这些航行，可以替代伊丽莎白时代旨在控制从北海、波罗的海到地中海贸易的一系列新公司——随着伦敦对波罗的海谷物等大宗农产品的需求越来越多，在汉堡（1567—1578 年）、西班牙（1577 年）、伊斯特兰（Eastland）或波罗的海（1579 年）、黎凡特（1581 年）、巴巴里（Barbary，1585 年），冒险商公司在一个[68] 拥挤的领域里展开竞争，这可能导致贸易失衡。洪迪乌斯[69] （Joost de Hondt）① 于 1595 年绘制的庆典地图不仅显示了德雷克和卡文迪什的航线，而且图上的几处椭圆形标识（其中写有文字）表明，在太平洋上存在一个潜在的英国贸易网络，该贸易网络连接着西属加利福尼亚州上方的"新英格兰"（Nova Albi-

---

① 佛兰德斯雕刻师和制图师，有时他被称为"年迈的洪迪乌斯"，以区别于他的儿子洪迪乌斯二世。

on）① 和乔罗岛（Giolo）周围的群岛［包括特尔纳特（Ternate）和蒂多雷岛（Tidore）以及爪哇岛。"新英格兰"是罗利失败的罗诺克（Roanoke，归属弗吉尼亚州）殖民地的翻版，洪迪乌斯描绘了拉·佛罗里达（La Florida）和新弗朗西亚（Nova Francia）之间的北美洲东海岸。同样，德雷克和卡文迪什的南部航线取代了失败的迈克尔·洛克（Michael Lok）和马丁·弗罗比舍（Martin Frobisher）的"中国公司"（1577—1580 年）的东北和西北航线计划，他们声称在巴芬岛（Baffin Island）上有中国人和矿山。总的来说，在洪迪乌斯的地图上，太平洋似乎只是一个稳定可靠的商品来源，而爱尔兰内战、苏格兰的王朝阴谋、弗吉尼亚消失的殖民地以及针对西班牙的更广泛的掳获商船活动，使大西洋成为一个不确定的战争空间。

[70]

卡文迪什的"渴望"号（Desire）商船从普利茅斯驶往伦敦，驶过格林尼治，这艘船挂着蓝锦缎和标准蓝绸布的帆，与"中国公司"的出航遥相呼应，但是后者从未有过合适的返航线路。⁹乍一看，卡文迪什与德雷克等"私掠船船长"一样，是一个老练的掠夺者，有在西班牙帝国海岸制造恐怖的天赋。1587

---

① 新英格兰，也被称为新阿尔比恩（Nova Albion），该地是弗朗西斯·德雷克爵士在 1579 年为英格兰登陆北美西海岸时，所称的墨西哥北部大陆地区的名字。这种说法随即成了英格兰在整个美洲到大西洋沿岸进行殖民特许的理由，并很快影响了其在美洲大陆上的进一步扩张计划。

年 11 月，他沿南美洲海岸航行，烧毁了属于西班牙的 3 座城镇和 13 艘海船，包括正在返航的马尼拉大帆船——在卡波·圣卢卡斯（Cabo San Lucas）附近被俘获的 600 吨重无武装的"圣安娜"号（Santa Ana）。船上装有大量黄金，当时已经在马尼拉兑换成白银，这揭示了 16 世纪 70 年代发展起来的跨太平洋交换经济的本质——西班牙人从亚洲的大宗商品交易和估价不同的黄金、白银兑换中获利。卡文迪什带回了一份关于马尼拉的二手报告，其中称马尼拉是"一座没有城墙的城市，有三四间小木屋，一部分是木制的，一部分是石制的。他们的力量的确很薄弱：他们有一两艘小帆船"。如果说马尼拉的军事力量相当薄弱，那么马尼拉在商业上却取得了显著的成功，这是"一个盛产黄金和其他商品的地方"，每年有二三十艘来自中国的海船来到这里用黄金和其他商品换取从阿卡普尔科（Acapulco）运来的白银。最重要的是，黄金以"重量等价"的方式交换白银。[10]中国地图上标出的数百个城市表明了这些白银的去向。卡文迪什的报告将全球经济描绘成"商业的"而非"帝国的"——财富来自有利的黄金和白银汇率，也来自将大量商品运往欧洲等商品稀缺的地方。

正如卡伯特在大约 40 年前所建议的，参与到这样一个全球互动的世界中需要翻译。1589 年，理查德·哈克卢特首次印刷了卡伯特的《条例》。在描述卡文迪什带回的明朝地图之前，哈

伦敦：塞尔登地图与全球化都市的形成（1549—1689）

克卢特将一张由德雷克带回的爪哇语单词表翻译成英语，试图强调翻译的重要性。如果说伊登和卡伯特创造了伦敦在全球化第一阶段中极好的文化代表作，那么哈克卢特的《航海原理》（*The Principall Navigations*）则标志着第二阶段的到来。哈克卢特是一位牛津的人文主义学者和神学家，他的作品仿照了威尼斯人乔瓦尼·巴蒂斯塔·拉穆西奥 16 世纪 50 年代的著作，以及在意大利出生的西班牙历史学家佩德罗·马尔蒂尔·德·安格拉里亚（Pedro Mártir de Anglería）①（又名殉道者彼得·德·安格拉里亚）的《新大陆》（*De orbe novo*）——该书涵盖了从 800 年到 1589 年"英国人"航行的第一手资料。[11] 但哈克卢特的著作与拉穆西奥和马尔蒂尔的著作有着根本的区别，他试图定义一种国家的主权意识，用一种更稳定的边界意识来取代卡伯特地图上开放式的不确定性。与此同时，哈克卢特的著作也不同 [71] 于伦敦本地东方学家的戏剧和诗歌模式，不论是克里斯托弗·马洛（Christopher Marlowe）在《帖木儿》（*Tamerlane*）中对帖木儿帝国的戏剧化描写，还是埃德蒙·斯宾塞（Edmund Spenser）在《仙后》（*Faerie Queene*）中模仿居鲁士和波斯人的主张——其中，亚洲帝国的积极政策似乎提供了令人艳羡的统一模式，以对抗分散的中世纪君主国王权和爱尔兰内战。[12] 哈克卢

---

① 佩德罗·马尔蒂尔·德·安格拉里亚（1457—1526），英文名为"安格拉里亚的殉道者彼得"，在探险时代为西班牙服务的意大利历史学家。

特更关心通过技术成就（航海、航行和发现）而不是独裁者的成就，来确定地图界线和主权边界。正是在这些问题上，明朝系统地计算出了人口和军事数据表，从而展示了一个管理国民的新方法。

不管是受到时间和资源的限制，还是出于避免复制简单图像的明确欲望，哈克卢特并没有效仿塞缪尔·珀切斯的做法，后者在16世纪20年代重新雕刻了另一幅中国地图。相反，哈克卢特对卡文迪什地图数据的翻译——尽管可能是在日本水手的帮助下完成的，但很可能用的是西班牙语的译文——通过复制基于明朝人口普查的数据和行政分类，使地图恢复到前意象状态（pre-imagistic state）。[13] 这是迄今为止在欧洲出现的对明朝最为精确的统计，但其抄录的一些人口数字只是原数字的十分之一。因此，针对北京地区，哈克卢特在译文中写道："国王所在的大帕奎因城（The great city of Paquin），有8座大城市，18座小城市，118个城镇和城堡；它有418,789户人家向其纳贡，并有作战骑兵258,100名。"[14] 数字和分类出自罗洪先1579年版本的地图集，其中附带《北直隶舆图》（Beijing District Map），包括8个县府、17个属州、115个县，以及两个又州、一个属县，共118个县和418,789户人家。[15] 哈克卢特是要表明，明朝地图绘图的前提与奥特利乌斯在安特卫普绘制的地图集所呈现的西班牙绘图的前提有很大的不同。罗洪先的地图并非描绘这个世界的简单形象，而是通过收集数据，用图解释明朝的行政和人口结构。"数据"这个新近被引入但抽象的欧几里得的"给定"，拉丁文为 datum）概念，在 16 世纪七八十年代仍未被约翰·迪伊等几何学倡导者翻译成英语，但随着罗洪先的方法的出现，在全球化和地图编制意义上，该词在伦敦呈现了一种新的具体性。[16]

明朝向来擅长使用基于数字的人口普查和制图分类，因此很难翻译。然而，与早期葡萄牙人对这个封闭、对外界不关心 [72] 的国家的描述不同，哈克卢特等人表明了明朝是一个复杂的政治实体，该实体以一系列就边界的界定而进行的斗争为基础。与英国贵族和富有乡绅家庭一样，以税收为标志的宗族群体变成"大户人家"。行政区划（州）效仿了马可·波罗笔下的"城市"，就像伦敦一样。以明朝为中心的地理环境也需要同等的效力。罗洪先将他的地图和一份表格放在一起，这份表格描述了各类外国人和附属国——东部的朝鲜人和日本人、东南部的琉球、南部的越南、西南部的印度人和穆斯林、西部的突厥人和西北部的蒙古人。哈克卢特地图中的翻译分类与罗洪先有些相似之处——"鞑靼人"（北部，与俄国人毗邻）、"莫哥勒人"（Mogores）（莫卧儿人和乌兹别克人，西北部，并延伸至孟加拉）和"中国人"（一个与鞑靼人和莫哥勒人作战的战争领主，也许指的是帖木儿）。这些群体建立的王国，都"没有城墙的环抱"。罗洪先的印度地图以及明朝将印度视为一个附庸国的事实不复存在，但卡伯特和迪伊地图同样如此。越南的港口城市归仁（Qui Nhon）和会安（Hoi An），都用纬度标识，反映了西班牙人、葡萄牙人的制图风格，据推测，两座城市被驻扎在广州的数百艘舰船控制在中国的势力范围内。[17] 福建驻防的城市"监视日本人"，而贵州生产的武器则用来对抗"古吉拉特人"（"Jawes"），自1436年以来，云南西南边境局势不宁。这是一个被潜在的叛乱危险所包围的国家，但最终能够通过仔细跟踪其领土和边界状况的数据来保全自身。

在接触到卡文迪什的地图之前，哈克卢特曾委托罗伯特·帕克（Robert Parke）翻译了一本1585年由圣奥古斯丁修士胡安·冈萨雷斯·德·门多萨（Juan González de Mendoza）在罗马和马德里出版的书，即《伟大而强大的中国的历史和现状》（*Historia de las cosas más notables, ritos y costumbres del gran reyno de la China*）。这是一部温和的罗马天主教著作，反映了明朝的领土规模以及宏伟壮观的基本观念，作者使用了在马尼拉收集的大量中国文献。卡文迪什回国之后，该书于1588年以英语文本问世，比《航海原理》一书的出版早了10个月。然而，哈克卢特担心，由于罗马天主教徒和西班牙人的混淆，这本书可能会被证明是不可信的。当时，在罗马的英国耶稣会士罗伯特·博森斯（Robert Persons）支持由菲利普二世领导的对英格兰的

　　　　　　　伦敦：塞尔登地图与全球化都市的形成（1549—1689）

"十字军讨伐"，最终西班牙组建了一支无敌舰队。就在1587年2月天主教的苏格兰玛丽女王被处决之后，约翰·沃尔夫（John Wolfe）盗版的1587年意大利版和帕克的英文版都在伦敦印刷商之间重写了一段复杂的政治。[18] 帕克的译作——献给卡文迪什——颂扬了环球航行，称这种航行是和卡伯特一起在"三十五年前"开始努力的成果，当时，"那个年轻、神圣且谨慎的王子，拥有幸福记忆的国王爱德华六世"，为了摆脱地区性的经济困境，以及（神圣罗马）帝国、佛兰德斯、法国和西班牙针对伦敦商人的"恶意"和"蔑视"，"四处寻找中国"。但是，根据帕克的说法，现在是"避而不谈保卢斯·韦内图斯（Paulus Venetus）[①] 和约翰·曼德维尔爵士"的时候了，因为英国人开始着手汇集自己的数据了。[19]

[73]

　　然而，门多萨并没有收集数据，而是认为中国的主权依赖于汉语言的悠久传统，即官吏士大夫能够理解的文字。根据门多萨的说法，汉字在日本、琉球群岛、南圻[②]同样被使用，体现了一种儒家价值观的区域。在这方面，门多萨选择抄写三个汉字，而帕克以一种笨拙的哥特体的方式将其翻译成英语。三个汉字中的"天"和"地"，对应着宇宙万物，表明了一种可供

---

　　① 保卢斯·韦内图斯（1369—1429），天主教哲学家、神学家、逻辑学家和圣奥古斯丁玄学家。
　　② 主要指今越南南部地区。

选择的宇宙学和普世论，而"城"在扩展语言方面暗示着城市的重要性和更为普遍的城市结构。门多萨描述了明朝的教育机构和官僚机构，这些机构保留并推广了语言。对于门多萨来说，即使经过多层面的翻译，但明代作家仍通过语言的扩展展示了一种持久性的主权，这是一种适合拉丁文，更重要的是适合西班牙语的范式。门多萨在欧洲普及了汉语力量的思想，后来培根也顺便提到了这一方面，用以支持奥古斯丁和耶稣会会士在东亚翻译天主教的新兴战略。最终，在路易十四时期，"儒学"被引入了欧洲。

卡文迪什似乎对提高在东亚航海和进行贸易的技术更感兴趣，而非试图建立翻译中文语言的机构。卡文迪什俘虏了一群熟练的欧洲领航员，包括熟知太平洋航线的阿卡普尔科领航员阿朗佐·德·巴利亚多利德（Alonzo de Valladolid），以及曾周游中国和日本并了解本州丰富银矿的葡萄牙领航员塞巴斯蒂安·罗德里格斯·索罗梅纽（Sebastian Rodriguez Soromenho），他很可能就是拥有明朝地图的那个人。这也是带着"两个在日本出生的年轻小伙子"回来的明确原因，他们都能读写自己的母语。年长的小伙子大约 20 岁，名叫克里斯托弗（Christopher），另一个叫科西莫斯（Cosmus），大约 17 岁，两个人的能[74]力都很强，"两个人和卡文迪什一起航行，直到他去世"。两个出生在马尼拉的男孩子也会做同样的事情，而第三个男孩子成

伦敦：塞尔登地图与全球化都市的形成（1549—1689）

为弗朗西斯·沃尔辛厄姆的女儿埃塞克斯伯爵夫人（Countess of Essex）的仆人。[20]正如帕克在介绍门多萨时所建议的那样，他们可以"在我们第一次去那里时充当我们的翻译"。

卡文迪什的航行也表明西班牙人和葡萄牙人依靠穆斯林、中国和日本的领航员在亚洲海域航行。与哈克卢特有联系的牧师威廉·巴洛（William Barlow）也写道，他曾就东亚的指南针采访过一名来自京都的日本水手和一名来自马尼拉的男孩子：

> 他们描述的东西和我们的完全不同，这表明他们用的不是我们这样的指南针，而是一根比6英寸还要长的磁针，在盛满水的白色瓷土盘里放一根松木，将磁针插在根部。底部有两条横纹，代表四股主要的风向，其余的部分就独属于领航员的技能了。根据他们的报告，我做了一个试验，看看磁针在水里是如何运作的，结果证明效果非常好。毫无疑问，许多重要的海洋事务将因此变得更容易执行。[21]

巴洛的结论是，在葡萄牙人到来和指南针在英国得到普及之前，它就已经在印度洋和东亚被广泛使用了，因此指南针代表了亚洲港口城市原始的关系网技术。与此同时，巴洛还详述了瓦斯科·达·伽马雇用一名马林迪（"Melinde"，来自港口马林迪的讲斯瓦希里语的人）的领航员航行到卡利卡特（Calicut）

的故事，以及路多维哥（Ludovico di Varthema）对在马来人或中国人的帆船上使用指南针和"航海图"（carde）的描述——从婆罗洲航行到爪哇岛，卡文迪什显然也做了同样的事情。

巴洛的华丽辞藻还说明，在与亚洲接触的过程中，一种明确的新教意识和英国风格是如何树立起来的。《领航员的供给》（*Navigator's Supply*）是献给埃塞克斯伯爵罗伯特·德弗罗的，出版于埃塞克斯伯爵夺取并摧毁了加的斯，进而扭转了与西班牙战争局面的第二年。该书是对上帝赐予的适时礼物——航海指南针——的赞颂。巴洛声称，在"考虑到语言知识是通过交流和相互接触而增长的"之后，上帝或许"指定"了指南针作为给亚洲的礼物，以消除其语言的混乱，并帮助实现"人类社[75]会文明的，更确切地说是世界性的联合"。巴洛解释说，尽管许多人仍然相信西班牙、葡萄牙领航员在长途航行中拥有高超技能，但当时英国航海家在航海实践、工具设计和制图方面都超过了这些伊比利亚人。[22] 对于巴洛来说，16 世纪八九十年代的遭遇使英国航海家意识到，在印度洋和太平洋航行的西班牙人和葡萄牙人，依赖翻译穆斯林、中国人、日本人和其他国家领航员的经验。将亚洲技术运用到伦敦的航海和商业中，不像卡伯特的"中国公司"那样，仅仅从事投机性活动，而是实施一种神圣的命令性计划，目的是让这个信奉新教的英国国家获得成功，同时规避天主教的帝国。在实践层面上，这种技术运用是

　　　　伦敦：塞尔登地图与全球化都市的形成（1549—1689）

对知识转移的一种再创造，数年之后，博德利和詹姆斯在重建牛津大学图书馆时也尝试了这种再创造。16世纪90年代末，伦敦和新近独立的荷兰各省都已准备好了大量资本，以便在整个"东印度群岛"开展广泛的翻译和交换活动，从而打破对中国挥之不去的中世纪幻想。

翻译"中国"和"日本"

大约从1580年开始，在马丁·弗罗比舍的中国之旅以不体面的失败而告终之后，许多厌烦了虚构的伦敦人开始寻求获得真正的中国或明朝地图，这么做既是为了确定"Cathay"和"China"是不是同一个地方，又是为了与西班牙和葡萄牙的领航员以及安特卫普的制图师展开竞争，这些人见过在中国印制的地图。[23]甚至在此之前，许多作家就已经开始尝试厘清有关东亚的语言，并完善了将欧洲旅行记述和地理信息翻译成英语的过程。这样做造成的一个结果是，地理术语中已经增补了"China"（中国）和"Japan"（日本），并与较为古老的词语"Cathay"（中国）和"Cipangu"（日本）相竞争。语言的转变也暗示着一种观念的转变：在丝绸之路的尽头，一个拥有大量附庸国的东亚帝国的概念已经过时了，向普遍认识到的复杂贸易和交换区域转变，这里的贸易与交换由白银、相互竞争的商人关系网和技术，以及与历史上活跃的政治实体相关的一系列主权类型所推动。

关于这种思想观念转变的一个极佳的体现，出现在西班牙、葡萄牙作家为贵族和乡绅女性读者撰写的关于美洲和东亚的一系列翻译作品之中。1577 年，理查德·威尔斯（Richard Willes）将这些作品编为《西印度群岛和东印度群岛的旅行史》（*the History of Travayle in the West and East Indies*）一书并出版。这本书的大部分内容是献给贝德福德女伯爵布里吉特（Bridget）的，她给了威尔斯一笔津贴，让他翻译，以帮助宣传弗罗比舍试图航行到中国的计划。在 1576 年的一篇文章中，威尔斯指出，近来这本书开始在人们之间流行，这些人能够"谈及整个世界，并通过道听途说来述说地方，尽管在那部作品的首要原则里，读者都是无知的、不娴熟的"[24]。良好的学问和翻译——他引用了熟知希腊语和希伯来语的人文主义者的例子——对于绝佳的讲述是必不可少的。除了股份制公司所界定的利益共同体，威尔斯认为重要的是让读者群体在宇宙学的基本框架内接受教育，那么他们就可以与翻译建立良好的关系，从而有助于做出关于语言转换的决策。他的特殊读者群体——贝德福德家族的女性们，直接或间接地投身于中国语言学习，正如当时洛克和弗罗比舍的新"中国公司"所表现的那样。作为投资者，妇女读者可以发挥不同于男子的重要作用，使翻译成为一种旨在提高民

[76]

族语言精确性的活动。

这一点是重要的，因为 1577 年传入伦敦的关于东亚的记载容易引起人们的误解。以论战为导向的加尔文派印刷商托马斯·道森（Thomas Dawson）针对伦敦读者而非乡绅读者，于 1577 年出版了《奥古斯丁修士马丁·德·拉达①在福建的活动》（*Augustinian friar Martin de Rada's activities in Fujian*），以及西班牙商人托马斯·尼克尔斯（Thomas Nicholas）所著的《从毗邻东印度的中国王国传来的，由 T. N. 用中文翻译出来的奇怪而不可思议的消息》（*The strange and marveilous Newes lately come from the great Kingdome of Chyna, which adioyneth to the East Indya, translated out of the Castlyn tongue by T. N.*）的英译本。在托马斯·罗杰斯（Thomas Rodgers）出版了一本荷兰新闻小册子的同时，道森也出版了尼克尔斯的译本，他认为奥斯曼帝国和教皇的双重成功预示着世界末日的来临。[25]《不可思议的消息》以及德·拉达和杰洛尼莫·马林（Jerónimo Marín）在 1575 年出使福建的故事，确实试图引起人们对中国和西班牙恢复友好关系或西班牙可能从菲律宾入侵中国的担忧。据推测，菲律宾总督弗朗西斯科·德·桑德（Francisco de Sande）和墨西哥城的投资者，在马尼拉策划了西班牙大规模入侵明朝的计划。它还

---

① 马丁·德·拉达是圣奥古斯丁会向菲律宾传播福音的第一批成员之一，也是第一批访问中国的基督教传教士之一。

描述了一支由"土耳其的布雷泽（Brazer）国王"（"布雷泽"一词可能指德·拉达随后在 1578 年到达的文莱，也可能指海盗"林阿凤"）率领的舰队，这暗示了土耳其的势力范围。1577 年，伦敦仍处在激烈的宗教争论中，很难判断来自世界另一端的哪些故事是可信的。

[77]

　　因此，威尔斯出版的作品都带有保守和人文主义色彩，反映出保持 16 世纪六七十年代人文主义绅士对伊丽莎白政策的谨慎节制。由于威尔斯对东亚感兴趣，所以一些人甚至把他看作一个秘密的天主教徒，而他在鲁汶的研究和翻译的耶稣会传教士的著作也引起了人们的怀疑。事实上，书中的大部分内容都是对玛丽时代知识的重复。威尔斯还重印了伊登的第二本书《新世界中的几十年》（*Decades in the New World*，1555 年）中的选篇，包括在西印度群岛的佩德罗·马尔蒂尔·德·安格拉里亚（Pedro Martir de Angleria）和冈萨罗·费尔南德斯·德·奥维耶多（Gonzalo Fernandez de Oviedo）的那些内容，这一切开始于威尔斯强调的"K. 菲利普在英格兰"。然而，威尔斯对这些进行了更新，补充了两篇关于中国和日本的新译文，一份英国航海记述和弗罗比舍第一次到纽芬兰探险的记述，一本路多维哥游历中东、印度洋和东南亚的完整译本（1502—1507 年），以及其他一些主要关注北海、俄国和波斯的著作。针对西班牙的普世论，威尔斯尖锐地批评了奥特利乌斯在鲁汶编写的《世界通论表》（*generall table of the world*）："因为这本书的技巧性不高，所以尝试性地概括了一点，也就是任何人都可能会这样认为。"贝德福德公爵在切恩斯（Cheynes）的墙上挂了一幅卡伯特的世界地图手稿，而威尔斯想要把奥特利乌斯和墨卡托所谓的"宇宙图表"与弗里西斯和卡伯特的地图区分开来，弗里西斯拉近了人们与东亚之间的距离，而卡伯特却令人们对东亚的理解更加模糊。[26]

威尔斯在书中后半部分的译文中——献给布里吉特的继女、沃里克伯爵夫人安妮，促使读者更直接地感知到明朝时期的中国和日本发生的变化。1549 年至 1553 年，加拉特·佩雷拉（Galeote Pereira）① 在福建被囚禁期间收集了有关明朝的记录并对其进行翻译，这是对中国的第一次广泛描述，并强调了葡萄牙人在那里的侵犯屡遭失败。[27]佩雷拉运用行政地理赋予"中国"一词更多的存在感，他列出了 13 个"郡"（省份）和每个省中"城市"的大概数量，门多萨后来也这样做过。通过从福建省的情况推断，并与欧洲进行隐性的比较，他将每个"郡"比作一个"强大的王国"，并就道路、建筑和官僚政治这些方面，将中国描述为"世界上治理得最好的地方之一"。[28]

---

① 加拉特·佩雷拉是 16 世纪一名葡萄牙幸运战士。在一次缉私行动中被中国政府抓获，之后他在福建和广西生活了几年。他逃离中国后所写的报告是已知最早的西方人对明朝生活的记录之一。事实上，他是自马可·波罗时代以来，第一位详细观察中国文明的非神职人员旅行者。

对于佩雷拉来说，葡萄牙与中国的关系是存在问题的。中国对葡萄牙囚犯施加的痛苦惩罚是对未经许可就试图与中国进行贸易的严厉警告。[29] 但是威尔斯通过强调"Cathay"和"China"之间的模糊性，以及中国和日本之间的对比，并将开放问题历史化，改写了葡萄牙关于一个"封闭的"中国的故事。中国已经允许"所有在其国家进行商品贸易的外国人自由出入，并为他们提供一个自由的场所"，日本人"渴望与陌生人相识"，包括葡萄牙人。另外，东亚港口的贸易是安全的、开放的、自由的，与"未开化的印第安卡诺阿斯人（Canoa）①"定期往来，因此"葡萄牙人、撒拉逊人和摩尔人不断地来回航行，从日本到中国，从中国到马六甲，从马六甲到马鲁古群岛"。这种商人的混合扩展到了语言层面，佩雷拉确实解释了"China"一词在福建并不被人们使用，甚至人们对它知之甚少，它是一个从古吉拉特人那里改编而来的葡萄牙习语。在福建，人们把自己的政治实体称为"大明"。只要人们不像信奉天主教的葡萄牙人和西班牙人那样，试图改变大众的宇宙观、确定自由交换的实际条件，或者把主权延伸至亚洲本身，明朝仍然是一个在语言、政治和交换方面开放且富有活力的世界。

对于日本而言，威尔斯使用了一封来自京都的信件译文，

---

① 巴西南部城市卡诺阿斯的原住民。

该信件是由耶稣会士路易斯·弗洛伊斯（Luis Fróis）于 1565 年 2 月 19 日书写的，并以"东大洋的日本岛和其他小群岛"为题，以展示日本的统一是如何作用于界定与明朝的海上边界。"Giapan"是一种习语，经由意大利语"Giapan"一词，从葡萄牙语中的"Japaõ"或"Japón"演变而来，而葡萄牙语中的该词语又来自马来语的"Jepang"，讲闽南语的福建省和说吴语的浙江省的中国南方商人关系网也使用这个词。[30] 威尔斯在欧洲印刷版的第一手资料中看到了"Japan"这一概念。在拉穆西奥的《航海》（*Navigationi*，1563 年）第三版中，出现了几封来自在群岛上工作的葡萄牙传教士的信件。从 1569 年起，这些信件就在鲁汶相对定期地印刷，当时威尔斯还是一名在鲁汶就读的学生。在那里，他结识了耶稣会历史学家乔瓦尼·彼得罗·马菲（Giovanni Petro Maffei）。马菲于 1571 年出版了一本弗洛伊斯的信件，以及曼努埃尔·达·科斯塔（Manuel da Costa）撰写的关于截至 1568 年耶稣会在亚洲传教历史的译本。由于达·科斯塔和后来的利玛窦（Matteo Ricci）都认为马菲的书中充满了错误和谎言，所以这本书受到了极大的质疑。[31] 因此，威尔斯将日本描绘成一幅矛盾的画面，既高度城市化，又极度偏狭。这些岛屿——弗洛伊斯将它们描述为"装满了白银的矿藏"——包括 66 个王国，饱受"持续内战"的折磨。[32] 与明朝相比，日本是一个混乱的地方。但威 [79]

尔斯在他的序言中也使用了其他资料，来描述这片土地上的大城市和贸易地点，京都（Meaco）有9万户家庭，这使它成为一个比伦敦大得多的城市。

有关日本的这种不确定性与同时期的明代作家所表达的有一定的相似性。就在葡萄牙耶稣会士开始撰写上述信件之前，包括罗洪先在内的明代学者出版了一系列试图界定日本的书籍和地图。从16世纪40年代开始，特别是从60年代以来，浙江和福建出版的这些书籍试图界定明朝的南方海岸与群岛、环绕明朝的区域性王国的关系。利用文本和地图来定义东亚地区充满冲突的海洋边界的性质，这似乎已经成为浙江和福建两省对付倭寇海盗的一种策略。1547年，新上任的浙江最高地方官朱纨写了一篇主题为钱粮的文章，他认为，1523年，两个声称代表日本的使团发生争执后，明朝关闭了位于宁波的朝贡管理机构，沿海商人、士绅和日本商人之间建立了一系列联盟——其中涉及了葡萄牙人，这导致了走私活动的急剧增加。对于朱纨来说，法律的缺失滋生了海盗，从而使得日本变成一个无法按照与琉球同样的标准朝贡模式来处理的政治实体。在缺乏支配性的海事政策的情况下，朱纨试图建立一个区域贸易通行证制度（信票），以核实商人的身份并恢复其合法性。[33]1549年，为了执行对走私和日本海盗的禁令，朱纨派兵捕获并处决了葡萄牙人费尔尼奥·博尔赫斯（Fernão Borges）和加利奥特·佩雷拉（Galeote Pereira）率领的两艘帆船的船员。在该省投资这些海船的中国商人家族设法让官府受理该案件，同年朱纨饮恨自尽。[34]1552年至1554年，在东南沿海出现的一系列劫掠活动——尤其是以王直为首的商人船队——见证了大陆设防基地的出现，这些基地由中日商人资助，日本雇佣兵驻守这里。1553年、1554年，中国军队遭遇失利，退入城墙设防的城市。明朝对白银需求的与日俱增，造成了一些复杂的关系，其中就包括准许葡萄牙人在澳门建立据点（1555—1557年），九州（Kyushu）的一些日本领主和葡萄牙人以及许多日本商人之间的关系日益紧密，这些商人向下迁移到越南中部，迁回到达中国广东和福建。卡文迪什带回的地图对此就有所描述。[35]

　　16世纪50年代中期，中国制图师罗洪先和葡萄牙制图师如里斯本的洛波（Lopo）[①]和迪奥哥·奥维姆（Diogo Homem）[②]都使用由僧侣行基（Gyoki，668—749年)[③]绘制的古代奈良时代的地图，行基试图将日本定义为一个统一的政治实体。这些地图大部分是由佛教僧侣制作和复制的，他们把日本置于世界中心，并将其描绘成普佛（Universal Buddha）的一束雷电。[36]诸

---

　　①　16世纪葡萄牙制图师和宇宙学家，其代表作是1554年版《世界地图》。
　　②　迪奥哥·奥维姆是洛波·奥维姆的儿子，葡萄牙制图师，他在威尼斯绘制了大量的原稿地图集和海图，其中许多是关于地中海地区的。
　　③　日本奈良时代的高僧。

多葡萄牙地图中的一幅最终成为对开本世界地图集的一部分，这部地图集原本是为菲利普和玛丽准备的，但在1558年伊丽莎白继位时，迪奥哥·奥维姆将其赠予了她。[37] 罗洪先的地图旨在更全面、准确地描绘日本，同时包含了对琉球国的详细调查。由于他和行基的方法在技术上存在差异，所以他无法将自己的网格系统扩展到日本，然而，罗洪先利用海浪中的一个缺口来暗示有必要这样做。在之后的1561年，一个雄心勃勃的新地图集计划在浙江的一家书商得以实施，该书商依托于罗洪先的作品和大量其他地图——郑若曾的《筹海图编》。[38] 这是一个真正的"海洋计划"，标题中的"筹"字具有调查和策略的含义。郑若曾想要全面构建一个明朝海岸和日本的知识体系，以破坏中日海盗、走私者之间的关系。他的主地图是把罗洪先的地图逆时针旋转了90度，把东方变成北方，将明朝重新定位面向日本和东海。后来，奥特利乌斯将这一传统风格以反向的形式应用于1584年在安特卫普出版的中国和日本的地图。此外，地图集中的其他地图，如《日本入寇图》，在所谓的统一战争前夕（Unification Wars，1568—1603年），以图解的方式描绘了与作为一个概念的"日本"进行的一场几近抽象的斗争。再也不能只用附属国的蛮族模式以及中国文化和文字的广阔领域，充分地解释跨文化冲突的过程，以及东亚地区政治和语言的融合。

从这个意义上说，威尔斯在伦敦的努力开启了一场关于用更精确的地理语言"China"和"Japan"来补充"Cathay"和"Cipangu"的讨论，前两个词语在狭义上反映了东亚正在进行的进程。 [81]

1580年，约翰·迪伊在给查尔斯·杰克曼（Charles Jackman）和亚瑟·皮特（Arthur Pett）的远征"指令"中写道："你们也可以抓住机会航行到日本岛去，在那里你们可以找到信奉基督的人，即基督教世界中许多国家的耶稣会士（也许还有一些英国人），你可以从他们那里得到有关我们事务的极好指示和建议。"³⁹ 这种在基督教和日本人信仰之间进行"调和"的努力仅仅以1579年范礼安（Alessandro Valignano）① 抵达日本为正式开端。而在前一年，由于未能在明朝建立任何内陆使团，范礼安在澳门感到不安。尽管长崎成为耶稣会的飞地，伴随而来的是佛寺和神道教（Shinto）寺庙在16世纪80年代被拆毁，包括学习日语、接受各种佛教仪式和着装在内的范礼安的广泛策略让天主教看起来不那么格格不入。与此同时，在吕宋岛的新西班牙殖民地上，也出现了类似的汉语和他加禄语的翻译和语言学习过程。⁴⁰ [82] [83]

16世纪80年代中期，随着英格兰与联合的西班牙和葡萄牙

---

① 范礼安（1539—1606），意大利耶稣会传教士，他将天主教引入了远东地区，尤其是日本。

不宣而战，和解似乎取得了危险的成功。范礼安和解计划的关键是1582年派遣一支日本使团前往欧洲，他们从1584年至1586年待在欧洲。[41] 他们并不是来自"首都"京都的官方使团，基本上是一次学生交流之旅，其中包含4名十四五岁的皈依基督教的九州人。年轻的绅士们受到严格的监督，因此他们看不到欧洲的宗教分歧。[42] 在他们抵达罗马之后，教皇格里高利十三世（Pope Gregory XIII）为这群人定制了欧式服装，范礼安自以为是地认为，即便是在和解条件下，日本人最终也会被一种更广泛的天主教普世论同化。[43]1584年11月12日，从马德里寄给伊丽莎白宫廷的一份内部通讯传达了以下观念："他们是白人，非常聪明，当他们回到自己的土地上时，希望他们会给基督教带来很多好处，因为作为基督徒和如此伟大的人们，他们可以通过身处其中的尊重和权威，使得那些印度人皈依基督教。"[44] 这一消息是在西班牙和法国天主教联盟成立前一个月传出的，这导致英国倾向于干预尼德兰、对抗西班牙的政策发生了戏剧性的转变。1585年3月到8月，几乎每两周就有来自意大利的报道，详细描述了日本使节在佛罗伦萨、罗马、威尼斯、米兰和热那亚的娱乐活动，以及他们在8月16日最终回到巴塞罗那的情况。在沃尔辛厄姆的说服下，伊丽莎白于8月10日签署了《楠萨奇条约》（*Treaty of Nonsuch*）①，使英国致力于荷兰的独立，并与西班牙进行事实上的战争，战争一触即发，有关日本人的消息突然中断了。[45] 在伦敦的一些人看来，伊比利亚人的联合君主制似乎即将统治整个世界。 [84]

　　但克里斯托弗和科西莫斯是在 1588 年与卡文迪什一起来到伦敦的日本皈依者，他们带来了关于"他们东方习俗情况"的消息，这提供了一个与"使团人员"口中的日本和东亚截然不同的版本。这两个日本人述说的并非一个未开化的日本，他们呈现了一个充满水手、城市、航行、贸易、翻译和交换的世界，它更为世界化和网络化。对于他们来说，尽管先后为伊比利亚人和英国人工作，但明朝统治下的中国仍然是一个文化意义上的成熟实体。他们很乐意与卡文迪什打交道，学习英语，就像他们乐意与西班牙人打交道一样。1591 年，在第二次也是最后一次与卡文迪什的航行中，两名日本人谴责一名葡萄牙领航员是潜在的叛徒。[46] 因此，日本的故事向伦敦人表明了，在全球范围内，主权语言已经变得充满争议和不稳定，与之伴随的是日本列岛的复杂斗争，以及海盗行为和商业之间的界限，这与爱尔兰、苏格兰、英格兰和荷兰的主权和统一斗争遥相呼应。

---

　　① 　1585 年 8 月 19 日，女王伊丽莎白一世和反抗西班牙统治的荷兰反抗军在英国的楠萨奇宫签署了《楠萨奇条约》，这是荷兰共和国签署的第一份国际条约。

交换中的中国地图

　　如果说和卡文迪什一起到达伦敦的日本人和菲律宾人颠覆了西班牙人和葡萄牙人关于"封闭和帝国"的叙述，那么一艘西班牙船上的中国地图则表明，1368 年蒙古帝国崩溃后，明朝为解决主权自治问题付出了巨大的努力。16 世纪 60 年代，在福建地方官员的要求下，明朝重新开启与东南亚的贸易——在此之前明朝已经明确宣布，并终止了与日本的直接贸易——这有助于建立一个巨大的间接贸易领域。[47] 从 1573 年开始，除了恢复与琉球（1561 年、1579 年）的朝贡关系，明朝还使暹罗城市大城府和北大年（Patnni）、越南的港口、北爪哇以及 1573 年以后西属马尼拉的华侨商人社群的海上贸易航线合法化。正因为如此，在 16 世纪 70 年代，中国南方的书商印刷的地图在东亚和东南亚有了新的用途，罗洪先的地图集在 1579 年被重新印刷并扩充了内容。这份地图集并没有试图展示一个封闭的、受管控的以及有边界的国家，如何免受日本的海盗和无法律约束行为的侵扰，而是成为帮助海外华侨商人建立贸易关系的礼物。伴随这些地图而来的人口和行政数据，成为浙江、福建和广东商人提高与内陆地区贸易潜力的途径。此举不仅十分奏效，而且对遥远的伦敦来说也很有帮助，为东印度公司的形成提供了原动力。

商人传递这些地图的最早记录出现在 16 世纪 70 年代的马尼拉。西班牙总督圭多·德·拉扎瑞斯（Guido de Lavezaris）在 1574 年 7 月 17 日写给菲利普二世的信中写道：中国人"每年持续扩大贸易，并向我们提供许多商品，如糖、小麦、大麦面粉、坚果、葡萄干、梨和橘子以及丝绸、上等瓷器和铁"，并且"今年他们送给我一幅他们自己绘制的中国海岸图，我要送给陛下"。第二封信于 1574 年 7 月 30 日随另一艘船寄出，信中补充道，拉扎瑞斯还寄去了西班牙语的中国海岸和吕宋岛的海图，以及"通过一位通晓中国语言特点的奥古斯丁修会会士（可能是德·拉达）的帮助，我从一位中国人那里收到了另一份文件，上面印着一幅中国地图，地图上附有解释，这些解释是我请了几位中国译员作出的"。这幅地图很可能是一幅较大的单张地图，通常被认为是喻时绘制的《古今形胜之图》，1555 年由福建省龙溪县当地名叫金沙画室（Jinsha Studio）的书院刊刻。[48] 这幅地图包含了关于地形和地理变化的简短注释，有大约 1000 个地名，以及关于明朝边境地区历史和地理情况的大量注释。但与罗洪先的地图集不同，喻时的地图没有提供关于明朝人口统计资料的任何实质性内容。他的地图源自明朝早期的一个传统，借用了《大明混一图》（*Amalgamated Map of the Great Ming Empire*，约 1390 年）、《大明一统志》（*Unified Gazetteer of the*

Ming Dynasty）以及古代的《山海经》（*Classic of Mountains and Seas*）。这一地图综合体造就了一幅稍具幻想的世界图景，有点像中世纪的欧洲地图。在地图上，怪异的外国人生活在已知世界的边缘。尽管如此，这幅地图还是表明了福建商人关系网将自己置于全球化背景下的愿望，拉扎瑞斯写道，福建人答应在下一时节带来更多、更好的地图。[49]

菲律宾（群岛）是通往马鲁古群岛东部贸易航线的第一站。这些群岛构成了律师理查德·哈克卢特笔下（《航海原理》编者的堂兄弟和监护人）的东部航线。在墨西哥生活了五年（1567—1572年）的英国商人霍克斯还描述了从吕宋岛到曼萨尼约（Barra de Navidad）的跨太平洋航线，西班牙人可以用从马尼拉中国商人那里得到的丝绸、黄金和肉桂等商品，换取墨西哥和秘鲁的白银。[50] 来自吕宋岛、棉兰老岛和婆罗洲的商人会声称自己是"中国人"，这并没有表明他们的种族，而是表明他们从这些岛屿进入大陆市场的途径。从1573年起，许多福建、广东商人在马尼拉进行直接贸易，但明代建造的大型帆船无法在较小的岛屿之间航行，因为这些浅滩带来了太大的风险。[51] 在这种情况下，地图是可靠的便利标志，表明哪些人拥有与明朝相关的商人关系网，以及哪些人只是声称自己是中国人。如果塞尔登地图是在马尼拉绘制的——考虑到地图上的吕宋岛周围详细的港口和航行说明，这种可能性很大——那么这将是几次尝

[86]

伦敦：塞尔登地图与全球化都市的形成（1549—1689）

试重新思考这一时期众多商人理解的广泛贸易概念中的一次，这些商人都认为自己在某种程度上与明朝经济有关。耶稣会士利玛窦将奥特利乌斯和罗洪先的作品极好地结合在了一起，这应该被视为与马尼拉早期出版作品的竞争，而不像哈克卢特那样，将明朝绘图法纳入奥特利乌斯的伊比利亚世界观的广泛背景。

由于存在这些交换，一个小型且精致的图书馆和地图收藏活动在马尼拉发展起来了，这在很大程度上要归功于福建商人和书商，以及著名的奥古斯丁修士马丁·德·拉达。1565 年到达马尼拉后，德·拉达学习了米沙鄢语（Visayan）和汉语，1574 年西班牙击退了来自马尼拉的广州海盗林凤之后，中国地方政府邀请他前往，1575 年和 1576 年他两次前往福建，向西班牙人打开了以福建建阳为中心的繁忙的中文印刷和地图绘制的商业世界。[52] 德·拉达把作为礼物的罗洪先地图集副本和其他几本书籍带回了马尼拉，丰富了商人们赠送给他的物品。由于他们与福建人的联系，在 16 世纪 70 年代的一段短暂时间里，在中文翻译和与明朝传教士建立联系方面，马尼拉的奥古斯丁修会会士和方济各会修士可能起了带头作用。16 世纪 50 年代曾经居住在伦敦并作为菲利普二世随从的西班牙牧师贝尔纳尔迪诺·德·埃斯卡兰特（Bernardino de Escalante），于 1577 年在塞维利亚根据葡萄牙人加斯帕尔·达·克鲁兹（Dominican Gaspar da

Cruz）1569 年的著作和其他资料，对中国进行了综合记述。他的记述突出了中国书面语言的独特性。这份论述很快被翻译成英语，在伦敦印刷，激起了人们对翻译事业的兴趣。[53]

1585 年，门多萨在他的关于明朝的记述中收录了一份从马尼拉寄往马德里的中国书籍清单，这份清单由帕克翻译为 1589 年 1 月的伦敦英文版本。作为 1581 年菲利普二世资助的未能到达明朝的使团中的一员，门多萨在从墨西哥回到西班牙时，德·拉达的文件已经被另一艘船带到了那里。在奥古斯丁修会会士，可能还有马德里、塞维利亚和埃斯卡兰特的一些中国人的帮助下，门多萨以具有地理和行政性质的文本开始，抄写了一份包含 28 种类别出版物的目录。[54] 这些描述展示了一些使人惊奇的优质收藏品，很可能包括罗洪先的作品或其衍生品、郑若曾的《筹海图编》（1562 年），以及标准的明代行政手册，如《明实录》（1574 年、1577 年）和《大明会典》（1576 年）。[55] 尽管门多萨确实拥有 15 个省份的城镇数量、每个地区的军队和贡品的数量、用来统计户主类别的人口数据的表格，但他从这些材料中收集到的东西在很多方面都是相当有限的。[56]

16 世纪 70 年代晚期，地图交换以及东亚地区传教士和商人活动之间的冲突，导致了欧洲的西班牙和葡萄牙的西印度交易所无法再像以前那样对东方的信息进行控制。传教士报告的印刷、相互的嫉妒以及与日俱增的东亚书籍和地图，使得在全球范围内——特别是通过安特卫普——在公共层面上进行地理信息的斗争成为一件十分必要的事情。胡安·鲍蒂斯塔·格西奥（Juan Bautista Gesio）是菲利普二世时期的宇宙学家，1573 年被西班牙使臣从葡萄牙招募而来，他雇用葡萄牙制图师路易斯·若热·德·巴布达（Luis Jorgé de Barbuda）在里斯本收集地图，并最终在 1579 年将巴布达私自带走，从而与西班牙人一起就明朝地图进行工作。[57]1577 年，通过与埃斯卡兰特在塞维利亚合作，巴布达为奥特利乌斯在安特卫普的竞争对手杰拉德·德·约德（Gerard de Jode）① 绘制了一幅 "中国区域"（China regnum）地图，即杰拉德的《世界之镜》（*Speculum Orbis Terrarum*，1578年），其资料来源包括档案馆里的喻时和罗洪先的地图。[58]奥特利乌斯——1570 年绘制的《世界之球剧院》（*Theatrum Orbis Terrarum*）② 为他在 1575 年赢得了菲利普二世的地理学家的职位——利用在宫廷的关系，使得这张中国地图被禁止印刷。[59]《圣经》翻译者贝尼托·阿里亚斯·蒙塔诺（Benito Arias Montano）③ 得到了一幅巴布达版的地图，他通过出版商普兰丁（Pla-

----

① 杰拉德·德·约德（1509—1591），荷兰制图师、雕刻师和出版人，16世纪曾在安特卫普生活和工作。他的代表作品为《世界之镜》等。

② 《世界之球剧院》是奥特利乌斯于 1570 年绘制的地图集，其被认为是第一份真正意义上的现代地图集。

③ 贝尼托·阿里亚斯·蒙塔诺（1527—1598），西班牙东方学家，也是《安特卫普多语言圣经》（*Antwerp Polyglot*）的编者。

ntin）认识了奥特利乌斯，并于 1580 年把地图寄给了奥特利乌斯，但一直等到 1584 年，奥特利乌斯才在新版本《世界之球剧院》的增刊上发表了修改过的版本。[60]

[88]

[89]   安特卫普的出版和政治影响力，在欧洲和东亚试图控制各自地区出现的更为复杂的绘图译作方面都起到了杠杆作用，这产生了一种萧条的局面，而其他翻译关系网正积极地试图绕过这种局面。奥特利乌斯只是把这幅地图收录在他的地图集里，并没有修改他的 1570 年版的世界地图，以此来显示其研究成果，直到 1589 年以后，哈克卢特才用它的一个版本作为理解当时世界的象征。[61]

    1584 年，奥特利乌斯愿意公布他在 1578 年禁止出版的原因，是由于德雷克的环球航行以及他在 1580 年 10 月带到伦敦的宝藏被披露。[62]奥特利乌斯在 1577 年访问了伦敦，会见了威斯敏斯特学校的校长威廉·卡姆登（William Camden），并支持卡姆登在《不列颠尼亚》（1586 年）中阐述的四个王国愿景，当时荷兰人正向伊丽莎白献尽殷勤，让她做他们的统治者。[63]1580 年 12 月，卡姆登曾写信给奥特利乌斯，信中写道，迪伊试图在他绘制的地图上确定日本的位置。[64]同月，墨卡托从杜伊斯堡写信给奥特利乌斯，祝贺奥特利乌斯收到了巴布达岛（Barbuda）的地图，并暗示了德雷克的宝藏表明了英国人已经打通了东北通道，抵达了中国。

伦敦：塞尔登地图与全球化都市的形成（1549—1689）

另外，从 1583 年起，西班牙的耶稣会士开始积极地取缔奥古斯丁修士在与明朝和解方面做出的努力，在耶稣会神父阿朗佐·桑切斯（Alonzo Sanchez）的领导下，一支独特的中坚力量与西班牙一些地方官员联合起来，共同主张入侵明朝。[65]1587 年11 月，卡文迪什在"圣安娜"号上俘获的地图可能就是为了干涉这种争论，在英国人看来，这种入侵是不可能的。马尼拉总督贡萨洛·隆奎罗（Gonzalo Ronquillo）认为，除了从信奉基督教的日本和菲律宾招募数量相仿的军队，一支 8000 人、12 艘西班牙大帆船的军队足够了。利玛窦证实了这个奇异的想法，当时他在写给澳门的一封信——附带着他的首幅中国地图——中提到，尽管有 6000 万在册人口，但"中国的力量与其说建立在人民的勇猛上，不如说建立在城镇和居民的众多数量上……"，信中还附带着他的第一张中国地图。[66]如果说葡萄牙人提出了关于中国人的残忍和孤立的陈词滥调，那么利玛窦和入侵计划者则提出了一个新的说法，这种说法在接下来的几百年里重复着，即中国人是柔弱的，很容易成为被接管的目标。这种装腔作势[90]的言论在马德里被拙劣地重现，身处马德里的菲利普二世有更紧迫的事情需要关注，而且新上任的耶稣会会长何塞·德·阿科斯塔（José de Acosta）下令召回桑切斯，并减少对墨西哥城、马尼拉和澳门的危险幻想。奥古斯丁修士门多萨于 1585 年出版的关于中国的著作被献给了教皇西克斯图斯五世（Sixtus V）和印度皇家委员会主席费尔南多·德·维加（Fernando de Vega），试图为马德里和罗马的温和派提供支持。通过使用人口普查数据，门多萨解释道，明朝军队有5,846,500名步兵和948,350名骑兵，他们不像欧洲士兵那样"强悍"，但意味着即使是16,000人的军队也是相当少。[67]1586年至1587年，利玛窦撰写的内容激进的信件以意大利语、法语和德语出版，与这种说法相抗衡。[68]卡文迪什攻占圣安娜，随后在那年春天集结起来攻打英格兰的无敌舰队遭到失败，这一切都宣告了这一极不可能的入侵计划的破产。

相反地，卡文迪什开启了后来以塞尔登地图为象征的进程，将伦敦商人纳入中国被视为主导的东亚商业领域。当卡文迪什于1588年初到达爪哇南部时，手里握着地图，沿着德雷克的航线航行，他说了谎话，告诉当地人："国王的大臣……我们到过中国，跟他们有所往来，我们到那里是为了了解情况，并打算去马六甲。"[69]假装成参与中国贸易的商人有着双重优势：隐藏他们作为私掠海盗的身份，并将他们与一个既非西班牙又非葡萄牙的庞大合法帝国联系起来。卡文迪什的译员是马来人和葡萄牙人的"混血儿"，他对英国人说，葡萄牙人在爪哇的代理商可以买到奴隶、丁香、胡椒、糖和"许多其他商品"。卡文迪什告诉葡萄牙代理商们，他们真正的国王当时在伦敦流亡［这是另一个谎言；在卡文迪什离开伦敦之前，觊觎者安东尼奥（pre-

　　　　　伦敦：塞尔登地图与全球化都市的形成（1549—1689）

tender Antonio)① 已经到达了巴黎]。卡文迪什奉葡萄牙的这位
觊觎者和伊丽莎白的命令，前往爪哇岛，保卫他们以抵抗西班
牙人。葡萄牙人似乎接受了这一点，因为他们与西班牙在菲律
宾问题上的紧张关系从未得到解决，甚至还接受了卡文迪什作
为礼物赠送的三门大炮。因此，卡文迪什把明朝的"巨幅地图"
变成暗中破坏伊比利亚帝国计划的工具，并参与了界定明朝周
围海域的冲突。回国后，卡文迪什在给宫务大臣汉斯顿的信中，
描述了强大的明朝，解释说他需要这张地图作为证据，否则他
担心他的报告"不可能被采信"，并承认即使是他自己也"不能
相信"。[70]

卡文迪什带回的一幅地图可能会破坏伊比利亚人对帝国的
主张，这一事实源于其构图使用的特殊技术。从明朝初期开始，[91]
人们就强调将绘图与帝国的行政和财政商业组织联系起来，当
时洪武皇帝（1368—1398 年）编制了一系列人口登记册（黄
册）、土地测量赋税以及税收手册（鱼鳞图册）。[71] 地图集是在晚
明发展起来的一种工具，以此帮助在地方层面系统地整顿复杂
而频繁的帝国人口普查、税收和行政类别，从而作为重建乡约
或乡村契约运动的一部分。[72] 王阳明（1472—1529）和他的追随
者如罗洪先，在 1516 年至 1522 年的长期叛乱后，利用契约帮助

---

① 觊觎者安东尼奥，即奥尔良-布拉干萨的安东尼奥王子，是两个巴西皇
位觊觎者之一，也是奥尔良-布拉干萨王朝索拉斯分支的皇室家族继承人。

江西重建。这一想法是将更多精英级别的"土匪"和"反叛者"恢复为王阳明所说的"新民"或"恢复身份的人们"。[73] 地图实际是构建民众关系网的工具。特别是罗洪先，通过阅读王阳明的《传习录》，他对这位学者与其居住的地方之间的联系很感兴趣。在地方网络和知识与更广泛的帝国行政结构之间，罗洪先的地图集试图发展对其进行调解的技术。[74] 地图集本身表现为一种地方的而非国家的印刷文本，正如罗洪先在他的家乡江西西南部的吉安县从事佛教和道教传播活动，在那里，他在1562 年与侗水和吉水签订了社群契约。[75] 然而，木版印刷使地图集成为一种可以广泛传播的对象。罗洪先的综合地图《舆地总图》是单独印制的一张较大的地图，而地图集《广舆图》在1555 年首次印刷之后，似乎在接下来的 25 年里又再版了 5 次（1558 年、1561 年、1566 年、1572 年以及 1579 年）。

罗洪先的地图集之所以被人们铭记，是因为它重新启用了宋元时期的经纬网格，并且列入了一些图例或地图注记符号，乍一看，这似乎是一种自上而下的宫廷式行政策略，目的是使国家合理化。但将其与欧洲地图进行类比可能会产生误导，因为经纬网格和地图注记符号并不是准确地表示一组距离，而是以图解或拓扑的方式组织信息以显示关系。[76] 罗洪先地图集上的每一个地图注记符号都是一个起点，从这里，人们可以进一步了解同一幅地图上的信息，或者进一步研究一个省份及其分支。

[92]

伦敦：塞尔登地图与全球化都市的形成（1549—1689）

这幅地图通过对地理数据的使用，展望并理想化了一个发展中的、开放的、人口众多的城市帝国，它与旅行路线和不断增长的全球白银贸易紧密结合，其行政区划、数据收集和军事要塞管理完善。但地图的设计被用于地方，以了解更广泛的国家联系，而不是北京的宫廷本身。与明斯特的带有精致的帝国徽章的《宇宙志》（*Cosmography*）或卡伯特的首幅带有明显的帝国顶饰的地图相比较，受罗洪先启发的明朝地图通过经纬网格、地理数据和城市本身来传达主权。卡文迪什没有像门多萨那样把明朝称为"帝国"或"王国"，他只是通过一张地图来了解中国，简单地把它称为一个"国家"，一个极富"威严和财富"的国家之一。它不像可汗的"古代中国"、居鲁士的波斯，或16世纪80年代伦敦文学和戏剧中的帖木儿帝国的流行形象，而是基于数据和关系，而非简单地以具体化的皇帝形象来维护主权，在商业城市之外建立一个理性而统一的国家模式。

国家与主权空间

"国家"一词于16世纪七八十年代在英国流行，代替了"联合体"一词，以重新调整神职和法律机构，这种关系因宗教改革和王朝关系的紧张而动摇。在伊丽莎白统治的前几十年里，王室和英国圣公会以及传统的伦敦行会，都试图在西班牙主权、教皇至高无上的地位以及对安特卫普的经济依赖方面保持中立。新兴的国家观念仍然与中世纪和罗马关于王朝和统治权（imperium）的观念联系在一起，保护和维护主权权威而不是使其合理化。1571年，埃德蒙·普劳登（Edmund Plowden）① 的报告记录了这样一种说法（来自伊丽莎白时代早期一个关于爱德华统治权合理性的法律案件），即国王拥有"两支军队"，一支是"自然法"，另一支是"市民"②，目的是从中抽象出某种权威。[77] 更抽象的是让·博丹（Jean Bodin）在1576年提出的经典"专制"公式，即"主权是共和国的专制且永久的力量"。对于博丹来说，神法和自然法限制了这种主权，因此只有曾经是由臣民在前任君主死后选出的"来自鞑靼的伟大的国王"才拥有这种"专制权力"。[78] 但无论是在伊丽莎白时代早期的判例法③中，还是在博丹的理论中，都没有将主权领土国家的抽象建立在国家自身合理化的技术基础之上，两者都将天主教徒和托马斯主义者关于普适性的设想发扬光大。罗洪先在王阳明学的心学框架内发展出了一个概

[93]

---

① 埃德蒙·普劳登（1518—1585），都铎王朝晚期一位杰出的英国律师、法律学者、理论家。

② 出自古希腊的"市民社会"（Politike Koinonia）一词，其含义为自由人的联合。

③ "判例法"是以已往的判例为依据的法律，但这种以个案判例的形式表现出法律规范的判例法（case law）不被实行大陆法系的国家所承认，最多只具有辅助参考价值。

伦敦：塞尔登地图与全球化都市的形成（1549—1689）

念，即从地方层面上使数据收集变得连贯和易于理解，以便不断更新国家的整体结构框架。明朝基于北京的皇帝崇拜和仪式可能是不合理的，但它的持久性、延展性以及它在远至伦敦所确立的技术形象，代表了一种比那些欧洲君主的法学家所提出的主权模式更为连贯的模式。

"政治算术"① 以及 "凭借数据强化政府" 的概念，通常与 17 世纪的思想家如威廉·配第（William Petty）联系在一起。配第对国家的理解似乎受到了培根和霍布斯以及在内战和复辟时期他所经历的爱尔兰 "记下调查"（Downs survey）② 的影响。尽管《英国死亡率清单》（*English Bills of Mortality*）③——至少从 1528 年开始间歇性地编制，并在 1603 年以后改为定期编制——的例子表明，该城市或至少该堂区应该始终记录死亡和出生情况，但在 17 世纪以前，没有任何迹象表明这些活动是由国家（或教会）全面理性指导的，更不用说旨在培育全国人民

———————————

① 这一概念出自威廉·配第的代表作《政治算术》（*Political Arithmetic*，1676 年）一书，他把政治算术看作 "对人口、土地、资本、产业真实情况的认识方法"。

② 记下调查是由英国科学家威廉·配第在 1655 年和 1656 年对爱尔兰进行的地籍调查活动。很明显，配第把这次调查称为 "记下调查"，因为调查结果在地图上被记录了下来。在配第的遗嘱中使用了 "记下分配" 这一术语。

③ 《英国死亡率清单》用于统计伦敦每周的死亡率数据，并用来监测从 1592 年到 1595 年的埋葬情况，之后该统计一度中断，直到 1603 年开始恢复统计。

的一致意识了。

16 世纪晚期，前耶稣会士乔瓦尼·波特罗（Giovanni Botero）①出版了一系列书籍。这些书籍发展了源自马基雅维利著作中某些论点的"国家理性"的概念。他是第一个认识到门多萨关于中国的著作的重要性的政治理论家。[79] 在他的《伟大城市的成因》［*Della cause della grandezza e magnifi cenza della città*，1588 年，英译本 1606 年（*On the Causes of the Greatness of Cities*）］中，波特罗概述了导致人口增长和城市化的因素。门多萨在书中写道：即使是像广州这样的明朝小商业城市"也比里斯本大，而里斯本却是欧洲除君士坦丁堡和巴黎之外最大的城市"。波特罗为世界各地的大都市写了一篇赞歌，同时批判了意大利的地方狭隘观念，以及它更为局限的城市精神的衰退。中国已经在城市化进程中取得了巨大成功。在门多萨看来，中国似乎是"一个整体，但又是一个城市"[80]。波特罗将城市的成功与自然环境、经济资源、繁荣程度以及由此产生的城市人口联系起来，因此开始发展出一种关于比较城市主义的"普遍"方法论。这种关于国家成功的客观合理性的主题也出现在波特罗的第二本著作中，即著名的《国家理性》（*Delle raigon di stato*），该书于 1589 年在威尼斯出版，描述了国家应如何建立、维

---

① 乔瓦尼·波特罗（1544? —1617），意大利思想家、牧师、诗人、外交家，代表作为《国家理性》等。

　　　　　　　　伦敦：塞尔登地图与全球化都市的形成（1549—1689）

持和扩展其统治。[81] 最后，在非常受欢迎的《普遍关系》（*Relazioni Universali*，1591—1593 年）一书中，波特罗宣称中国是模范国家，17 世纪初，该书被翻译为英语之后，成为英国大学学生使用的标准教科书。"没有任何一个古代或近代国家能像这个 [94] 帝国那样，用一种更好的治理方式进行统治：在这种政体之下，这个帝国被统治了长达 2000 年，而威尼斯也就繁荣了 1100 年，法兰西王国 1200 年。"[82]

在 1601 年之前，人们能难挑战波特罗在伦敦的受欢迎程度，当时他的作品开始出现译本，在经济上获得成功且日益全球化的联省共和国与西班牙相分离，证明了其论点的力量。"帝国"是沃尔特·罗利爵士最重要的主张——波特罗最狂热的英国仰慕者，他于 1614 年在伦敦塔里撰写的《世界史》（*History of the World*），展现了强大的影响力。[83] 当然，随着卡文迪什回国，大量黎凡特或土耳其商人小集团开始认为，与人口众多、高度城市化、勤奋、商业化的明朝和日本建立关系，是确保伦敦经济繁荣和英格兰脱离西班牙实现自治的唯一途径。这与 17 世纪 70 年代、80 年代初伊丽莎白所支持的战略相呼应，即通过特许公司将伦敦与西班牙的伊斯兰敌人——摩洛哥人或奥斯曼土耳其人联系起来。

正是由于卡文迪什的影响，依赖城市关系网数据以及对独立主权实体的明确界定，有助于促进和建立与东亚的贸易，西班牙和葡萄牙对这些独立主权的政治实体几乎没有任何影响。1589 年 10 月，英国商人向上议院上交的一块纪念碑，提供了关于葡萄牙人"在印度的殖民地"以及对马六甲、班达等地占领的历史记录，同时表明了英国人可以其他地方建立自己的据点。苏门答腊、爪哇和"暹罗"贸易的复杂性都提供了令人感兴趣的机会，但最重要的是，人口稠密且城市化的明朝和日本的城市"准备款待所有求助于他们的陌生人"[84]。但是在 1593 年 3 月，卡文迪什的"莱斯特"号商船——第二次航行的目的地是中国——返回普利茅斯时却没有了船长。卡文迪什可能是在海上自杀了，在他未能经由南美洲而绕过好望角到达中国之后，他曾试图说服他的船员，但当他展开海图时，"各种不满情绪在船员中间弥漫，以至于他们明确而坚决地表示不愿意走那条航线"[85]。仅仅将西班牙和明朝的地图放在一起就说服了伦敦的投资者，但说服不了水手。在这次航行中，数据策略的失败成为两位最著名的幸存者的主要关注点，即罗伯特·胡斯（Robert [95] Hues）和约翰·戴维斯（John Davis）。他们二人都在 1594 年出版了书籍，在伦敦支持关于收集数据的全面和"全球"战略，并把与明朝建立直接的贸易联系作为努力的一个方向。[86]

总的来说，波特罗的"国家理性"概念的问题是它更多地依赖国家的"利益"，而不是"城市伟大性"的相关实际数据以及城市与国家之间的关系。罗洪先的地图表明，这些数据是

伦敦：塞尔登地图与全球化都市的形成（1549—1689）

可以量化和测量的。在伦敦，强加于国家"利益"之上的幻想导致了许多失败——弗罗比舍彻头彻尾的欺骗，迪伊越来越依赖天使般的沟通来支持他的"大英帝国"，斯宾塞的诗意虚饰被用到了焦虑的爱尔兰殖民行动身上。在对芒斯特省进行调查时，作为爱尔兰总调查员的瓦伦丁·布朗爵士（Sir Valentine Browne）鼓励乌托邦式的城市计划——以几何和数学的方式组织起来，即拥有税收保障的明确防御和卫戍部队。1598 年，在九年战争（Nine Years' War）期间，芒斯特省几乎完全崩溃，这表明通过这种方法取得的成果少得可怜。[87] 罗利的努力显然也是喜忧参半。1584 年 10 月，罗利希望找到通往太平洋的通道，他带回来的印第安克洛坦族（Croatan）的曼蒂奥（Manteo）和来自罗阿诺克（Roanoke）的旺奇斯（Wanchese）与天文学家、数学家托马斯·哈里奥特（Thomas Harriot）在达勒姆宅邸共事，直至 1585 年 4 月，他们负责在阿尔冈昆语和英语之间进行翻译，后来又与约翰·怀特（John White）一起绘制海岸线地图。[88] 但这些计划并不能开辟通往亚洲的新通道，1584—1587 年，在弗吉尼亚的两次殖民尝试都以灾难性的结局告终。探索和测量的独特性、记录中"散乱和被忽视"的普遍问题以及随意和不系统地收集的数据，是哈克卢特在 1587 年规划他的旅行调查时的主要动机。他在自己的出版物中继续这一主题，从而表明了欧洲大陆书籍中概述的所谓的普遍宇宙学，实际上并未从统一的前提出发，而是"最不真实、最无利可图的聚敛（amassed and hurled together）"，不像明朝地图那样虽不够全面，但条理连贯。[89]

　　同哈克卢特、胡斯、戴维斯和哈里奥特一样，爱德华·赖特（Edward Wright）① 也许是这一时期坚定地主张收集实际地理数据以在伦敦建立国家自治权的人。赖特最著名的作品是莎士比亚在《第十二夜》（1601 年）中所说的大约绘制于 1600 年的地图中的"印度的扩张"（*Augmentation of the Indies*）。[90] 正如莎士比亚所注意到的，新数据技术支持的细节（更多的路线）与埃默里·莫利纽克斯（Emery Molyneux）② 的地球仪或洪迪乌斯和奥特利乌斯等人绘制的当代地图相比，显得非同寻常。赖特绘制的地图通常可以在哈克卢特《航海原理》（1600 年 9 月）第三卷中找到，该地图包含中国、南圻、朝鲜和日本，并涉及了近期荷兰人在爪哇万丹的活动。[91] 与卡伯特的地图一样，这幅地图将"鞑靼"置于中国空白处之上，但赖特当时没有提到中国或大可汗。空白空间是一种新的未知，不是推测的或虚构的，而是缺乏数据，但为以后的布局提供了一个框架。

　　与洪迪乌斯或奥特利乌斯的地图截然不同，赖特的地图只

[96]

---

　　① 爱德华·赖特（1561—1615），英国数学家、制图师，其代表作为《航海中的某些错误》（*Certaine Errors in Navigation*）等。
　　② 埃默里·莫利纽克斯，英国伊丽莎白时代的地球仪、数学工具和军械制造者。

　　　　　　　　　　　　伦敦：塞尔登地图与全球化都市的形成（1549—1689）

显示了已收集数据的沿海地区，因此在航线方面有了确定性，并为收集和组织新数据提供了一个可扩展的框架和方法，他为海洋所做的努力就像罗洪先为领土国家所做的那样。人们常常注意到，赖特的海图是根据埃默里·莫利纽克斯的地球仪绘制的；然而，尽管在绘图法上有一些相似之处，但无论是现存在佩特沃斯庄园（Petworth Honse）的莫利纽克斯原始地球仪（1592年）上的东亚，还是洪迪乌斯的修订版地图（1603年）中的东亚，与赖特的地图都存在着巨大的差异。就日本、朝鲜和中国沿海地区而言，赖特1599年的地图、莫利纽克斯1592年的地球仪以及洪迪乌斯在1596年为《基督教骑士手册》绘制的地图，似乎都至少间接地获得了与西班牙手稿类似的地图副本，这份西班牙手稿综合了喻时的单张地图、罗洪先的地图集和行基风格的日本地图。[92] 赖特愿意将他的地图扩展到明朝统治下的中国和日本的部分地区，只有通过东亚制图师的工作才能了解这些地区，在这个意义上，他比洪迪乌斯更明显地"扩大"了印度群岛。

赖特并不是怀着莎士比亚式①的雄心壮志来改变伦敦人对"地球"或"印度群岛"的理解。在他1599年的书中只包含了一幅地图，该地图显示了朴次茅斯、西班牙和亚速尔群岛以西

---

① 莎士比亚的十四行诗的结构严谨。此外指不拘泥于条条框框约束的雄心壮志。

的英国海岸，这是第一幅根据源于磁偏角数据的墨卡托计划（Mercator projection）绘制的海图。这些数据是赖特、胡斯和戴维斯在前往亚速尔群岛的实验性航行中收集的，这次航行发生在卡文迪什首次航行之后，由坎伯兰伯爵乔治·克利福德（George Clifford）赞助。克利福德后来为创建东印度公司发挥了重要的影响力，并为该公司提供了第一艘船——在德特福德建造的"红龙"号（Red Dragon）。[93] 数据表构成了赖特实际方法的基础，在戴维斯和胡斯随从卡文迪什的第二次航行归来之前，他利用这些数据帮助莫利纽克斯完成了地球仪计划。

[93]
[98]

后来，赖特声称这种方法使得计算变成一件机械的事情，以至于普通水手实际上不必学习天文学、几何学和三角学。同时，它意味着"航行或许可以只通过算术计算，而不需要海图或地球仪"[94]。

实证数据应该在对空间进行主权声明方面发挥作用。在伦敦这种观念是16世纪90年代伟大的科学领悟，它源自在爱尔兰和弗吉尼亚数据策略的失败以及明朝数据收集的显著成功。托马斯·布伦德维尔（Thomas Blundeville）的《操练》（Exercises，1594年）是一本关于数学、地理和航海的著作，甚至在赖特绘制地图之前，这本书就在普及他的思想方面发挥了重要作用，该书强调了中国是帝国的"高级"的地理新秩序的开端。在伦敦，人们对地理和数学产生了全新的、多样化兴趣，这使得人们试图探寻一个由多个主权国家构成世界的方式，这些国家至少在一定程度上通过人口普查的数学计算、制图和航海来保持其独立的主权。与之形成对比的是，伊丽莎白明显对地图不感兴趣，她关注的是更为狭义的大英帝国，这一帝国仅限于围绕不列颠群岛的"狭窄海域"的权力范围。[95] 正是伦敦数学家和制图师的努力，以及越来越多的阿姆斯特丹同行通过收集数据来强化主权主张，最有效地削弱了西班牙和葡萄牙西印度交易所的普遍且抽象的宇宙学成就。

上述背景见证了伦敦东印度公司的诞生，与卡伯特的"中国公司"一样，它也是一家私营股份制公司，但作为特许经营的一部分，该公司具备全面翻译各种数据的能力，而不是简单地建立贸易关系。1599 年 9 月 20 日，第一份拥有 101 个名字的认购名单出现了，其成员包括伦敦市长斯蒂芬·苏姆爵士（Sir Stephen Soame）、几位市议员，以及一些地位较低的人，如杂货商托马斯·墨德勒（Thomas Cutteler）、呢绒工人尼古拉斯·皮尔德（Nicholas Pearde）和皮革商约翰·哈比·斯金纳（John Harbie）。他们认购的金额一般在 100 英镑~500 英镑，共筹集了三万零一百三十三英镑六先令八便士。[96] 9 月 24 日，他们决定召开一次"大会"，任命 15 名董事，并正式向女王请愿。代理商或高级职员是由"冒险商组成的全体大会"任命的，并经大多数冒险商选出。[97] 第二天的会议提出了谈话要点——荷兰人准备

[99] 从爪哇成功返回后开始新的航行，对于长途贸易来说，股份制的组织方式是十分必要的。鉴于与明朝的贸易性质，向外国输出白银成为一种要求。[98] 该公司委员会于 10 月向枢密院递交了一份请愿书，并于 10 月 16 日得到了否定的答复。枢密院声称，该公司可能会危及与西班牙的和平谈判。枢密院认为，与西班牙的和平相处将更有利于"总体的商业状态"，而不是这家股份制公司的特殊利益。[99]

哈克卢特在 1599 年和 1600 年将《航海原理》第二卷和第三卷献给了罗伯特·塞西尔（Robert Cecil），这无疑是为了说服赞助人和读者们，追随葡萄牙人的航线到亚洲主权国家，将是挑战伊比利亚人的宇宙学主张，并缓解国内压力的最佳方式。[100]像约翰·戴维斯和威廉·亚当斯这样的英国水手，早在 1598 年年中就开始了签约受雇于荷兰的航海之旅。1598 年 9 月，塞西尔收到了一封信件，两艘英国商船在从果阿（Goa）到澳门的途中拦截了两艘葡萄牙大型商船。[101]1599 年 8 月和 9 月，伦敦有传言说，西班牙新国王菲利普三世已经准备好另一支由 220 艘海船和 3 万名士兵组成的无敌舰队，在法国、丹麦和苏格兰盟友的支持下，帮助爱尔兰的蒂龙郡（Tyrone）。[102]9 月，西班牙在亚速尔群岛的活动宣告失败，但就在同月，埃塞克斯伯爵在爱尔兰与蒂龙郡伯爵的战争中败北，他宣布停战。东印度公司大会是在 9 月 24 日埃塞克斯伯爵离开爱尔兰之前四天在伦敦召开

伦敦：塞尔登地图与全球化都市的形成（1549—1689）

的。伯爵于 9 月 29 日出现在枢密院，就爱尔兰战争问题与塞西尔和罗利针锋相对，并于 10 月 1 日被软禁。[103]10 月中旬，女王对埃塞克斯伯爵的态度有所缓和，塞西尔试图强行审判埃塞克斯伯爵，双方陷入僵局，审判终于在 1600 年 6 月 5 日开始。与此同时，荷兰人与英国水手一起开辟了成功的商业战略，同年 8 月，诺森伯兰伯爵从米德尔堡（Middleburg）写信给塞西尔，信中写道，约翰·戴维斯在科尼利厄斯·豪特曼（Cornelius Houtman）的指挥下航行了 28 个月，从苏门答腊岛的亚齐省（Aceh）带回了大量胡椒和香料。[104]

在这种情况下，塞西尔想知道，如果英国在亚洲推行反西班牙和葡萄牙的战略，是否能够与奥斯曼帝国和波斯人以外的自治主权国家发展贸易关系。然而，事实是没有在中国从事投机的空间。[105]塞西尔和伊丽莎白要求"海洋事务"的财政大臣富尔克·格雷维尔（Fulke Greville）① 进行调查。1600 年 3 月 10 日，格雷维尔回复道："你要我说出的那些东方专制国家国王的名字，我能说的是，这些国王要么与西班牙国王有过战争，要么与西班牙国王进行过贸易。"格雷维尔从非洲入手——来自非斯（Fez）和摩洛哥——给出了一份综合性名单，但他在苏门答腊看到了最大的商机，亚齐省和托尔（Tor）的国王是葡萄牙人 [100]

---

① 富尔克·格雷维尔是伊丽莎白时代的诗人、剧作家和政治家，1581 年至 1621 年多次担任下议院议员，并被赐予男爵爵位。

和西班牙人的敌人，他们关注了东亚和印度洋的商业。格雷维尔指出，"菲律宾"已经被明朝政府放弃，因此允许西班牙人将其作为进入中国贸易的入口，而从阿拉伯、亚美尼亚、波斯、坎贝、孟加拉、勃固、暹罗、马六甲、爪哇、马鲁古和中国驶往果阿的商船表明，这两个伊比利亚强国非常依赖非欧洲海运商人关系网运送货物。这是一份仓促完成的文件，格雷维尔"既没有手段又没有时间去寻找其他帮助"，只能依靠几个消息来源。[106]

作为对格雷维尔的回应或补充，该公司起草了一件文件，最有可能的执笔人是哈克卢特，该文件被命名为"英国商人可以在东印度群岛进行贸易的某些原因，特别是那些不隶属西班牙和葡萄牙国王的明智王国和主权国家，以及葡萄牙在这些东方地区征服和管辖的真正范围"。他们还列出了另一份亚洲的地方名单，这些地方都有自己独特的主权，并在众多国家和岛屿中强调了"中国是最强大、最富有的帝国"，格雷维尔只是间接地提到了孟加拉、勃固、暹罗、柬埔寨、南圻、苏门答腊、爪哇、婆罗洲、新几内亚、棉兰老岛、琉球、日本和朝鲜，以及"马鲁古群岛和香料群岛"等众多岛屿。英国商人也了解到，作为和平谈判的一部分，葡萄牙人和西班牙人起草了一份他们声称拥有主权的港口、城市、要塞和岛屿的清单。雨果·格劳秀斯最后的结论陈述，预示着十年后关于基督教王公将拥有"辽阔且无边无际的大海"的自由，并获得了"东方众多自由的王公（princes）、国王和专制君主的领土和统治权。他们［西班牙人］、我们和其他基督徒不再拥有任何主权或权力"[107]。会议结束时，与会者列出了一长串消息来源和要访谈的人物，以及那些有意成立贸易公司的人收集的有关主权的原始数据。

1600年9月末，女王和枢密院表示很快会颁布一个特许状，并于同年12月31日正式批准，委员会开始购买物资和西班牙的巴里尔银币。在特许状中，一个独立主权国家构成的世界的语 [101] 言，是以民族、民众和联邦的内部语言为框架，而非国家理性："我们为国家荣誉、民众财富、鼓舞民众和其他热爱我们的臣民的美好事业，付出了极大的努力，以增多我们的航行，促进合法的交流，使我们的共同财富受益。"为中国、日本以及其他亚洲政治实体而开发一门语言——由威尔斯以及16世纪70年代、80年代的译者开创——以及收集和绘制主权国家的数据，对于新公司的成立来说都是必要的因素。

该特许状授予由"进行东印度群岛贸易的总督和伦敦商人公司"组成的"一个法人团体和公民团体"15年的合法地位。特许状也要求这家总部位于伦敦的公司作为皇家海军的补充，同意当国家和王室遭到攻击时，公司的海船参与作战，以防受到攻击。[108]东印度公司的第一次航行于1601年出航，1603年成功返回，与亚齐省建立了联系，并在万丹建立了工厂，这家工厂与在万丹的海外华商的住所在同一地区。1612 年，英国船长约翰·萨里斯正是在万丹俘获了第二幅明朝地图，即一张标题为《皇明一统方舆备览》的印刷版单幅地图，从而更直接地揭示了来自福建的中国商人在他们的个人收藏中是如何评价他们与国家及其地图的关系的。

16 世纪晚期，明朝的实际主权和日本的新兴主权，以及明朝制图师为理解自己的城市关系网而开发的方法，考虑到了通过中国和伦敦沿海地区的城市商人以及知识分子对主权和制图空间的重新界定。正如罗洪先地图集所显示的，它不再用纯粹的绘图或图表来明确对主权国家进行声明。收集数据以及对其翻译的方法，为创建全球公认的空间权威提供了更为坚实的基础。翻译明朝收集领土数据的策略与更为广泛的东亚交流以及帝国边界之外的航海知识的战略相结合，使得 16 世纪八九十年代的伦敦人在贸易方面向全球延伸迈出了关键一步，最引人注目的是东印度公司的成立。

毫无疑问，东印度公司仍然是国家的有机组成部分，被理解为女王虚拟身体的一部分，并根植于较为陈旧的世界图景以及公司形象的策略。然而，与卡伯特的"中国公司"不同，东[102] 印度公司依赖的是关于主权空间的真实数据。在这些主权国家中，至少有一个是明朝，以户数为单位考虑人口，利用人口普查汇集全国的人口总数，而不是确认具有特权的公司团体。这种收集户数数据的观念清楚地证明了明朝主权独立于西班牙和葡萄牙自称的统治权之外。1588 年，这一观念随着托马斯·卡文什迪带着一幅中国地图一并传到了伦敦。16 世纪 90 年代初，见过这些水手的巴洛依旧写道，广大伦敦市民仍然对支撑其城市全球贸易的范围和性质知之甚少。"我很清楚地知道，在普通人中，成千上万人去赶集，有时他们带回家的往往是价值一两便士的丁香或肉豆蔻，可是从来没有人问过它们的产地是哪里，也没有人问过它们是以何种方式从产地运输到我们这里来的。"[109] 然而，1604 年，莎士比亚在他的戏剧《一报还一报》（*Measure for Measure*）中，开始不断地拿"中国菜肴"的吸引力开玩笑，观众也越来越清楚莎士比亚笔下的人物在说些什么。[111]

[103]

第三章　历史的价值：语言、记录与法律

　　法律通过记录说话，如果这些记录保存下来，它将向后世解释法律。

　　　　　　　　——1629 年 2 月 12 日，约翰·塞尔登在下议院的演讲[1]

1619 年：约翰·塞尔登、雨果·格劳秀斯与东亚

　　17 世纪早期，另外两幅中国地图传到了伦敦。在许多方面，这些地图都象征着一种方式，即东亚地区的发展在伦敦塑造了一种全球或国际的政治形象，这种政治形象对如何理解法律、语言和历史产生了越来越大的影响。1612 年，约翰·萨里斯在万丹俘获了一幅中国地图，塞缪尔·珀切斯在 1625 年的多卷本的《珀切斯世界旅行记集成》（*Hakluytus Posthumus*，*or Purchas his Pilgrimes*）中再版了这幅地图，该地图显示了一个界线分明的明朝——按照罗洪先的地图，国家是按照城市位置的等级组

织起来，并通过一系列河流水系连接。相反，塞尔登地图——可能是在 1619 年左右绘制的，并在 17 世纪 50 年代初成为约翰·塞尔登"博物馆"或图书馆的展品——表明一个国家融入了区域贸易体系，由于海外商人的航海和经济成就，这个国家在很多方面都很繁荣。塞尔登收集的地图，而非珀切斯印刷的地图，最终以一种更具体的方式反映了斯图亚特王朝的英国和英联邦即将成为的那种"帝国"。在这幅地图中，对海洋统治权的声明主要取决于水手的技术成就以及与不同主权国家签订的契约，这些主权国家使得交换成为可能。在英格兰的传统历史上，《权利请愿书》（1628 年）复兴了《大宪章》（*Magna Carta*）的主张，塞尔登在其中发挥了重要作用。这份请愿书被认为是这一时期英国权利进步的伟大里程碑。但塞尔登地图揭示了一种不同的动态。在这种动态中，海洋网络、技术成就和自治关系在全球范围内出现，因此不断发展的国家自治权与国内对以君主名义提出的军事和海洋权利主张的抵制，在法律和历史上都可以被重新概念化。 [104]

与重要的 1588 年一样，1619 年是一个分水岭。是年，在白银贸易路线的关键节点上，围绕法律主权和历史权利的一系列争论进行得如火如荼；此外，在珀切斯地图和塞尔登地图上体现的东亚贸易的两个概念开始出现了分歧。在那年夏天的伦敦，当荷兰人和英国人在 6 月达成了一项在亚洲对抗西班牙人和葡萄牙人的共同防御条约时，约翰·塞尔登把《闭海论》的手稿呈给了詹姆斯一世，作为对雨果·格劳秀斯的《海洋自由论》（*Mare Liberum*，1609 年）的回应。令詹姆斯沮丧的是，塞尔登主张英国实行封闭海域政策，以反对荷兰开放海域的目标，正如理查德·哈克卢特所知道的，这可以直接证明在亚洲对伊比利亚国家进行封锁是合理的。[2] 但英国东印度公司继续从伦敦派出"伊丽莎白"号海船，用以支持荷兰从日本平户市（Hirado）出发对马尼拉的封锁。同样，在 1619 年，荷兰东印度公司（成立于 1602 年）在西爪哇的古老的巽他格拉巴（Sunda Kelapa，即今天的雅加达）建立了一个新的总部，他们将其重新命名为巴达维亚（Batavia）。在经历了前两年与荷兰的战争，以及与邻近的万丹的中国商人清账的冲突之后，伦敦东印度公司的董事不得不在 1620 年至 1628 年，在巴达维亚艰难地行动。同样，1619 年前后，在主权国家相互竞争的帝国观念这一背景下，在马尼拉华人区涧内（Parian）或者在福建泉州，绘制塞尔登地图上的航线的中国制图师，试图设计一条横跨东亚的合理的船运航线，这一尝试最有可能是针对像日本平户的李旦这样的独立商人海盗，他建立了资本的关系网，同时利用荷兰人、英国人、西班牙人、德川和明朝的地方官员。这位地图绘制者认为英国人不值一提，也不知道遥远的巴达维亚发生的变化，直到那一年，巴达维亚依旧是查雅加达（咬留吧），但是这名制图师意识到荷

　　　　　　伦敦：塞尔登地图与全球化都市的形成（1549—1689）

兰人（红毛住）和西班牙人（化人住）从在特尔纳特（万老高）筑垒阵地开始，就在东亚贸易中采取了截然不同的战略。[3]荷兰人的封锁，以及为寻找一条通过新几内亚横跨太平洋的南部新航线而展开的竞争，打乱了中国商人传统的东部贸易路线，也扰乱了运往明朝的白银供应。作为回应，中国商人也采取了 [105]新策略来平衡不同主权实体之间的白银交换，而这些主权实体将对伦敦东印度公司在东亚和印度洋的贸易以及新兴的"大西洋世界"未来的发展产生深远的影响。

在欧洲的背景下，16世纪晚期和17世纪初英国和荷兰"省"（states）不断发展的自治，可以被视为一种对西班牙以及帝国权威转移的过程，该权威颠覆了三代菲利普国王（菲利普二世、菲利普三世和菲利普四世）试图笼络葡萄牙王室和贸易网的尝试。更确切地说，这种国家自治在其自身的权力转移过程中得以体现并维持，特别是1600年至1635年，亚洲贸易公司的建立，这是主权或财富的象征，类似于日本的"朱印制度"①。也许是由于它们的新颖的组织形式和所涉及的贸易距离，伦敦东印度公司和荷兰东印度公司都从其国家主权的理论渊源中展现了一种独特的自治感。比欧洲国家的形成过程更重要的是，这些贸易公司的发展卷入了亚洲的相关贸易和主权进

---

① 17世纪上半叶，日本德川幕府颁发给本国武装商船的红色特许状，其作用类似于欧洲王室颁发的特许状。

程。⁴ 在 17 世纪最初的 20 年里，甚至出现了合并荷兰和英国公司的说法，将其作为一种汇集资本的方式，目的是挑战伊比利亚人的联合君主国，并与各种亚洲商业关系网或新兴的国家形态进行更协调的交易。这一合并之所以没有发生，与伦敦和荷兰联合城市的不同情况、亚洲贸易的分歧有着很大的关系，最重要的是与两家公司对在东亚建立关系使用的技术和策略的不同态度有关。

亚洲的信息网需要并正在创立新的契约关系，并通过这些关系开创了新的历史——从伊斯坎德尔·穆达（Iskandar Muda）① 委托完成的《亚齐列传》（*Hikayat Aceh*）（出版于 1613 年左右）到德川注释版的《吾妻镜》（*Azuma Kagami*，1605 年）。⁵正如第二章所述，16 世纪欧洲和中国的历史作家都倾向于强调像明朝那样的区域帝国的集权化发展，而忽视了较为分散的海上活动。但在 17 世纪，不断转变的交换模式所需要的权威下放、多极化且重叠的贸易关系网，以及简单交流之外交换关系的延伸，都造成了某些客体的扩散——从记录历史的手稿到更多的技术成就，例如，旨在解决这些问题的流行的印刷术或工[106]　具以及绘图法。其中相当一部分是从东亚和印度洋传到伦敦的，最终进入了博德利图书馆等馆藏。与中央权威机构传播的知识

---

① 第 12 任亚齐苏丹国王。

相比，每一个人为创造的物件都在为试图建立新型的权威提供依据，这种权威似乎是对帝国中心的补充，或者说是一种范围更广的帝国中心的权力下放。这种权力下放似乎是通过海外商人的努力而完成的，尤其是为了理解他们所经营的广阔帝国以外的世界，同时为他们的活动寻找认识论基础。事实证明，伦敦与这些更为分散的海上活动的关系，对于塑造翻译与文化实体之间的互动至关重要。

　　17 世纪初，最了解这一点的伦敦人是约翰·塞尔登，17 世纪 40 年代末，他在伦敦白衣修士区的卡米莱特（Carmelite）拥有自己的房子和图书馆。塞尔登地图及其记载的航线体系成为"封闭的"且实际探测过的东亚海域的象征。它表明了亚洲人，尤其是中国商人以及从爪哇的万丹的苏丹到日本德川幕府，对伊比利亚以及荷兰帝国主义入侵的抵抗甚至是漠视。塞尔登在他的遗嘱中——时间为 1653 年 6 月 11 日——写了一份附录，特别要求把他的中国地图和其他收藏品一起放在伦敦第一座公共图书馆和博物馆里。与 1651 年的第一部《航海条例》一样，塞尔登地图也是对雄心勃勃的荷兰人的反驳，因为荷兰人在 1662年受到了郑成功的武力打击，迫使他们离开了台湾，使其看到了自己力量的极限。[6] 塞尔登的《闭海论》于 1652 年 11 月被翻译成英文，于 1663 年再版并献给查理二世，该书一直是思考伦敦贸易和法律问题的核心，直到亚当·斯密在《国富论》（1776

年）中抨击了重商主义。1651年10月颁布的首部《航海条例》是"第一个全面界定英国商业政策的议会条例"，在该条例中，《闭海论》为残缺议会（Rump Parliament）和克伦威尔的新国家政策建设提供了重要的理由。[7] 塞尔登的著作及其收藏的中国地图都揭示了17世纪初在伦敦和大西洋成功创立的经济、法律乃至军事战略，是如何依赖于依靠法律契约的资本积累形式，但在很大程度上又独立于国家的直接控制；这些技术在全球范围内，尤其在东亚海域发展起来，甚至为取缔新式专制主义和帝国主义提供了基础，如巴达维亚的荷兰人。[8]

[107]

最近，在有关塞尔登的大量学术研究中，人们忽视了塞尔登将伦敦的商业活动置于一个相对全球背景下的事实。[9] 塞尔登的初稿《闭海论》不仅回应了1613年来到伦敦的荷兰宣传者格劳秀斯，而且也回应了格劳秀斯的英语译员理查德·哈克卢特以及英文航海图，该图是哈克卢特在卡文迪什回国后绘制的。[10] 作为伊丽莎白时代的思想家，哈克卢特建议凭借着收集数据的过程创造一个国家，这一过程后来被从哈里奥特、赖特到罗利、培根的许多伦敦人相继提出，以此对菲利普二世提出的西班牙和葡萄牙联合君主国家的封闭形象做出回应。但此类数据收集也揭示了，在基督徒看来，亚洲是一个完全开放的主权世界，存在着像明朝这样的区域大国的限制，这样的国家拥有产生绝对权力（imperium）的大量官僚、契约以及文本工具。对于塞尔

　　　　　伦敦：塞尔登地图与全球化都市的形成（1549—1689）

登来说，大海并不像培根在《伟大的复兴》（*Instauratio magna*，1620 年）一书中所描绘的著名的海格力斯之柱（Pillars of Hercules）那样开放。为了解决概念上的这个缺陷，塞尔登将古老拉丁文中的"所有权"［dominiam，与主权国家的"绝对权"（imperium）相对］概念与共同的技术以及契约认可联系起来，尽管有一些例子主要来自有拉丁文特征的欧洲，但他相信这种认可存在于全球范围内。法律和契约从来不是简单的主张问题。全球主张必须尊重像明朝这样以"绝对权"为基础的主权实体，以及以"所有权"为基础的契约、条约、科学甚至技术成就。正如塞尔登使用历史手稿和以数据为导向的、技术型的对象——从塞尔登地图到北非星盘以及墨西哥绘本——所从事的信息收集，展示并说明了如何参与到这些关系之中。

在思想上，格劳秀斯试图用关于海洋自由的论述尽可能地为 1603 年发生在马来半岛附近的一项独特的历史活动辩护。那一年，一家荷兰公司由于延误了全球范围内的信息传输，从而未能成为新成立的荷兰东印度公司的成员之一，该公司在接近马六甲海峡时扣押了葡萄牙的"圣卡塔琳娜"号商船。据称，该船是一艘与柔佛马来苏丹国结盟的商船。格劳秀斯没有通过公司与柔佛的关系史来证明其合法性，而是将海洋自由的概念从自然法中抽离出来，将任何主张绝对权或所有权的概念从海洋论中移除。

[108]

尽管格劳秀斯所著书的副标题为"荷兰参与东印度贸易的权利"（De Jure quod Batavis competit ad Indicana commercio），但他的直接动机却模糊不清，以至于在以捕鱼业为主要收入来源的苏格兰和英格兰西海岸，许多人认为该文本是对英国在北海的捕鳕鱼业，乃至在斯瓦尔巴群岛（Svalbard Archipelago）的捕鲸权利的一种攻击。[11]

[109]

[110]

然而，哈克卢特在 1616 年去世的前几年里，在伦敦完成了手稿翻译，并由内殿律师学院（Inner Temple）①的知识分子和法律界传递。该书翻译出版的时候正值伦敦东印度公司在伦敦（1613 年）、海牙（1615 年）与荷兰东印度公司进行广泛的谈判，格劳秀斯担任了两次谈判的代表，并带着这一问题回到了东亚。尽管出现了像塞尔登这样的怀疑主义者，特别是对合并问题的质疑，但这两家公司在 1615 年仍然支持海洋自由的观念，自从 16 世纪 80 年代以来，这种观念有助于创造一个联合战线，去对抗伊比利亚人的亚洲联盟。[12]

1606 年，由于害怕中国人、日本人、荷兰人和英国人都对马鲁古群岛有所企图，西班牙对特尔纳特发动了一场大规模入侵，动用了 36 艘战舰和 2000 名士兵。特尔纳特在伦敦和阿姆斯特丹很有名，部分原因是 1596 年版洪迪乌斯的世界地图上的一

---

① 设在原圣殿骑士团总部旧址的伦敦律师协会的两所律师学院之一。

幅插图显示，德雷克的"金鹿"号（Golden Hind）商船于1579年被桨帆船拖进了特尔纳特的港口。荷兰人和西班牙人分别从万丹和秘鲁建立通往新几内亚附近的特尔纳特的航线，这场斗争受到了英国人的密切关注，西班牙人加强了特尔纳特的防御，并开辟了一条穿越太平洋南部的潜在的白银航线，正如塞尔登地图所示的那样。1607年，荷兰决定派遣1900人的分遣队到特尔纳特，该分遣队1609年经由万丹到达，然后开始修建防御工事，并封锁马尼拉。该决定是伦敦东印度公司在资源较少的情况下永远无法模仿的戏剧性策略。[13]

　　显然，伊比利亚人和荷兰人的行动都需要在军事力量和防御上进行大量投资，这是一种在军事与国家权力之间关系上的马基雅维利式自信。新马基雅维利主义者波特罗在1598年版的《闭海关系》（*Relationi del Mare*）一书中——于1635年首次以英语译本出版，作为对《闭海论》第一版的补充——该书遵循了热那亚和威尼斯的法学家的观点，认为对海洋的统治在某种程度上是通过国家理性而存在的，也就是说，一个城市需要控制其港口或者周围岛屿上的居民。相对于更为广阔和分散的"海洋"来说，拥有"地中海"（词源为希腊语当中的 Μεσόγειος，意为"地球的中间"）对于集中贸易是十分有影响的。对于波特罗来说，西班牙的实际权力建立在对地中海的统治地位的基础上，地中海文明（*mare nostrum*）① 作为一种特殊的文明，对大西洋、加勒比海、墨西哥和太平洋上的巴拿马

[111] 都有影响力。正如巴托罗姆·列奥纳多·德·阿让苏拉（Bartolome Leonardo de Argensola）在 1609 年所认为的，西班牙对马鲁古群岛的主张，也取决于西班牙与构成菲律宾群岛岛屿链南部的关系，以及与跨太平洋航线的联系。14

但格劳秀斯在《海洋自由论》一书中给"基督教世界的君主和自由国家"的献词驳斥了一种观点，即法律上的对与错是由大众的"观念和习俗"以及"意志"、"财富"和"利益"决定的。作为一个反对荷兰加尔文教派的阿明尼乌派教徒，格劳秀斯呼吁君主和独立国家的基督教群体对自然法达成一种相互认可。这限制了西班牙的帝国主张，但没有失去基督教宇宙学所统治的一幅天主教世界的愿景。格劳秀斯的著作还回避了亚洲的关键问题。实际上，荷兰东印度公司的泽兰（Zeeland）分部曾经委托翻译《海洋自由论》，以此支持 1609 年签订的《安特卫普条约》（*Treaty of Antwerp*）。虽然该条约在欧洲最终开启了荷兰人和西班牙人之间长达十二年的休战，但在 1611 年特尔纳特的亚洲海域却遭到了抵制。格劳秀斯的泛基督教主张忽视了更为复杂的问题，即在存有分歧的基督教教派之间协调关系，

---

① 罗马人对地中海的称呼，原意为"我们的海"。

以及基督教与亚洲、非洲及美洲的非基督徒之间协调关系。[15] 私下里，格劳秀斯表现得模棱两可。他的手稿《捕获法论注释》（*De Jure Praedae Comentarius*）对荷兰东印度公司与柔佛苏丹的联盟对抗葡萄牙人的特殊"正义战争"做出了精确的描述，这使得他们在 1603 年俘获了葡萄牙的商船，并在 1606 年建立了正式的联盟。[16] 但在公开场合，由于他过于依赖基督教的自然法观念，所以无法与非基督徒，尤其是亚洲的君主建立这样的联盟。在《捕获法论》（*De Jure Praedae*）一书中，他依赖于另外一种更不严谨的对待"邻居的"基督教观点。[17]

塞尔登的《闭海论》无疑借鉴了自然法传统和波特罗等新马基雅维利主义者的观念，但是与格劳秀斯的著作相比，塞尔登的书具有更坚实的历史与法律基础。1635 年，简化了的拉丁文词汇"论点"（Argumentum）——其在 1652 年版《闭海论》的英语标题页上被翻译过来——把塞尔登的主张归纳为两个基本要点，以使外交官、侍臣和议会议员受益。[18] 首先，不管人们喜欢何种法律框架，根据自然法或万国公法（*jure naturae seu gentium*），海洋都是可以被分割的（所有权）。其次，英国在历史上是一个独立的帝国，这个狭隘的概念是从约翰·迪伊和其他伊丽莎白时代的人那里借鉴而来的，其涉及对岛屿周围海域的统治权，而且从历史观点上说，这可以通过文献记录所支撑的传统所有权主张进行重构。这一简化的理论可能使查理一世 [112]

的宫廷人士感到满意，因为它对"造船费"的需求有限，并且能满足类似于威廉·考特恩（William Couteen）这样的冒险者。但这两种主张都没有解决新弗吉尼亚或东印度公司所面临的前所未有的问题，即在缺乏强有力国家权力的情况下维持贸易关系。因此，在文本中，塞尔登不得不提供一个比荷兰自由贸易更具吸引力的全球主张。

正如杰拉德·马利尼斯（Gerard Malynes）当时所说的，抽象的权利主张"自由贸易"受到了一个问题的困扰，即"一个商人是否可以与土耳其人、异教徒、野蛮人和无信仰者通商，并对他们做出承诺"[19]。因此，塞尔登首先提出了一些关于所谓普遍的"商业和旅行法（他们称之为自然法）"的标准论点。然后，塞尔登对一项技术主张提出了挑战，即不可能以与陆地相同的方式进行海洋勘测，而且他找到了一段真实存在的关于古代海洋测量员（Thalassometricians）的引文，他们"勘测海洋使用的几何学规则不少于对陆地的测量"，并在海上使用了测量距离的仪器。[20] 这证明了通过海洋罗盘和三角学收集功能性数据的新策略的重要性。这些海洋罗盘和三角学是由哈里奥特和赖特开创的，并受到德雷克、罗利和卡文迪什航海的启发。[21] 但是，塞尔登并没有提倡普遍贸易或哈克卢特所明确表达的纯英式航行，而是回归了相互认可的跨文化交换和契约传统，这一传统最初是由身处伦敦的卡伯特在《条例》中定义的。作为放弃自由贸易或自然法等抽象概念的回报，塞尔登为伦敦商人提供了真实且可持续的所有权关系，这种关系是通过契约和认真地收集有关亚洲航线沿线海关和港口海关数据来相互定义的。塞尔登的中国地图后来证明，这种所有权关系在欧洲以外的地区有着悠久且活跃的历史。

塞尔登描述了自己对测量的技术性强调。他认为所有关于测量的主张，无论是基督徒还是非基督徒提出的，只有在被承认的情况下才有效，尤其是在契约的意义上。例如，16 世纪初，葡萄牙的曼努埃尔通过征服西印度洋来获得统治权。在争论了为什么伊丽莎白女王和奥斯曼苏丹都可能拒绝"承认"这一主张之后，塞尔登还引用了德·戈瓦（de Góis）翻译的埃塞俄比亚皇帝达维特二世（Dawit Ⅱ）写给曼努埃尔的信，达维特二世在外交信函中礼貌地重复了葡萄牙对红海拥有统治权的"夸张"说法，但曼努埃尔在回信中强调："只有您的头衔不违背自然法或国际法，仅此而已。"与此同时，塞尔登明确反驳了西班牙人 [113] 通过"康奎斯塔"（"conquista"）① 征服美洲居民拥有合法权利的观点，"因为他们拒绝商业和娱乐"，这是因为他们不善于社交，值得注意的是，格劳秀斯认为这是基督教自然法的关键要素。[22] 相反，塞尔登强调了正式条约的必要性，理论上，这一

_____

① 西班牙在美洲的殖民帝国的名称。

过程发生在弗吉尼亚州的波瓦坦人（Powhatans）身上。与格劳秀斯所说的"自然法"不同，商业权利对于塞尔登来说，无一例外地来自相互承认和普遍的"守信"法则。[23] 就像在犹太律法中一样，契约可以通过写作和存档的过程来证实，并因此依赖于档案的互译和后续的重新制定。[24] 换句话说，法律通过记录说话。

伟大的英联邦学者 J. G. A. 波考克（J. G. A. Pocock）曾经对塞尔登持有的"普通法思想"不屑一顾，暗指他不愿意从档案和语言中抽象出法则。但这也使塞尔登成为一名优秀的译者。塞尔登明白，任何旨在实现普世论的一系列严谨翻译都需要重现历史细节。1628 年发生了关于《权利请愿书》的辩论，在此背景下，塞尔登认为王室特权必须来自议会的实际"法令"，这一立场与同时代的爱德华·科克爵士（Sir Edward Coke）截然不同，后者声称国王只受古代惯例和习俗的约束。[25] 如果权力的行使总是来自具体的法令，而不是模糊的传统或抽象的争论，那么伦敦要建立合法的交换关系，主权就不能简单地从欧洲或罗马法的遗产中普遍化或自然化。此外，任何试图从纯粹的欧洲视角（更不用说从国家视角）书写历史的尝试，都存在根本性缺陷。对于塞尔登而言，历史研究不仅以相互关联的事件、译著、契约，抑或对译著（内容）再现的方式，在一个诸如议会或伦敦东印度公司之类的机构中，通过法律创造一种截然不同的后马基雅维利式的公民意识，它也应该考虑到一种适合于全球时代的语言和翻译实践的出现，在这个时代里，主权被下放到（贸易）交换关系网体现的"所有权"的微观进程中。[26]

合法关系：向亚洲贸易不断开放的伦敦

不像与某个特定帝国有联系的早期公司，如与沙皇有联系的俄国公司，或与奥斯曼苏丹有联系的黎凡特公司，这两家公司是要求在世界范围内建立多种贸易关系的首批成功的股份制公司。在此之前，复杂的贸易往往会因为涉及关系的枷锁而崩溃，例如，通过俄国与波斯进行贸易的尝试、首次弗吉尼亚的尝试以及各种"几内亚"（西非）公司。荷兰的解决方案是凭借武力进行贸易，在谈判失败时使用军事力量来稳定关系，但这需要付出巨大的代价、导致不稳定的策略造成疏远商人和联合省。在1613年和1615年的英荷会议上，双方讨论了合并问题，其目的是帮助（荷兰）支付没完没了的潜在军费开支；而荷兰东印度公司联合"印度国王和人民"共同防卫西班牙的提议，实际上有效地终止了1615年在海牙举行的谈判。当1619年重新开始起草合并计划时，也就是荷兰人占领巴达维亚的那一年，爪哇的荷兰当局对英国人在贸易中占了过大的份额感到愤

慨。在亚洲的关系促使双方走向解体，因为伦敦东印度公司在回不丹之前，即 1628 年在安汶岛（Ambon）遭受了一系列羞辱和一次大屠杀。[27] 在这个意义上，伦敦和阿姆斯特丹分道扬镳不是因为股份制公司的制度形式，也不是因为旨在建立伊比利亚式的统治权，而是因为各种亚洲贸易网络之间的法律和契约存在矛盾。

在荷兰人的例子中，历史学家早就认识到，"帝国主义"的概念为研究 17 世纪的亚洲，特别是东南亚的商业提供了一个不充分的框架。[28] 在每一种情况下，建立成功的关系都需要数个商人关系网和当地精英（比如在万丹的中国人和爪哇人）之间的谈判，还需要有用大量贵金属买进市场的意愿。17 世纪初，北美和加勒比地区甚至爱尔兰，都无法提供一个更简单的选择。诚然，弗吉尼亚和其他美洲新殖民地可能看起来像罗马式殖民地，尤其是在这种占领在法律上是正当的情况下，但实际上存在着巨大的斗争。从抽象意义上讲，"种植园"对根植于自然法思想的乡绅与议会政治来说有一定的吸引力。这常常促使人们积极地获取土地，无论是 1641 年爆发的爱尔兰战争，还是 1619 年由埃德温·桑迪斯爵士（Sir Edwin Sandys）等人发动的一场乡绅政变，政变罢免了伦敦商人托马斯·史密斯爵士（Sir Thomas Smythe）在弗吉尼亚公司的财务主管职务，进而推行类似的灾难性种植园政策。[29] 狂热的乡绅们使弗吉尼亚的情况变得

伦敦：塞尔登地图与全球化都市的形成（1549—1689）

糟糕，1622 年，重组的公司激起了波瓦坦人的起义，在这一灾难性事件后，王室不得不接管该公司。君主对权威的运用在很多方面都得到了乡绅中的帝国主义者的支持，他们希望在决策中保持权威，但又害怕权力的过度转移。作为东印度公司特别委员会的成员，桑迪斯爵士写道：因为荷兰政府是"受欢迎的"，而且"我们君主制的"……"我们的国王对他们非常不利，因为荷兰议会（States-General）没有凌驾于他们臣民之上的权力无法命令他们，即使臣民应该服从议会，荷兰东印度公司的董事们也不愿意听命于议会。"[30]

然而，与在美洲和爱尔兰的股份制公司不同——王室可能对其进行直接干预，东印度公司为应对亚洲局势而建立关系的最初努力体现出了很大程度的自主权。尽管仍受到爱尔兰蒂龙郡叛乱（九年战争，1594— 1603 年）的困扰，但是伊丽莎白给公司颁发特许证的策略，似乎是她早期与摩洛哥和奥斯曼土耳其等伊斯兰国家结成松散联盟以挑战西班牙的政策的延续。英国建立贸易关系的首批目标是亚齐（一个与奥斯曼帝国有联系的国际化苏丹国）、印度的各个苏丹国家、中国及更为广阔的东亚地区，以及葡萄牙人和荷兰人。亚齐苏丹阿拉乌丁·赛亚·奥·默罕默米尔（Alauddin Riayat Syah al-Mukammil，1589— 1604 年）在一封信件上盖了章，这封信是拿骚（Nassau）的荷兰执政者莫里斯（Maurice）在 1600 年 12 月用西班牙语写给他

的，苏丹知道英国人已经成功地击退了伊比利亚人。[31] 詹姆斯·
兰开斯特爵士（Sir James Lancaster）和亨利·米德尔顿（Henry
Middleton）带着一个来自巴巴里的通晓阿拉伯语的犹太译员来
到亚齐。但是，1601 年 1 月伊丽莎白写给"在苏门答腊岛上的
亚齐国王"的信措辞笼统，只要求友谊与"和平地进行贸易"，
这与试图对亚洲海域宣示主权的西班牙和葡萄牙不同。

　　伊丽莎白给苏丹的信有两个版本流传下来，一个是 1601 年
1 月的初稿版本，另一个是由珀切斯重印的版本，兰开斯特在他
的日记中声称已经将这封信公开发表了。信件似乎是由公司代
表们撰写的。在第二封信中，伊丽莎白的代笔人提到了 1575 年
亚齐人对葡萄牙控制的马六甲攻击的失败，以及勇敢的船长拉
贾·马胡塔（Rajah Mahuta），目的是让苏丹了解当地的历史和
英雄故事。[32] 在拒绝了伊丽莎白的第一封信之后，阿拉乌丁同意
接受修改后的版本。随后在亚齐宫廷进行的谈判使米德尔顿获
得了贸易许可，这是一份普通的文件，装在一个绿色的丝绸信
封里，内容是用马来爪夷文（Malay Jawi）书写的，并盖上了阿
[116] 拉乌丁王的油烟色圆形印章。显然，该文件以印度洋使用的更
易翻译的印章或圆章（chaps）以及莫卧儿和奥斯曼的特许状文
件（farman）为蓝本，但仅在港口本地生效。[33] 1602 年 10 月，公
司代表在马六甲附近捕获了一艘来自科罗曼德尔海岸（Coro-
mandel Coast）的 1200 吨重的葡萄牙大帆船，之后才有一封正式

的阿拉伯语签名信递给了伊丽莎白。兰开斯特从英国海军事务大臣那里得到了一份普通的私掠商船委任状，但兰开斯特和米德尔顿并没有把战利品留给自己，而是与苏丹和穆谢龙公司（Moucheron Company）的荷兰船长乔里斯·范·斯皮尔伯根（Joris van Spilbergen）一起瓜分了这些货物。[34] 这时，苏丹用阿拉伯语给伊丽莎白写了一封华丽的长信，并在一个中式漆器盒里放了一枚红宝石戒指和两件金线织成的衣服。[35] 东印度公司已经成为主权实体之间的翻译者，它本身就是一个"中间人"，苏丹用阿拉伯语承认了"股份制公司"的语言，"一个拥有普遍特权的公司"如同一个拥有"自由"和"专利特权"的"不受约束的社会团体"。这正是塞尔登后来所说的一个"封闭的海洋"所需要的。

1602 年 3 月，在荷兰东印度公司合并的消息到来之前，荷兰人仍然扮演着独立公司的角色，他们从这次事件中得到了一个截然不同的教训。伦敦东印度公司和穆谢龙公司的联合行动让阿姆斯特丹联合公司的代表们很尴尬，因为穆谢龙公司是 16 世纪 90 年代晚期形成的荷兰东印度公司的几家前身公司之一。阿姆斯特丹公司的总部设在马来半岛柔佛北部的帕塔尼（Patani），他们的船长雅各布·范·希姆斯克（Jacob van Heemskerck）坚信保持他们在帕塔尼的地位是"必要和值得的，以对抗敌人，并向当地人展示我们并不畏惧葡萄牙人的势力"。他说服了一艘来自占城（Champa）的小型海船上的葡萄牙船员放弃他们的商船，离开马来半岛东侧的刁曼岛（Tioman）。这产生了预期的结果，因为"柔佛的年轻国王"拉贾·邦苏（Raja Bong-su）立即给希姆斯克寄了一封信并派遣一名使臣，并建议希姆斯克在柔佛海峡等待来自澳门的大帆船，并以柔佛为基地。[36]2月，希姆斯克捕获了满载货物的"圣卡塔琳娜"号大型帆船，格劳秀斯的论著受到了这一事件的启发，希姆斯克于6月将他的战利品带到了万丹，他的竞争对手穆谢龙公司的乔里斯·范·斯皮尔伯根在航海日志中记录了希姆斯克曾经获得了价值700万荷兰盾的巨额战利品。[37]当时，仅有个别的荷兰船长不仅与地球另一端的当地精英临时制定了可能对联省共和国产生重大影响的政策，而且在这一过程中他们也没有获得相关的信件，即要么承认正式主权关系，要么发展一种理解此类政策的共同

[117] 法律语言。

在亚齐主权的庇护下，荷兰东印度公司缴获这一事件在很大程度上被人们所遗忘，与亚齐确立的新法律关系和契约条款使之正常化，成为1603年后与万丹关系的典范；相反，"圣卡塔琳娜"号事件及其后果在整个欧洲广为人知。随后与葡萄牙人的战斗情景显示，荷兰人当时正在与"年轻的国王"拉贾·邦苏合作。[38]作为对这一丑闻的回应，格劳秀斯从1604年开始，为新合并的荷兰东印度公司的主要投资者代表——阿姆斯特丹

伦敦：塞尔登地图与全球化都市的形成（1549—1689）

商会（Amsterdam Chamber）撰写了《捕获法论》书，试图定义一种全面的正义战争理论，即允许扣押西班牙和葡萄牙的海船和基地。为了证明这一行动是防御性的，甚至是带有解放性质的，格劳秀斯错误地声称柔佛苏丹阿卜杜拉·哈马雅特·沙阿（Abdulla Hammayat Shah）参与了"圣卡塔琳娜"号事件。1607年，格劳秀斯在给蒂多雷岛（Tidore）苏丹的信件草稿中解释了荷兰的政策——"我们的目的不仅仅是保护我们自己不受西班牙人和葡萄牙人的伤害（划掉的内容：他们不公正地试图禁止全世界的自由贸易），而且也要尽最大的努力从伊比利亚暴政中解放东印度君主和各民族"——警告苏丹，伦敦人很快就会尝试与其进行贸易，但他们实际上并未花钱对抗西班牙。[39] 之后，当格劳秀斯在 1608 年转而为泽兰商会（Zeeland Chambers）工作时，他把自己未发表的《捕获法论》的第十二章编辑成《海洋自由论》，以便阐明一个基于自然法的更抽象的政策。在泽兰，巴尔萨泽·德·穆谢龙（Balthasar de Moucheron）的旧公司在俄国、美洲和东亚都有着广泛的利益。他也想从格劳秀斯那里学到一种涉及大西洋世界的全面贸易理论——在大西洋世界里，不存在与欧洲以外的海上强国合作的问题。[40]

相比之下，17 世纪上半叶的伦敦出现了越来越大的分化，分化的一方是更为乡绅化的"英国"大西洋殖民地（"大西洋世界"），另一方是伦敦的亚洲接触战略，包括黎凡特公司的战略，或者更直白地说，分化是在殖民和翻译努力之间进行的。英国东印度公司的初始投资规模较小并且面临来自荷兰的竞争，因此它不得不迅速调整并扩大其贸易网络。公司利用新的投资来分散风险，很快离开了支出较大的亚齐省，并在 1600 年到 1620 年间建立了超过 12 家新工厂。[41] 英国东印度公司不断寻找新的欧洲市场，在此过程中，货款投机其他与地中海和波罗的海沿岸国家进行贸易的伦敦公司，因为这些公司的大部分商品胡椒都是再出口的。该公司越来越多地利用国内对商品的消费，将至少部分时间居住在伦敦的乡绅和广大民众转变为亚洲贸易的支持者。伦敦的乡绅投资者的纽带是河岸街（Strand）上时髦的新式拱廊（arcade）——"英国的钱袋"（Britain's Burse）或后来人们口中的"新式交易所"（New Exchange）。这一新式拱廊归索尔兹伯里伯爵罗伯特·塞西尔所有，他是英国的财政大臣兼国务大臣。1609 年，新式交易所隆重地开业了，就连詹姆斯一世、安妮王后和亨利王子都前往出席。从 1601 年起，塞西尔直接参与了白银出口的审批，掌管着负责丝绸进口的海关。[42] 因此，与格雷欣的皇家交易所一样，新交易所在金银和货币管理方面发挥了一定作用，直到 17 世纪 30 年代，一个涉及西班牙的更开放的白银市场出现了。在本·琼斯撰写的《娱乐》的开场白中，一位商店老板宣称这个交易所比所有"市镇上各式的中国式房屋"都要精致，甚至比"欧洲所有杂志"描述得都要好。这位商店老板喊道:"你缺少什么?"并回答"是各种各样的精美瓷器吗?中国经纱、中国手镯、中国围巾、中国扇子、中国束腰带、中国刀具、中国盒子、中国橱柜",以及一系列荷兰光学仪器和"印度田鼠、印度老鼠"。这是对欲望的一种新诉求,它通过诱使富有的伦敦人而不是毫无戒心的本地人来推翻卡伯特在贸易上取得成功的老套路。[43]

这些差异说明了英国东印度公司与荷兰东印度公司合并失败部分原因。

随着伦敦与亚洲贸易以及支撑自身的金银贸易的联系日益紧密,从 1619 年开始,荷兰东印度公司越来越独立于荷兰共和国各城市的决策之外,在得到最初的投资之后,成为自筹经费的公司,表现得几乎像是一个国家或独立的共和国。荷兰人把他们的主要业务基地从安汶(1605—1619 年)的较大据点迁往巴达维亚,使巴达维亚成为一个吸引来自欧洲的商品和金银的枢纽,特别是来自日本以及(在较小程度上)波斯。[44]荷兰东印度公司将东京(越南北部地区)或孟加拉的丝绸运到日本,以换取白银,从而赚取了巨额利润;但英国东印度公司由于缺乏此类储存贵金属的据点(马德拉斯的圣乔治堡除外,建立于1644 年左右),所以主要是从欧洲运送大量金银,然后再从伦敦将商品出口到欧洲大陆、非洲和美洲。因此,伦敦就是英国的巴达维亚。

詹姆斯国王和乡绅之间的紧张关系，使荷兰和英国的公司
[119] 勉强进行了短暂的合作，结果以灾难性的结局告终。1618 年，
詹姆斯以苏格兰国王的身份，试图授予詹姆斯·坎宁安爵士
（Sir James Cunningham）一份特许状，以创建苏格兰东印度公
司，之后双方只在 1619 年进行了短暂的合作，伦敦公司通过强
制向国王贷款而阻止了这一合作。在压力之下，该公司对乡绅
中以桑迪斯和科克为首的反西班牙派做出了回应，乡绅们希望
联合防卫舰队从日本平户工厂出发对抗西印度洋和西属马尼拉
（Spanish Manila）的葡萄牙人，以此作为在大西洋上向西班牙人
施压的一种方式。[45] 早期的联合行动是针对比贾布尔（Bijapur）
苏丹国在红海达博尔（Dabhol）港口的航行，因为苏丹的船只
使用了来自果阿的葡萄牙通行证。1622 年，伦敦东印度公司还
联合萨法维的军队从葡萄牙人手中夺取了霍尔木兹。[46] 掠夺品数
量最多的两次发生在对马尼拉的第八次和第九次封锁中，这是
1621—1622 年由东印度公司首次与英国船舰联合发动的，其中
大部分掠夺品都来自福建和广东的中国商船。塞尔登的中国地
图很可能是由一名英国指挥官在这些行动刚开始时缴获的。但
这两次行动与东印度公司和萨法维人在波斯湾的联合行动不同，
除了获得地图，中国商人关系网的中断在很大程度上损害了伦
敦的利益，给公司从万丹到平户的航行造成了困难，并且对来
自新西班牙和秘鲁的白银流通正常化几乎没有帮助。[47]

伦敦：塞尔登地图与全球化都市的形成（1549—1689）

在东亚，伦敦东印度公司越是与荷兰东印度公司（以及国内的反西班牙贵族）追求共同目标，就越能鼓动伦敦贸易商脱离该公司，成为非法经营者，进而获得更大的自由来达成囤积商品和白银的特定契约。1617年至1621年，在安汶东南班达群岛中的小岛瑞安（Run）和安圭拉（Ai）上，在万丹董事垮台期间，公司代理人进行半独立式经营，甚至建造堡垒以抵御荷兰人和伊比利亚人。[48] 在一类相互吹捧的头衔中，他们以詹姆斯一世的名义声称，与当地管理肉豆蔻和豆蔻收成的精英人士达成了交易。

1622年，阿姆斯特丹，发生的一场英语和荷兰语小册子的斗争，旨在左右英吉利海峡两岸的观点。[49]1624年6月，消息传到了海牙，当时海牙正在与西班牙就战争问题进行条约谈判，这场战争被称为"安汶岛屠杀事件"（Amboyna massacre），其中包括拷打并处决了来自伦敦的10名公司职员，这些职员曾试图利用荷兰人从安汶转移到巴达维亚的机会，与一名葡萄牙人和九名日本人合作。[50] 接下来，大量双语小册子应运而生。英国的[120]宫廷困惑于詹姆斯一世的病情（他于1625年3月去世）等因素，因此宫廷中很少有人愿意去直接挑战荷兰人。詹姆斯提议成为一名伦敦东印度公司的股东，并让公司悬挂他的米字旗（1606年），因为他刚刚撤销了弗吉尼亚公司的特许状，并把它变成了英王直辖殖民地。但是该公司拒绝了这一提议，并保留了自己的旗帜，这表明了商业"伙伴关系"在国王的尊严之下，但他们主要担心的是，如果国王成为股东，伦敦商人就会失去对职员的任免权以及对世袭国家货币需求的控制权。伦敦东印度公司于1625年7月收到了查理对其困难漠不关心的明确消息，当时荷兰东印度舰队（詹姆斯在上一年9月颁给其一份特许状）被允许在英国海军视线范围内安全地通过多佛尔。1625年11月，英荷联军进攻加的斯，开始了对抗西班牙的斗争。[51]

伦敦东印度公司得到的教训是，无论是与荷兰东印度公司还是与英国宫廷合作，最终都会降低其效率。1628年，该公司放弃了在日本的业务（1623年），回到了万丹，与当地的国王（pangeran）合作，国王非常喜欢将自己塑造成一个苏丹的形象。除了伦敦有限的商业投资者圈子，伦敦东印度公司不得不将目光投向亚洲的商业关系网和更为广泛的伦敦公共消费者以及持股者，以寻求支持。该公司董事托马斯·孟（Thomas Mun）提出一种与短暂变化有关的"贸易"和"调解"的新亚里士多德式理论，试图定义伦敦与亚洲、欧洲的贸易关系。从1622年起，尽管作为詹姆斯一世贸易常务委员会的一员，但是托马斯·孟并没有公开这一理论。托马斯·孟在1623年写道："因此，通过一系列贩运，所有人会完成全部交易，如果交易的健康和谐因国内过度的疾病、国外的暴力、国内或国外的指控和限制而受到损害，它就会失去活力。"[52]小册子的作者还以1623

伦敦：塞尔登地图与全球化都市的形成（1549—1689）

年安汶大屠杀为焦点，对伦敦商人和荷兰人进行了意识形态的对比，这反映了一种更为精确的法律差异。他们描述了伦敦东印度公司与亚洲主权国家以及像在安汶被屠杀的葡萄牙和日本领航员及士兵那样的人合作，"只对一条商业航线及和平贸易负责；既不期望印度人，又不希望荷兰人怀有任何敌意"。相反， [121] 荷兰人采取了暴力殖民战略，这让人联想到了西班牙和葡萄牙人的大肆掠夺，"从在印度群岛进行贸易开始，他们就不满足于正常的、公平的、自由的贸易过程，入侵了许多岛屿，占领并建造了一些港口，除了征服一些国家和获得新的统治权，他们没有努力做其他任何工作"[53]。因此，荷兰人的海洋自由政策成为真正的自由贸易的对立面。自由贸易尊重主权的法律界限，不管主权为基督徒还是非基督徒所拥有。与这些主张相呼应的是塞尔登的"闭海论"概念，1630 年伦敦东印度公司与西班牙签署的《科廷顿条约》(Cottington Treaty) 遵循了这一理论，甚至在 1635 年之后仍被查理一世所采纳，而且在伦敦变得越来越有意义，比哈克卢特的格劳秀斯译本更具说服力，该译本一直未被出版。

伦敦、牛津和剑桥的亚洲图书馆

塞尔登的理论范式和《闭海论》引证基础的问题是，伦敦

缺乏藏有亚洲文本的图书馆和有翻译经验的人，进而在全球范围内理解这一计划。尽管《科廷顿条约》解决了在伦敦获取西班牙白银的问题，但它几乎无法抵消荷兰在亚洲日益增长的军事存在和对重要贸易枢纽的垄断。在修订《荣誉的头衔》（*Titles of Honour*）一书（1614 年出版，1631 年第二版）时，塞尔登把世界各地的君主写给英国宫廷的信件手稿抄录下来并作了笔记，这些信件是他的新盟友劳德大主教和东印度公司帮助收集的，包括来自阿尔及利亚、摩洛哥、蒂多雷、特尔纳特（标记为"马鲁古群岛"）、万丹、亚齐、波斯、莫卧儿帝国、埃塞俄比亚和日本的信件。塞尔登曾经在弗吉尼亚公司的合作者，后来的驻莫卧儿王朝大使托马斯·罗爵士寄给他一枚莫卧儿王朝印章的副本，塞尔登还与莱顿学者托马斯·凡·厄普 ［Thomas van Erpe，又名埃珀尼厄斯（Erpenius）］ 就穆斯林的头衔问题进行了书信往来，他尽可能地从各种渠道收集资料。这将是一项关于贵族权威和主权概念的全球性比较研究的一部分，而这正是塞尔登力所能及的事情了。[54]

从某种程度上说，伦敦确实有这样的语言材料，塞尔登曾经在律师学院中与这些材料共处。该学院扮演着营造一个"公共场所"的角色，类似于伊丽莎白时代的剧院或复辟时期的咖啡馆。本·琼森称这些"学院"是"王国里最高贵的人性和自由的苗圃"；塞尔登在 1614 年出版的《荣誉的头衔》一书的献

词中，试图将伊斯兰国家纳入对贵族权威来源的比较研究。琼
森在描写塞尔登时写道："你虽曾在故乡，但你的足迹遍及天
下；/你像一个圆规，一只脚固定在你的中心，你画出的圆圈里
充满了全部知识。"[55] 律师学院开设的课程甚至比格雷欣学院
（Gresham College，1597 年）还要多，在那里，市长开办了几何
学、天文学、音乐和神学的讲座，还开设了一门完整的宇宙学
课程，而且绸布商公司还对更实用的法律、物理学和修辞学课
程进行了赞助。正如约翰·斯托（John Stow）所写的那样："坐
落在这座城市里或这座城市周围的四大律师学院就是一所纯粹
的综合性大学。"这表明了城市信息的各个方面是如何与城市结
构本身交织在一起的。[56]

由于 16 世纪乡绅子弟和在新式文法学校接受教育的人搬到
律师学院的周围地区，他们重新发现并引进了各种新式文本，
从而使得这里成为伦敦乡绅化的第一个真正的中心。威廉·卡
姆登（William Camden）的历史记录和地形图以及塞缪尔·珀切
斯旅行收藏品造就了塞尔登的成就，这与 17 世纪初英国商人和
宫廷与摩洛哥、弗吉尼亚、奥斯曼土耳其、波斯、莫卧儿、苏
门答腊和爪哇进行法律活动取得的成就如出一辙。[57]塞尔登接受
的训练意味着他可以使用多种语言的资料来源，这使他成为一
位令人敬畏的格劳秀斯式评论家，与塞尔登对希腊语、阿拉伯
语、撒玛利亚语和希伯来语的资料来源和字体的使用相比，格

劳秀斯对希腊语和希腊字体的使用，就相形见绌了。律师学院藏有众多罗伯特·科顿爵士（Sir Robert Cotton）、阿伦德尔伯爵（Earl of Arundel）等人及之后的塞尔登收藏的书籍、手稿和古物。塞尔登积极利用这些收藏品，连同兰贝斯宫（Lambeth Palace）和伦敦塔的图书馆，甚至把阿伦德尔从奥斯曼帝国收藏的希腊大理石雕像进行了归类，这一过程把他与伦敦的法律学者、作家、出版商和贵族收藏家的动态关系联系在一起。[58]

17 世纪 40 年代，塞尔登已经收集了英国数一数二的书籍和手稿。他的图书馆里有各种语言的书籍，且数量惊人。在他去世时，除了大量拉丁语、希腊语和希伯来语著作，还有 117 本阿拉伯语著作、42 本波斯语和土耳其语著作、9 本中文著作（还有地图和指南针）、1 本日文著作，以及 3 本后征服时期阿兹特克人的文本。形成这种收藏情况的原因可能是，16 世纪 20 年代始，大量手稿、书籍和来自亚洲的物品，逐渐充斥伦敦各[123]式各样的私人图书馆以及牛津大学、剑桥大学的图书馆。除了爱德华·波克（Edward Pococke）和托马斯·格里夫斯（Thomas Greaves）等在奥斯曼帝国做生意的书商，大多数手稿并不是直接获得的，而是通过伦敦、阿姆斯特丹和莱顿的书市间接得到的。与伦敦交易所（Britain's Burse）中的中国货和其他商品不同，这些手稿和书籍重新构建了基本语言的、历史的以及技术的框架，用以理解与亚洲之间的交换。就其本身而言，它们为伦敦的翻译工作和未来的大学打下了物质遗产基础，而这份遗产保存到今天仍然完好无损。

17世纪20年代，在伦敦的富人中，拥有一座收藏非欧洲古代手稿、工具收藏品、古代和现代艺术品以及自然历史标本的图书馆成为一种身份的标识，而收藏家们希望他们的书籍能够成为人们比较、对比、研究和考察的对象。从1623年开始，乔治·维利尔斯成为新一代白金汉公爵，他在1625年拓展了收藏兴趣，他要求约翰·特拉桑（John Tradescant）①向海军、弗吉尼亚公司、索默斯岛公司（Somers Island Cornany）、纽芬兰公司（成立于1610年）、黎凡特公司、东印度公司以及后来新特许的圭亚那公司（1626—1627年）寻求帮助，以补充他的收藏品。[59]1625年，白金汉公爵还获得了93份手稿，这些属于埃珀尼厄斯的收藏本应该送到莱顿大学。白金汉公爵在担任剑桥大学新任校长期间，使用这些手稿对剑桥大学图书馆进行了改造。而在1632年，剑桥大学图书馆仅有一份阿拉伯手稿，那是威廉·贝德威尔（William Bedwell）在前一年捐赠的《古兰经》。[60]剑桥阿拉伯语学者亚伯拉罕·威洛克（Abraham Whelock）现在可能从事这方面的研究，这些手稿包括剑桥现存的最古老的波

---

① 约翰·特拉桑（1570？—1638），英国植物学家、园艺家。

斯文手稿，以及阿拉伯文、科普特文（Coptic）①、爪哇文、希伯来文、叙利亚文和马来文的文本，以及一本中文书籍。[61]

　　书籍以及地图、指南针、星盘等技术物件曾经是奇珍异宝，但仅是作为无法理解真相的象征；17世纪20年代，有针对性地收集这些物品已成为积极建立档案研究的一项工作。罗利称他的船为"方舟"，而且私掠者通过对西班牙和葡萄牙海船的公然掠夺，成为伊丽莎白晚期大多数收藏品的来源，其中包括肯辛顿（Kensington）的沃尔特·柯普爵士（Sir Walter Cope，1595—1614）的藏品以及哈克卢特的一些精美藏品。但早在16世纪80年代，为了保存从这些船上俘获的物品，柯普就建议哈克卢特最好把它们理解为收藏品，而不是单独的"古玩"。[62]对时间、空间和语言进行界定是17世纪20年代新一股收藏浪潮的标志。这一收藏过程留下的最令人难忘的遗产是塞缪尔·珀切斯在1625年出版的一系列不朽游记。1634年，富有的彼得·芒迪（Peter Mundy）在日记中声称，通过参观贸易博物馆，一个人"在一天中能在一个地方看到并收集的珍品，比他在一生的旅行中看到的还要多"[63]。珀切斯在他的《世界旅行记集成》一书的开篇列出了一系列字母组合和比较的表格。"这在设施齐全的图书馆中最容易看到"，比如罗伯特·科顿爵士的图书馆。在这个

[124]

──────────

① 科普特文，即科普特人的语言，代表了古埃及语的最后阶段，现仅用于科普特教会的礼拜仪式。

　　　　　　　　伦敦：塞尔登地图与全球化都市的形成（1549—1689）

更广泛的收藏过程中，这种非常独特的收藏品实际上呈现出一种新的重要意义，以此作为汇集共同翻译成就的一种方式。1626年，内科医师、天文学家约翰·班布里奇（John Bainbridge）在伦敦偶然发现了一本"阿拉伯天文学书籍"[伊本·班纳（Ibnal-Banna）的《星体方法论》（*Minhay al-Talib Litadil al-Kawakib*）]。班布里奇的发现引起了大主教厄舍尔（Archbishop Ussher）对年代学的兴趣、塞尔登对地理测量学的兴趣以及威廉·贝德维尔对阿拉伯语的翻译兴趣，以鼓励把更多的带有附录的天文学著作带到伦敦，并赞助进一步的翻译工作。[64]

17世纪初，关于上述类别的书籍和物品所起到的作用，弗朗西斯·培根和托马斯·博德利第一次产生了重大分歧。两个人都于1584年进入议会，而且他们在很多方面的成就都是在伊丽莎白晚期取得的——1598年，博德利开始在他的图书馆工作，而培根则在1597年出版了著作《论说文集》（*Essays*），并在1601年埃塞克斯审判后开始认真考虑校正亚里士多德的著作。博德利保存了中文和其他语言的书籍，这些书籍的标题甚至在英国都无法被解读。相比之下，培根对图书馆藏品本身以及从阿拉伯或中文资料来源中获得知识的益处都持怀疑态度。培根确实利用了17世纪初伦敦的大型图书馆，并且在詹姆斯国王的命令下，从1610年开始监督兰贝斯宫图书馆的编目工作。[65] 但是对于培根来说，除了在门多萨和埃斯卡兰特的著作中读到的有关汉语的内容，他对汉语这门学科知之甚少。亚洲语言就像古代的欧洲语言，对其缺乏一个连贯的认识。在《学问的发展》（*Advancement of Learning*，1605 年）一书中，汉字和埃及象形文字只是提供了一种依据，以驳斥亚里士多德将口语理解为字母和思想之间的一种必要的调解力量，培根将该书的一份复制本寄给了博德利图书馆。培根曾很不严谨地认为，汉语使用的是"真正的文字"，它们"既不表达字母，又不整体地表达词汇，表达的仅仅是事物或概念"，从而可以跨越多种口语进行交流，但"众多的汉语文字"似乎是一种不可逾越的障碍，而且这确实是历史的过失。[66] 但保存这样的书籍仍然是值得的，培根在他的赠本中附上了一封信，信中提到书籍如何能成为"神龛"，并把博德利图书馆比作一艘"方舟"，将知识从野蛮的洪水中拯救出来。

对于培根来说，现代人文科学是完全不同的。他在 1620 年的《新工具论》（*Novum Organum*）或［《大复兴》（*Instauratio Magna*）的第二部分］中赞美印刷术、火药和指南针是欧洲成功的关键，"因为这三者已经改变了整个世界的面貌和事物的状态……从中产生了无数的变化，以至于没有一个帝国、教派和精英在人类事务中产生了比这些机械发明更大的力量和影响"。然而在这些案例中，他不仅回避了翻译转移（translatio studii）、中国发明的问题，甚至回避了东亚人使用所有这些技术的问题，更不必说欧洲现代性的技术基础是基于与亚洲进行更为广泛联系的观点了。[67] 在培根撰写《新大西岛》（*New Atlantis*）（1624年左右，出版于1626—1627年）的时候，他认为新大西岛是东太平洋上收集知识的理想化地点，这些知识是关于（收藏）事业、工具发展和知识体系之间的翻译，他称这种知识体系为"所罗门宫"（Salomon's House）①。但是这个理想之地显然缺乏一座图书馆。[68]

此外，伦敦人从事的是一个更为复杂的收集和交换过程。每一本新书或手稿都有助于重新定义关系网，鼓励进一步的收藏，并找到可能得出更为一致的方法的合作成果。一些收藏品突显了伦敦东印度公司和荷兰东印度公司策略之间的差异，以及它们之间存在的交叉点。收藏于剑桥的白金汉公爵获得的5份早期马来语手稿中，其中3份有彼得·威廉·范·艾尔布尼克（Pieter Willemszoon van Elbnick）［又名彼得·弗洛里斯（Pieter Flons）］的签名。弗洛里斯于1604年在亚齐抄录了这些手稿，而且在1611年加入东印度公司的环球探险队之前，他与荷兰东印度公司一起探索在科罗曼德尔海岸进行贸易的可能性。[69] 弗洛里斯不同意荷兰东印度公司的限制性贸易政策和有限的翻

① 此处的"所罗门宫"是指教育和科研机构，聚集了大批科研人才，分别从事天文、气象、地质、矿藏、动物、植物、物理、化学、机械、情报等学科的研究工作。

译活动。他得到的一本广受欢迎的阿拉伯—波斯故事书籍是
《穆罕默德·哈纳菲耶的传奇故事》 （*Hikayat Muhammad Hanafiyyah*）①。在 1511 年葡萄牙人进攻马六甲之前，弗洛里斯
把两本著名的传奇故事读给战士们听，其中一本讲述了在传奇
英雄穆罕默德·哈纳菲耶的指挥下，殉难的侯赛因·伊本·阿
里（Husayn ibn Ali）的儿子们反抗倭马亚统治者亚齐德一世暴
[126] 政的故事。弗洛里斯收藏的另外一本手稿包括科罗曼德尔海岸
的泰卢固语字母表和荷兰—马来语词汇表，弗洛里斯将其称为
一个"商店"（Magasin）或"仓库"，"其中汇集了荷兰语和马
来语的不同词语"[70]。弗洛里斯的译著展示了一个贸易、故事和
语言的世界，如果有必要的话，这个世界可以通过兄弟般的联
合反抗暴政，跨越政治界限，从而实现温和的君主制。因此，
他们汇集整理了少量关于抵制集权化政策的档案文件。在这方
面，他们依靠的是亚齐的苏丹以及亚洲的荷兰东印度公司和像
罗伯特·菲尔默（Robert Filmer）这样支持英国和荷兰父系君主
制的人。具有讽刺意味的是，在 1628 年的暗杀之后，菲尔默通
过白金汉公爵的遗孀将这些档案文件捐赠给了剑桥。

许多手稿本身就是收藏品或者文本和语言的"汇编"，这在
很大程度上说明了印度洋和东南亚语言学中的"世界主义"

---

① 一部马来文学作品，讲述了穆罕默德·哈纳菲耶的故事。

（"cosmopoli"）是如何运转的。爱德华·波克（Edward Pauk）从婆罗洲获得了马来文故事集《哈卡耶特·巴严·卜迪曼》（*Hikayat Bayan Budiman*）① 的残本。这些故事基本出自梵语版本《偷情脱身记》（*Sukasaptati*，又名《鹦鹉故事七十则》），在莫卧儿帝国，本书的波斯语版本《鹦鹉的故事》（*Tutinama*，1330 年）享有很高的声望，1371 年由卡迪·哈桑（Kadi Hassan）翻译的马来文版本也广受欢迎。[71]1635 年 5 月，劳德的《室利·罗摩传》（*Hikayat Seri Rama*）——梵语《罗摩衍那》（*Ramayana*）的马来语版本——作为伦敦图书馆一笔较大捐赠中的一部分，运送到了博德利图书馆，被模糊地归类为"案卷"或记录。[72]1629 年，博德利图书馆收到的爪哇语版本《阿米尔的冒险故事》（"*menak*"，*Caritanira Amir*）也是一种类似的捐赠，书由棕榈叶制成，它是一本在波斯人和莫卧儿帝国很流行的故事集，讲述了穆罕默德的叔叔对抗伊斯兰教的世俗敌人的冒险历程。[73] 这部独特的故事集是第三代彭布罗克伯爵威廉·赫伯特（William Herbert）去世之前捐赠的，他也是另一部对开本收藏版书籍的赞助人，即《威廉·莎士比亚先生的喜剧、历史和悲剧》（*Mr. William Shakespeares Comedies, Histories and Tragedies*，

---

① 马来语版本的《偷情脱身记》和《鹦鹉的故事》，主要讲她的宠物鹦鹉每晚讲一篇女人的故事给她听，以劝阻该女人不要在丈夫不在家的时候去见她的情人。

1623 年）。《天方夜谭》（*Arabian Nights*）在法国和英国流行前的近一个世纪里，在亚洲以多种语言广泛流传的故事集和戏剧从东南亚的港口城市运抵伦敦，这表明了语言交流的跨文化模式。东南亚收集和书写历史的新策略，部分原因是对英国人和荷兰人活动的回应：1612 年撰写的《马来纪年》（*Sejarah Melayu*）回应了 1602—1603 年商船被扣押以及随后在柔佛发生的事件；1613 年或 1615 年，伊斯坎德尔·穆达夺取柔佛后，委托完成了《亚齐列传》；爪哇语版本的《万丹纪年》（*Sejarah Banten*①，1660 年左右）回应了荷兰人在巴达维亚和爪哇等地的势力扩张，以及始于 17 世纪的"爪哇历史传说"（Babad Tanah Jawi)②。这种东南亚的文本传统和活跃的历史写作之间的相互作用，意味着在遥远的伦敦存在着比较性评价、对历史上的法律和主权的认同、对其他释义持开放态度、允许存在不完整之处，并且最终意识到一种可能性，即未来的翻译技术可能会为更深入地理解语言、空间和时间打开大门。[74]

[127]

由于这种复杂性，在 17 世纪初期的伦敦，在培根的引领下，对全球交流与变化的历史和语言模式的探索常常会导致抽象化。尽管塞尔登主要以拉丁文出版书籍，但他与约翰·威尔

①　《万丹纪年》是一部爪哇编年史。
②　"爪哇历史传说"是用爪哇语写成的手稿的统称，最早的手稿副本最早可以追溯到 18 世纪。

　　　　　　伦敦：塞尔登地图与全球化都市的形成（1549—1689）

金斯（John Wilkins）、弗朗西斯·洛德维克（Francis Lodwick）等人有着共同的目标，17 世纪四五十年代，他们在牛津和伦敦从事"世界"语言项目，旨在取代作为信息交流媒介的拉丁文。从塞尔登留在兰贝斯宫的手稿中可以读到这样一句话："要想制作一本使所有语言和谐完美的词典，这不是一个人的工作。"一种协调的"通用字符，如果它是人为的，那么它将在不了解彼此语言的情况下，为所有国家进行的普遍贸易服务。因此，对于所有学习者而言，拥有一本由词汇学家编写的囊括所有语言中的全部原始的、极少量词汇的天主教词典，并按照字母顺序列出每种语言的词汇表，是非常便利的"[75]。塞尔登的这份关于比较语言学的手稿可以追溯到 17 世纪 30 年代中期之后，在涉及商业的内容中模糊地使用了"天主教"一词。该文章呼应了起初由劳德大主教发起的"多语圣经"（Polyglot Bible）① 的宗教计划，该计划于 17 世纪 50 年代由布莱恩·沃尔顿（Brian Walton）在伦敦编辑完成。[76] 在表格中组织语言和概念的做法可以追溯到塞尔登早年的兴趣爱好。16 世纪，彼得吕斯·拉米斯（Petrus Ramus）将这种做法发展成为组织知识的抽象框架，并从 16 世纪 70 年代开始成为英国教育的标准教学工具。[77] 这种语言是一

---

① "多语圣经"是用不同语言撰写同一文本的书籍。其中《圣经》的某些版本就是用多种语言撰写的，包括希伯来文和希腊文版本等，这对研究历史文本及其解释大有益处。

种"人为"的方法，旨在获得一种"全球商业"的技术成就。但是，尽管斯多葛学派宣称"所有语言都是和谐的"，但对于塞尔登来说，翻译并不是一种预先存在的神秘主义现象，它可以被简单地揭示或激活，就像文艺复兴时期的思想家波特罗所做的那样。塞尔登的独特构想需要做大量的翻译工作，对语言的根本差异，尤其是对历史上的法律实践和制度进行开放式研究，而斯多葛派的"Οικειωσιν"概念回避了这一过程，它是一种关于人类天生善于社交和专心家庭生活的更为抽象和简化的概念，而且这一概念流行于格劳秀斯和许多通用语言理论家之间。[78]

[128]

这就是为什么在 17 世纪初的伦敦所有收藏家中，塞尔登也许是最积极地致力于应对重新思考时间、空间和语言的挑战的人，这些挑战是由新式收藏和翻译实践造成的。1635 年，在拉丁语版本的《闭海论》出版之后，塞尔登出版的著作似乎表明向神法和具有神意的希伯来历史的更为可靠的基础转变，而不是走上一条根植于计量和历史比较科学的普世主义之路。但塞尔登日益增加的手稿收藏品——8000 本书籍和手稿在 1659 年被送到了博德利图书馆——讲述了一个不同的故事。[79] 在内战和王位空缺时期的伦敦，塞尔登的图书馆是仅次于科顿图书馆的藏书量最多的私人图书馆，而科顿图书馆则被查理一世于 1629 年关闭。1639 年，塞尔登的赞助人之一——第八代肯特伯爵亨利·格雷（Henry Gray）去世，塞尔登和伯爵的遗孀伊丽莎白搬

　伦敦：塞尔登地图与全球化都市的形成（1549—1689）

进了格雷的别墅，这多少令人有些反感。1648 年至 1649 年，围绕着查理一世被捕和处死发生了戏剧性事件，其间伊丽莎白改变了自己的遗嘱，给予塞尔登大量财产，其中包括卡米莱特修道院，它是内殿法律学院附近的一座古老的大型修道院，以舰队街上解散的修道院命名。1651 年伊丽莎白去世后，塞尔登继承了它。就像约翰·皮姆（John Pym）为清教徒中的激进分子建造的宅邸一样，卡米莱特成为议会中温和派的重要聚集地，而塞尔登在 17 世纪 40 年代中期就已经住在那里了。内战后，克伦威尔想让塞尔登直接将研究工作和与主权相关的共和主义计划联系起来，但塞尔登拒绝或无视保卫弑君者的要求，拒绝或无视为其撰写第一部综合性英国宪法的要求，以及回应保皇党的《国王的圣像》（*Eikon Basilike*）① 是一个极好的翻译的虚假象征。对于最后一个要求，克伦威尔转向了他的第二选择人物，即国务委员会的新任"外国语言秘书"约翰·弥尔顿，他是塞尔登"在数学上"的钦慕者。[80]17 世纪 50 年代初，塞尔登确实利用了自己的声望来为翻译研究辩护，在牛津推广阿拉伯和希伯来的印刷术，反驳并质疑有天主教或劳德运动（Laudian motives）② 的研究此类语言的学者。[81] 在卡米莱特，塞尔登还撰写

---

① 据说这是一本英国国王查理一世的精神自传。这本书出版于 1649 年 2 月 9 日，也就是查理一世被公开处决的 10 天之后。

② 劳德运动是一场 17 世纪早期英格兰国教教会的改革运动，由劳德大主教及其支持者发起。

了对希伯来法律研究的长篇总结，即三卷本的《战争与和平的法则》（*De synedriss et praefecturis juridicis veterum Ebraeorum*，1650—1655 年），而且他对西奥多·格拉斯温克尔（Theodor Graswinckel）① 在 1654 年 11 月去世之前对《闭海论》的苛刻攻击做出了回应。[82] 不仅如此，塞尔登还建造了一座修道院图书馆，称之为"卡米莱特博物馆"（Museum meum Carmeliticum），他展示了自己的中国地图和指南针、希腊大理石雕刻品和碑文，以及宝石和水晶，展示品周围摆满了手稿书架，这些手稿的排列方式类似于科顿图书馆。[83] 希伯来语研究与亚洲科学和工具的结合表明了对比较普世论的潜在研究，这是科顿的中世纪精神（Medievalism）或阿伦德尔的古典主义（Classicism）所没有关注的。

许多人认为塞尔登在这一时期的（研究）工作与同时代的弥尔顿、哈林顿、霍布斯，甚至格劳秀斯相类似。当君主制崩溃的时候，他们都被作为核心概念的"希伯来共和政体"的观点所吸引。[84] 塞尔登肯定收集了希伯来手稿，以鼓励沿着这一方向进行的研究，他说服了议会，在剑桥的约翰·莱特福特（John Lightfoot）的帮助下，议会准予他用 500 英镑的拨款来获得意大利拉比艾萨克·法拉吉（Rabbi Isaac Faragi）的藏书，这

---

① 西奥多·格拉斯温克尔（1600—1666），荷兰法学家、诗人和翻译家，格劳秀斯的堂兄和学生，他在学术观点上支持海洋自由论。

伦敦：塞尔登地图与全球化都市的形成（1549—1689）

些藏书是由书商乔治·托马森（George Thomason）在 1648 年进口的，其中包括 1 份波斯语和 10 份希伯来语手稿，以及 400 多本希伯来文书籍。[85] 对于塞尔登和其他人来说，从理想化和字面意义上讲，他们重新定向的希伯来共和政体理论解决了罗马共和主义的一个问题，即需要一个帝国管理同时存在的多种法律。格劳秀斯在《论共和国的改良》（De republica emendanda）手稿中，莱顿学者彼得·范·德昆（Peter van der Cun）在 1617 年的《希伯来共和国》（De republica Hebraeorum）一书中，都从《论法律》一书中概括了西塞罗的论点，即定义自然法的艺术是解决这种多样性的必要方法。塞尔登在一系列作品中——以《德·赛尼德里斯》（De synedriss）为巅峰——声称犹太人的制度、契约和法律可以作为一般概念，因为它们经久不衰，这是源于它们的历史和档案，而不是它们的自然（或古代）基础。

如果这种转向希伯来语的做法主导了塞尔登后来出版的大部分作品，那么他的图书馆就展示了犹太教、基督教和伊斯兰教传统之外的历史法律和技术成就，这些传统和希伯来语一样，似乎也具有翻译的潜力。塞尔登获得了中国地图和指南针，这是他对物品和书籍进行研究的一个例子，这些物品和书籍既能对空间进行视觉和技术上的描述，又能传达一种关于时间和历史的运动感觉。他的两个阿拉伯星盘——他在出版《闭海论》时，把其中一个星盘连同为叙利亚、波斯和印度的城镇编纂的地名词典送给了劳德——突显了收集物品这一更为广泛的主题，揭示了人们对历史学、测量学和地理学的不同态度。[86] 在劳德获赠的星盘上，6 个同心圆（其中的 5 个是可以被替换的）上刻有 50 座城镇的名称和纬度，其中包括斯里兰卡、坎贝、拉合尔、德里和阿格拉，上方有伏尔加保加利亚（Volga Bulgar），向左的一排有开罗、阿勒颇、大马士革和亚丁。塞尔登收藏的星盘是在地中海东部制造的，它提供了从非斯到阿勒颇的地点。[87] 这些都是可读的工具，就像塞尔登和伦敦以及大学里的许多人通晓阿拉伯语一样，他们指出，用于海洋测量的"验潮器"（Thalassometers）已经被人们绘制并仍用于绘制地中海和印度洋的地图，就像塞尔登地图所反映的福建人对东亚的描绘。

[130]

更为明确的空间航海素材如星盘或中国地图和指南针，与试图图解时间观念的书籍结合在一起。塞尔登独有的二十卷本的明代历史小说，即罗贯中的六卷本《三国演义》（*Three King-doms Romance*）就是一个很好的例子。由出版商刘龙田重印的插图版《三国志演义》，其中许多页面的顶部都有源自小说的系列木刻图像。这部流行小说——在福建廉价地印刷，并且最可能是通过福建商人在中国境外获得的——是这些商人家族与中国历史保持联系的一种方式，尽管这种方式明显是小说化的。[88] 塞尔登当然读不懂中文，但书页顶部的系列木刻"全像"人物在视觉上暗示了一种历史，这种历史是世俗的，而非类似象形文字的。事实上，这些图像与布莱恩·沃尔顿的"多语圣经"形成了鲜明的对比。[89]

《三国志演义》的插图也暗示了一种与塞尔登的非凡的墨西哥图画故事集的隐晦联系，以及一种对古代原始"象形文字"著作标准叙述的重新审视。其中最著名的是《门多萨抄本》，这本书在伦敦已经拥有了一段长期的阅读史，之前由迈克尔·洛克（Michael Lok）翻译，然后由塞缪尔·珀切斯出版，珀切斯称这本书是"图画中的墨西哥历史……我的珠宝中最璀璨的一颗"。塞尔登把它和《三国志演义》以及"羊皮纸卷轴手稿"（rotulus）和"契据登记簿"（liber）一起放在图书馆的 F 区——亚洲类书籍的中间位置。[90]在与西班牙进行的无结果的战争期间——英荷加的斯远征（1625 年），珀切斯曾将抄本解读为西班牙主权不完整和土著墨西哥人愿意从事翻译计划的象征。在《珀切斯世界旅行记集成》一书的详细翻译中，珀切斯解释说，这本书通过"历法符号"和"分隔"来显示时间和空间的运动。[91]

[131]

[132]

珀切斯认为，《珀切斯世界旅行记集成》从 1324 年才开始与这一"记录"和"历史"联系起来——"一段现实历史，甚至是一段政治、教会、经济的历史，只存在时代、地域和技艺的区别，我们既没有看到包括古代埃及人、现代中国人和日本人在内的历史，又没有看到任何其他国家的历史"[92]。塞尔登曾经把解读后的《门多萨抄本》看作一种罗塞塔石碑（Rosetta Stone），在它所标明的历史、系谱和地域中，揭示了培根和一些人工语言理论家试图采用纯粹的象形文字法对其进行解读存在的不足之处。正如塞尔登的标识所表明的，它是"附有数字，类似于象形文字"的史料。

塞尔登从讲米斯泰克语（Mixteca-speaking）的地区——位于瓦哈卡州（Oaxaca）西北部的墨西哥太平洋一侧的特诺奇提特兰以南——分别获得了上述"羊皮纸卷轴手稿"和"契据登记簿"。这份手稿是前征服时代的一份文献，用米斯泰克地区北部的科伊斯特拉瓦卡（Coixtlahuaca）的无花果树皮纸制成。它讲述了从天堂降临的四位酋长在旅途中的故事。[93] 这份折叠页面的契据登记簿——一份来自诺奇斯特兰山谷（Nochixtlán Valley）的 1560 年手稿——也使用了相同的方式绘制叙事地图，其内容是关于处理扎华特兰（Zahuatlan）镇所有权争议的问题，这个镇利用婚姻联盟以及社群之间的联盟阐述自己的主张。[94] 塞尔登可能还见过 22 英尺长的前哥伦布时期的米斯特克博德利古抄本（pre-Columbian and Mixtec Codex Bodley），其上有类似的系谱序列。此外，还有一本用于占卜祭祀、降雨、日食、死亡和婚姻的年历，即劳德古抄本（Codex Laud）。[95] 如果说珀切斯主要是围绕着培根式的语言转义进行收藏，那么塞尔登对历史、时间和空间则更感兴趣。

在西班牙和天主教的普世论面前，所有这些保存下来的文稿都代表着重新恢复墨西卡和关于时间和空间的数学模型的活力的微弱可能性。明朝宫廷中的耶稣会士一直在推动克里斯托弗·克拉维乌斯（Christopher Clavius）[①] 和教皇格里高利（Pope Gregory）[②] 于1582年进行的颇具争议的历法改革，尤其是从17世纪30年代开始。这些改革最终被1644年后的清朝（以及1752年的英国）接受。耶稣会士马迪诺·马提尼（Martino Martini）[③] 在1654年出版了地图集《繁荣的亚洲明帝国》（*Extreme Asiae Sive Sinarum Imperii*），第二年，该地图集成为在阿姆斯特丹出版的奥特利乌斯的《寰宇全图》（*Theatrum orbis terrarum*）续卷——由琼·布劳（Joan Blaeu）绘制——的第六卷。马提尼的著作献给了西属尼德兰总督奥地利大公利奥波德·威廉（Leopold Wilhelm）。他的著作表明，受到神灵启发的天主教科学正在被传播到世界各地，耶稣会士被想象成开明和敏捷的使者，即"敏捷的天使"（angeli veloces），他们使用了技术数据对空间进行合理的解释，并将"封闭的"（clausa recludo）空间

---

① 克里斯托弗·克拉维乌斯（1538—1612），耶稣会的德国数学家和天文学家，在现代公历（格里高利历）的主要作者阿洛伊修斯·利留斯去世后，他提出了修改公历的建议，并为改革后颁行的历法作辩护，并做出了解释。

② 意大利籍教皇格里高利十五世，1554—1623年在位。

③ 马迪诺·马提尼（1614—1661），意大利耶稣会传教士、制图师和历史学家，主要研究古代中国历史。

[133] 打开。

反之，塞尔登的卓越的收藏品中的书籍和仪器，表明了在语言、历史和技术方面对普世主张的挑战。它们还表明了用于编制离当时年代较近的宗教年表的资源有限，比如约翰·莱特富特（John Lightfoot）和詹姆斯·乌雪（James Ussher）的宇宙时间轴计划。[96]

塞尔登地图

在塞尔登于 1653 年 6 月 11 日书写的遗嘱中，他要求将自己所有希伯来语、叙利亚语、阿拉伯语、波斯语、土耳其语、希腊和拉丁语手稿以及当时位于白衣修士区宅邸中的希腊大理石雕刻品移至"某些有公共用途的场所"，无论是"便利的公众[134]图书馆"还是"其中一所大学中的某个学院"。然后，塞尔登特别提到了"那幅已经涂上颜色的中国地图，以及一枚航海罗盘，但它们都已经被一位英国指挥官拿走了，塞尔登迫切地想要重金赎回，因为他不愿放弃这些东西"[97]。就在塞尔登决定将他的藏品公之于世的一个半月前，克伦威尔解散了残缺议会，并且他的陆军委员会（Council of Officers）逐渐成为一个近乎神权政治的"古犹太最高评议会兼最高法院"（Sanhedrin），以解决统治问题。对于此，塞尔登撰写了长篇历史批判文章，予以回应。[98] 关于残缺议会曾经使用《闭海论》一书为第一部《航海条例》和 1652 年 7 月宣布与荷兰人进行战争做出的辩护，以及从技术上讲，英国人是否可以称自己为大西洋主权的"海洋霸主"，塞尔登对此表示怀疑。[99]1652 年，报纸出版商马查蒙特·内德汉姆（Marchamont Nedham）① 出版了英语版《对海洋的主权或所有权》（*Of the Dominion or Ownership of the Sea*）一书，他认为这本书"证明了你们（议会）对海洋拥有主权权利是正确的"[100]。塞尔登关于公共图书馆的观念，在 17 世纪 50 年代初的政治动乱中起到了重要的缓和作用，这种观念使用复杂的全球历史观来审视英联邦的救世主和世界末日的倾向。

获得中国地图对于塞尔登来说是一件幸运的事，因为它进一步表明了珀切斯、劳德和博德利的努力。1637 年或 1638 年，劳德得到了一份独特的《顺风相送》（*Escorting Picture for Favorable Winds*）② 手稿复印件，和塞尔登地图一样，尽管没有证据表明他知道手稿中包含的内容，但这份手稿也描绘了穿过菲律宾群岛和越南海岸的东西贸易航线。[101] 然而，十年前，在 1625

―――――――――

① 马查蒙特·内德汉姆（1620—1678），在英国内战期间，他是一名记者、出版商和小册子作者，为冲突双方撰写官方新闻和宣传材料。

② 《顺风相送》是明代的一部海道针经。现存钞本被收藏在英国牛津大学博德利图书馆，著者姓名不详，封面有"顺风相送"四字，因此得名。1935 年北京图书馆研究员向达至牛津大学图书馆整理、抄录中国古籍，1961 年出版《两种海道针经》，将《顺风相送》收录其中。

年版的《世界旅行记集成》一书中，珀切斯是欧洲第一个尝试再版中国木版单版地图的人，"摘自约翰·萨里斯船长从万丹获得的印有中国文字的中国地图"，而且在顶部附有中文标题"皇明一统方舆备览"。珀切斯声称，他在这幅地图上刻字是为了"尽我所能向公众表达我对他们的爱"，同时也是为了展示"中国文字（我认为，不仅在英国，即使在欧洲也没有人能了解它

[135]

们）"。

[136]

　　由于珀切斯不会翻译这些文字，所以他决定去掉地图上标题之外的大部分文字，只留下省、城市和河流的抽象标记，并在他理解的范围内添加描述和经纬度，因为"当我要放弃时，我又不能完全放弃它；没有人能接受他无法考虑的东西"。和他的众多雕刻作品一样，这幅地图最初为珀切斯提供了一个写作样本，代表了一种被他定义为"新世界"的脚本，因为"古人们并不认识〔它们〕"。[102]

　　但是，在删除大部分文本的同时，珀切斯对地图进行了抽象化处理，使其可以比罗洪先的最重要的综合性地图更准确地记录河流系统和位置，以及省、县官员职位的位置和等级制度，他赋予其非常类似于《大明舆地图》中的明朝形象。珀切斯是在翻译格劳秀斯的《海洋自由论》期间，从哈克卢特那里得到这张地图的，而且从很多方面来看，它证实了哈克卢特曾在1589年出版过曾经丢失的卡文迪什地图。1613年，哈克卢特又

从东印度公司船长约翰·萨里斯那里得到了这张地图。约翰·萨里斯在 1608 年 12 月至 1609 年 10 月担任公司驻万丹的主要负责人，以某种暴力手段强行获得了该地图，以换取福建商人所欠的债务。珀切斯印刷的地图与塞尔登地图不同，它把中国想象成一个封闭的帝国，周围是一种不受法律约束的空间，它比塞尔登地图更详细地描述了明朝的行政结构和河流地形。对于曾经在万丹拥有该地图的商人来说，几乎可以肯定的是，该地图与番夷世界（番或夷）的国家及文明息息相关；而在塞尔登地图上，众所周知的东亚海洋空间（包括万丹）与长城以北地区空间形成了鲜明对比，在那里居住着"黄哇黎番、呵难黎番，俱在此后"①。

正如公司最重要的代理人埃德蒙·斯科特（Edmund Scott）所述，萨里斯掳获这种地图的行为似乎代表着 17 世纪初驻万丹公司的情形，中国人、英国人、荷兰人和爪哇人竞争房屋的过程中，彼此间还进行交易、借贷、赠予、勒索和偷盗钱财、商品及物品。[103] 然而，总的来说，萨里斯不赞成直接偷窃行为，例如爱德华·米歇尔本爵士（Sir Edward Michelborne）于 1605 年 1 月在万丹捕获了一艘从万丹到帝汶岛的中国帆船。这一举动显然惹恼了爪哇的国王和朝臣，就像亚齐或者柔佛的当地竞争者，

---

① "黄哇黎番"指的是英国人，呵难黎番则指荷兰人，这表明地图作者知晓欧洲的位置。

他们对树立一个稳定且可靠的港口名声感兴趣，其兴趣要远超
于当地中国的"船长"或者"海军上将"和中国港口港务官或
沙班达尔（Shahbandar)①。珀切斯似乎也有兴趣把万丹描绘成
一个前沿地区。他出版了米歇尔本的记述，米歇尔本曾是埃塞
克斯郡的一名爱尔兰冒险家，他在 1604 年 6 月被东印度公司驱
逐后，获得了詹姆斯国王的特许状，凭借自己的权威与"中国、
日本、朝鲜半岛和柬埔寨"进行贸易，这不仅在中国人和古吉
拉特人中间，而且在曾被他洗劫的荷兰人中间，都引起了无尽
的恐慌。但米歇尔本也关心收集数据，以及他的领航员——著
名的约翰·戴维斯，于 1605 年在彭亨（Pahang）附近被一群日
本海盗杀死——另一位约翰·戴维斯的笔记表明，米歇尔本于
1612 年至 1615 年，在爱德华·马洛（Edward Marlowe）带领下
的东印度公司第九次航行中，扩展了一份完整的航海指令。[104] 对
于 1610 年回国之后的萨里斯来说，这样的数据很快吸引了更多
的投资，于是他在 1611 年 4 月亲自指挥了伦敦东印度公司的第
八次航行，并在"中国船长"李旦的帮助下于 1613 年在平户建
立了英国工厂。1625 年，珀切斯出版了萨里斯对进出万丹的古
吉拉特、泰米尔、马来和中国商船的大量记述，其中包含了价
格、商品和航线的详细数据，以及来自米歇尔本和马洛航行的

[137]

---

① 16 世纪初，满剌加设有四个沙班达尔，即港长、港务官。

　　　　　　　伦敦：塞尔登地图与全球化都市的形成（1549—1689）

戴维斯航海指令。[105]

因此，珀切斯试图坚持对中国单幅地图的中心主义观念，即一个具有单一宗教、政治和经济中心的方形或有规则的世界（方舆），而不是萨里斯从来自万丹或长崎的李旦那里获得的商业记录，这就涉及更为广阔的世界贸易网络。珀切斯还明确地用自己获得的这幅地图来批评"所有欧洲地理学家在翻译明朝地图时使用的错误幻想"，他解释说，方形比奥特利乌斯和洪迪乌斯从喻时地图中衍生出的"心"形更为合适，后来"心"形被作为塞尔登地图的基本形状，而不是《舆地图》或罗洪先地图集的方形。[106] 奥特利乌斯的错误产生了一种矛盾的效果，既把中国的北京移至北纬50度，而不是北纬40度，又创造了一个截然不同的中国。人们认为珀切斯的地图象征着明朝是一个有着独特的语言体系、包容的、统一的、居于贸易中心的商业帝国，如此制图的原因可能与万丹的福建商人把地图放在家中木箱里的原因并没有太大的不同，这是一种真正的东亚贸易中心的意识。

[138]

虽然北京位于塞尔登地图的纵轴附近，但与珀切斯地图不同，塞尔登地图展示了一个更为广阔的贸易世界和海洋空间，中心点在南海。有人可能会说，这种东亚的形象整体上说是一种欧洲式而非中国式概念。塞尔登曾在马德里的罗伯特·科顿图书馆里看到过一份地图手稿复印件，上面也有类似的框架；

1609 年，英国特使查尔斯·康沃利斯（Charles Cornwallis）可能复制了这幅地图手稿，以此作为 1606 年西班牙在特尔纳特战胜荷兰之后复苏的象征。[107] 实际上，这一时期的许多地图都试图描绘东亚地区的海洋，例如，荷兰东印度公司的黑塞尔·格里茨（Hessel Gerritsz）的"荷属加勒比海"（Indische Noord，1621 年）和角屋七郎次郎（Kadoya Shichirojiro）的《卢高朗图》（Ko Karuta，1613 年前后），它们通过一系列小圆点显示了一条从长崎到会安的主航线，这与塞尔登地图相似。[108] 如果珀切斯的地图回顾了 16 世纪晚期伦敦所渴望的那种明朝的稳定性，那么塞尔登地图描绘的 17 世纪初的海洋空间，就会被当时正在争夺这些航线的许多团体重新构想。尽管塞尔登地图在语言和图案设计上都是"中国式"，尤其是使用了一种绘制航线的特殊技术——明显不同于欧洲波特兰型海图或坐标方格法，但塞尔登地图也具有历史意义，因为它反映了整个东亚地区的绘图法和贸易变化，并试图利用各种知识来源使福建人的贸易体系形象化。

塞尔登就收藏的地图和指南针给出的一个最权威的说法是，它们并没有被交换出去，而是"被一位英国指挥官拿走了"，这是自相矛盾的。但这幅地图本身也是 17 世纪初多极局势的产物，当时德川统治下的日本已经统一，马尼拉银矿贸易的规模和重要性都有所增长和提高，一系列东南亚政体已经巩固了自己的领土和军事存在，并且在这些岛屿上，贸易大幅增长，伊斯兰教法、法庭和教育作为治国方略的一部分已经变得更加突出。塞尔登地图被掳获可能发生在许多场可能的遭遇战中，蒂莫西·布鲁克（Timothy Brook）认为这两幅地图都是萨里斯拿走的；也有一些证据表明，它是由存在时间不长的雄心勃勃的英荷联合防卫舰队（1621—1622年）拿走的，当时英国和荷兰联合派遣海船离开日本，封锁了西班牙的马尼拉。地图的某些[139]特点，包含对两次在台湾登陆的可见性，使得这幅地图很可能是在17世纪第一个十年后期绘制的，而围绕着马尼拉和吕宋岛港口的详细航海说明——包括地图上标注的"甲万门"（"甲万通道"）或民都洛海峡（Mindoro Strait）和阿波礁（Apo Reef）是通往特尔纳特和蒂多雷岛航线的门户——表明这幅地图可能是在马尼拉绘制的，或者是由某个非常熟悉周边航行的人绘制的。

鉴于伦敦东印度公司与中国商人合作的总体政策，实际上是依靠后者的政治联盟、白银贷款和更为广泛的贸易网络的帮助，在英国出现在东亚后的第一个十年里，捕获中国海船或骚[140]扰商人住宅并不是一种惯例。1615年，在关于两家东印度公司联合的争论中，荷兰人提议建立联合防卫舰队，作为对抗西班牙以及与当地航运竞争的措施：

> 这个联盟将阻碍中国人、马来人、爪哇人的贸易以及
> 其他在马鲁古群岛从事贸易的人……反之，当这两家公司

保持独立的时候，马来人、中国人、爪哇人以及其他一些生意人将越来越多地接管东印度群岛的所有贸易，尤其是科罗曼德尔（Choromandel）、马鲁古群岛和其他地方的贸易。[109]

伦敦东印度公司不同意这样的战略，因为危及了公司在万丹和日本的地位，1618 年 6 月，荷兰东印度公司甚至不得不向五六名被捕的中国商人支付每人二两白银的赔偿，这些商人为平户的中国船舶巨头李旦工作，因为荷兰人害怕在日本法庭上被视为海盗被驱逐。[110]

1621 年至 1622 年的两次英荷封锁行动都被记录在案，并在日本被视为是合乎法律的，在日本，货物会被转卖，但 1620 年英国的第一次封锁行动却没有记录在案，这使它成为这幅地图被夺取的潜在时机。1620 年 8 月，东印度公司的"伊丽莎白"号在中国台湾劫持了一艘武装快速帆船。一位来自堺①（大阪）的日本商人赵珍（Jojin）在船上担任船长，还有中日两国的船员及两名葡萄牙水手，一名叫迭戈·费尔南德斯（Diego Fernandez）的领航员和两位西班牙牧师——佩德罗·曼里克·德·祖尼加（Pedro Manrique de Zuniga）和路易斯·弗洛里斯（Luis

---

① 日本工业城市，濒临大阪市以南的大阪湾。

伦敦：塞尔登地图与全球化都市的形成（1549—1689）

Flores），他们试图伪装成到日本走私的商人。这艘船在 1620 年
6 月为躲避荷兰的封锁，离开了马尼拉，前往澳门，并于 7 月 22
日在台湾停留，为前往日本的最后一段旅程补给水、木材和其
他物资。[111]"伊丽莎白"号从伦敦取道巴达维亚而来，也停留在
台湾，借此机会寻找牧师，从而在新的反西班牙政策中进行英
国式的夺取活动。[112] 这艘被劫持的船上装满了丝绸、生姜和棉
花，这些都是用马尼拉的白银从大陆地区买来的，准备在日本
市场上出售，但最终都被日本当局没收了。据说"伊丽莎白"
号的船长埃德蒙·莱姆埃斯（Edmund Lenmyes）携带了一箱黄
金；如果地图和指南针在船上，它们可能落入船上制图人盖伯
瑞尔·塔顿（Gabriel Tatton）之手。这些都无法得到确切的证
明。莱姆埃斯和日本工厂的头目理查德·科克斯（Richard
Cocks）都在回伦敦的途中不光彩地死去，而塔顿在平户的商船
上喝醉了，落水后只留下了一卷还未绘制完成的海图。他们所 [141]
有的私人物品，包括塔顿的海图、科克斯留下的日记和收藏的
一些日本书籍，都被公司没收并散布出去了，虽然没有明确的
记录来源，但最后都成为各种各样的收藏品。

　　如果这张地图被"伊丽莎白"号俘获了，那么它原本就是
为在地图上该地点附近建造的一座有两株红色大菊花的平户公
馆而准备的，而这座房子的主要投资人之一在这艘船上已经被
扣押——走私者、商人、海盗、"中国船长"李旦（卒于 1625

年），他以英文名字安德里亚·迪提斯（Andrea Dittis）而为英国人所熟知。李旦和他的兄弟"奥古斯汀"（Augustine）在历史记录中都有一段模糊的过去，一些人认为他们甚至可能是组合而成的形象。大多数有李旦记录的记述都显示他出生于泉州，他在马尼拉的帕里安地区（Manila parian）自立门户，成为一名商人，在那里，他曾因债务问题在牢房里度过了很长一段时间，后来移居日本，并在那里建立了一个商业帝国。然而，从英国的记录来看，很明显，李旦于1613年在平户租下了萨里斯的一间房子，供工厂使用，随后于1618年1月拿走了约1000两银条（大约37.5千克），据说是送给了与他有联系的泉州家人，以便他与中国开展贸易往来。李旦赚取了1500两之多的银条，此前，他于1621年1月告诉科克斯，明光宗——一位没有接受过教育的15岁皇帝于当年10月登基——每年准许两艘英国商船到达福建福州，他们只是在等待浙江最高军事长官的正式批准。[113] 但是，如果中国商人的传言是可信的，那么这仅占了李旦从大阪和长崎的幕府商人那里筹集的30,000两银条投资基金（在荷兰账本中为"资金"一词）的一小部分，并且毫无疑问，还有其他很多渠道可以打开丝绸贸易的大门，但当时仅限于像"伊丽莎白"号俘获的走私船所从事的走私贸易活动。[114] 塞尔登地图反映了李旦曾拥有一个庞大且活跃的商业网络，其中涉及大约80艘海船的股份，其贸易范围从日本平户，经由中国台湾到马尼拉，通过广南（Quang Nam，越南）到东京（越南）、暹罗和万丹。因此，他与德川幕府、西班牙人、荷兰人和葡萄牙人有着重要的联系。[115] 他需要日本人和西班牙人的白银来推动中国贸易运转起来，用西班牙的白银购买中国商品，然后以更高的价格卖出商品，以获取日本的白银和黄金。1624 年，所有的西班牙人都被驱逐出日本，部分原因是两名牧师偷偷登上了被"伊丽莎白"号俘获的商船，李旦不得不转移自己的公司——九州的一些华人社区，连同荷兰人的东印度公司，把它们转移到更靠近澎湖列岛和台湾岛的中心位置，这可能在当时制作地图时就已经考虑到了。

[142]

从地图的背面可以看出，它是围绕航线绘制的，并根据比例尺进行了测量，而塞尔登（以及塔顿）可以看到这一情况。主干航线的草图是沿着平行于福建海岸的一条航线，从泉州附近的一点，向东北延伸至长崎（笼仔沙机）和李旦的居住地平户附近的五岛，向西南延伸至广南附近的诸岛，在地图上标记为作为东南亚贸易起点的会安和岘港半岛。1614 年，沃尔特·卡沃登（Walter Caerwarden）和坦皮斯特·皮科克（Tempest Peacock）带着詹姆斯一世写给南圻国王的信件，乘坐一艘日本商船，沿着这条精确的航线航行，以灾难性的结局告终；日本水手就是沿着这条航线在 1605 年杀死了约翰·戴维斯，当时戴维斯在米歇尔本的远征中捕获了日本人的船；英国水手们也搭乘中国式帆船沿着同一条主干航线的分支前往暹罗。通常情况下，如果没有优秀的中国领航员的帮助，最终会迷失方向，就像葡萄牙人之前所经历的那样。[116] 随着夸夸其谈的盖伯瑞尔·塔顿，"伊丽莎白"号曾经沿着这条沿海岸主干的航线一直航行到中国台湾，但是依靠俘虏的领航员，或许还有地图本身，他们避开了琉球群岛，从中国台湾穿过中国东海到达了长崎。

　　以这条主干航线为基础，塞尔登地图在泉州和漳州附近设想了一个"T"形结构，其分支航线向南延伸至马尼拉，使中国台湾成为金银套利和将中国商品运往其他市场的理想地点。在地图的正面，刻度和确定方向的方盒以及被视为技术标志的指南针再次出现。地图上方的罗盘使用了"罗经"或者"风水的"（geomantic），而不是"航海指南针"。根据塞尔登的遗嘱，地图还配有一枚单独的、更为精密的风水指南针，用来绘制方向角，这些方向角也被标记在航线本身上。[117] 在地图西侧的边缘，从古里国（Calicnt）到阿丹国（Aden）、法儿国（Zufar Snlalah）和忽鲁谟斯（Ormuz）的文字说明使用了"计"这个字，其意思为地图（plot），而不是文学作品中通常所说的"针

[143] 路"或"指针路"。

[144] 　　在地图文本中，对物理学制图术的强调也与通过"更"或航海怀表测量时间的海洋体系有关。该体系包含从特定起点开始燃烧标准长度的熏香，并使用一个绘图罗盘来测量从比例尺

上取值下来的距离。[118] 航线的树状结构标志着一种不同于墨卡托和罗洪先的经纬网策略，也不同于葡萄牙和日本波特兰型航海图的绘图罗盘圈。对于塞尔登来说，这幅地图的结构的重要性是不可能失效的，自学生时代起，他就崇拜视觉上的树状关系图。[119] 作为一个潜在的展示对象，这幅地图与某个宗谱树或宗支图本（ancestral chart）有着相似之处，表明了宗族群体向外延伸的本质及其与本土的联系。但是塞尔登地图上的航线技术和数学的可视化，显示了16世纪从木工、航海到会计领域的数学素养的广泛提高，并且这种观念使得像李旦这样的商人越来越多地参与了需要更复杂数学形式的工作。[120] 如果说国家汇编的人口数据使得罗洪先的地图变得可译，那么由商人汇编海洋的航行数据，令塞尔登地图变得可译。此外，由于季风的季节性质影响了白银和胡椒这类商品的到货时间，所以东印度公司不得不依赖于这种体系。

[145]

[146]

正如斯蒂芬·戴维斯（Stephen Davies）指出的，塞尔登地图的磁偏角是6度或7度，1705年那些把地图拿给埃德蒙·哈雷（Edmund Halley）看的人认为，它构成了东亚的潜在数据来源，在东亚，英国人很少从真北磁偏角的差异中有过经验性观察。[121] 在17、18世纪，欧洲和中国的绘图师都不知道如何预测磁偏角，因为磁区在空间和时间上都在发生变化，所以只能从历史数据中推测。英国航海家似乎是首先收集到足够可靠的数据来观测时间与空间偏差的人，因此 1615 年当威廉·巴芬（William Baffin）在第五次航行中，在格陵兰岛附近的巴芬湾北端测量了其磁偏角为西经 56 度时，他感到它"简直是这个世界中一件不可思议且无与伦比的事情"[122]。1634 年，亨利·盖利布兰德（Henry Gellibrand）注意到伦敦的磁偏角随着时间发生变化，从 1571 年的东经 11 度东移至 1634 年的东经 4 度，从 17 世纪 60 年代开始，对磁偏角的测量成为皇家学会的一项常规活动。[123] 除了在伦敦的常规测量，英国的大部分数据都来自印度洋和南大西洋，这正是东印度公司从伦敦到印度港口和爪哇岛万丹的航线。[124] 由于具有的重要意义和磁偏角的不断变化，南大西洋和印度洋的常规航线需要不断地测量。1615 年左右，英国船长开始注意到印度洋古老海图的变化，在发现墨卡托航海图系统有缺陷后，荷兰东印度公司和英国人在 17 世纪第一个十年末把盖伯瑞尔·塔顿等海图绘制师派往东亚。[125] 由于存在着与地球磁场相关的各式新理论，如威廉·吉尔伯特（William Gilbert）的理论，但没有预测变化的实际解决方案，所以海船通常会携带多个海图，并保存航海日志，以估测特定航线上的变化。

李约瑟（Joseph Needham）认为，与英国人测量磁偏角的时间只有数十年不同，似乎几个世纪以来，中国人一直致力于解决这个问题，这在很大程度上与风水罗盘有关，但没有足够的常规数据就空间或时间上的变化问题提出明确的主张。然而，尽管不是与欧洲接触的结果，但关于磁偏角的严肃辩论似乎在明末就已经出现了。关键的问题是，冒险进入南海的海员们注意到了"针迷"，正如费信在1436年的著作中所表明的那样。[126]这可能是对在此期间穿越南海的磁偏角0度线的提及。这是一个微妙的问题，因为大多数中国和日本的指南针只能测量小至3.5度的间隔。[127] 17世纪初，李约瑟发现了两种针对北京的"中国式"磁偏角测量方法。徐光启令人不解地声称其为东偏5度40分，而梅文鼎则对汤若望（Adam Schall）通过日晷测量发现该磁偏角超过西偏7度的说法嗤之以鼻，并认为它更接近西偏3度。[128]这种兴趣的复兴可能是为支撑北京和罗马的地心概念所做的努力，凭借的是表明磁力不会发生变化，反而是通过连接地极和天极来维持宇宙秩序。[129]

[147]

大约在1600年左右，因为磁偏角接近0度，所以使用指南针在东亚和北大西洋海域航行的条件特别有利。这些地区的区域贸易可以在不采取任何综合办法解决磁偏角的情况下进行。然而，就像进入南大西洋和印度洋的欧洲商船一样，从16世纪晚期到17世纪初，从日本到暹罗从事贸易的中国和日本商人也需要新方法。该地区的磁偏角范围从暹罗和苏门答腊岛大约西经5度到日本南部东经5度。塞尔登地图表明，在17世纪的中国海域，磁偏角第一次变得如此重要，以至于在中国制图学中有所呈现，从前，中国制图学是作为研究方向性的不同体系之一来解决问题的，以便遵循诸如《顺风相送》之类的航海图。

考虑到塞尔登地图上的某些校正表明知识在不断变化，尤其是在班达海的帝汶岛和安汶岛之间的岛链被抹除，其用于整理数据的体系似乎很好地顺应了随时间而发生的变化。航线的绘制体系和通过磁偏角来改变方向的功能，允许人们使用一种更为分散的方法来表示绘图法，该方法将先前印刷的信息源组合并重新排列成连贯的东亚图像，而这一图像是通过依赖指南针航海数据的一种精准界定的航线体系来构建的。展示明朝的部分是从一幅地图上复制而来的，这幅地图来自福建建阳的书商如余象斗①，他遵循了百科全书传统，这幅图可能是吴为子1607 年福建百科全书《便用学海群玉》中的《二十八宿分野皇明各省地舆总图》（*Twenty-eight mansion，field-allocation，imperial Ming，all provinces terrestrial world map*），现存于 17 世纪 20 年代末由荷兰传教士收藏家贾图斯·赫尔尼俄斯（Justus Heurnius）从巴达维亚带回莱顿的抄本当中。[130] 因此，这幅地图显示了与受福建人欢迎的印刷世界之间的紧密联系，这种联系为中

[148]
[149]

国海外商人所熟知。在英国和荷兰的中文书籍和地图收藏品中也有充分的体现，比如珀切斯的收藏品。但明朝使用的印刷版

---

①　余象斗（16 世纪中叶—1637 年后），字仰止（一说名文台，字象斗），号三台山人，福建建阳书林（今南平市建阳区书坊乡）人。明代著名的书坊主、雕版印刷出版家、通俗小说家、评点家。

百科全书部分包括一系列其他的地图，将"普天之下"的方形世界与太阳、月亮和圆形的天空连接起来，还包括每个省份之间的分野标记，这表明它们是如何将陆地区域（省份）与二十八宿（星座）相匹配的。在塞尔登地图上，虽然分野标记是复制的，但它们只与明朝的省份有关，而地图上的太阳和月亮只能暗指更为广泛的宇宙秩序，由诸如伏羲和那霸等神话起源所定义。[131] 换句话说，不仅塞尔登地图上的明朝形象是陈词滥调——比珀切斯的原版地图包含的细节要少得多，而且明朝似乎不再像传统百科全书中所描绘的那样是宇宙的中心，这对渴望与家乡建立联系的海外商人很有吸引力。

这并不意味着塞尔登地图向欧洲绘图法的模式发展，这一趋势在 16 世纪晚期和 17 世纪初的日本波特兰型海图上体现得似乎更为明显。地图绘制师有可能曾经获得了一份欧洲风格的印刷版或手稿地图，特别是西班牙的一份为料顿复制的地图，它以类似的方式用北京作为定位真北和标记地图中间水平位置的地点。然而，塞尔登地图没有采用经度和纬度体系的迹象。无论是百科全书上的地图，还是西班牙地图——明帝国和西班牙帝国的象征，都对依赖于航线本身的塞尔登地图的基本结构不那么重要。它们只是作为视觉上的陈词滥调和框架工具——一种显示航线连接系统的方式。因此，就制图数据而言，塞尔登地图上与土地相关的因素相对无趣，但是那些与海洋有关的数据——港口、岛屿、礁石、洋流——比大多数中国对海洋的传统描绘更有意义，因为它们是相对于由航线所定义的近海航行点而言的。概括地说，通过对传统宇宙学的突破和抽象，塞尔登地图揭示了中国东海（在塞尔登地图上标注了两次）和白银流通正重塑以南海（塞尔登地图上没有显示南海）为基础的旧航海范式。[132]

因此，塞尔登地图是创造一种领土（possession）和交换逻辑的数学模型，而任何帝国地图——无论是中国的、西班牙的、葡萄牙的、日本的、荷兰的，还是英国的——都不能完全理解这种逻辑。简·伯班克（Jane Burbank）和弗雷德里克·库珀（Frederick Cooper）认为，在 17 世纪，尊敬的格劳秀斯先生的"后来以'国际法'著称的创新发生在各帝国和它们不同的法律传统的相互作用中"。[133] 它们指的是正式和非正式的契约——关于如何在写作、法院、司法系统，以及正如塞尔登地图所暗示的在对空间和时间的宇宙学理解之间建立连接点。塞尔登的《闭海论》和塞尔登地图都说明了法律规则和契约交换空间的出现是如何发生的。塞尔登不仅将一张中国地图放在了他的收藏品的核心，作为一种象征；他还着重介绍了一种独特的地图——展示了中国商人利用技术来界定海上航线，并在帝国（imperium）的严格范围之外取得主权（dominium）。正如塞尔登敏锐地认识到的那样，其结果与其说是一种社会契约，不如

[150]

　　　　　　伦敦：塞尔登地图与全球化都市的形成（1549—1689）

说是一种技术契约——构成了法律规则的基础，也就是关于事物是如何运作的契约。当然，欧洲法律有时被用作翻译"本土"主张的工具，但法律规则作为一种更为广泛的翻译工具的概念，必须从广泛的交换和翻译实践中提炼得到，而非"自然"本身。虽然培根、格劳秀斯、笛卡尔、霍布斯和哈林顿可能已经就这些语言和主权问题写出了更规范、更欧洲化的解决方案，但塞尔登的著作和归档方案以及塞尔登地图提出了这样一个概念，即法律和语言、领土和海洋、空间和时间，需要在高度多样化的历史文本、工具和来自世界各地的交换关系的翻译背景下，进行彻底的重新思考。此外，在相互认可的条件下，对时间和空间的测量是一种普遍有效的经验形式，恒星的运动、海洋的潮汐和洋流、风的方向、磁力的吸引以及数学的主张，都变成通往普世论而非宇宙论的道路。塞尔登地图的绘制者（们）是这方面的先驱。 [151]

第四章　专制主义形象

当我们准备建造这座著名的商业城市时，

英伦海洋将会夸耀这样的胜利，

那些现在不屑与我们分享贸易的人，

将会像海盗一样在我们富有的海岸上掠夺……

因此为了东方的财富，我们穿过风暴；

但是现在，海角不再令人恐惧，

持续不断的贸易风会安全地吹来，

轻轻地把我们带到香料之地。

——约翰·德莱顿（John Dryden），《奇迹之年》

（*Annus Mirabilis*，伦敦，1667 年）

　　　　　　　　　伦敦：塞尔登地图与全球化都市的形成（1549—1689）

1661 年：制服叛乱的商业中心

在塞尔登和塞尔登地图创作者的世界里，主权日益成为一种形象问题。对于这个问题，塞尔登的朋友托马斯·霍布斯（Thomas Hobbes）和后起之秀约翰·德莱顿有很好的认识。为了 1661 年查理二世的加冕，这座城市效仿帝国时代的罗马，为新国王从伦敦塔到白厅的游行建造了一座大理石拱门，这一场面反映了君主以及忠诚对叛乱的征服。翻译家、剧院经理约翰·奥格尔比（John Ogilby）与詹姆斯一世一同从苏格兰来到伦敦，他从伦敦市议会（the Common Council of London）接到建造额外的三座拱门的任务——分别象征着英国海军的强大、和谐的回归、繁荣的降临。第二座拱门上展示了君主制国家如何"筹备商业中心"（prepare the emporium）[1] 的景象，拱门上的一块浮雕绘有全球贸易的场面。这座献给海军的拱门毗邻皇家交易所（the Royal Exchange）。"Emporiki"指的是受一位稳重的君主所保护的货物交换与传递，它成为一个商业帝国在意识形态方面的基石，这个帝国曾经超越了西班牙以及同时代的荷兰。[2] [152]

这一景象出自一些伦敦人的决定，即接受某种专制主义的形象将是商业扩张的一种有用工具，霍布斯《利维坦》（leviathan）的扉页对这种言论有所暗示。除了复辟议会（the Restoration Parliament）的支持，国王的形象至少在最初阶段获得了诸多方面的普遍拥护，包括新剧院、咖啡屋、重新运营的交易所以及伦敦的印刷工和雕刻工。然而，这种形象仍然模糊不清，成为一个充满纷争和妥协的主题。[3] 在内战引起的混乱结束之后，英格兰、苏格兰和爱尔兰迎来了相对稳定的局面，在王政复辟期间，伦敦大多数纷争都源自大西洋上的交换与翻译方式，克伦威尔的《航海条例》及其对加勒比海的政策，乃至东印度公司在印度洋和东亚的贸易，产生了这种交换和翻译问题。后者在不同的交换和主权政策上则需要越来越多的灵活性与翻译。因此，在东方，东印度公司、从事非法贸易（interloping）的商人以及亚洲的大商人，频繁地将帝国形象作为一种政治工具来使用，以此建立他们在任一帝国权力之外的关系网。

在加冕庆典举行时，接受纳贡的渴望最终也仅仅是一种渴望，但是商业中心的观念——源自过去与当下不断进行的东亚贸易——日益造就了伦敦的贸易与发展。发展与亚洲的关系，在16世纪晚期为与西班牙中进行民族分离提供了范式，并在17世纪早期给予了伦敦的经济和文化方面的发展动力，直到17世纪晚期，这种关系出现了越来越多的问题，就像王朝与企业之间在主权方面的矛盾变得越加明显一样。在国内战争时期，保皇党人与克伦威尔党人都试图在17世纪40年代建立一个基于

伦敦：塞尔登地图与全球化都市的形成（1549—1689）

巴巴多斯（Barbados）"白糖革命"（sugar revolution）① 的大西洋帝国——这方面的尝试包括 1650 年对苏里南，然后是 1654 年对伊斯帕尼奥拉岛的入侵（遭遇失败），最终在 1655 年征服了牙买加，可谓喜忧参半。在柯亭（Courteen）的马达加斯加试验失败之后，1657 年克伦威尔将南大西洋的圣赫勒拿岛提供给东印度公司，作为其船队补给的一个安全基地（1657 年批准，1659 年授予）。除了首个《航海条例》，这些行动似乎是在努力建造一个相互连接的大西洋世界，从而能够支持与荷兰共和国相媲美的（英吉利）共和国雄心。

如果说克伦威尔党人的努力是充满野心且无以为继的，那么王政复辟则缺乏议会于 17 世纪四五十年代在争取最高统治权试验期间所能调动的资源。查理二世没有保留克伦威尔的军队——这支军队对于在苏格兰、爱尔兰以及加勒比建立帝国方面喜忧参半，他则是以有限的海军资源为开端。甚至在瘟疫、火灾以及 1655 年至 1666 年引起伦敦恐慌的荷兰入侵之前，人们就觉得君主制是脆弱的。然而，17 世纪 70 年代，人们开始担心英国可能倒向天主教和法国式的专制主义，其表现为诸多事件的戏剧性逆转，其中之一便是形象的塑造。奥格尔比在 17 世纪六七十年代塑造以伦敦为核心的全球专制主义形象方面发挥了

---

① "白糖革命"的概念通常被用来描述 17 世纪中叶发生在英属、法属西印度群岛的社会和经济转型。

重要作用，成为普遍关注焦点的查理二世使得这种专制主义变得具体化。这种戏剧性的世界形象的塑造并不新颖，它在伊丽莎白和詹姆斯一世时期剧院中上演的独特的历史剧、宫廷化装舞会以及伦敦的市长盛会中就已经起到过重要的作用。[4] 通过对纳沃那广场（Piazza Navona）上的新方尖碑等计划以及翻译与神秘力量主题相关的书籍——如耶稣会的阿塔纳修斯·基歇尔（Athanasius Kircher）的作品——进行描述，奥格尔比取得的成就可以与英诺森十世（Innocent X）和亚历山大七世（Alexzander Ⅶ）重塑罗马相提并论，尤其是他在使用雕刻品方面，产生了对城市和全球空间的新愿景。[5] 奥格尔比的计划也利用了整体性更强的帝国景象，这一景象源于诸如托马斯·罗爵士和彼得·芒迪（Peter Mundy）等人的插图版旅行日记，他们看过阿克巴（Akbar）及其继承者的佳作。此外，他的计划更直接地来自许多荷兰的旅行文学和印刷项目。然而，奥格尔比和其他的伦敦人塑造的这个形象不应该被视为一种"利维坦"——由它带来的是一种单一集权化的焦点以及帝国议程。17 世纪 70 年代，由首都向外辐射的君主权力的抽象形象也成为一种工具。凭借它，亚洲人、非洲人、美国人以及不列颠人都能够在伦敦影响政治，从而将这座城市及王权推向更严重的纷争以及文化网络边缘出现的文化生产之中。另外，这些转变和变迁，尤其是清朝入关，中断了全球的白银贸易，这使得作为

[154]

　　　伦敦：塞尔登地图与全球化都市的形成（1549—1689）

一个商业中心的伦敦获得了更大的成功，并被赋予全球覆盖的能力和金融实力，从而树立起一种权力日益强大的君主形象。

作为奥格尔比精心策划的加冕庆典的一部分，东印度公司亲自赞助盛会，以表示对这一形象塑造的支持。在内战之前的几年里，伦敦黎凡特公司和东印度公司里日益富有且互相担任职务的成员们，主导着这座城市的政治，他们利用参事议政厅（Court of Aldermen）、关税部（Customs Farm）以及东印度公司作为权威的来源。[6]在共和国的岁月里，私营商人们中断过这一权威。作为杰出成就的一部分，克伦威尔在1657年承认了一种新型股份制公司，查理二世在1660年也很快给予这家公司一份新的特许状。当国王经过东印度大楼（East India House）的时候，该公司董事理查德·福特爵士（Sir Richard Ford）的一名幼子身着莫卧儿风格的服饰并带着两名黑奴出场。黑奴说道："高贵的您，站在这里的是一个印度人，他带来了一支充满忠诚和感激的商队，以此致敬，作为在这个光荣的日子里，您应得的敬意。"福特的另一个儿子也穿着莫卧儿风格的汗衫，在两名黑奴和其他随从的带领下，骑着骆驼来到了现场，将珠宝、香料和丝绸撒向观众。在这里，莫卧儿人表面上看是进贡者——这是与东印度公司主导苏拉特城（Surat）相反的一种虚构。为了向伦敦人宣传这个新形象，该公司在庆典上直接向查理致敬，并向伦敦城慷慨捐赠，仿佛它也是屈从于父母权威且卑躬屈膝的孩子。[7]

东印度公司为查理二世本人和宫廷描绘的是一种由亚洲贡品构建的且依托于非洲奴隶（贸易）的帝国景象。这种与旧东印度公司和备受推崇的从事非洲奴隶贸易的新几内亚公司——由未来的詹姆斯二世（约克公爵詹姆斯）掌控——之间的共生关系，共同给予这位新国王一个"至高无上的帝国头衔……情况的确如此，西班牙那骄傲的王冠则仅仅是名义上的自吹自擂"，因此"那是上天赐予的神圣……我们绝不会看到落日出现于您的王冠抑或尊严之上"。[8]不同于16世纪晚期或者17世纪早期，人们试图将伦敦置于全球贸易网络之中，该公司早在16世纪就鼓励查理二世将自己视为西班牙哈布斯堡统治权的继承者，这是对抗"咄咄逼人的荷兰敌对势力"的一种力量。这里使用的语言是混杂的，即一种古老的社会共同体语言，它在主权国家之间进行颂扬和转化，与之相结合的是一个几乎机械般的新世界，这个世界里充满了相互影响以及"敌对势力"。正如霍布斯在《利维坦》中所言：专制主义的形象隐藏了这些张力。

17世纪四五十年代，私人贸易的竞争，以及亚洲国家和中间商日益增加的各种需求，都对公司提出了挑战。在应对这些挑战时，一种连贯的形象对于东印度公司变得至为重要。17世纪上半叶的丝绸和羊毛，代表着令亚洲贸易在1654年至1657年解体之后再次获利的一种希望，但是公司如今需要操作更为复

伦敦：塞尔登地图与全球化都市的形成（1549—1689）

杂的贸易，历史学家称为"预付体系"（forward system），包括用白银预付印度内陆生产的羊毛布。[9]17 世纪 80 年代，布匹确实取代了胡椒和香料，成为获利更大的商品，但是促成这一转型需要一些基本的变化，包括向印度洋和东南亚地区出口大量白银，将印度的纺织品运往东南亚以及将东亚的黄铜与黄金运往印度，即所谓的国家贸易（country trade）。复辟时代的法庭想要在大西洋上构建一种相对封闭且严格规范的流通体系，其目的是从新的白糖和奴隶经济中———一种"专制主义的"并且以1651 年《航海条例》一系列新的修正案为基础的"重商主义"贸易——获取税收。但是东印度公司在伦敦需要垄断性保护以及一致的经济政策，同时还要一种更为灵活的方法，能够将在欧洲收集金属货币和金银与在亚洲发展贸易流通圈相结合的。[10]

[156]

1651 年、1660 年和 1663 年的《航海条例》不是纯粹的重商主义形式，而是在紧密重组的英属大西洋世界和高度调解且多极的亚洲贸易这些相互依存的愿景协商制定的。1651 年，首部《航海条例》明确声明"该法案以及其他法案不会涉及，亦不会限制来自'地中海（黎凡特公司）和远至好望角之外（东印度公司）'的商品进口"，以此试图避免任何纷争。[11]查理二世于 1660 年 5 月抵达伦敦，很快，同年 9 月他就修订了这部《航海条例》，将东印度公司出口金银的数量限制在70,000英镑，并且要求所有从亚洲、非洲和美洲进入伦敦的货物都要用 75%

的船员为英国人的英国商船运送。尽管显露出"重商主义"的姿态，但是这部 1660 年法案仍然保留了不限制黎凡特和东印度这两家公司贸易的言辞。[12]

当次年 4 月举行加冕庆典的时候，东印度公司想要向国王展现，与非洲奴隶贸易一样，公司的贸易或许是国王的战略中更为重要的一部分，与此同时寄希望于放宽新近的规定，因为公司对金银的出口以及与亚洲商人和海员之间的协作严重地挑战了重商主义战略。1660 年 12 月，东印度公司的总督安德鲁·里卡德（Andrew Riccard）为贸易委员会撰写了一部亚洲贸易体系的简史，其目的是呈现出一种贸易的多层与竞争的历史，这里的贸易"先是由中国人掌控，坎巴亚（Cambaya）的摩尔人（Moors）或者古泽拉特人（Guzeratts）继之"，然后是葡萄牙人。[13] 荷兰人和英国人在贸易邀请、获得"专利权"以及利用这些专利权产生资本方面获得了成功，葡萄牙人则是通过建立要塞的方式。根据里卡德的叙述，荷兰人和英国人实行的策略效仿了中国人和古吉拉特人贸易网的古老主导权，因此在历史上和法律上更为合理。然而，为了使战略变得有效，公司需要进一步将贸易网扩张至东亚。1661 年，伦敦商人、万丹省（Banten）的公司代理人夸尔斯·布朗爵士（Sir Quarles Browne）向托马斯·张伯伦（Thomas Chamberlain）爵士递交了一份柬埔寨、暹罗、中国以及日本的贸易报告。在文中，他认为公司应该向依赖南海贸易网的东亚进军，塞尔登地图对此有所描绘。[14] 这是 1663 年修订后的《航海条例》的一个显著特点，即推崇所有关于黎凡特或者东印度群岛的言辞，声明王室对海洋贸易的统治权，尤其是大西洋贸易。很明显，该法案也新增了关于在海关登记之后"自由出口"货币、金银块儿的文字。[15] 依托于一种永久性股份制和伦敦的一种极为自由的金银与货币市场，该公司向东亚扩张的计划如今得以实现。

为了取悦宫廷，该条例隐含了王室对非洲黄金贸易的垄断，这被视为一种使核心集团变得足够富有的方式，以此发挥重要的政治作用。约克公爵詹姆斯与鲁伯特亲王（Prince Rupert）——在 1652 年为保皇党进行的海军征战中，他退至冈比亚河（Gambia River）——领导的一群朝臣在 1660 年秋天制定了一项计划，即探寻并攫取西非的金矿，就像西班牙人在美洲掠夺银矿一样。[16] 通过从荷兰人手中夺得的据点的保护，以及国家资金的支持，这些黄金会由东印度公司的船送至印度和东南亚，这两个地方不仅对白银存在需求，对黄金也是如此。1662 年 10 月，东印度公司和新的非洲公司在这件事（运送黄金）上达成了一致意见。1663 年 1 月，后者收到一份新的特许状——"王室冒险家入驻非洲的公司"（Company for the Royal Adventurers into Africa）。与此同时，人们也做了诸多准备，将一支庞大的常备军送至孟买，这也是布拉干萨的凯瑟琳（Catherine of

Braganza）的部分嫁妆，其目的是确保印度成为一个安全可靠的金银贸易中心，类似荷兰人在巴达维亚、西班牙人在马尼拉以及日本人在长崎建立的贸易中心。[17] 新金币的设计——1663 年新铸造的五基尼硬币——展示了东印度公司的加冕庆典图像，即两个非洲奴隶站在一头大象西侧（1674 年加入了城堡的设计）。

然而，东印度公司输出货币中的极少数，最后能成为王室冒险家公司带回的黄金。[18] 早在 1663 年，在一系列损失惨重的航行之后——收获的几乎都是小批量象牙，王室冒险家公司决定进行奴隶贸易才是更有利可图的，尤其是在王室管理下的北美洲和加勒比殖民地的（奴隶）贸易。沿海的西非王国长期与欧洲人以及北非的穆斯林进行贸易，他们不愿意出售黄金，但是能利用进口的武器和火药抓获奴隶。[19] 1601 年至 1650 年，英国通过横跨大西洋获得了 2.3 万名奴隶，1651 年至 1675 年获得了11.52 万名奴隶，其中大多数奴隶是在 1663 年之后获得的。同时，葡萄牙人和他们的荷兰投资者在 1601 年至 1650 年分别用武力获得了 43.95 万名奴隶和 4.1 万名奴隶。他们贩运的奴隶人数大约与 1651 年至 1675 年英国奴隶贸易持平。[20] 非洲公司从奴隶贸易获利，王室则从进口的弗尼吉亚烟草和巴巴多斯的白糖中抽取关税。

[158]

1663 年的《航海条例》（也以《必需品法》著称）不仅建立了一种重商主义的大西洋经济——在黄金贸易令人失望之后

伦敦：塞尔登地图与全球化都市的形成（1549—1689）

通过伦敦进行殖民再出口，而且在伦敦引发了一场影响深远的、与亚洲相关的金融革命。自从 17 世纪初以及 17 世纪 50 年代繁荣期以来，私营商人将钻石作为一种贵重的商品从印度带回。在亚洲和欧洲，这种商品都很容易私自携带。[21] 1664 年，东印度公司的理事们承认了这种贸易，仅仅要求公司持股者交纳 2% 的佣金，非持股者交纳 4% 的佣金，以此换取贸易的完全合法性。[22] 这种贸易牵涉新近来到伦敦的葡萄牙犹太人，他们通过里窝那（Livorno）和其他城市在欧洲、非洲和葡属印度（果阿）从事珊瑚、绿宝石、黄金及白银贸易。由于缺乏输入非洲黄金的直接渠道，公司在阿姆斯特丹的众多商人与掮客中间，将目光投向了这些伦敦犹太商业银行家，尤其是杰罗尼莫·费尔南德斯·德·米兰达（Jeronimo Fernandes de Miranda）、戈麦斯·罗德里格斯（Gomez Rodriguez，死于 1678 年）及其子阿方索（Alphonso），以此从各种渠道获得黄金，并运往印度。[23] 在伦敦，一种大规模金融市场——根植于 16 世纪格雷欣的操纵以及 1630 年与西班牙签署的《科廷顿条约》中的金银协议——以东印度公司对白银与黄金的需求为中心发展起来。金银来自诸多银行家，1676 年最重要的银行家或许是爱德华·巴克维尔（Edward Backwell），他也是铸币厂和政府信贷的主要提供人之一。[24] 所有这些都是以一种高度分散的方式进行的，没有通过类似阿姆斯特丹银行（Amsterdam Bank，1609 年）以及未来的英格兰银行

（Bank of England，1694 年）这样的机构，凭借伦敦的渠道以及庞大的网络进行操作。

开放伦敦与亚洲的金银贸易产生了显著的结果。1601 年至 1650 年，荷兰东印度公司向亚洲出口了大约 425 吨"白银等价物"。同期，伦敦东印度公司出口 250 吨。1651 年至 1700 年，荷兰出口了 775 吨，但是伦敦东印度公司的出口量是 1050 吨——是该公司在本世纪前半叶的金银出口量的 4 倍，并且比同时期的荷兰东印度公司高出 35%。[25] 信贷和银行工具在伦敦发展迅速，包括放债人提供的抵押贷款、经纪人提供的商业贷款和外汇，以及金匠们发行的"实报实销的纸币"（accountable notes），以换取与纸币等值的存款。[26] 在《财富钥匙抑或一种改善贸易的新途径》（*The Key of Wealth or a New Way of Improving Trade*，1650 年出版）一书中，威廉·波特（William Potter）认为日益增长的贸易增加了书面债务（paper obligations），其间创造了新的财富。

[159]

通过商人、银行以及其他关系网的分散化，以伦敦贸易发展和亚洲交换为基础创造的财产，带来了令这些财产多样化且安全的效果，因此君主无法轻易地对其进行没收或者强借，就像臭名昭著的 1640 年"胡椒贷款"（pepper loan）。这种情况并没有产生一个强有力的宫廷，而是在议会中产生了一批强有力的选民，他们日益与伦敦的金融体系和交易所网络联系在一起。

　　　　　伦敦：塞尔登地图与全球化都市的形成（1549—1689）

为什么之前在交换领域没有出现这种引人注目的转变呢？从某种程度上说，它是伦敦在金银自由贸易方面合法开放的预料外结果，但是这也回应了 1660 年至 1690 年全球交换模式发生的一次深远变迁——1540 年至 1660 年"白银流通"的中断。由于战争和经济的萧条，清朝大幅降低了白银的进口量，这使得全亚洲、欧洲、非洲以及美洲在货币、金银以及商品贸易方面发生了连锁反应。正如塞尔登地图所表明的，通过中国商人——远至日本、马尼拉、马鲁古群岛、万丹、巴达维亚以及其他众多的商业中心——错综复杂的交换网，白银供应了晚明时期（16 世纪 80 年代至 17 世纪 50 年代）中国南部沿海和长江三角洲地带的商业扩张。这种扩张可能在 1644 年清朝入关之后仍在持续。尽管战争造成了某些中断，但 17 世纪 40 年代末以及 50 年代的情况亦是如此。但在 1655 年，为了控制在日本出生的福建商人、海盗以及拥护明朝的郑成功，事情变得糟糕了。同年，在投降谈判失败之后，郑成功开始有组织地攻击船只，并以他的岛屿为据点试图攻占福建。清朝封锁他的贸易关系网遭遇失败，这些关系网提供了来自长崎和马尼拉的白银转运。这种封锁变成禁止对外贸易和沿海通行，其目的不是管控欧洲的商船，而是针对中国商人的贸易网。这种封锁的结果是造成了长达 30 年的经济萧条，其间"三藩之乱"造成了中断，并且自 16 世纪 80 年代以后首次出现了通货紧缩问题，包括由于大米、羊毛和其他农产品的过量生产以及贸易的普遍萎缩而造成的农业收入的显著缩减。[27]通过中国、日本以及欧洲商人的关系网联系起来的东南亚岛屿及地域性王国开始发展新的交换模式，以此弥补（这种形势造成的损失）。至于莫卧儿、印度尼西亚的马塔兰（Mattaram）和戈尔康达（Golconda）的苏丹国家、波斯的萨法维王朝①以及东南亚地区的诸多地域性王国，它们都在争取通过出口羊毛和丝绸——用现成的白银和黄金预订——扩张各自的商业中心。伦敦东印度公司和与之相关的私人交易商，不同于与马尼拉有联系的西班牙公司，也不同于与巴达维亚有联系的荷兰公司，它们拥有独特的地位，可以在因清朝经济萧条而支离破碎的经济圈中，交换（move）不同的货币和黄金以及各种各样的布料，以帮助实现交换的再平衡。

[160]

由于全球经济推动了伦敦经济的转型——给这座城市带来了更大规模的金银流动，查理二世试图将专制主义政策扩展到亚洲，并利用新殖民地孟买直接挑战荷兰，但在很大程度上以失败告终。1662 年 2 月，他将一支常备军派往孟买，置于该城总督、将军亚伯拉罕·希普曼（Abraham Shipman）的指挥之下。[28]乔治·奥辛登爵士（Sir George Oxinden）——自 1662 年以来担任苏拉特工厂的董事——主张创建一支由王室资助的常备

----

① 1501 年至 1736 年统治伊朗的王朝。

军，将其用于扩大英国在印度的地盘。[29] 士兵们在 1662 年秋天抵达印度，但是葡萄牙人拒绝让他们登陆，从而迫使他们在果阿附近的安贾迪普（Anjadip）小岛上度过了两年。他们中的大多数人生病，最终死在了这里，包括于 1664 年 10 月死去的希普曼。当幸存者最终在孟买登陆时，长期的贫困助长了一种无法无天的势头，包括 1665 年发生的一个事件，即孟买卫戍部队的士兵抢掠印度船只。

奥辛登对查理二世在孟买的专制主义战略很感兴趣，这似乎主要是为了支付公司的开支，于是他出面解决了这场危机。奥辛登是一位杰出的经纪人，1632 年至 1639 年在印度待了一段时间之后，他通晓了古吉拉特语和其他印度语言以及葡萄牙语。17 世纪 50 年代末，他在中国和其他地方的私人投资失败，这让他有充分的理由远离愤怒的伦敦投资者，因为在 17 世纪六七十年代，不断增多的诉讼案件和报纸刊印的出现，使得伦敦出现了要求赔偿的情况。[30] 在这场特殊的危机中，他让查理把孟买的权力移交给了东印度公司，并把安贾迪普劫难的幸存者变成东印度公司的首批欧洲军团。[31] 奥辛登是英国人在印度所需要的那种经纪人，他为王室和公司服务，同时能够独立地在伦敦筹措资本和售卖钻石。他死于 1669 年。在苏拉特，有一座很大的奥辛登陵墓，其中也安葬着他的哥哥克里斯托弗（死于 1659 年）。奥辛登在许多方面都体现了翻译与交易的独立性，正是这种独立性维持着伦敦在印度的利益。伦敦的报纸和诉讼案件证明了他和他的家人与这座城市之间持久且矛盾的关系。

[161]

　　东印度公司并没有像当时的荷兰以及 17 世纪 80 年代的法国那样在亚洲建立军事力量，而是越来越多地寻求军事伙伴关系。在这种关系中，公司作为中间人在英国王室和亚洲君主国之间的外交和武器贸易中进行撮合，从而促使后者更有效地进行战争。在王政复辟期间，与万丹关系的转变就是一个绝佳的例子。新任苏丹阿卜杜勒·法塔赫［Abdul Fatah，又名阿更·提塔亚萨（Ageng Tirtayasa），1651—1672 年执政，摄政直至 1683 年］在 1656 年至 1659 年进行的一场战争中雇用了荷兰东印度公司，之后他将东印度公司、法国、丹麦以及福建商人组织视为有力的工具，以帮助自己在清朝经济萧条期间，通过增加胡椒产量，实施发展战略。中国和英国商人帮助他建立了一支海军，目的是在 1661 年能够接管婆罗洲兰达克河（Landak River）的钻石矿，并巩固对苏门答腊南部的控制。他委托人编写了《万丹历史》（the Sejarah Banten，约 1660 年），这是一本关于穆斯林朝圣者改造爪哇的编年史，以此作为一种对荷兰人的反殖民叙事。1664 年 12 月，苏丹阿卜杜勒写信给查理二世，感谢他送来了一船"很棒的军火武器"（加农炮），并要求再给 9 门大炮、火药和子弹，以此阻止受到与日本、中国、朝鲜和越南贸易支持的专横的荷兰人。[32] 随着孟买计划的转变以及与万丹之间关系的重建，伦敦与亚洲的金融与贸易关系实现了开放，从而推动了经纪人关系的整合、金融的交流、主权的转化，以及对伦敦自身生活的一种更深层次的全球展望。

亚洲与主权复辟问题

伦敦日益成为欧洲的商业中心，同时是两个截然不同的经济体发展的关键节点——大西洋世界的奴隶贸易和亚洲的黄金交易，作为对此动态的回应，人们渴望对伦敦和英国的全球角色有更全面的认识。这种经济地带的划分——在未来的 25 年里，在一定程度上稳定了查理二世的新兴国家——基于两种错误的观念。第一种错误观念是奴隶制度能够消除美洲和非洲的翻译必要性，并且令伦敦置于这些翻译问题之外。1675 年菲利普国王战争（King Philip's War）和培根起义（Bacon's Rebellion）同时爆发，以及之后在理解和管理参与者时出现的困难，加之在未来一个世纪里殖民地对王室权力与军事支持的日益依赖，便是这种失败的绝佳例证。科顿·马瑟（Cotton Mather）将菲利普国王战争归咎于边境地区的大量翻译问题（从商业到蓄长发的各种问题），以及在信仰皈依方面做出的努力太少，而在爆发战争的新英格兰地区，一种连贯性奴隶制政策的缺失，通过格劳秀斯（和西班牙人）关于俘虏的"正义战争"理论和美洲土著奴隶贸易的扩张得到了弥补。[33]

第二种错误观念源自主权国家的封闭形象与对交换和翻译的动态方式的需求之间的基本矛盾，前者是由一种父权式君主引领，在许多方面都试图接受中世纪的宇宙学，而后者则像基本上不受国家控制的商人，在亚洲港口之间流通货币，以支持和供应国家权力的机制。正因如此，1663 年第三部《航海条例》的制定，实际上在伦敦基本上揭露了政府本质的基本问题，这些问题因 17 世纪 60 年代中期大火、瘟疫以及荷兰入侵而严重。所有这些都拉大了查理二世治下君主稳定的形象与伦敦日益实现全球交换的现实之间的距离。

对于世界图景的渴望并不新颖，在 17 世纪早期汇编者彼得·海林（Peter Heylyn）的日志文本中就可以看到这种渴望的复兴，海林或许被视为是 17 世纪 30 年代罗伯特·菲尔默（Robert Filmer）所描述的家长制权威的宇宙论者。在海林最早的著作《微观宇宙学抑或对伟大世界的些许描述：一本历史的、地理的、政治的以及神学的专著》（*Microcosmus or A Little Description of the Great World*：*A Treatise Historicall*，*Geographicall*，*Political*，*Theological*，出版于 1621 年）一书中——脱胎于他在牛津大学历史地理学课程的演讲稿——他写道，这些世界的图景对历任国王都有吸引力，因为"国王的心在某种程度上是无限的，一个世界不足以终结他们的渴望"。与原子论者（stomists）和伊壁鸠鲁主义者（Epicureans）相比，海林想要展示的是历史和地理的动态力量，以消除一种认识，即世界是"随意的""不稳定的"，或者相反，"像一个既没有生命又不会运动的死躯壳"。[34] 共和国的官员们查封了海林的图书，但是通过汇编一些作品——通常直接从哈克卢特、珀切斯、波特罗、皮埃尔·达维提（Pierre d'Avity）那里直接摘录，他还是成功地创作了最杰出的著作，即四卷本《宇宙学》，并于 1652 年由亨利·塞勒（Henry Seile）出版。在海林和塞勒去世之后，海林的遗孀安妮·塞勒和出版商菲利普·切特温德（Philip Chetwind）扩充了 1657 年的修订本，并于 1665 年至 1666 年、1669 年、1670 年（带有 1667 年的附录）、1674 年、1677 年以及 1682 年印出了新版本。1682 年和 1683 年，两本海林的竞争性传记问世，证明了《宇宙学》的经久不衰。[35] 这些版本在一定程度上暗示了像海林和菲尔默这样的前保皇党呈现了一种新生活的观点，他们将其作为一种关于政治权威源于自然资源的陈词滥调。

与此同时，这种陈词滥调开始流行，甚至排斥了诸如霍布斯等人更为精妙的言辞，即亚洲贸易的动态日益给统治权带来 [164] 了复杂的问题，也就是说，公司、王室与议会之间的非正式和解无法有效地解决问题。这一点在 1668 年具有里程碑意义的"托马斯·斯金纳（Thomas Skinner）控诉东印度公司案"中体现得尤为明显。[36]1654 年，老东印度公司面临破产，公司的船坞、房子、据点以及货物纷纷售卖，1656 年至 1658 年，公司还放弃了万丹的工厂，并在伦敦皇家交易所公开宣布终止公司的账簿。像许多想要从事东亚贸易的伦敦人一样，斯金纳在苏门答腊的占碑（Jambi）建立了一个贸易站。拉图国王（Pangeran Ratu）① 授予他一个 2.5 公里宽的被称作"贝尔哈拉"（Bhrala）的小岛，这座岛屿位于马六甲海峡的入口处。在那里，他种植小豆蔻，并与一些中国人签订契约，种植了一片胡椒。但是，1659 年 5 月，他死里逃生，当时一名来自重获许可证的东印度公司的外科医生和他的 6 名仆人，在占碑的街道上用刀袭击了他。公司的代理人洗劫了斯金纳的房屋，掠夺了他在夸尔（Quale）货栈的货物，他的兄弟弗雷德里克·斯金纳（Fredrick Skinner）的货物也遭受牵连，并且代理人在 100 多名手持马来剑的武装分子的陪同下，强行登上斯金纳的"托马斯"号。公司的代理人也扣留了当地的钻石商人、银行家彼得·丹尼斯·德·布莱尔（Peter Denis de Brier），此人拥有斯金纳的大量钻石，其价值达15,000巴里尔。托马斯向潘戈然求助，后者命令（公司的人员）归还和修复每一件东西，但是公司的仆从们潜逃至万丹，同时声明了克伦威尔赋予的权利，即

---

① 拉图（1596—1651），印度尼西亚爪哇西北部万丹的统治者。

对于违反 1657 年 10 月颁布的特许状的任何人，均可没收其财产。穷困潦倒的斯金纳别无选择，只能在 1661 年回到伦敦要求赔偿，并于那年 11 月作为伦敦市的一名市民提出索赔。

这一案件令政府在决策时无能为力，枢密院也不知所措。任何决定都可能赋予东印度公司过多或过少与伦敦市民相关的权力。公司尽可能地否认斯金纳所说的事情，并在其他方面质疑斯金纳的公民权，声称他有部分荷兰人的血统，还得到了热那亚人资本的支持。他们也暗示斯金纳是一个名副其实的叛国者，他凭借着某些方式，帮助荷兰人袭击公司的工厂。该工厂拥有一支由 40 名欧洲人和 150 名当地雇佣军组成的武装，他们使用枪和剑而不是马来剑和棍棒来反击斯金纳和他的同伙。六年后，也就是 1667 年，查理二世将这件事连同瘟疫与火灾一并交给上议院。上议院判决公司对斯金纳的损失予以赔偿，但公司随即在下议院声明上议院超出了其司法权限。上议院和国王的律师们反驳道，国王应该监督所有使用法庭和令状的下级权力当局。1668 年至 1669 年，东印度公司的总督和斯金纳都接到了来自上、下两院的监禁命令，僵局进一步恶化了。最终，1670 年 2 月，查理二世要求解决这个案子。在两院拒绝他的要求后，他下令将所有诉讼程序从记录中删除，从而以专制主义作为最后的解决手段。[37] 该案件揭露的主权方面的深层次裂痕在许多方面都被掩盖了。东印度公司由于违约而获胜，这使得英国政府机构几乎成了笑柄，就像 1667 年德·勒伊特（De Ruyter）将英国旗舰"皇家查尔斯"号（Royal Charles）从梅德韦港（Medway）拖走时，荷兰人的窘态。

由于与伦敦交换关系（exchange relations）存在关联的商人关系网已经超出了威斯敏斯特有效管理它们的能力，持特许状的合股公司的有效性便受到了质疑。1672 年新成立的皇家非洲公司（Royal African Company）和 1675 年东印度公司的股东名单显示，持股人主要是那些在 10 年后成为托利党（Tories）的人。这些股东越来越多地根据政治利益而不是纯粹的商业利益行事。[38]17 世纪 70 年代早期，伦敦街头流传的一张大幅广告上写道，在伊丽莎白女王的统治时期，合股公司已经被视为"一种仅仅比垄断更好的顾虑"，而且这些促进贸易的权宜之计已经过时了。正如广告上所指出的，在亚洲或者非洲的伦敦商人不再被极端地视为一种异质——要么是"魔鬼"，要么是"神"。专利特许证（Letters patent）——包括"标签（phyrmand）或商标"——如今在全球范围内是一种被认可的工具，政府利用它承认商人自由贸易和签订合同的权利。伦敦的商人们知道如何将自身转换到不同的宗教和语言环境中，而不再需要像股份制公司的专制支持者所建议的去维持成本昂贵的据点。正如报纸上写道："在与波斯人和印第安人进行了近一百年的交流和贸易之后，如今，我们对他们的习俗非常熟悉。因此，我们不再向他们寻求商品，而是向他们谋求金银。"

1663 年，凭借着持有的国王特许状，伦敦的皇家学会得以成立，查理二世从来没有莅临过这里。通过成员们的努力，该学会成为构建一种学科（*scientia*）的更直接的尝试，这一学科凭借合理化的语言和形象，使得翻译问题变得集中化并得到有效处理。17 世纪 50 年代由于无法在爱尔兰实现这一目标，罗伯特·波义耳（Robert Boyle）感到沮丧，于是他承担了这项任务，即从 17 世纪 40 年代至 50 年代的牛津科学界和翻译界中选择部分见证者，从而塑造一个连贯的世界形象。[39] 1668 年，英国皇家学会主席约翰·威尔金斯（John Wilkins）发表了一篇题为《面对一个真实的人物》（*Towards a Real Character*）① 的文章，这是对语言进行管理的最明显的努力。 [166]

威尔金斯擅长运作伦敦的赞助关系网，并于 1668 年被授予圣保罗教堂的受俸者和切斯特主教称号，因为他与马修·黑尔（Matthew Hale）以及温和派一起，努力使持不同政见者接受新的复辟秩序。威尔金斯认识到一种类似于拉丁语的帝国语言的力量。他指出，汉语能够容许在一个较大的范围内进行交流， [167]
但是作为一种哲学语言，它过于复杂而难以发挥有效作用，而

---

① 该书的全名为《面对一个真实的人以及一门哲学的语言》（*An Essay towards a Real Character and a Philosophical Language*）。在文中，他提出了一种普遍适用的语言和十进制的度量衡体系，该体系后来发展成为公制。

像马来语这样的人工商业语言更具潜力。[40]

约翰·韦伯（John Webb）在 1669 年发表的《历史论文》（*Historical Essay*）中回应了威尔金斯对一种人为创造语法的提倡，他认为通过诺亚传下来的一种永恒和神圣秩序，亚当的"原始语言"在中国经历了时间的摧残。作为伊尼戈·琼斯（Inigo Jones）的一位年久的合作伙伴，韦伯因支持克里斯托弗·雷恩（Christopher Wren）而对唾手可得的皇家测绘师（Royal Surveyor）的职位未予以考虑。在这之后，他于 1669 年在萨默塞特退休。尽管如此，韦伯还是把自己的著作献给查理二世，以此作为一种间接的谴责以及连贯性和纯粹性的一种理想化模式，即所谓的"脱胎于一个身体，一个后代繁衍下来，最终成长为一个身体和帝国的形式"[41]。韦伯认为汉语在某种程度上是神圣的，这与威尔金斯对汉语的世俗性批判形成了鲜明的对比。当时世人对此也是各执一词。语言学家约翰·比尔（John Beale）在给约翰·伊夫林（John Evelyn）的信中写道，他认为汉语的功用或许要比威尔金斯的观点中提到的要好很多，同时其他人则更倾向于马来语。[42]韦伯和威尔金斯可以被解读为以不同的方式来支持一种形式更为古老的世界图景。他们二人的学识也指向了一个更现代的问题——寻求一种新语言来弥合复辟主权带来的缺口。这是一个日益严重的问题，因为权力的下放在全世界创造了一批行动者，他们将伦敦视为权威的象征。

专制主义与约翰·奥格尔比的世界图景

约翰·奥格尔比是提出一种意象主义策略的关键人物，这种策略有别于威尔金斯和韦伯的语言学策略。奥格尔比与苏格兰和爱尔兰的关系，以及与皇家学会和荷兰出版业的关系，赋予了他大量资源和独特的视角。[43]与波义耳未能在爱尔兰西南部实践自然史形成对比的是，17世纪30年代末，奥格尔比作为一名戏剧经纪人在都柏林成名并赚了钱。他经历了内战，在共和国时期回到伦敦，成为一名古典文学翻译家——翻译过维吉尔的诸多作品（1649年、1654年和1658年在伦敦出版，1666年在都柏林出版）、伊索的《寓言》（1651年、1665年在伦敦出版）、荷马的《伊利业特》（1660年在伦敦出版，并献给了查理二世）。受到复辟的影响，他搬到了伦敦的河岸街，在那里创造了与印刷报纸广告和铜版雕刻彩票相关的创新性销售技巧。但是他翻译的《奥德赛》——最古老且最优秀的道德与政治学问——有些生不逢时，这本译著于1665年5月20日出版，当时瘟疫从各大码头向伦敦东部扩散，并且他的所有古典译著全都在伦敦大火（the Great Fire）中烧毁了。因此，奥格尔比完全改变了出版方向，开始涉猎荷兰出版界的活动及其对全球事务的

⌊168⌋

参与，从而努力绘制伦敦在世界中的地位。他的时机选择得恰到好处，当时正值复辟时期的新兴经济体、查理二世主权的本质以及伦敦和东印度公司在亚洲贸易中所扮演的角色，这三者都存在着巨大的不确定性。他将伦敦置于荷兰人努力的框架之内，这种努力体现在既强调伦敦的全球影响力，又强调其对英格兰以及不列颠群岛的清朝式国家统治。查理二世的君主制可能会被视为商业权力与帝国权威的理想综合体。

在这些方面，奥格尔比于 1669 年出版了首部著作——约翰·尼霍夫（Johan Nieuhof）① 的《荷使初访中国纪》［*Account of the Dutch VOC embassy*（1655-58）*to the new Qing Empire*］的译本，1665 年该书首次在阿姆斯特丹由雅各·范·莫伊尔斯（Jacob van Meurs）印刷出版。[44] 奥格尔比翻译的版权在 1667 年 3 月 20 日《建筑法案》（Building Act）通过之后被予以批准，这恰恰是在威尔金斯和韦伯发表关于汉语的观点之前。[45] 尼霍夫这本书的英译本出现得较晚。在此之前，法译本在 1665 年、德译本在 1666 年以及拉丁译本在 1668 年均已成功出版，这已经使荷兰和清朝的关系问题成为一个欧洲问题。尼霍夫综合了许多自己的论述，同时摘录了两位早期耶稣会人士金尼阁（Trigault）

---

① 约翰·尼霍夫（1618—1672），荷兰旅行家。其代表作为《荷使初访中国纪》，其中讲述了他在 1655 年至 1657 年从广州到北京的长达 2400 公里的旅行。凭借此，他成为当时西方有关中国主题的权威作家。

和里奇（Ricci）所记载的内容，以及 17 世纪 50 年代曾德昭（Semedo）和马蒂尼（Martini）撰写的清朝时期的书籍。[46] 他笔下的清朝图景在很多方面都是乐观的，尽管他也描绘了（明清）转型时期的破坏，并且关注荷兰人在与清朝建立贸易关系以及1661 年之后维持他们在台湾据点方面遭遇的失败。[47]

印刷商范·莫伊尔斯委托制造了 150 块以尼霍夫的草图为底本的铜版雕刻画，这使得除了直接从语言理解，从其他方面也是能够有效地理解中国及其城市经济的。尼霍夫（的草图）参考了大量中文印刷的图像资料。阿姆斯特丹的雕刻工们在草图的空白处增添了一些想象的细节，从而提供了一种双重阅读方式——"为了欧洲人的消费习惯而重新包装内容"，进而形成了一种令人舒适的异国风味，这在一定程度上掩盖了翻译的开放性。[48] 使用这种细节如此翔实的铜版雕刻画造成了奥格尔比著 [169] 作出版的延期，因为这种铜版雕刻技术在伦敦还是相对新颖的，运用这种技术的例子包括奥格尔比撰写的关于查理二世加冕的作品以及罗伯特·胡克的《显微术》（*Micrographia*，1665 年出版）[49]。在这个意义上，奥格尔比阐释了此前所谓的双重异质形象，即荷兰人拥有从中国木版画的大量商业文化中创造的诸多形象与元素。

奥格尔比在尼霍夫的材料中增添了耶稣会士"约翰·亚当斯"（John Adams）的一封信的译文，以及罗马耶稣会士阿塔纳修斯·基歇尔于 1667 年出版的《中国图说》的节选，这本著作关联着这一时期罗马塑造形象的努力。[50]"亚当斯"指的是科隆的汤若望，他是首位经过罗马训练并在 1664 年 4 月以后得到教皇认可的"官吏"（mandarin），他作为北京天文台的负责人在谈判中成为荷兰人最佳的"对手"。上述两本著作都存在问题，因为它们均与天主教有着紧密的联系，但是耶稣会士的介入制衡了荷兰的共和政治。事实上，汤若望告诉顺治皇帝，荷兰人不仅推翻了自己的君主，而且"如果这些人在任何地方以商业为借口，一旦立足，他们马上就会筑起一处据点以及枪支工厂（他们是这方面的专家），并因此为他们的财产占有一份权利"。[51] 另外，基歇尔的计划很明确是针对耶稣会士的翻译实践，包括对 1625 年发现的《大秦景教流行中国碑》（*Nestorian Stele*）原始版本的重新雕刻、转译以及翻译。和韦伯一样，他想把中国置于一个古典和犹太—基督教的历史中，与象形文字和希伯来文联系在一起，他的"插图"被认为是真正的宗教象征。[52] 尽管奥格尔比似乎仅是复制、重新雕刻以及重新组合已然很复杂的各种清朝、荷兰以及罗马的关于帝国本质的文化材料，但是他也通过比较关于它们的叙述，对其进行了重新组织。在这个过程中，他向伦敦人阐明了在阿姆斯特丹、罗马和北京已经被创造的全球形象是多么复杂。[53]

《大使馆》（*Embassy*）一书的成功在于鼓励奥格尔比进行一

伦敦：塞尔登地图与全球化都市的形成（1549—1689）

项更大规模、更广泛的地图集计划，这个计划将会超越 17 世纪
20 年代海林和乔治・亨伯（George Humble）取得的成就。[54]1669
年 5 月，他印刷了一份"提议"，正式宣布从其已经出版的"古
希腊语和拉丁语纸本王国"，转向"对世界四大地区全新且准
确描述的领域……教会他们英语"。非洲将是第一卷，因为"虽
然并非遥不可及，但（它）却离我们最远"[55]。同年 11 月，他从
查理二世手中获得了一份特许状（附上进献的《非洲卷》），[170]
这份特许状将 1665 年和 1667 年颁布的特许状赋予的印刷权期
限延长至 15 年。1670 年 6 月，国王还免除了 2 万令高质量对开
纸的关税，这些对开纸只能从法国获得。国王也为尼霍夫的书
做过相同的事情。[56]该地图集在 1670 年至 1676 年共分 7 卷出
版——《非洲卷》（*Africa*，1670 年出版）、《日本地图集》（*Atlas Japannensis*，1670 年出版）、《美洲卷》（*America*，1671 年出版）、《中国地图集》（*Atlas Chinensis*，1671 年出版）、《亚洲卷》（*Asia*，1673 年出版）、《驻中国使团》（*Embassy to China*，1673年修订，一些版本与《中国地图集》一起装订）以及《大不列颠》（*Britannia*，1675 年和 1676 年分别出版），他去世时，原计划出版的关于欧洲的第八卷仍未完成。他将该计划描述为"整个世界的缩小"，并在进献查二世的《非洲卷》中描述道："一个新的宇宙模型，一本英国地图册……穿着我们的民族服装，使用现代语言。"微观世界中的宇宙，英国现代性与斯图亚

特王朝的荣耀关联在一起：这些都是塑造专制主义形象的比喻，众多伦敦人觉得它们极富吸引力，以至于像塞缪尔·佩皮斯（Samuel Pepys）①一样，为了有机会拥有一部如此昂贵的作品，他们加入了彩票行业。时间来到 17 世纪 80 年代，东印度公司仍建议前往暹罗的船长和代理人阅读中国和日本的卷册，这种趋势可能还会持续下去。这些书的复印本可以在马德拉斯的图书馆中找到。[57]

在地图集计划中，奥格尔比只使用了荷兰的资料，尤其是蒙塔努斯（Montanus）关于美洲的著作以及奥尔弗特·达佩尔（Olfert Dapper）的一系列著作。基于尼霍夫著作荷兰版本的成功，上述著作都是由印刷商范·莫伊尔斯负责插图和制作的。[58]奥格尔比与莫伊尔斯形成的伙伴关系可能是从出版尼霍夫著作时开始的，以此达到驱逐他的主要竞争者伦敦的理查德·布洛姆（Richard Blome）以及确保未来图书版权的目的。[59]奥格尔比著作的周转时间要比尼霍夫的短，他的《非洲卷》于 1670 年出版，也就是在荷兰出版后的两年里。这套新的荷兰卷主要是献给联省共和国的大议长约翰·德·维特（Johan de Witt，1653—1672 年在任）。所有著作都是在 1667 年通过《永久谕令》（Perpetual Edict）之后问世的，该法案宣布在荷兰省永久废除省督

---

① 塞缪尔·佩皮斯（1633—1703），英国托利党政治家，曾担任海军部首席秘书、下议院议员以及皇家学会主席。佩皮斯能够让后人熟知源自他的日记。

（Stadtholder）一职，并将查理二世的侄子奥兰治的威廉（William of Orange，1650 年）从该职位上赶下去。就其本身而言，这些著作都在试图展示城市与共和国的商业相较于君主制的优越性，这在政治上是"激进的启蒙运动"（Radical Enlightenment）早期阶段的一部分。[60]奥格尔比写作的最后一卷于 1672 年出版。是年，在一系列关键性事件中，维特辞去职务，随即被杀害。奥兰治的威廉成为省长，在与威廉结盟失败后，法国与英国对荷兰宣战。

尽管奥格尔比使用了与荷兰出版的著作相同的材料，但是他的议题是不同的——这是一种以伦敦和查理二世为中心，面向全球并实行君主制的英国的理想愿景，它将与清朝统治下的中国、日本的贸易，以及西非的奴隶贸易、美洲的奴隶制联系在一起。1670 年，东印度公司和不再发挥作用的老非洲公司都没有在这些地区建立稳固的贸易关系。17 世纪 60 年代，查理在非洲获得了两处据点。在给国王的献词中，奥格尔比着重提及了北非的丹吉尔（Tangier），它保障了黎凡特公司的地中海贸易，并且在 1661 年一并成为布拉干萨的凯瑟琳的嫁妆，正如献词中所记录的："属于您的耀眼之星……您的大都市，您的皇家城市丹吉尔，它坐落在大西洋的边缘，拥有着海洋和内陆海的钥匙。"1668 年，它被宣布为自由之城，拥有自己的公司和由国王维持的昂贵的常备军。奥格尔比并没有提及英国的另一个属地——"海岸角"（Cape Coast Castle）。这块属地是海军上将罗伯特·霍姆斯（Admiral Robert Holmes）于 1664 年在第二次英荷战争中从丹麦西印度公司（Damish West India Company）手中夺得的，除此之外还有黄金海岸沿线的一系列荷兰人的据点。1668 年，皇家非洲冒险家公司（the Royal Adventurers to Africa）将该属地转交给一个被称为"冈比亚冒险家"（the Gambia Adventurers）的群体，为期 7 年。对于奥格尔比和达佩尔来说，欧洲人在"尼格罗土地或者黑人国家"的重要据点仍然是位于加纳的米纳圣若热埃尔米纳（Sao Jorge da Mina），又名埃尔米纳城堡（Elmina Castle）。1637 年，荷兰人从葡萄牙人手中夺得此地，如今这里成为他们奴隶贸易的中心。[61] 但是，1672 年发布的皇家非洲公司的新特许状授权在非洲建造更多的据点，并按照丹吉尔的模式保持常备军。1670 年，《非洲卷》和《日本地图集》——真的成为荷兰大使馆的收藏品及其探索的记述，它实际上是荷兰大使馆和勘探记述的一本合集——指出了荷兰人在西非、中国、日本的强有力存在，同时表明了 17 世纪 60 年代英国人野心的失败。就像同时代的威廉·坦普尔爵士（Sir William Temple）① 一样，奥格尔比似乎在促使王室积极地与荷兰商业共和主义竞争，整个伦敦也有类似的情绪。[62]

---

① 威廉·坦普尔（1628—1699），英国政治家、散文家。

《非洲卷》第二卷（1671 年）是随着沙夫茨伯里（Shaftes-bury）和洛克（Locke）的《卡罗来纳基本宪法》（*Fundamental Constitutions of Carolina*，大约在 1669 年出版)①出现的。该宪法取代了之前定义卡罗来纳州这一新殖民地的两次努力（1663 年和 1665 年），就像纽约（1664 年从荷兰人手中夺得，并以约克公爵詹姆斯命名）一样，这里成为专制主义战略在美洲的一个支柱。效仿牙买加、巴巴多斯以及弗吉尼亚的模式，1663 年取得特许状的卡罗来纳州成为奴隶的一个目的地。此前，在 1661 年，卡罗来纳州通过了一部《奴隶法典》（*Slave Code*），洛克和沙夫茨伯里试图用宗教宽容和奴隶与本土美洲人信仰转变的准则来节制这部法案。[63] 在奥格尔比的愿景中，凭借着奴隶劳动力的重要性，卡罗来纳州将会成为英国与清朝统治下的中国以及德川幕府统治下的日本有效贸易的一个潜在替代地点。他发表了一系列声明来表达这一愿景，包括在卡罗来纳州种植一种茶叶（可能是一种"黑茶"，能致人缓慢地产生幻觉并有强烈的通便效果）。他指出，南京与卡罗来纳州在同一纬度，而且与长江三角洲一样，卡罗来纳州可以成为种植"丝绸、姜、蓼蓝、烟草、羊毛以及其他适合出口国外进入其市场的"绝佳之地。[64]

[172]

在《中国地图集》（1671 年出版）中，伴随一种大西洋消

---

① 该宪法确立了 1669 年至 1698 年卡罗来纳殖民地政府与社会的基本形式。

费经济——以代替亚洲进口商品的货物为基础——而来的是对中国经济的一种不同的强调。而从荷兰东印度公司档案中精选的这段综合文本，可能被视为是对专制主义君主制的柔弱和奢华的批判，或者至少是一种焦虑。[65] 在书中的众多典型场景中，一场泛舟聚会——官员们用瓷器进食，喝着茶，惬意地在雅苑和商船前泛舟——既表现了商业和奢华，又反映了荷兰人对自身消费和"富人窘境"的焦虑。[66] 但是，对于奥格尔比来说，这本地图集也揭示了人群、物品以及媒介是如何产生一种统一的意识，同时揭示了通过形象修整的宗教是如何成为文化稳定性的一种来源，甚至是一种经济潜力，而非政治冲突。使臣范胡伦（Pieter van Hoorn，1666—1668）描述的道路和水路既是军事、国家或商业目的的运输途径，又是扩大消费经济的驱动因素。

这个印刷形象可能也是一种翻译的媒介，而不仅是对异国情调的一种收集。为了说明清朝的宗教信仰，《中国地图集》收录了重新雕刻的四种流行的中国木刻版画，这些版画上展示了各种形象的菩萨、老子以及孔夫子。其中一幅描绘的是一处真实的朝圣者前往目的地，即临近苏州和太湖的常熟桃源涧。言偃（公元前 506 年—公元前 443 年）——孔子唯一一个来自中国南方的学生——的陵墓就在那里的羽山。此外，这个地方也是一处能够令人想起桃花泉（Peach Blossom Springs）的游览之地。作家陶渊明（365—427）使该地作为一处"超凡脱俗"的儒家和道家的至圣之地而名垂千古（所谓的世外桃源）。[67] 在佛教徒对这幅独特的版画的强调中，静修与朝圣的价值一直延续至自然景观的冥想圣地之路。荷兰人和英国人以铜版重新雕刻这幅木版画，保留了原本的平行视角和通过间隙空间的运动感。 [173]

木版画附带的描述将其作为观音菩萨的一种形象，达佩尔和基歇尔认为这相当于古希腊的西布莉（Cybele）和古埃及的伊西斯（Isis）。同样精彩的描述表明受蒙骗的朝圣者，"他们必须穿过几条偏僻的小路和房舍，然后沿着一座陡峭的桥行进，在桥的一处末端，一个骑着老虎的人守护着这座桥；在每个房舍的门口，都有这位菩萨的僧侣把守，朝圣者经过允许才能进入"。[68] 对腐朽的奢华以及盲目崇拜肖像进行讽刺，也呼应了某些中国精英人士对文化普及的担忧，但版画也显示出一种具有自身逻辑与技术的连贯且复杂的空间。在基歇尔和耶稣会士的带领下——他们或许一直都依赖相同的图像档案，这种逻辑在某种程度上通过印刷的媒介能够被理解为是可译的，在复辟时期，瓷器上的这些图像日益引发了一种时尚，它见证了一种审美观念在伦敦的家庭空间和新的咖啡屋中传播。

显然，奥格尔比希望自己的地图集具有"现代性"，就像达佩尔、基歇尔和清朝图像的创作者。以现代性而非古物为基础，将空间和视觉技法从中国翻译到欧洲的可能性，使得这些关于 [174]

中国的书籍，尤其是奥格尔比对这些技法的重新解释变得独特。这一方面的明显迹象是奥格尔比重印《中国地图集》以及他随后在英国进行的道路地图集的项目，这一项目将构成信息、交通和邮政系统的基础，18世纪的军事国家将建立在这些系统之上。在书中，奥格尔比还收录了一份来自达佩尔的表格，该表格之前是从一份名为"道路以及中国大城市之间的距离"的中文资料翻译而来，它强调了测量中国城市之间距离的"非常奇怪"的做法。达佩尔直接引用了中文资料："中国人自己记载的弗隆（Furlong）的距离，尽管不是来自所有地方，正如他们记载的，仅仅是按照以下方式记载一个省的省城到另一个省的省城：江宁到北京是2425里。"以此开始了一份包括14段距离的表格，接下来是其他不包括首都北京的线路表。[69] 这些数据来自受欢迎的商人手册，如万历年间（1573年至1619年）的商人指南《商程一览》（*Commercial Journeys, An Overview*），这本书包含一份"两京十三省各边路图"的地图和距离表。此外，书中还有明朝和清朝早期学者的成果，他们有兴趣制定一份全面的距离目录和表格，以此作为在过渡时期统一商业以及使国家免受王朝更迭影响的一种方式。书中的一些数字与顾祖禹在《读史方舆纪要》（*Essence of Historical Geography*）中引用的数字吻合或者接近，该书写于17世纪30年代至60年代，以手稿的形式流传。[70] 清朝邮政系统是使用这些道路的最具代表性机构。这套系统源自明朝，它创造了理想化且易懂的通信空间，"它可以迅速地将皇帝和总督的命令从一个地方传至另一个地方，这意味着无论何种怪事或奇闻发生，仅仅在几天内，消息就会传遍整个国家"[71]。两位荷兰使臣都沿着中国的水路与陆路高效地行进。尼霍夫的著作中的第一幅地图——与紫禁城的平面图并列——显示了中国由南向北的内陆旅行的干线道路。

对于17世纪70年代奥格尔比的伦敦地图绘制以及英国道路体系可视化的项目，达佩尔书中的距离表格以及关于清朝道路与邮政体系的叙述都在技术层面提供了一种启发。奥格尔比已经熟练地将伦敦作为新邮政体系的枢纽。1672年2月，也就是在《中国地图集》出版后的第二年，他给出了一份英国不同城市的人员名单，这些人能够买到英国地图集的副本，"以此方便那些离作者居住较远的绅士们"[72]。同月，他宣布自己绘制英国地图的新项目不仅是一份地图视图（map-view），还是一份"平面图"（Ichnograghy），字面意思是记录"足迹"（ikhnos）的作品。新的图解方法超越了奥格尔比最具代表性竞争者的作品，如理查德·布洛姆1673年的《不列颠尼亚》（*Britannia*）以及斯皮德（Speed）① 1612年首次出版的《大不列颠王国全览》（*Theatre of the Empire of Great Britaine*）。奥格尔比的新方法

[175]

---

① 约翰·斯皮德（1542—1629），英国历史学家、地图制作家。其代表作《世界知名地区全览》是第一部由英国人绘制的世界地图集。

部分取自威廉·卡姆登（William Camden）的《不列颠尼亚》（*Britannia*），并且更多的是源于奥特利乌斯开创的方法。在从事这项工作期间，奥格尔比得到了伦敦市议员的直接鼓励，他们还委托其制作一份完整的伦敦重建地图，这份地图由许多前任和将来的伦敦市长以及罗伯特·胡克作为城市测量员进行审查。延期以及资金的缺乏，导致伦敦地图的绘制工作拖延，奥格尔比将注意力集中在计划出版的六卷本《不列颠尼亚》的第一卷《英格兰和威尔士》上，尤其是一场前所未有的对道路的绘制，这些道路在一系列卷轴式纸带中（scroll-like strips）汇入伦敦，然后汇集成一幅完整的英格兰地图。事实证明，以清朝的道路系统为模型来展示伦敦与英国的关系，要比展示这座复杂多变的城市本身容易得多。

如此绘制的部分原因是道路的测绘可以与查理二世在国内实施的一项更专制的计划联系起来，即邮政系统的发展。在《不列颠尼亚》的献词中，奥格尔比呼应了加冕典礼的主题，并赞扬查理二世"为我们打开了所有的海上路线，我们借此贸易并将商品运输到世界各地和港口"[73]。在国内，1660 年的查理二世邮政系统法案，修订了在共和国时期的 1657 年建立的邮政系统，将邮政总局（General Letter Office）作为王室垄断，交由约克公爵詹姆斯管理。[74]1667 年，该系统已成为王室收入的一个重要来源，尽管大多数收入没有用在道路与服务的改善上。[75] 在对

　　　　　　　伦敦：塞尔登地图与全球化都市的形成（1549—1689）

此种收入使用疏忽的一则微妙评论中，伦敦作为一个商业中心与世界保持着比王国更好的联系，撰写《不列颠尼亚》的目的是"改善我们国内的商业和通信"，其方式是"从王国的这一伟大的商业中心和首要中心——您的皇家大都市——建设道路"。奥格尔比不仅直接呼吁查理二世和詹姆斯以帝国和商业中心的名义使道路现代化，而且还向普遍民众呼吁，因为道路地图册的收入主要来自销售而非补助金，尤其是来自廉价的便携式版本。[76] 为了使这一建议顺利被采纳并赋予其古典权威，奥格尔比采取了基歇尔的合法化战略，并在整个项目实施中参考了古代"波斯君主"的做法，他们"在其广袤的疆土上精确地登记和计算了固定距离"，同时参考了向波斯人学习的亚历山大和尤里乌斯·恺撒。作为君主的查理二世和他的邮政局长官詹姆斯要恢复古代大英帝国的荣耀，而不是直接效仿同时代的中国。1682年以后，这种君权国家负责空间合理化的哲学，反过来证明了詹姆斯夺取私有便士邮局（Private Penny Post）的权力是正当的，因为它被视为一种潜在的颠覆性机构，以传递新生的报纸和小册子。随着 1683 年邮局在集镇的设立，邮政职员的人数开始迅速增加，这是向专制主义战略和财政官僚体制转变的更明显的一部分。[77]

奥格尔比的著作为伦敦人提供了一个连贯的世界和一个以伦敦为中心的连贯的英国形象，同时提供了一种使专制主义与商业帝国联系起来的新战略，使其更接近现实，而不是一个形象。这是伦敦最接近拥有属于自己的关于全球进程及与世界连接的图像叙述。不过，即使有了道路地图，奥格尔比的合作伙伴威廉·摩根（William Morgan）也不得不努力推动销售，以弥补各种项目带来的巨额支出。尽管如此，他们还是代表了伦敦人做出的种种努力，以此强调构成查理二世和詹姆斯二世统治下英国专制主义形象的商业及全球组织基础。

代理专制主义形象：来自孟买和中国台湾的介入

如果清朝统治下的中国像韦伯、奥格尔比著作中记载的那样，逐渐被视为一种与国家专制主义战略相关的模型，那么清朝的经济萧条和战争造成的破坏，意味着印度洋和东南亚商业模式的转变，在复辟时期开始在塑造伦敦商业关系方面发挥着重要作用。弗朗西斯·朗姆（Francis Lamb）在 1676 年出版的《一幅东印度的新地图》中将中国边缘化，同时强调了在以东南亚和汇入印度洋的河流系统为中心的世界中，在印度和中国台湾（在塞尔登地图中新描绘的一座岛屿）建立帝国的可能性。查理二世和东印度公司在亚洲的新计划最初被设想为专制主义[178]的帝国延伸，但随着白银流通的变化，这些计划也发生了变化，为南亚和东南亚的小国家和商人关系网开发更强大的商业战略

伦敦：塞尔登地图与全球化都市的形成（1549—1689）

提供了机会。17 世纪 60 年代，东印度公司未能将孟买打造成拥有常备军的皇家前哨，这促使东印度公司与苏拉特的经纪人合作，戏剧性地重新确定了其在亚洲的贸易地位。直到 17 世纪 70 年代，新的东印度公司与孟买和中国台湾的关系产生了一个令人惊讶的结果，来自这些地区的波斯文和中文文本，帮助伦敦商人和英国王室在印度洋和南海，形成了在主权、交换和宗教方面更为复杂的认识。这些散布的知识为这些地区的商人关系网创造了更长期的保障。[78]

　　除了孟买，该公司于 17 世纪 60 年代在亚洲建立的所有工厂都与伊斯兰统治者保持着纳贡关系，尤其是这两个辖区（苏拉特和万丹）。除了孟加拉胡格利河上（Hugli）的莫卧儿港口，另一处重要的地点是讲泰米尔语和泰卢固语的科罗曼德尔海岸的圣乔治贸易站（Fort St. George），直到兼并孟买时，该贸易站是公司唯——个设防的工厂。这片地是 1639 年在毗奢耶那伽罗帝国（Vijayanagara Empire）崩溃之前从奈特（Nait）或者卡纳提克（Carnatic）总督手里间接购买的。该贸易站在 1661 年几乎被废弃，但 1664 年，戈尔康达的苏丹根据 1658 年的一项协议——该公司每年向戈尔康达支付 380 塔（pagodas）① 作为贡品，到 1672 年增加到 1200 塔，一直持续到 1687 年——最终巩

---

　　① "塔"是一种货币单位，由印度诸多王朝、英国、法国和荷兰铸造，由金币或半金币组成。这种货币曾在印度诸多王国广泛发行。

固了对该地区的控制。这些例子中的每一个都表明对伊斯兰帝国的严重依赖。对于伦敦来说，通常还包括地中海的奥斯曼帝国和摩洛哥帝国，这在伦敦引起了金融和宗教方面的紧张。从摩洛哥到爪哇，英国圣公会在改变穆斯林信仰方面的努力屡遭失败。[79] 通过在地中海和印度洋建立设防的圣公会领地，查理二世的嫁妆丹吉尔和孟买在理论上能缓解这种担忧。与此同时，具有以德莱顿为代表的强烈的君主主义风格的戏剧，以及最后一部英雄悲剧《奥朗则布，抑或伟大的莫卧儿人》（*Aureng-Zebe, or the Great Mogul*，1675 年上演，1676 年出版），有助于使伦敦更广泛的朝贡关系合法化。[80] 这些在伦敦都是公众讨论的问题。在《奥朗则布》于德鲁里巷（Druty Lane）的皇家剧院（Theatre Royal）上演前的三个月，一头大象从苏拉特被送至伦敦，在交易所胡同（Exchange Alley）的葛瑞威咖啡屋（Garraway's coffee house）拍卖。从 1658 年直到 1666 年被烧毁的这段时间里，托马斯·葛瑞威（Thomas Garraway）是伦敦第一个在其老咖啡馆——斯威廷街皇家交易所（Sweeting's Rents）附近的苏丹之首（Sultaness Head）——卖中国茶的人。公众参观伦敦市中心的大象要花三先令。[81]

[179]　　当然，有些公众讨论的是世界主义和异国情调的混合，这既根植于进口商品的多样性，又根植于时尚和梦幻般的生活，如多才多艺的谢利（Sherley）兄弟（托马斯、罗伯特和安东

　　　　　伦敦：塞尔登地图与全球化都市的形成（1549—1689）

尼），他们在 16 世纪早期的萨法维王朝和奥斯曼帝国的功绩极为传奇。同时这也表明了一种商业中心的经济网络是如何令传统的人文主义语言概念走向破裂的，如波斯语这样的语言是否属于正典（canon）的不确定性。1669 年，埃德蒙·卡斯特尔（Edmund Castell）和爱德华·波科克（Edward Pococke）与印刷商托马斯·罗伊克罗夫特（Thomas Roycroft）在伦敦合作出版了极耗钱财的《七国词典》（*Lexicon Heptaglotton*），可以说这部词典是《多语圣经》的姊妹篇，其中包括了雅各布斯·格利乌斯（Jacob Golius）留下的一本波斯—拉丁语词典。这本书在该领域堪称绝唱。阿拉伯语尤其是波斯语中更为明确的科学文本开始引起人们的注意，例如 17 世纪 40 年代和 50 年代早期的约翰·格里夫斯（John Greaves）和 1665 年的托马斯·海德，都使用了乌鲁伯格（Ulugh Beg）星辰目录的复印本，目的都是出版拉丁文语本。[82]

要特别指出的是，阿拉伯语逐渐不被人们视为人文主义神圣语言的一部分，而是更多地被看作理解一种独特的技术、法律、政治以及哲学文化的关键元素，它拥有自身的宇宙基础，能够显示出更为广泛的 "人类理性" 的普遍力量。波科克曾经是黎凡特公司的牧师，他和儿子在 1671 年出版了 12 世纪的伊本·图法尔（Ibn Tufail）《海伊·伊本·雅克赞》[*Hayy ibn Yaqzan*，其字面意思为 "觉醒之子"（Alive Son of Awakening），翻译自 "*Philosophus Autodidactus*"）的拉丁文语本。[83] 正如 1674 年《哲学学报》（*Philosophical Transactions*）中所说的，这是一本受欢迎的伊本·西奈（Ibn Sina）① 解读亚里士多德和柏拉图的著作，书中还融合了苏非派的智慧和直觉概念。它与弗朗索瓦·贝尼埃（Francois Bernier）对皇家学会秘书亨利·奥尔登堡（Henry Oldenburg）翻译的莫卧儿人中的苏菲派的赞美相吻合，可以用来支持自然宗教的理念。这本书讲述了海伊·伊本·雅克赞在印度洋的一个小岛上从小自养的故事，获得了比从《先知书》中所能获得的更大的智慧。这个寓言可以被解读为对理性的可能性所做的个人主义声明，此处的理性源自个体在基督教或伊斯兰教传统之外对自然的纯粹观察，这是一个与达佩尔、奥格尔比以及贝尼埃对非基督教的文化主张相一致的论点，但它也表明文本可以

[180] 有一种自主的力量，通过翻译和并置（juxtaposing）各种传统而变得独特。与此同时，图法尔还出版了《自修的哲学家》（*Philosophus Autodidactus*），波科克也出版了"英国国教教义问答"和"礼拜仪式"的阿拉伯语译本。[84] 尽管教义问答书在阿拉伯世界并未产生什么影响，它也没有像《海伊·伊本·雅克赞》那样自发地传播。但翻译的选择表明，作为相互理解

---

① 伊本·西奈（980—1037），阿拉伯哲学家、医学家、自然科学家及文学家，伊斯兰科技史上最重要的人物之一。拉丁语名为阿维森纳。

过程的一部分，清楚地界定国家教会在制度主张方面的能力，已经变得比基督教人文主义者或者新教徒发起的改宗运动更为重要。这样失败的皈依以及宗教主义（sectarianism）的呼吁正是海伊的故事，他无法使萨拉曼岛（Salaman's Island）的居民们信服他的思想的价值。

人们对宗派主义及其与语言关系的认识的日益深化，推动了这一时期的翻译。与此同时，人们意识到推翻语言和宗教的传统假设的方式。[85] 皇家学会的杰出人物、东印度公司的董事罗伯特·波义耳尤其担心对《圣经》和古典诠释学中使用的语言（包括阿拉伯语和波斯语）的关注太过局限。作为在新英格兰地区（1649 年获得特许状，1662 年再次获得）传播福音的公司新负责人，他在马萨诸塞州帮助并鼓励出版"莫西干人的圣经"（Moheecan Bible），该书于 1661 年至 1663 年由约翰·艾略特（John Eliot）在马萨诸塞湾殖民地的剑桥出版，供哈佛人学的牧师使用。但是，它作为一种失败的皈依工具，在菲利普国王战争中得到了引人注目的证明。在这场战争中，哈佛大学毕业生、梅塔科米特（Metacomet，即菲利普国王）的顾问约翰·萨沙蒙（John Sassamon）[①] 在 1675 年初被杀害，这成为这场战争以及在弗吉尼亚边境地区爆发的培根起义的主要催化剂。[86]

------

① 约翰·萨沙蒙（1600—1675），印第安人，1675 年改信基督教，曾为殖民者担任翻译。

更受关注的是来自东印度公司商业关系的语言。当北美在1675年爆发战争时，波义耳看到了一个新的机会，来自万丹的苏丹阿卜杜勒·法塔赫给查理二世写信使用的语言从阿拉伯语变成马来语。[87] 看起来波义耳肯定受到了牛津大学图书馆馆员托马斯·海德的鼓励，或许还受到了波科克和威尔金斯的鼓励，波义耳认为马来语将成为在东南亚地区替代阿拉伯语的理想语言。在万丹，苏丹使用了这两种语言，而博德利图书馆保存着用马来语写的文本。这些著作中使用的爪夷文源自阿拉伯语的波斯版本，14世纪，它与翻译的梵语著作一起被传至苏门答腊。凭借东印度公司的赞助，海德希望牛津的基督教教堂成为绝佳的英语学习中心，用以培养亚洲传教士，开设阿拉伯语、波斯语、数学和马来语的课程。[88] 波义耳为海德、托马斯·马歇尔（Thomas Marshall）和约翰·费尔主教（Bishop John Fell）于1677年共同合写的《张安帕·埃万杰利亚》（*Jang Ampat Evangelia*）一书支付了500多册的费用。[89] 但是，1678年12月，该公司在马德拉斯的代理人斯特雷恩舍姆·马斯特（Streynsham Master）给牛津大学埃克塞特学院的神学家、董事塞缪尔·马斯特斯（Samuel Masters）写了一封信，信中列出了这个翻译项目无法成功的诸多原因。事实上，在印度没有人说马来语，英国神职人员的冷漠、教堂的缺乏，以及国教和非国教之间微妙的教义差异，都使得圣公会的传教工作变得不切实际。[90]

[181]

　　　　　　　　伦敦：塞尔登地图与全球化都市的形成（1549—1689）

因此，尽管牛津大学和英国皇家学会先后向外推动了翻译的发展，但从17世纪70年代开始，集权制度对语言的主导让位于苏拉特、万丹和中国台湾等地相对自主的努力。这些努力日益在伦敦为翻译设定议程。在印度的西北部，大约从1674年开始，英裔爱尔兰人杰拉德·昂吉尔（Gerald Aungier）——该公司在苏拉特的董事、1672年至1677年孟买的总督，和苏拉特的商人群体将一系列阿维斯塔语和波斯语的著作带到伦敦，其中许多来自苏拉特的拜火教群体和邻近的纳夫萨里（Navsari），这是古吉拉特邦拜火教的宗教中心。[91] 帕西人是重要的波斯散居商人，海德及伦敦和牛津的其他人对他们很感兴趣，因为他们信奉过一种前伊斯兰教时期的宗教。在苏拉特，抄写员既会阿维斯塔语又会波斯语。海德获得的大部分书籍都是由纳夫萨里的低等级牧师（herhad）撰写的，纳夫萨里是16世纪拜火教的信仰中心，他们在莫卧儿时期的印度都有信仰拜火教的经历。一些著作的创作可能与苏拉特的鲁斯特姆·马奈克（Rustom Maneck，1635？—1719）的慈善工作有关，他是一个著名的帕西商人，后来成为该公司的经纪人（dalal），这是一个在17世纪晚期取得巨大成功的商人的例子。然而，更广泛地说，它来自潘查亚特（panchayat）① 集会上的牧师和富裕平民之间密切关系，

---

① 又名"五老会"，是管理农村的一种制度，广泛流行于南亚地区，尤其是印度。

这些集会是由纳夫萨里的帕西人从 1642 年开始举办的，是帕西经纪人和商人赚取财富的平台。[92] 在接下来的 20 年里，海德用这些文本完成了巨著《宗教历史》（*Historia Religionis Veterum Persarum*，1700 年出版）。他还使用了《胡尔达·阿维斯塔》（*Khordeh Avesta*）的副本，这本书是赫巴德（herbad）① 抄写员霍姆兹亚（Hormuzyar）在 1673 年撰写而成。他使用这本书是为了创造一种被他称为"波斯语"的阿维斯塔字体。[93] 在翻译方面，这是一种明显的转变，即从依赖荷兰的机构以及强调怀有人文主义目的的圣经学术，转向直接接触与伦敦连接的商业网，从而构建能够挑战当下学术模式的另一种历史。

　　海德也试图收集具有一种泛波斯特征的文献。他通过昂吉尔获得了阿伯卡塞姆·菲尔多西（Abolqasem Ferdowsi）著名的散文简本《列王纪》（*Shahnama*），这是英国的首个版本。当这本书传到牛津的时候，它已经有了英文名字，即《列王纪抑或帕西人国王年代记》（*Shahnamah Nussier or A Chronicle of all the Kings of the Persees*）。这在苏拉特是十分罕见的，昂吉尔在副本中描述了另一位"博学的赫巴德"抄写员库什德（Khwurshid）的表现——伊斯凡迪亚（Isfandiyar）的儿子，伊斯凡迪亚和鲁斯特姆在文本中都是重要的人物——"我非常不愿意在完成副

[182]

---

　　① 琐罗亚斯德教神职人员的一个头衔。

本之前就把抄本卖掉，但这是不可能的，我们的船很快就要出发了"。[94] 这位赫巴德想要保留文本的渴望受挫，这不仅反映了文本如同自己的名字一样，具有稀有性和文化价值，也反映了其极为模糊的叙事方式。尽管《列王纪》很明显是一本关于国王的著作，但其更广泛的主题是不安的臣民应对王朝的不稳定。苏拉特的帕西人复写这些书并卖给英国买家的愿望与不安的臣民有很大关系。在莫卧儿皇帝阿克巴（1556 年至 1605 年在位）的统治下，伊斯兰学校（madrasas）的宫廷语言和教育已经从土耳其语（巴布尔和胡马雍统治时期的语言）变为波斯语。阿克巴推行的著名的宗教多元化——最重要的是取消了对非穆斯林的人头税（吉兹亚，jizya）——是苏拉特的帕西人、印度教徒和其他在波斯庇护下的非穆斯林群体共同繁荣的原因之一。[95] 虽然奥朗泽布仍然支持波斯人的扩张，但在 1669 年至 1679 年，他还是采取了一些措施，包括征收寺庙税和人头税，以增加来自印度教徒和其他宗教团体的收入，比如帕西人（Parsis），他们通过官僚机构或贸易获得了更高的地位。[96] 在苏拉特，这些措施实施起来非常困难，因为这座城市于 1664 年和 1670 年在孟买南部新兴的马拉地人（Marthas）政权与莫卧儿的战争中惨遭洗劫。

与帝国的这些重大政治转变交织在一起的是与宗教改革有关的多方面的民众运动，这或许可以被描述为一种由贸易繁荣和手稿文本产量的增加而推动的宗派固化。例如，马拉地人似乎是受到湿婆（Shiva）崇拜复兴的驱动，这种复兴涉及更广泛的复写和传播梵文文本。同样，莫卧儿人和比贾普尔人都处于苏非主义复兴的痛苦之中，传教的"苦行僧"（faqir）在宫廷中扮演着重要的角色，他们传播着类似于来自旁遮普的苏丹巴胡（Bahu，1631—1691）时期的文献。除此之外，亚美尼亚基督教（Armenian Christianity）、犹太教和帕西琐罗亚斯德教在该地区蓬勃发展，所有这些发展都与更广泛的贸易侨民（trade diasporas）存在联系，所有这些教派都利用新的财富建立了文献图书馆。基督教的影响是复杂的：来自欧洲和奥斯曼帝国的新教徒、天主教徒、亚美尼亚人等形形色色的人，甚至来自印度和葡属印度（Luso-Indian）天主教社区的科里（Koli）基督徒，他们

[183] 通过自治看到了某种复兴。17 世纪 70 年代，印度教徒和帕西人尤其愿意转变立场，他们开始开放其图书馆，帮助英国人理解他们复杂的需求。亚美尼亚人、犹太人和其他群体也效仿这种做法。

1670 年，由昂吉尔汇编的针对孟买的规定，明确地将利沃诺的美蒂奇与奥斯曼帝国的关系作为一个可行的借贷和经纪中心的模型。为了实现这一目的，昂吉尔不仅在印度各个港口对孟买居民实行自由贸易，在万丹也是如此，因为那里的古吉拉特商人在 1674 年会重新开始贸易。此外，更多的"南部海域的港口和岛屿"也会重开贸易。值得注意的是，这样的贸易不会

交由试图与公司直接竞争的英国自由人进行。[97]他甚至提出五年之内孟买应该是一个完全自由的港口。这种做法风险很高，波斯对白银、印度对黄金以及两者对黄铜的需求，加之需要为布匹预支付提供的现金，意味着伦敦比巴达维亚的荷兰人处于更有利的地位，从而实现经济从清朝向印度洋的转移。[98]新孟买也被认为是储存贵金属的一处安全地点，就像荷兰的巴达维亚。这里除了重建的堡垒，还有自己的铸币厂，它能够汇集来自伦敦的货币，然后将其用于预先支付棉布生产，这是发展棉花贸易的一种需要。1673 年到 1675 年约翰·弗莱尔（John Fryer）①来过这里，他对此有一个非常精确的描述。他解释道："在这种紧急情况下，军事和民事都完全移交给了商人。"[99]该公司的第一支军队旨在取缔查理二世派遣的军队，它由大约 300 名英国士兵、400 名"托巴兹"（Topazes，即葡属印度人）以及约 500 名讲马拉地语的班达里（Bhandari）民兵组成。班达里人在周围海岸组建的小国家得到了葡萄牙人的支持，他们组成了一支拥有吹号角特权的专门卫队。如今，他们大约占据了这个成分相当复杂的军队的三分之一。该公司仍然有机会打造一个金银商业中心，该中心最早由查理二世和约克公爵詹姆斯构想。如此行事，他们就不得不改变常备军的概念，这样的做法预示着 18

---

① 约翰·弗莱尔（1646—1733），英国皇家学会成员，因其对波斯和东印度旅行的描述而著名。

世纪的种种殖民战争。

昂吉尔能够利用人们对琐罗亚斯德教和世俗波斯文献的兴趣——就像牛津的海德，来说服帕西的精英阶层相信英国人不会奉行新莫卧儿的宗教歧视政策。[100] 因为像鲁斯特姆·马奈克这样的帕西经纪人，把钱放在不同的地方，他们现在作为社群领袖拥有更高的地位。

[184]

当税收或战争使家庭陷入困境时，他们可以发放少量救济，也可以在移民问题上做更大的交易。昂吉尔同意用帕西人的土地换取孟买马拉巴尔山（Malabar Hill）附近的"沉默之塔"（dakhma）。他也和个别印度教徒做过类似的交易。尼马·帕拉科（Nima Parakh）是一位巴尼亚（Bania，印度的商人阶层），他的庞大的商人家族在第乌（Diu）工作，他们移居孟买的条件是一块用于建造房屋、仓库的土地，宗教信仰和宗教权利（不猎杀动物、群体内没有基督徒或穆斯林）自由，自由贸易，诉诸法律程序，佩戴剑和匕首，以及不仅需要容忍还要被礼貌地对待和尊重。昂吉尔解释道，东印度公司没有强迫改变信仰，关于这一点，"全世界都会为我们辩护"，并且普遍接受帕拉科的所有条款。[101] 类似的交易随后也与犹太、亚美尼亚和西迪（Sidi，东非奴隶的后代，他们在沿海有自己的王国）的商人家族达成过。与北美殖民地一样，由于招募移民的实际原因，孟买成为一个新兴的宗教自由之地。但是，在孟买要求和扩大这些权利，在某些方面比在伦敦和卡罗来纳围绕未经批准的《基本宪法》（*Fundamental Constitutions*，1669 年通过，1682 年修订）而形成的进行的宗教辩论更加激进，而这正是沙夫茨伯里和洛克所关注的。这部宪法为伦敦与孟买之间深层次的承诺和更长期的城市关系奠定了基础并成为一种典范，随后而来的是 1687 年合并后的马德拉斯（如今的金奈）以及自 1690 年以来逐渐形成的新贸易中心加尔各答。

这种公司和商人网络之间的相互转化也可以在 17 世纪 70 年代的东亚见到，万丹的福建商人帮助公司发展了与郑经（1681 年）的关系。郑氏家族认为塞尔登地图上的福建商人网是理所当然的，因为他们与清政府不和，这些航线变得更加重要。关于李旦、郑芝龙和郑成功的半虚构式传记，都证明了 17 世纪东亚的海上活动和习得技术的复杂历史，这些已经成为有权势的人进行社交所需要的。尽管郑成功和郑经对大陆肯定还存有计划，但是他们也希望通过借用技术从西班牙人手中夺取吕宋岛（Luzon）的大片领土，当然还有荷兰人所占的台湾的土地，以此建立一个强大的海上驻地。所有这些都说明了为什么郑经可能认为有必要在 17 世纪 70 年代继续在台湾印刷南明永历政权（1646 年至 1662 年为南明时期）的旧明历，并在 1671 年至 1677 年将其副本寄往伦敦。这是一种通过统一的时间系统 [185] 将不同的商业网络空间连接在一起的方式。

正如塞尔登地图所示，17世纪的中国台湾是一个复杂的地区，无论是在17世纪早期的繁荣时期，还是在中期的萧条时期，在来自日本和马尼拉的白银关键供应线上，中国台湾对建立联系越来越重要。从16世纪晚期开始，大量商人和定居者沿着这些贸易走廊来到海南岛、澎湖列岛和台湾岛，从而改变了该地区贸易的本质。[102]16世纪末，明朝政府开始密切关注这里，并于1603年对台湾展开了反海盗的远征。除了福建和日本商人的小定居点，他们还发现了一套复杂的语言结构、一种敌对的村落"微观政治"，以及主要以猎鹿和捕鱼为基础的经济。明朝晚期，派往台湾的民族志使团曾强调，缺少历法、数学和官僚机构是野蛮的标志。正如陈迪在1603年所解释的那样："这里仍然有人没有日历，没有官员和上级，光着身子走来走去，使用结绳记算。"[103]在这个意义上说，日历除了是一种类似指南针的工具，还有另外的意义，能够令野蛮人文明化，并建立跨越时空的节奏。

郑氏家族试图利用类似于李旦和塞尔登地图的航运网络，在与荷兰和清政府的斗争中宣称对明朝遗产的权利，并使台湾成为东亚金块转运的中心。在此之前，荷兰人率先采取了这种做法，这也解释了为什么尼霍夫的著作在1665年是一部如此奢华的作品，而就在三年前，台湾的赤嵌楼（Fort Zeelandia）被郑成功夺走，这导致荷兰人的亚洲战略发生了戏剧性的逆转。[104]1623 年，正当英国人离开日本时，李旦帮助处理明朝和荷兰人之间关于澎湖（仅仅是塞尔登地图上的"澎"）的协商。1625 年李旦死后，他的旧部下、令人头疼的郑芝龙也与荷兰人合作，1628 年，他控制了李旦的船队。1624 年至 1634 年，荷兰人加强了赤嵌楼的防御，这最初受益于 1624 年前后开始的大批移民，他们逃离了那个干旱、饥荒和冬天异常寒冷的中国南方。与此同时，郑芝龙赞助移民，建立了一种劳役偿债制度，用以交换运输、土地和少量资本，来鼓励糖业和稻米生产。从明朝灭亡到 1646 年隆武帝被清政府打败之前，郑芝龙一直是他的盟友，但他的儿子郑成功在云南永历皇帝的统治下仍然效忠南明。1661 年，当南明军队进入缅甸时，郑成功需要台湾作为军事基地，这种可能性在 17 世纪 20 年代就已经存在了。 [186]

就像阿姆斯特丹堡和哈得孙河上的奥兰治堡的丧失导致了纽约和新泽西的建立（1664—1665），17 世纪 60 年代赤嵌楼和台湾的失守对于荷兰人来说也是一个重大的打击，尽管他们在欧洲继续与英国人对抗，并获得了生产肉豆蔻的班达群岛中的岚屿（Pulo Run）。1664 年，荷兰人试图通过与清朝建立的非正式海军联盟驱逐郑氏家族，结果再次被郑经打败。在万丹的中国商人网可能与郑氏家族合作，他们开启了与英国人的谈判。就像 1672 年在东京（越南北部）建立的工厂（另一个郑氏基地），郑经的台湾似乎为苏拉特、科罗曼德尔海岸与孟加拉的布匹和药品提供了潜在的市场，这将有助于发展贸易。中国的丝绸、瓷器、漆器等手工制品可以运回欧洲，但更重要的是，日本的黄金、白银、黄铜和马尼拉的白银可以运往印度，进一步资助那里的布料生产。[105]1670 年 5 月，东印度公司首航台湾岛的两艘船只雇用了一位名叫"苏可"（Sooko 或 Succo）的巴达维亚商人，并带来了 8 名中国人帮助其导航、翻译以及与经纪人谈判。最初在中国台湾被发现的商品仅是鹿皮和白糖，它们会被送到日本和中国大陆，但郑氏的商船也购入日本的黄铜和黄金［也被称为小判（koban coins、capangs）①］以及少量的马尼拉的白银。印度的棉花在与中国的贸易中毫无用处——长江三角洲的棉纺业提供了大量既结实又便宜的布料——但它们可以被转运到马尼拉和长崎，与英国的毛织品一起在那里出售。[106]

作为正式条约谈判的一部分（1672 年 10 月签署），郑氏家族想要说服东印度公司相信他们作为南明永历皇帝代表的合法性，此时皇帝已经死了近十年了。公司的船长威廉·利姆布莱（William Limbrey）在谈及台湾时，认为台湾是一个相当大的军事营地，大约有 7 万名士兵。他轻蔑地写道："统治者是唯一的商人，垄断了这个岛上的货物，即皮货和白糖。通过这些东西和来自大陆的少数货物如丝绸，他与日本进行了相当大规模的

---

① 日本江户时代流通的一种金币。

　　　　　　　　伦敦：塞尔登地图与全球化都市的形成（1549—1689）

贸易，这给他提供了维持军队的钱财，是他的最好的支柱，每
年向那里运送 12 船或者 14 船（juncks，一种中国式帆船）。"[107]
为了养活这支庞大的军队，船上装满了经由澎湖运来的暹罗大
米，以此换取金属物品。1668 年，日本人禁止白银（尽管不是
黄金或者黄铜）出口，这对荷兰和郑氏以及整个东亚的商人网
都产生了重要影响，从而使得情况变得紧急。[108] 印刷日历，甚至
把它们寄到英国，是一项成就更大的计划的一部分，目的是稳
定和重新界定时间及商业体系，使中国商人从中受益，他们在
从长崎到万丹的东亚各地，有着复杂的信用关系。在台湾，出
版日历既是一个商业问题，又是一个宗教或与外界联系的问题，
尤其是对于支撑郑和在整个东亚权力的福建商人家族网来说，
以及日本、暹罗等曾经的朝贡明朝的国家。郑氏家族需要为自
己建立信用，而这份日历就像塞尔登地图上点状分布的港口城
市例如泉州，标志着一种技术的平衡点。公司在万丹的董事或
许也有伦敦的董事是吸引白银、商人和武器的重要支持者，因
此，作为给予公司的礼物的一部分，郑氏在 1671 年 1 月送出了
50 份印刷的日历，1672 年 11 月又给出了 50 份，这种规模至少
延续到 1677 年。[109] 东印度公司的记录指出了中国商人家族之间
债务与信贷的账目，其中包含利息及根据英国与中国历法计算
的还款日。[110] 具备一致日期的档案使得像冯氏这样的中国商人网
和东印度公司，能够在瞬息万变的情况下，在不同的市场建立

持久关系。

尽管如此，似乎仍然令人惊讶的是，从 1670 年起，稀缺的材料被用于以已故永历皇帝的名义印刷日历，作为一种地区乃至全球宣传努力的一部分，以此让世界相信郑经反清政权的合法性。但郑经也试图利用北京经历的一段不稳定和动乱的时期，尤其是三藩之乱（1673—1681），合法性问题以及反清复明（的风潮）在藩王统治下的南方省份尤其突出和高涨。另外，从 1645 年到 19 世纪，日本、朝鲜都有人反对清朝的历法改革；与此同时，越南的阮氏王朝于 1644 年采用明朝的《大统历》，一直使用到 1812 年。在保持这些联系的过程中，永历历法翻译得

[188] 更好。清朝顺治帝试图贬低清朝历法中新采用的"西学"部分，这套历法最初被汤若望重视，1645 年，他称该历法为《时宪历》（*Temperal Model Calendar*）。1664 年至 1670 年，耶稣会士失去了对制定历法的影响力，但是在年轻的康熙（1661 年继位，1667 年亲政）的命令下，耶稣会士南怀仁（Ferdinand Verbiest）从 1678 年开始监督制定历法。此前，他已经制成了一部包括 2000 年星历表的历法，即《永年历法》（*Eternal Calendar*）。[111] 此外，乍一看，郑氏的历法似乎是对清政府和耶稣会联合努力的一种相当绝望的抵抗。在北京，甚至梅文鼎也拒绝认为之前的明历是过时的，尽管他在 1662 年的《力学偏执》（*Superflu-ousness of Calendar Learning*）中反对耶稣会士和明朝联合改革历

伦敦：塞尔登地图与全球化都市的形成（1549—1689）

法的努力。

17 世纪 70 年代台湾历法最奇怪的一面是，他们使用逝去的永历政权的统治时期来计算时间，赋予了历法一种奇怪的永恒品质。永历政权（1646 年至 1662 年）的统治者朱由榔——万历皇帝的孙子，1662 年从缅甸返回云南后被杀死。[112] 历法本身使用靛蓝墨水，以表哀悼，并且在历法中使用旧明历是保守的表现。这位统治者的纪年（reign name）是永历——"永恒的历法"，本身就是"万历"中的"万年"的一种隐喻。这个名字让人产生一种感觉，即郑氏的历法是对早期南明试图重申以及重构主权问题的再版，以此作为某种脱离仪式和宫廷的组成部分。封面上的其他词语对此也有所反映，如"皇历"（imperial calendar），标题中最后的词语"统历"（governing calendar）亦是如此。作为正统历法的反映，郑经的历法包含《年神方位之图》（*Diagram of the Position of Spirits for the Year*），其中标记了一种九色的洛书纵横图以及用数字标记的"宫"或者"飞星"，来自洛山的二十四方位点环绕这些飞星。[113]

"中兴"从 17 世纪 40 年代作为一种政治化的词语开始依附于统治者的名字，反映了由永历政权领导的军事再征服的观念，这一词语出现在所有历书中，同时在郑经和查理二世所处的形势上形成一种对比。[114] 一方面，查理二世的支持者们想要提出一种王室对时间和空间统治的形象，该形象是随着 1675 年在约

翰·弗兰斯蒂德（John Flamsteed）管辖下的格林尼治天文台
（Royal Greenwich Observatory）的建立而树立的。

　　这不仅是对巴黎天文台（成立于1671年），也是对更早成立的北京天文台（1442年成立，1673年南怀仁引进新的设备）以及撒马尔罕的乌鲁伯格天文台（成立于1420年）的回应。但是对于历法的接受以及将其送往伦敦，表明万丹的东印度公司董事既不会将时间与空间，又不会将宗教强加给东亚。1671年，在准备从中国台湾出发前往日本航行时，万丹董事还下令将圣乔治的十字架从王国的旗帜上取下，变成一种带有红白条纹的世俗旗帜。船长要向日本人解释，该公司的职员"不是西班牙人或葡萄牙人那样的基督徒，因为他们憎恶对方的神父和耶稣，他们与荷兰人信仰相同，崇拜永恒的上帝"。与荷兰人不同的是，这些代理人描述道："我们的国王政府和日本一样"，"在叛乱时期有一群叛乱分子……对我们的国王做出了可怕的谋杀，但这并不是我们政府的行事准则。[115]"这是一个君主制的世界，需要为合法性和稳定性定义宇宙论，同时保持对完全不同的宇宙论的开放。

　　关于制作和收集这些日历的一般假设是，时间已经失去了神圣权威的某些方面，现在需要技术干预来保持跨空间的连续性。人们需要对时间进行转化，并使其从教会和国王的直接控制中脱离出来。亨利·克里把自己的日历副本给予伊莱亚斯·

阿什莫尔，克里自称是一位"数学爱好者"，负责将占星术从文艺复兴的秘密王国中取出，并使之在复辟时期广受欢迎。从1672年起，每年他都会出版占星术历书（astrological almanac）或者《星际信使》（*starry messenger*），克里于17世纪90年代中期去世后，两本书仍继续出版。此外，他还出版了一本与占星术有关的数学教材以及一本《克拉维斯占星术》（*Clavis astrologiae*，1669年、1676年出版）。在英国和中国台湾，占星术的重复性和数学性成为宇宙中心论丧失（无论是罗马还是北京）的一种私人仪式性的代替品。事实上，阿什莫尔已经将他的副本与流行的一篇数学文章结合起来，即程大位的《新编直指算法统宗》（1592年出版）[116]。

在这方面，海德对"表"或者"图"的概念特别感兴趣，作为一种可翻译的、轻便的宇宙学框架，这是之后他的一本关于亚洲游戏著作中的主题。他的郑经历法副本是唯一一个除了标题页全部翻译的文本，包括对《年神方位之图》的大量注释。[191]这或许来自对天神的兴趣，利玛窦试图翻译基督教中的"天使"概念以及亚里士多德的宇宙论。1683年10月，由于清朝逐渐稳固在台湾的统治，南怀仁向康熙称颂了自己翻译的汇编，即《穷理学》（*Fathoming the Study of Principle*），书中提及了亚里士多德的推论和推理是如何成为知识的基础。当以方位形式呈现的"天使调解"（angelic mediation）在伦敦被强调为理解郑氏历法的一种方式时，南怀仁明确地从这部关于亚里士多德宇宙论的著作中删去了所有关于上帝和基督教天使（天神）的内容。他试图偷偷地将这本著作引入考试系统，但失败了。[117] 海德将该日历上的表格理解为标记天使力量的仲裁。他阅读文本时，将其与一个更为广泛的中国传统联系起来，并且在伏羲易经卦以及太极图（或称阴阳图）的传统下看待这些表格式著作，他在私人收藏的中国著作以及在附着在塞尔登地图上的中国指南针上都给出了这样的例证。[118] 这种技术和语言手段徘徊在古代传统和游戏的巧妙方法之间，为时间和空间的转换提供中介元素。我们可以从近松门左卫门（Chikamatsu Monzaemon）① 关于郑成功的话剧《国姓爷合战》（*The Battles of Coxinga*）中看到这一方面的诸多反映。这段历史变成一场超然的围棋游戏。

　　然而，台湾进行的战争活动产生的复杂的信贷和债务情况的真实后果，能够折射出关于时间卓越形象的游戏。在郑氏统治末期，债务使得东印度公司更直接地卷入军事事务，这一债务起源于以双重历法和郑氏政权合法的不确定性为标志的文据。作为每年与郑氏贸易的条件，英国人要把 200 桶火药和 200 支火绳枪连同其他物品一起运送至台湾。[119] 曾经，1674 年郑氏开始对大陆沿海以及福建省近海岛屿入侵，此为三藩之乱的一部分，

----

　　① 近松门左卫门（1653—1725），日本江户时代前期的剧作家。

这使得郑氏获得公司直接帮助的愿望更为强烈了。1674 年 10 月，更大规模的枪支和火药（500 支滑膛枪和 300 桶火药）开始运往台湾，其中一门迫击炮被证明用于实战。郑氏与吴三桂以及内陆的叛乱者联合，造成了英国试图与一个想象中的后清朝时期的中国（post-Qing China）形成一种排他性关系，这种希望在推动了装有物资的船运往万丹和伦敦。[120] [192]

军事联系和对债务关系的日益介入，鼓励了更多的资本投资，使该公司更深入地融入中国的交换网。1675 年末，东印度公司已扩张了在东亚的所有业务，从而期望郑氏能够给予他们"基于有利条款的自由贸易"，为此公司派驻了 6 名代理人在万丹、5 名代理人和 4 名文书在中国台湾以及 2 名代理人在东京（越南），此外还建造了一艘 260 吨的船，名为"台湾"号，"停靠在台湾"。[121] 苏拉特的董事对这一计划感兴趣，特别是帮助拯救孟买这个陷入困境的城市。在孟买，铸币厂能够使用日本的黄铜，而日本的黄金则会带来 40% 的收益。[122] [193]

伦敦、苏拉特、孟买和万丹的这种希望把郑氏置于尴尬的境地。1675 年 8 月，郑氏要求 6~8 名炮手帮助训练自己的军队，谈判期间，他扣留了大量期票，一张期票代表 300 箱日本黄铜。尽管担心失去中立性会使公司陷入葡萄牙和荷兰那种政治化的关系，但这些代理人还是说服了 4 名炮手帮助郑氏。他们向郑经的将领陈永华解释说："这家充满荣誉的公司在任何地方都没有要求他们的职员为另一位统治者上战场的惯例。"¹²³作为这种原则转变的直接回报，陈于 1676 年允许公司在厦门建立了第二家工厂，这基本上是与大陆的直接贸易。当事情开始崩溃的时候，厦门的贸易几乎完全转向了枪炮和金银——这是一种由纸质账目记录的银、金和铜组成的间接的全球循环的即时实现。1677 年夏，郑经从之前的福建根据地撤到厦门，这就是代理人爱德华·巴维尔（Edward Barwell）所说的"政府的突变"。¹²⁴至迟到 1681 年 8 月，伦敦仍旧运送里亚尔、枪支以及火药。约西亚·柴尔德写信给作为"厦门之王"的郑经，请求为自由贸易设立一种"统治者的标签或者商标"，不局限于特定的买卖双方，并保证"所有参与者的共同正义"。他提及了一些前例——"戈尔康达之王""暹罗之王"。¹²⁵但是在这一点上，厦门和台湾日益成为投机性主体——两者都希望通过伦敦的东印度公司、郑氏以及与他们连接的关系网以文字和印刷构建起来。

在这一点上，当印刷方面的投机性主体泡沫——无论是奥格尔比的《地图集》还是郑氏的历书——达到顶点时，这种翻译的策略也会显得极为脆弱和支离破碎。尽管该公司投入了越来越多的资金以扩展东亚地区的贸易，使伦敦更深入地卷入复杂的全球商人、货币和主权网络，从而改变了伦敦和牛津的翻译方式，但它并没有为公司带来直接的利润。¹²⁶由于担心因为一己私利的经营者和经纪人的作用越来越大，公司寄希望于英国

[194]

伦敦：塞尔登地图与全球化都市的形成（1549—1689）

王室，希望能行使公司的贸易权，但这种努力收效甚微。尽管在王政复辟期间，东印度公司试图在国王的支持下作为一个垄断企业经营，但它的交易所已经把伦敦与自由且充满活力的亚洲贸易世界联系得更紧密了。伦敦已然成为各种离心力的中心，这些离心力使伦敦的关系网和翻译进一步延伸，甚至超出了像奥格尔比或弗兰斯蒂德这样有才能的人的能力范围，使他们无法用一个连贯的、独立的宇宙学形象来表达。很显然，人们需要一种新的了解世界的体系，以便更好地了解在一个空间和时间概念不同的世界中各种力量的分散影响。 [195]

第五章　世界体系

牛顿的空间、时间和物质不是直觉。它们源自语言和文化，那就是牛顿悟到它们的地方。

——本杰明·沃夫（Benjamin Whorf），"语言中的习惯思维与行为的关系"，莱斯利·斯皮尔编著《语言、文化与个性》（梅纳沙：萨皮尔纪念出版基金，1941年），第88页。

1687 年：全球革命

人们做出了关于 1687 年至 1689 年英国物理科学革命和议会主权的重大历史主张——现代性社会、政治、经济和认识论的"诞生"。但在 17 世纪 80 年代的最后几年，全球范围内也发生了巨大的变化。史蒂夫·品克斯（Steve Pincus）强调了欧洲或地区层面发生的变化，描述了"天主教现代性"和法国的专制主义国家概念在英国产生的奇特的联合和变化。[1] 在全球范围内，情况变得更加复杂。1688 年，由于对外国的怀疑（法国统治），

　　　　　　　伦敦：塞尔登地图与全球化都市的形成（1549—1689）

英国和暹罗经历了相互关联的"革命"。一些历史学家甚至认为，整个印度洋地区经历了一个革命时期，在这个时期，有关主权来源的概念发生了变化。[2] 在东亚，清政府最终征服了明朝的最后一批拥护者，17世纪下半叶停滞不前的白银流通再次加 速。1689年签订的《尼布楚条约》解决了清朝对黑龙江流域的主权要求，这远远超出了明朝和长城的旧疆域，同时有助于限定彼得大帝向欧洲的转移以及向东北疆域的扩张。在许多方面，这些事件超出了伦敦的民众和机构的理解能力，并且引发了对翻译知识和制度以及主权性质的更广泛的思考，使得光荣革命和牛顿革命都具有全球性，从而成为理解世界的体系。

　　17世纪80年代，许多伦敦人看到了世界范围内集权专制趋势的成功，无论是在政治方面还是在科学方面都是如此。这包括君主或者皇帝使用庞大的常备军占领领土和对宗教信仰的控制。英国专制主义未能在丹吉尔、孟买和其他地方施行是众所周知的，此外，查理二世和詹姆斯二世对英国国内的城市企业施加更多控制的努力也遭遇了巨大的阻力。与此同时，成功的故事却从欧洲各地传来——路易十四统治下的法国，卡尔十一世统治下的瑞典，利奥波德一世在1683年击败奥斯曼土耳其帝国，弗雷德里克三世于1683年颁布的"丹麦法"（Danish Law）。与欧洲的努力一样令人担忧的是，主张领土扩张论的人以及来自更遥远帝国的中央集权政策也开始直接影响伦敦的利益——

摩洛哥的穆莱·伊斯梅尔·伊本·谢里夫（Moulay Ismail ibn Sharif）、戈尔康达和孟加拉的莫卧儿皇帝奥朗则布、暹罗的桑德特·法拉·纳莱（Somdet Phra Narai）都关闭了贸易站以及贸易路线。清政府在一些人看来只是野蛮的征服，而在另一些人看来则是一种近乎共和的现象。安文思（Gabriel de Magalhães）在他的书中——1688年这本书传到巴黎后很快就被人从葡萄牙语翻译成了法语，随即又翻译成了英语——描述的清朝入关那样，"所有造反的人都假装是上天的旨意，派他们去平息人民对其统治者暴政的压迫"，根据安文思的说法，这与一种根深蒂固的文化信仰产生了共鸣，"以至于他们之中几乎没有一个人不希望在某个时期成为皇帝"。因此他认为，从农民到佛教教派的一系列群体"以创造新国王和建立新政府为职业"[3]。这不是建立在王朝神权基础上的专制主义，而是把中国皇帝想象成一个被派系和宗教狂热所统治的马基雅维利式君主。不仅是具有现代性的荷兰和法国，而且具有该特性的摩洛哥、莫卧儿以及清朝在17世纪80年代在控制领土和贸易方面取得了比伦敦的战略更好的成果。

[197]

　　专制主义兴起的同时，1682年至1688年，伦敦在亚洲的交换策略出现了多方面的危机。1682年夏天，正当一位著名的使臣来到伦敦增加武器销售，并且巩固与英国王室的关系一样。荷兰人把英国人从万丹的董事职位上撤下，同年12月，该公司在大城府（Ayutthaya）的工厂被烧毁，据说是非法经营者所为。1683年，台湾工厂关闭，孟买试图摆脱公司的控制和英国主权。随着与荷兰、法国的紧张关系进一步加剧，1686年和1687年爆发了对莫卧儿和暹罗的战争。[4] 在印度以东地域，只有越南北部的东京和苏门答腊岛西部苦苦挣扎的明古鲁（Bengkulu）的新工厂还在。[5] 危机期间，该公司董事约西亚·柴尔德是查理二世和詹姆斯二世的坚定拥护者，他希望王室采用荷兰和法国的方法——使用皇家海军舰艇和受王室支持的常备部队进行直接军事干预。对伦敦在亚洲、欧洲（波罗的海和地中海）和美洲的交换关系可能崩溃的担忧，与对詹姆斯二世正在建立一个天主教式帝国的担忧交织在一起。[6] 1687年，马德拉斯（圣乔治堡）被合并为英国市镇，其人口超过10万人，规模仅次于伦敦，这是不确定的变化正在发生的征兆。总督伊利胡·耶鲁（Elihu Yale）受命按性别、职业和宗教信仰［英国人、葡萄牙人、"摩尔人"和"印度教徒"（Gentoos）——外邦人（gentiles）或印度人］进行人口普查，以便公司和王室了解他们的状况。[7]

1683年，为了应对万丹的崩溃，柴尔德领导下的东印度公司成立了一个"秘密委员会"，迅速平定了事态。[8] 它的首要任务是镇压1683年12月在孟买开始的叛乱，"下达必要的命令，使这个岛臣服于陛下的权威"[9]。矛盾的是，反对公司统治的叛乱是在理查德·凯格温（Richard Keigwin）领导下爆发的，他是一名军事指挥官，也是一名虔诚的保皇党。自 17 世纪 70 年代中期以来，孟买一直处于由莫卧儿人控制的苏拉特港的董事主导之下，饱受德干（Deccan）新兴的马拉地帝国和莫卧儿之间断断续续的战争之苦。奥朗则布最终将他的宫廷、首都和一支庞大的军队托付给了奥兰加巴德（Aurangabad）的德干人，并强迫英国人允许他使用孟买作为冬季营地，供他的埃塞俄比亚盟友和他自己的船只使用。1672 年、1673 年和 1680 年，莫卧儿利用雇用的埃塞俄比亚海军将领雅库特汗（Yakut Khan）多次袭击或占领了孟买港，对这座城市施加了巨大压力，迫使其朝贡，这是对马拉地人更大范围进攻的一部分。1679 年 10 月，凯格温帮助莫卧儿的海军对抗马拉地人，当时处于马拉地人和莫卧儿之间战争的早期阶段，这场战争持续了 20 多年。考虑到底线问题，柴尔德和东印度公司的董事们决定削减军费开支并召回凯格温。当时凯格温的"革命"被一些人诬陷为反公司、反莫卧儿并且亲英的。凯格温宣布孟买为自由贸易区，囚禁公司的总督，并以查理二世的名义向整个印度、波斯和阿拉伯地区发放贸易通行证。他希望这座城市在英国国旗的松散主权下——国旗和王冠是象征，而不是实质存在——成为一个独立的政治实体。17 世纪 70 年代末，托马斯·格雷欣爵士镇压了培根在弗吉尼亚的起义，并于 1683 年 7 月被派往孟买，解决与萨法维人在贡布隆（Gombroon）① 的争端。1684 年 11 月，格雷欣赦免了凯格温，并说服公司在苏拉特的总督和董事宽恕那些潜在的革命者。[10] 这场革命是国王和公司失去对权力下放控制的一个例子，因为革命者们认识到，无论是专制主义还是公司管理，在应对印度不断变化的政治形势方面都不是特别有效。

当凯格温尝试在西印度洋开放一个自由贸易区的时候，公司正试图利用伦敦的法庭去阻止非法经营者在科罗曼德尔海岸和亚齐的东印度洋上进行有组织的活动。正如西部的孟买和马拉地一样，莫卧儿与戈尔康达的德里苏丹国奴隶王朝之间存在着核心冲突，后者在 1683 年前后停止了向莫卧儿转交部分朝贡税收。由于戈尔康达是黄金贸易的中心，这就对区域贸易产生了影响，包括孟加拉、勃固、暹罗、亚齐以及斯里兰卡和爪哇的荷兰人。受到密切关注的"东印度公司诉托马斯·桑迪斯案件"从 1683 年持续到 1685 年。[11] 桑迪斯的船只因与亚齐以及科罗曼德尔海岸的默苏利帕德姆（Masulipatam）和波多诺伏（Porto Novo）进行贸易而被扣押。与第四章中讨论的涉及英国政府不同部门的 1668 年斯金纳案不同，桑迪斯案完全由首席大法官杰弗里斯（Jeffregs）处理，这表明王室对伦敦纠纷的控制越来越强。毫不奇怪的是，杰弗里斯坚定地站在了王室对外贸

---

① 今阿巴斯港。

持有特权一边，这也就意味着东印度公司获得了某种程度上的胜利。杰弗里斯的判决可能是英国重商主义的总括性政策唯一明确的表述。

尽管这一案件为 1686 年公司政策的巨大变化（包括对莫卧儿和暹罗的战争）奠定了基础，但法院对桑迪斯的判决也显示出，伦敦商人与亚洲诸小国君主之间的交换、合同和翻译具有多大的合法性，以及在未经英国国王批准的情况下，商人网渗透入伦敦的程度。约翰·霍尔特（John Holt）作为东印度公司的原告，试图利用格劳秀斯与伊斯兰地区贸易相关的中世纪观念而产生的一系列法律意见，认为国王作为信仰的捍卫者，有权限制与异教徒和无信仰者的贸易，因为他们不具有有效的法律。桑迪斯的辩护委员会成员乔治·特雷比爵士（Sir George Treby）认为，这是"荒谬的、苦行僧式的、虚幻的、狂热的"，并指出霍尔特从根本上误解了格劳秀斯。一种更实际的说法是，来自伦敦的亚洲贸易先是涉及大量投资，还要面对来自"印度人"和欧洲人的更激烈的竞争。[12] 但是，正如杰弗里斯法官所指出的，这个案子实际上涉及国家间的法律问题，因为它牵涉到各国君主的主权。霍尔特曾声称，出于宗教原因，所有的贸易都是建立在各国君主契约的基础上的，"以免人们的举止和道德被外国人所败坏"，对于一个信奉天主教并倾向法国的国王来说，这无疑是一个让人担忧的言论。桑迪斯的律师们遵循了塞尔登的描述，即在历史上确立了对海洋主权的法律并进行了司法实践的各个地区，存在着复杂的法律公认，因此他们的回应是，根据来自城市的商人独立制定的普通法契约，贸易是自由的。[13] 桑迪斯的律师们运用了与凯格温在孟买时使用的类似逻辑，巧妙地把主权问题变成一个有关伦敦公民参与合同的平等权利的问题。这意味着任何声称拥有合法贸易权利的商人或君主都可以这样做。

杰弗里斯法官在解决这一僵局时面临的基本问题是，国王的实际主权和海军能力无法扩及伦敦的商业网。一个拥有全球主权的君主复辟形象在很大程度上就是这样的。相反，根据普通法或城市的法律，正如司法大臣罗伯特·索耶（Robert Saw-yer）解释道："对外贸易的主体是在海外进行的，普通法在那里没有审判管辖权，但它应该被限定在四海的范围内"，并且"外国人也不会对这个王国的市政法律有什么认知"。主权的核 [200] 心问题是，它是否从不列颠的狭窄海域转化为在任何"认知"层面上进行更广泛交易的海洋。杰弗里斯法官认为，某些贸易需要"公司和会社（societies）"，这主要是因为资本支出（探索、据点、工厂、缔结联盟和条约），但"贸易会社"并非垄断，因为它们为"公共"商品获得专利，而不是为了个人。[14] 这种对公众而不是国家主权的姿态是值得注意的，尤其这种姿态来自杰弗里斯，因为它引起了人们对主权权力差距的关注。正如迈尔斯·奥格本（Miles Ogborn）所指出的，就东印度公司印刷宣传而言，该案也是一个里程碑。东印度公司的印刷宣传从试图私下通过"秘密委员会"说服法庭，转向了以影响公众舆论，尤其是议会舆论为目标。[15]君主们没有通过他们的恩准来界定贸易的本质；相反，贸易源于契约关系，国家可以为了公众的利益而承认这些契约关系。这也就是议会尽管不发挥主权作用，但是仍具有更为重要影响力的原因。该公司的公共性解决了英国王室无法扩展主权的问题，也解决了在印度洋和东亚因各种亚洲和欧洲活动者而带来的日益增多的贸易问题。难怪作为海军大臣，佩皮斯留下了非常详细的记录。

事实上，这种公众性的很多方面早在1682年夏天就已经出现了，当时一个万丹使臣在伦敦四处查看，甚至还被邀请参加约西亚·柴尔德爵士女儿的婚礼招待会。排斥危机（The Exclusion Crisis）见证了竞争激烈的政治报纸的出现。1680年，英国王室基本上关闭了这些报纸。然而，1681年和1682年，除了《托利党忠诚的新教徒》（*Tory Loyal Protestant*，1681年3月至1683年3月）和托马斯·维尔（Thomas Vile）、理查德·鲍德温（Richard Baldwin）出版的短命的辉格党激进派报纸《伦敦水星报》（*London Mercury*），类似纳撒尼尔·汤普森（Nathaniel Thompson）无证经营的报纸再次出现。政治上的分歧也助长了曾经紧密联系在一起的黎凡特公司和东印度公司之间的竞争，即前者能否建立第二家东印度公司，这一问题在新的报纸上得到了广泛报道。[16]1682 年 4 月至 10 月，《伦敦水星报》与万丹使馆几乎同时存在，而在随后的市长选举以及关于伦敦法人地位的审判存在争议期间，《伦敦水星报》和其他几家报纸被关闭。对于像维尔这样的激进的辉格党印刷商来说，展现并夸大王室、东印度公司和外国势力之间的联系是很重要的，以显示出全球交换实践中过多的或绝对的权威的根源。维尔以这种方式呼应了"天主教阴谋案"（Popish Plot）的阴谋叙述，当时在他的众 [201] 多故事中，泰图斯·奥茨（Titus Oates）认为这是前巴巴里地区（Barbary）曾经的奴隶亚当·埃利奥特（Adam Elliot）制造的耶稣会—穆斯林阴谋。1682 年 1 月，摩洛哥使团一名成员驳斥了这一说法。[17]同年夏天，伦敦的游行队伍、游客路线以及万丹使团驻地的大量印刷图像——其中一些似乎得到了东印度公司的直接支持——可以被解读为伦敦广泛的商业关系和翻译交换语言取得成功的积极标志，也可以被解读为王室日益增长的专制主义倾向及其与柴尔德和东印度公司的密切关系的消极标志。1682 年至 1683 年丢失万丹和中国台湾的消息以及 1683 年凯格温的叛乱，都是对公司形象的公开打击，无论是桑迪斯案的解决方案，还是孟买事件，都无法弥补这一损失。

因此，当柴尔德带领东印度公司与莫卧儿、暹罗开战时， [202] 这是一场"公众"公司为"国家"而打的战争。1686 年 6 月 9 [203]

日，柴尔德给圣乔治堡写了一封被广泛引用的信，信中他写道：要在印度建立"强大的军事政府"，"文武兼备的政治力量"，以及"一种根基牢固的永久英国统治"。这通常被解释为对帝国或企业主权的争夺，但历史上的相互作用更为复杂。[18] 这场战争的直接原因是17世纪80年代莫卧儿王朝主权的进一步加强，这已经对17世纪70年代孟买的发展产生了实质性的影响。针对马拉地人的莫卧儿战争向南和向东蔓延，这导致1686年对比贾普尔苏丹国的征服以及1687年对戈尔康达的征服。为了资助这一战争，莫卧儿于1680年在苏拉特设立了税率3.5%的关税，并于1684年在胡格利河畔的孟加拉开始实施。东印度公司在胡格利的代理人约伯·查诺克（Job Charnock）甚至在受到莫卧儿审判时也拒绝付款，这造成该公司的几名士兵被捕。在一系列报复行动中，孟加拉总督（奥朗则布的叔叔）终于在1686年12月派遣了一支庞大的骑兵部队，将英国人完全驱逐出胡格利，迫使他们迁往加尔各答。1687年2月，该公司开始攻击莫卧儿的航运、据点和城市，但在光荣革命前夕，这次行动以海军进攻的失败告终。战争进行得并不顺利，1689年，在一场大规模围攻以及公司在马扎贡（Mazagon）的新据点被洗劫之后，约翰·柴尔德不得不将孟买移交给莫卧儿。在支付了大量罚款后，该公司于1690年2月与奥朗则布签订了一项条约，确保收回孟买，并恢复在加尔各答的贸易权，但仅以商人的身份。这些变化要求东印度公司和英国政府进行彻底的改革，尤其是在 1689 年之后。孟买、马德拉斯和加尔各答凭借自身的实力成为英国在印度和全球的城市的支柱，这并不是因为英国帝国主义的成功，反而是源于它在很多方面的失败。

最大的变化或许发生在马德拉斯，在 17 世纪 80 年代末的战争中，柴尔德将马德拉斯重新规划为一个商业中心和要塞，它将成为英国的一部分。1687 年，当合并马德拉斯的进程开始时，它首先被确定为摄政统治。在枢密院发生了一场激烈的争论，其焦点是，这场合并应该受国王的国玺（Great Seal）管制还是受公司的印章（Broad Seal）制约，以及印度是王室通过特许状而成为王室的延伸势力，还是东印度群岛贸易的伦敦商人公司以及总督的延伸势力。尽管这份文献很显然是由公司起草的，但是综合了双方的意图。[19] 然而，1688 年 9 月，莫卧儿攻占了戈尔康达，马德拉斯不仅要向莫卧儿缴纳贡赋，还要在未来莫卧儿与马拉地的战争中帮助前者。与主权声明不同的是，在印度，主权责任不断下移明显已经开始了。

通过城市公司扩大主权也是一种尝试，以确保与非公司商人的接触点，从而压缩可能的入侵和彻底叛乱的空间。随着万丹的丧失，在印度公司还希望将中国商人的关系网带回印度，最终这将降低东南亚地区国家贸易的可能性和必要性，更不用说与中国的直接贸易了。

[204]

霍阿斯先生（Mr. Hoath）告诉我们，一些暹罗人和中国人确实有可能居住在亚齐，伊利胡·耶鲁在那里可能意味着，他会说服一些中国人与你们在圣乔治据点进行贸易并居住在那里。如果你有任何数量可观的（货物），他们可能会极大地增加马德拉斯的贸易，这是众所周知的，他们一直在塑造巴达维亚。他们非常熟悉苏门答腊岛和南海上所有的小地方，如果他们和你们住在一起，如果荷兰人有两倍于他们在这些地方的据点和工厂，他们就会用你们的船和其他小船上的方式获得大量的胡椒和最好的肉桂。[20]

鼓励福建人复兴古老的贸易路线的想法并非像看起来那么不切实际，这条贸易路线可以追溯到郑和时期，塞尔登地图对此也有所描绘。1687 年年末，从马德拉斯出发的两艘船抵达厦门，1688 年 2 月，两艘船载着清朝总督施琅带领的一行使臣返回。[21] 但是中国商人从来没有跟随，孟买和马德拉斯与厦门的直接贸易往来仍是危险的、间断的。在亚洲，区域性帝国的统一在塑造贸易关系方面再一次发挥着带头作用。当东印度公司在光荣革命后重新整顿这些贸易事务的时候，欧洲在广州的贸易的合法性最终使得这些努力在 1600 年以后变得没什么必要了。[22]

如果说 1688 年在印度的整顿最多就是没有把握的话，那么

　　　　　　　伦敦：塞尔登地图与全球化都市的形成（1549—1689）

公司在与清政府贸易方面也落后于当时的荷兰和法国。1684 年，清政府设立了"闽海关厦门口"以及另外四个地方（澳门、漳州、宁波和镇江），来处理沿海各省的贸易事务。之后又扩大至 60 多个海关办事机构。[23] 在尼古拉斯·德·格拉夫（Nikolaas de Graaf）的领导下，荷兰人在 1684 年至 1685 年冬季在广州进行贸易，在与地方官员磋商之后，他们举行了宴会并燃放烟花。[24] [205] 他们还在 1685 年至 1687 年派遣文森特·派茨（Vincent Paets）领导使团前往北京，但和前两次一样都失败了。尽管如此，新设立的海关办事机构使得中国侨民的贸易迅速增加，这使得荷兰人在巴达维亚能够很容易得到货物。[25] 因此，1690 年，他们终止了与清朝的直接贸易。另外，荷兰对东印度公司在科罗曼德的默苏利珀德姆以及苏门答腊西部的巴登–卡帕斯（Bateng–Kapas）的工厂进行攻击，这使得公司认为，"很明显，荷兰的东印度公司仍然在执行着他们的计划，即通过暴力、非正义以及压迫独占整个东印度的贸易。如果没有及时找到解决办法来防范他们的不断侵犯，我们就会低声下气地臣服于陛下的伟大智慧"。[26]

17 世纪 80 年代，法国人貌似也获得了相当大的主动权，他们凭借的是指派耶稣会士使团——1670 年，南怀仁在北京令该使团得以恢复。通过在历法改革、世界地图与星图、天文台方面的工作，以及 17 世纪 70 年代、80 年代的翻译工作，南怀仁已经成为康熙皇帝的一位亲密朋友。凭借于此，他说服皇帝在宫廷里恢复耶稣会士的地位。此前，在康熙统治早期（1662—1669年），一种高度政治化的摄政体制导致了耶稣会士被驱逐和监禁。[27] 路易十四的忏悔牧师弗朗索瓦·德·拉·柴思神父（Père Fransois de La Chaise）赞同南怀仁和妥协派，并鼓励他们来巴黎和凡尔赛。在遭流放之后又被带回北京的人里，还有一位比利时耶稣会士柏应理。由于在罗马，柏应理与英诺森十一世在和解策略方面存在分歧，他被要求在1683年至1692年留在欧洲。17世纪80年代末，柏应理促使巴黎成为耶稣会士翻译中国历史年表以及"四书"的出版中心。正如流亡的胡格诺教徒、路易十四的前秘书亨利·朱思特（Henri Justel）在1685年给皇家学会的信中提及的，柏应理为巴黎皇家图书馆（Bibliothèque Royale in Paris）购买了124本中文书籍，这意味着牛津大学博德利图书馆不再是一个规模较大的（中文）藏书之地了。[28] "儒家四书"译本的扉页表明，它提供了进入一个巨大而未知的图书馆的途径。这一系列在巴黎出版的书籍，在得到詹姆斯二世及其追随者的支持回应的同时，也造成了以"天主教现代性"为幌子的牧师职业的奇怪混合。霍布斯《利维坦》的结论性警告，即反对天主教徒和异见者破坏一种理性的、专制的国家的愿景，在这方面应该引起共鸣："但是，谁知道罗马的这种精神现在已经过时，在中国、日本和印度的干燥地区进行传教没有

[206]

伦敦：塞尔登地图与全球化都市的形成（1549—1689）

什么成果，或者更确切地说，一群比传教士更坏的灵魂可能不会回来，进入并居住在这个打扫干净的房子里，使它的结局比开始更糟?"²⁹ 詹姆斯二世在靠近卧室的一个房间里悬挂着戈弗雷·内勒（Godfrey Kneller）绘制的沈福宗画像——一位来自中国的皈依者，也是柏应理的门徒，他于 1687 年到过伦敦和牛津，这一事实表明，在试图解决全球交换和主权局限性所产生的矛盾时，王室愿意追随法国专制主义的领导。

荷兰和法国的全球翻译事业和知识网逐渐落后于伦敦，这种感觉在《哲学学报》的文章中开始终结。当时，人们发现耶稣会与康熙的合作以及荷兰人与彼得一世在俄国的合作，已经引发了两个地域的国家之间在黑龙江的战争。在伦敦，关于这一方面的零星证据首先来自一份 1686 年的记述，即康熙在镇压三藩之乱和收复台湾之后，于 1682 年和 1683 年的远征。这篇文章将清朝描绘成一个统一的专制主义国家。康熙拥有一支由 7 万名士兵组成的庞大常备军以及诸多朝臣，他带着这些士兵和朝臣去北方巡行以保持他们训练有素，这使他成为"亚洲最伟大和最强大的君主，他有这么多广阔的土地，没有任何地方被任何异域君主所侵略。他是唯一的灵魂，能够让这么庞大的身体的所有成员运动起来"。耶稣会士显然是在帮助康熙发展他的专制主义计划，尽管他们根本无法操控这一计划。这些信件从整体上表明康熙是一位开明的君主，通过与南怀仁的合作以及一份袖珍版星图，他将中国和欧洲的制度融合在一起，"通过子午线上的星辰来查看夜晚的时间，以此取悦自己，来显示他在这些科学中获得的所有知识"，并且用"汉语和欧洲语言"诵读名字，以补充康熙的满语。南怀仁一直在调查海拔、星辰位置、磁偏角、山的高度和地点之间的距离，他把自己的制图工作描述为更新马蒂尼的地图集和罗洪贤等明代制图师的工作成果。[30]据说，耶稣会的策略是"通过数学方式来影响这些王侯的思想"，因此以系统的数学、制图学和宇宙学的方法挑战了藏传佛教对满族人的影响。然后，他们就可以利用清朝高效的邮政系统以及重建的耶稣会网络，将这些思想传播至南方。为了说明这个计划是如何运作的，文章中包含了南怀仁的全国距离表。

[207]

《哲学学报》中文章的主要观点是，英国人并没有真正理解在亚洲各个国家的成长过程中到底发生了什么，并在很大程度上已经被排除在这一进程之外了。"令人感觉奇妙的是，这些信件的作者似乎提及东鞑靼人（Oriental Tartars）与莫斯科（Moscovites）人之间的一种战争，尽管相距甚远，这些群体在我们的地理图表中似乎还是相邻的。但是，那些知道莫斯科人沿着鞑靼人的海洋（Tartarian Sea）到底扩展了多少帝国疆土的人，就会认为事情不那么困难了。此外，那些见过这些国家的人，他们的发现与我们的地理学家迄今所告诉我们的发现大不相同。"[31]俄国和清朝似乎都在发展自己的专制策略，前者试图征服中亚，荷兰和法国在其中扮演着辅助的角色。因此，关于这一进程的消息似乎很快就传到了巴黎和阿姆斯特丹，而伦敦则落在了后面。法国人从在莫斯科和北京的联络人那里得到了地图和信件，而英国皇家学会只能满足于南怀仁翻译过来的信件和一封来自莫斯科的信，信中解释说，军队被调到那里"是为了与中国开战"。1687 年，前驻英使节、阿姆斯特丹市市长尼古拉斯·维特森（Nicolaas Witsen）与皇家学会主席罗伯特·索斯韦尔（Robert Southwell）在 1687 年版的《哲学学报》上发表文章，提到了鞑靼人的"哥伦布式"地图。维特森吹嘘说，他经常与莫斯科和君士坦丁堡通信，每年还收到北京的来信，这让他得以从一个全球网络中收集信息。[32] 在伦敦，越来越多的人意识到，需要对涉及商业和知识的翻译过程重新思考，其中最有力的例子或许不是万丹、中国台湾或孟买，而是暹罗，它位于莫卧儿、萨法维和清朝的贸易和外交的交会处。1686 年，与莫卧儿进行的战争很快就演变成反对暹罗的战争。1659 年，东印度公司失去了在柬埔寨的一家工厂。从 1661 年起，该公司就开始考虑扩大在暹罗的贸易，但他们和暹罗人都受到了荷兰人的骚扰。暹罗国王萨姆德特·菲拉·纳莱（1656 年到 1688 年执政）于 1678 年将马来半岛东侧的帕塔尼（Patani）提供给该公司，这是塞尔登地图上主干航道尾端的一处与中国贸易的重要中心，前提是他们能够抵消荷兰东印度公司的影响。但是纳莱

[208] 同时讨好法国人和萨法维人。

[209]　　1682 年，暹罗在伦敦声名狼藉，其缘由是非法经营者和纳莱手下才华横溢的、通晓多门语言的大臣康斯坦丁·华尔康（Constantine Phaulkon）。华尔康原是一位希腊水手，1678 年他离开了东印度公司。他和非法闯入的兄弟乔治·怀特（George White）、塞缪尔·怀特（Samuel White）共同被怀疑参与了 1682 年工厂被烧的事件。1685 年 11 月，作为对 1669 年、1680 年和 1684 年暹罗驻伊斯法罕使臣的回应，一位萨法维使臣抵达了暹罗西部的丹那沙林（Tenasserim），与大城府（Ayutthaya）和丹老（Mergui）一样，那里有大量波斯商人社群。[33] 1684 年和 1685 年，华尔康和怀特兄弟促使暹罗参与了萨法维王朝的盟友、贸易伙伴——戈尔康达的苏丹和默苏利珀德姆的纳瓦布（Nawab）之间的一场海战，这既帮助了莫卧儿，又造成了在暹罗对穆斯林商人的迫害和对穆斯林官员的清洗。[34] 在暹罗，许多来自望加锡（Makassar）、爪哇、印度、波斯以及其他地区的穆斯林商人都逃至科罗曼德尔海岸，包括马德拉斯的英国据点，这里附属于戈尔康达。

　　华尔康和怀特兄弟似乎算计错了，因为 1684 年，他们也促使纳莱派遣一个使团搭乘东印度公司的船借道伦敦和加莱抵达法国。法国人的船在 1674 年被荷兰人和戈尔康达的联合海军击沉了。对于纳莱来说，法国人是他的天然盟友，但是 17 世纪 60

年代和70年代，他们在暹罗的主要成功得益于外国使团协会（Société des Missions Étrangères），而非印度公司（Compagnie des Indes）。1680年，法国人设法建立了一个贸易工厂，之后纳莱派遣一位使臣首航巴黎，但在毛里求斯沉船了。之后派遣第二位使臣借道伦敦，这似乎是利用英法关系日益紧张的谣言，这种紧张的关系造成"排斥危机"。如果不是因为该公司和在暹罗的非法经营者之间的分歧，使臣在伦敦停留期间可能会产生更大的影响。华尔康和怀特兄弟希望查理二世使自己合法化，他们寄来了两幅挂着"天地图"的卷轴，上面附有中文的解释文字。[35] 使臣们也带来了一份科斯塔（Ignatio à Costa）和殷铎泽（Prospero Intorcetta）的《中国的智慧》（Sapientia sinica），书中包含了孔子的简短自传，还有《大学》中十四页的参照文本和意译的拉丁译文，以及在中国印刷的《论语》的前五部分，这些著作最终落到了剑桥学者、皇家学会成员纳撒尼尔·文森特的手中。[36] 1682年，文森特试图说服佩皮斯帮助自己出版《诺蒂卡猜想》（Conjectura Nautica）一书，并支持自己使用的隐形墨水密码，他将其称为"Cryptocoiranicon"。因此，将《大学》从拉丁文翻译成英文的想法，似乎是他进入伦敦学术圈的一种方式，他感觉自己被边缘化了，尤其是在剑桥。1685年，文森特给自己在查理二世之前宣讲的一篇布道文做了注释，称赞孔子和贤能统治官僚机制是一条合适的道路，其中包括两段译文

[210]

样本。[37]

怀特兄弟送出去的卷册似乎是明朝木刻本的重印版，它们的作用是彰显人间帝国与天空模式之间的秩序。其中的一本名为《皇舆地图考》(*Imperial World Map Verified*)，展示了建立于官方人口普查数据基础之上的明朝十五省行政管理结构。在图的顶端，北京下辖 8 府、18 州以及 115 县。而在图的底部，8 个府连同各府下辖的县一同列出。在地图的中间处是一份展示明朝全域的参考图，它与塞尔登地图上的明朝地图非常相似，可能与同一份百科全书地图有关。在某些方面，这份卷册似乎和郑氏历法一样，展示出一种怀旧之情以及明朝确定的主权纳贡模式，这应该要求伦敦努力让福建商人侨民重新融入苏门答腊等地。

第二幅卷册是有关天空而不是陆地的，名为《通华经纬图考》(*Verified Complete Chinese "Warp-Weft" Diagrams*)。经纬指的是天文力量的模式。1673 年，作为北京天文台新仪器的一部分，南怀仁制作了黄道浑天仪（黄道经纬仪），它能够测量天体的经度和纬度。正如南怀仁的其他计划一样，这个仪器是他改变经纬含义的一种尝试，之前的经度和纬度意味着从一个中心轴将宇宙编织在一起。在中国的地理学中，经纬是城市的基础，也是地图上的分割线（格子线）——在《周礼》中南北方向九条街道的"经"与东西方向九条街道的"纬"交织在一起，构

　　　　　　　　伦敦：塞尔登地图与全球化都市的形成（1549—1689）

造了这座理想的首都城市。[38] 但是北京在陆地卷册图中并不处于中心位置。但在天空图中，北京暗含着国家首都、国家的模式与星辰之间的关联，从而表明星辰，尤其是恒星的坐标作为定位的工具，和国家中心一样重要。这使得该地图成为与伦敦和巴黎新皇家天文台合作的一份邀请函。有人认为，暹罗与明代 [211] 宇宙学技术的联系，实际上可能比耶稣会与清朝国都的联系在 [212] 科学上更有效。然而，东印度公司如今害怕怀特兄弟成为另一 [213] 个凯格温，因此在促进这种关系方面什么也没做。

在巴黎和凡尔赛，这座城市与路易十四的宫廷款待了暹罗使臣，其规格甚至超过了1682年伦敦人对万丹使臣的宴请，这在《风雅信使》（*Mercure galant*）和《法兰西公报》（*Gazette de France*）上有所介绍。[39] 路易十四决定派遣两位著名但令人难以捉摸的使者：亚历山大·德·肖蒙骑士（Chevalier Alexandre de Chaumont），他是一位卓越的海军长官，转信加尔文宗；阿贝·德·舒瓦西（Abbé de Choisy），他年轻的时候很喜欢穿异装，但现在和6位耶稣会科学家一起为外国传教工作。法国人带来了几架12~80英尺长的大型望远镜，以及摆钟、显微镜、温度计和气压计、一个气泵和一幅描绘哥白尼体系的罗默式（Romer-style）太阳系仪，以及一些参考材料。1686年9月，第三批暹罗使臣回到了巴黎，并没有在伦敦停留。为了翻译暹罗礼仪，法国人对接待工作做了仔细的研究，而路易十四则强化了法国王室专制主义的形象。对于首批使臣，他太过随意和不拘礼节。[40]1686 年，两名使者和一名耶稣会科学家发表的作品，描绘了一幅关于暹罗正在发生的事情的强有力的画面，为次年出版的法国版儒家著作树立了先例。从伦敦的角度看，法国似乎已迅速利用儒家知识和系统天文学，与暹罗和清朝建立了强大的联盟，并制定了相互交织的治理战略。[41]虽然詹姆斯二世可能赞扬过路易十四宫廷新的全球影响力和国际风格，而他远没有取得类似的成就。

与此同时，伦敦自身的全球贸易路线正快速瓦解。1686 年 6 月，柴尔德做出了几项决定：第一，考虑到当下的环境，只有国家干预才能挽救亚洲的东印度公司；第二，印度应该成为英国的暹罗；第三，在暹罗的英国非法经营者必须被遏制。1686 年 7 月，他让枢密院召回所有为外国君主服务中的英国臣民，这一命令尤其是针对塞缪尔·怀特的。这样的话，公司就可以与莫卧儿和暹罗开战。[42]1685 年，戈尔康达在圣乔治堡向东印度公司提出正式控诉，指控怀特在与暹罗交战的掩护下劫持船只。1687 年 4 月，一艘载有军用物资的暹罗船在孟加拉被捕获，圣乔治堡作出回应，向暹罗宣战。[43]1687 年 6 月，在伦敦的支持下，一支探险队从马德拉斯出发前往丹老，在那里，怀特是沙班达尔（Shahbandar）。所有的英国非法经营者都被告知，作为詹姆斯二世的忠诚臣民，他们正在与暹罗交战。7 月 13 日夜晚，暹

[214]

伦敦：塞尔登地图与全球化都市的形成（1549—1689）

罗军队展开了报复行动，在塞缪尔·怀特住所周围杀了五六十人，并迫使全体撤退。法国使团于 1687 年 9 月抵达，包括 6 艘战舰和 1400 名士兵，其中包括德法热将军（General Desfarges）手下的 600 名士兵、300 名工匠和 15 名耶稣会士。[44] 为了应对来自荷兰和英国的威胁，纳莱允许法国人在曼谷和丹老建立防御工事，并在首都驻防，所有这些情况都被报告给了伦敦。因此，1688 年 9 月，在光荣革命开始之时，法国似乎即将成为东亚的新荷兰，它为暹罗引入了一种具有融合性或妥协性的"天主教现代性"（Catholic modernity），同样的情况可能发生在清朝。神父尼古拉斯·热尔瓦兹（Nicholas Gervaise）在巴黎出版了一本书，既庆祝了基督教的进步，又颂扬了 1686 年来到路易十四面前的暹罗使团的重要性，路易十四称纳莱视自己为"榜样"。[45] 1688 年 9 月，光荣革命在英国爆发的时候，欧洲人都不知道纳莱被捕，以及亚派耶脱王子、华尔康于同年 5 月、6 月被处死，而新的暹罗君主帕碧罗阁（Phetracha）迫使法国人在伤亡惨重的情况下，在长达 4 个月的围攻后撤出位于丹老的据点，并从曼谷的据点撤退。法国人称为暹罗革命。然而伦敦人意识到，当他们邀请一位荷兰君主继承英国王位时，柴尔德对莫卧儿和暹罗展开的两次战争以及他在亚洲的伪专制主义政策，事实上加强了法国和莫卧儿对贸易的掌控，使伦敦与清朝的常规贸易渐行渐远，远远不如 1684 年时的光景。

探寻新的翻译方式

法国宫廷将专制主义作为一种在全球范围内，不仅翻译政治和商业，还延伸至宗教和科学领域的工具，这种相对快速的能力需要被理解为与清朝或者暹罗这样的宫廷的愿景有关，他们参与并促进了这一进程。事实上，清政府的确推动了这一进程，以获得明末商业成就所展示的那种成功，清朝于17世纪50年代重新开启了自明朝崩溃以来基本上已经封闭的白银流通。清朝成功地巩固了统治之后，东亚地区的贸易迅速复苏，而暹罗人也渴望取得类似的结果，这导致法国人在17世纪80年代中期取得了壮观但主要是机会主义的、短暂的成功，以1687年儒家译本和在暹罗建立的大规模军事使团为顶点。清朝、暹罗、法国乃至莫卧儿等国家的复兴，从根本上削弱了在虚假的专制主义甚至更激进的荷兰商业帝国主义下的源自伦敦的契约性商业主义的努力。

[215]

伦敦在翻译方面做出的新的努力，尤其是在在北京官话（Mandarin）翻译方面，表明亚洲的这些变化具有极大的变革性。在担任驻暹罗使臣时，纳撒尼尔·文森特最初接受儒家精英教育制度的努力在1685年已经非常保守了。他把《大学》的第一句话翻译成"伟人的意图在于知识和教育，在于坚持启发

　　　　　　伦敦：塞尔登地图与全球化都市的形成（1549—1689）

我们的精神力量，这种力量是凭借美德，上天传达给我们的"。实际上，在汉语中这句话非常简短，即"大学之道在明明德"。不过这句话包含了一些非常洪亮的词语，如核心概念"学"、"德"、"道"、"明"（这一词语出现两次，含义为"理解"或者"明亮的"，同时被用于指代前朝）。文森特对《中国的智慧》的拉丁文做了相当广泛的解释，这篇文章最初被翻译成亚里士多德式"灵魂"和"动物的欲望"。相反，他关注"明"的一种翻译方式，即"启蒙"的过程。[46]文森特的阐释颠倒了"道"和"德"的角色——方法和价值，因此，"德"转化或者传递来自上天的力量，是通过"伟人"，而不是将学习作为通向美德的普遍道路。在某种程度上，这符合一种新教的启蒙观念，正如弥尔顿在对亚当的预言中所表达的："向亚当揭示未来的日子将会发生什么，就像我将你启蒙一样。"在这一预言中，启蒙仍然是一种来自天堂的自上而下的过程。文森特阐释的其他部分试图驯化这种权威，以支持保守的新教象征秩序。这是一种孔子和菲尔默参与的保守的启蒙运动，他们主张家庭的"合理秩序"、"理解的增加"以及"知识的完美"，其目的是"强化心智"。[47]文森特相当粗糙地将儒家思想归化并驯化为一种普遍适用于新教伦理的体系，孔子据说是通过"渗透人性的理性中最完美的自然和谐"而内省地实现了这一目标，这也表明从1685年开始，伦敦的翻译实践发生了更广泛的转变。

除了文森特的翻译，1685 年至 1687 年，伦敦还出现了四种新的翻译方法，它们都与亚洲发生的变化有关，从根本上改变了知识生产的概念和关于国家所扮演角色的观念。或许最清晰、最直接的方法是威廉·坦普尔爵士在 1685 年的一篇论文中阐述的。当时，坦普尔爵士已从活跃的伦敦生活中退休，回到了位于萨里郡（Surrey）摩尔公园（Moor Park）的庄园。他的论文《论伊壁鸠鲁的花园：抑或 1685 年的园艺》（*on the Gardens of Epicurus：or of Gardening in the Year* 1685）收录了对"洒落瑰奇"（sharawadgi）① 的解释：

> 他们［中国人］最大的想象力，是用于设计人物，在那里美将是绝佳的，并引人注目，但是各个部分要是没有任何条理和处理方式，就能够为人们轻易地观察到。虽然我们对这种美几乎没有什么概念，但他们有一个专门的词来形容它；当他们第一眼看到时，他们会说这种"洒落瑰奇"很好，或者令人羡慕，或者任何类似的表达尊重的词语。无论是谁，只要看到印度最好的长袍上的作品，或看到最好的屏风上的绘画，都会发现它们的美都是这样的，没有条理。但是我应该不会建议在我们的花园里做这样的

---

① "洒落瑰奇"一词原指一种景观园艺或建筑风格，这种风格避免了僵硬的线条和对称性，以使场景更具自然的外观。

尝试。对于任何普通人来说，这都是一次艰难的冒险，尽管他们如果成功了会获得更多的荣誉，但是一旦失败，亦会招致更多的耻辱。[48]

这篇文章发表于1685年。1690年，这篇文章首次以印刷品的形式面世，表现出了一种对翻译雄心的怀疑批判并反对普通人的尝试。在接下来的一个世纪中，该文章被引用在与园林运动有关的方面。不论"sharawadgi"应该翻译成一种中文词语，还是正如某些人所说的是一个日文短语，在这里，坦普尔对语言的诠释试图反映瓷器和屏风所体现的中、日的美学行为。对于一个接受过几何训练的欧洲人来说，这是一种令人震撼的（"第一眼就能看到"）、没有条理的美感，同时与任何熟悉的"概念"截然不同。[49]这篇文章阐述的翻译方法与德莱顿或文森特等同时代人的翻译方法截然相反。德莱顿想要维吉尔"说英语"，而文森特似乎与孔子有着类似的目标。在这里，作为"古老美德"的倡导者，坦普尔引入了一个完全外来的人为概念，努力恢复一种连贯性感觉。"sharawadgi"仍然保持着一种不断翻译的状态，用埃米利·阿普特（Emily Apter）的话说就是"准理解的"或者"部分可翻译的"。这与法国耶稣会士和文森特试图将"孔子"塑造成一个熟悉而稳定的角色是相反的，他们可以证明从北京到华富里（Lopburi）的东亚地区新建立的专

［217］

制和家长制模式的合法性。像"洒落瑰奇"一样，"孔子"是一个虚构的新词，但后者使宗法国家普遍化，而不是像坦普尔提出的保持语言交流的可能性。[50]

坦普尔力图避免专制主义或"天主教现代性"，同时利用翻译来维护传统的权威关系。他的"英雄美德论"（Essay on Heroic Virtue）在很大程度上与文森特对孔子的看法一致："这是一个帝国，所有的贵族都来自价值和知识，除了皇室，没有人是天生伟大的。在那里，只有人们这样做的时候，他们才会得到尊重并取得进步。"在那里，良好的状态就是这种美德的产物。[51]但坦普尔对儒家价值观的推崇，也被置于一个普遍的背景下，包括秘鲁的曼戈·科波克（Mango Copac）这样的立法者，形成了一个相对传统但独特的全球宣言，阐述了由上及下的政治模式的优点。事实上，与同时代的艾萨克·沃西乌斯（Isaac Vossius，格劳秀斯的前任秘书，可能是他激发了坦普尔撰写关于中国的著作）不同，坦普尔对中国明显的"现代"和可普遍化的方面的兴趣相对较弱，比如，指南针、印刷术，甚至城市化程度。[52]"sharawadg"提出了这样一种可能性：事实上，这些翻译作品中看似自然的东西，在很大程度上只是一种精心制作的表象，而这个词本身就表明，某些概念是如此截然不同，以至于人们无法理解它们。在这一点上，坦普尔比洛克表现出了更多的怀疑，洛克的建构主义观点认为，对译者构成挑战的思想或文字，仅是"复杂"集合的"文化速记"，这些"复杂"集合根植于语言的历史性，是由于"习俗或观点"的变化而产生的。[53] 坦普尔不太相信语言可以如此轻易地转化为简单的思想，因此正如伏尔泰后来所说的，最好是耕种自己的花园。然而，他确实提出，在某些时刻，一种引人注目的翻译是必要的，以削弱那些认为翻译绝对可行的人的信心，就像在巴黎、北京和大城府的耶稣会士推动的对"孔子"的融合崇拜。

继文森特的父权制和坦普尔的根本差异之后，罗伯特·胡克在《哲学学报》中提出了第三种选择。胡克对技巧本身更有信心。[54] 除了牛津大学的托马斯·海德，胡克和他的朋友弗朗西斯·洛德维克（Francis Lodwick）是17世纪80年代伦敦地区为数不多的积极学习中文的人之一。[55] 在这个问题上，胡克多年来一直与洛德维克和威尔金斯合作，声称自己和威尔金斯一样，曾试图翻译洛德维克的一份中文手稿的祈祷文，但在1666年伦敦大火期间，这份祈祷文丢失了。这一过程使胡克相信，汉字不是一种"字面上的"（音形一致）字符。后来，他得到了一本附有图片和郑氏日历的中文词典。他利用这些资料直接翻译了中国的数字，1686年，他把这些数字连同算盘一起为读者雕刻了出来。1693年，胡克和洛德维克终于遇到了三位来访的中国人，即使有洛德维克的帮助，胡克还是发现不同的汉字的发音相似，难以掌握。[56] 这些挑战促使胡克对翻译进行结构性和系

[218]

统性评论，而不是像坦普尔一样专注于单个的词语和概念。

1686 年，胡克与韦伯等传统人士划清界限，不再宣称汉语是一种自然的或原始的语言，转而强调汉语是人工语言——"无论是否存在过自然的语言，我不怀疑；但过去、现在和将来都有人工语言，证明起来并不困难"。按照坦普尔提出的那种贵族式价值假设，胡克认为北京官话是一种"发明"，是像他一样"有思想且勤奋的人"强加给别人的，在这方面与数学相似。中国人只是采用了一种"不同的方法"，在每种语言中都可以看到这种"不同的发明思想"。事实上，胡克最感兴趣的似乎不仅是展示语言之间的差异，而且用各种语言来追求科学的可能性。每种语言都有自己的方法和发明可能性。[57] 汉字是由笔画组成的复合词，真正的"字母、元素或粒子构成了更复杂的汉字"，胡克注意到偏旁部首，这些汉字可以由其他汉字组成，"挤在一起"形成一个正方形。胡克认为汉语的"奇异之处"是显而易见的"组合"，这使它不同于世界上的其他语言。这也使得它看起来是一种"真实的"或"自然的"语言，因为合成的原因已经被遗忘了，这意味着现在这种语言需要通过"词根"被人们记住。他在自己的版画中加入了一些毫无意义的练习，这些练习来自中文启蒙读本，"年五人大先仁八之"，以此展现汉字中的草书和篆书的例子，这些汉字在书写的教程中会被复制和评价。[58] 他将语言上的差异与媒介及其翻译上的差异联系起来，例

　　　　伦敦：塞尔登地图与全球化都市的形成（1549—1689）

如，中国和德国印刷术的发明。遵循坦普尔的怀疑论，胡克同
意技术的直接翻译是不可能的，因为不同的构成方法对每一种
语言都有更好的效果，但语言上的差异"给了印刷术的发明者
一个暗示"，而且"这样的暗示对于一个有独创性的艺术家来
说，足以改进最初的发明，使它更适应我们的文字写作方式"。
正如中国人用他们的语言所展示的，发明是一种产生了"奇点"
（singularities）① 的"组合"。[59]韦伯和文森特提出的任何关于自
然的假设，暗示着一些关乎价值的道德语言或者内容能够被人
们普遍翻译，但这都是对语言本身的差异性和人为特征的错误
理解。

　　如果说坦普尔和胡克的努力是对文森特、沃西乌斯、洛德
维克以及法国耶稣会士提出的翻译计划的怀疑，那么牛津大学
的托马斯·海德的努力则是对"人为之物无法翻译"这一批评
的回应。17 世纪 80 年代末英国对中国的兴趣以及 1687 年沈福
宗的到来，促成了海德的一项大规模翻译工程，不仅涉及书籍
的编目，而且涉及中国地图和测量系统。除了博德利图书馆的
目录，这些努力的成果只出现在 1689 年和 1694 年海德出版的两
本关于亚洲游戏的著作以及爱德华·伯纳德（Edward Bernard）
关于测量的书籍的附录中。[60]胡克和洛德维克试图从汉语中获得

---

　　① 在数学中，奇点指的是那种没有意义、超出定义范围的点。作者在此
处使用这个词语，暗指语言中一些无法理解的方面。

语言的系统性时所表现出的兴趣，使他们对中国游戏产生了一些兴趣，而亨利·朱斯特尔（Henri Justel）在 1686 年给埃德蒙·哈雷（Edmond Halley）写了关于中国象棋的信。[61] 图书管理员海德喜欢数字和表格，这是他与牛津大学古老的人工语言、密码学和数学界共同的爱好，这些都对皇家学会的形成产生了影响。[62] 但海德与沈福宗合作的方式不同。当胡克检视郑氏历书的时候，他专注于数字，这些数字可以轻易地辨认，并出现在标题页以及书中的其他地方，并且仔细检查"图"（tabula）——这是一个描绘表格、图片、插图以及地图的词汇。[63] 海德收集了更广泛的表格文字样本，通常有日历术语和度量衡——体现在汉语、僧伽罗语（Sinhala）、满语（Manchu）、泰卢固语、马拉雅拉姆语（Malayalam）、暹罗语、梵语，以及更著名的近东语言中。[64] 在进行这项研究的过程中，海德在牛津大学为建立一个广泛的、全球性比较语言学的制度和学术基础做了准备。当詹姆斯二世来到博德利图书馆，提到法国耶稣会士的翻译计划时，海德指了指书架上塞尔登和劳德收集的书籍和

[220] 手稿。

　　海德想走一条介于古代和现代之间的中间道路。和胡克一样，他也想挑战安德里亚斯·穆勒（Andreas Muller）的观点，穆勒认为有一把简单的钥匙可以解开古汉语的秘密。他对威尔金斯、达尔加诺（Dalgarno）或洛德维克的人工语言体系几乎没

　　　　　　　　伦敦：塞尔登地图与全球化都市的形成（1549—1689）

有信心，他也不同意胡克的看法——汉语曾经是一种纯粹的人工语言。与他们不同的是，除了从沈福宗那里得到直接翻译，海德在自己的私人图书馆里还有可依赖的英汉词典。[65] 除了拥有牛津大学图书馆，海德还拥有 17 世纪 80 年代英国最好的亚洲书籍私人图书馆。他还对涉及制图学的技术争论保持相当程度的关注。当沈福宗在 1687 年夏天去博德利图书馆帮助海德编录馆藏的中文书籍时，他的首要任务是创造一种制图方法，将清朝在北方的利益和东印度公司在南方的利益结合起来。海德拿出该图书馆收藏的中国地图，开始着手翻译塞尔登地图上的中国罗盘。

[221]

他们还试图整理出对长城以北地区的描述和具体地名，由于音译和地图左上角一幅拼贴画（cartouche）中可能出现的书写错误，他们的工作变得更为困难。[66]1687 年，他们以类似的方式与沈福宗研究了怀特从暹罗寄来的大陆卷轴，对省份进行了直译，标记了日本和海南岛，特别对长城以北地区进行了单独的注释。[67]加上这种对皇家学会听众有吸引力的翻译，海德还想证明，在欧洲没有理论家真正掌握了翻译亚洲文本的方法。为了做到这一点，海德让沈福宗仔细检查了穆勒的《地理研究》（*Disquisitio Geographia*），并改正了莱顿的雅各布斯·格利乌斯所提供的文字，而海德则修正了乌鲁伯格的波斯语。[68]

[222]

柏应理门徒沈福宗的到来，为我们提供了一个机会，从而巧妙地挑战关于中国文化终结的两个信念：其一，柏应理称，作为一种原始的、纯粹的语言，汉语能够通过限制商业而保存下来；其二，胡克认为，作为一个独立的体系，语言能够被发明出来。沈福宗的父亲是南京的一名医生，大概在17世纪70年代改信天主教，由于博德利图书馆的大部分馆藏都是医学文本，因此这也是一种幸运。1683年年末，沈福宗与柏应理搭乘荷兰东印度公司的一艘商船来到荷兰，并于1684年、1685年分别见到了路易十四及英诺森十一世。他们发现自己陷入了国王和教皇之间关于在中国的耶稣会、法国教会和膳宿的争论。在巴黎，沈福宗协助柏应理和梅尔奇塞代克·特维诺（Melchisedech Thevenot）创作了"中国言法"（*clavis sinica*），然后他留下柏应理一人在巴黎，于1687年3月与耶稣会神父斯宾诺拉（Spinola）前往伦敦，希望詹姆斯二世能够支持耶稣会的代表团。同年6月和7月，沈福宗在牛津。在一个多月的时间里，他和海德完成了大量翻译工作，包括对60多本中文书籍和地图进行编目和注释。当沈福宗回到伦敦后，他们二人继续保持着通信往来。[69]同年12月斯宾诺拉和柏应理也来到了伦敦，他们都没有留在这里，也没有与海德见面。1688年4月，他们和沈福宗前往里斯本，在那里沈福宗能够完成耶稣会的训练，然后准备返回中国。[70]

　　沈福宗对伦敦和牛津的访问表明，他并不完全相信柏应理

　　　　　　　伦敦：塞尔登地图与全球化都市的形成（1549—1689）

的儒家思想计划以及詹姆斯二世在其中的参与。詹姆斯二世曾在9月拜访过牛津大学博德利图书馆，他问海德是否有柏应理的孔子著作的副本，以及"中国人是否有什么神性"。海德回答说，他们都是心怀偶像的异教徒，这些偶像呈现出一种古老但被诋毁的与基督教的亲密。同年7月末，沈福宗拜访了波义耳，后者仅问了关于中国汉字的数量。沈福宗回答道，他知晓的汉字数量在1万~1.2万字。波义耳还问了北京官话与普通人讲的话有何不同，以及除了"官话""官吏"以及"文人"，北京官话的使用范围有多大。[71] 对于这一点，海德希望向波义耳表明柏应理计划的错误，沈福宗又是如何"不赞成"孔子的哲学，并解释了"孔夫子"这一名字带来的错误印象。在这里，"孔"是一个姓，除此之外别无他意，但是"夫子"则代表大师。[72] 对于海德来说，耶稣会的翻译方法仅是用拙劣的译文制造虚假的新偶像，比如，"孔子"。如果海德的译文是可信的，那么虔诚的基督徒沈福宗也有同样的怀疑。

[223]

　　海德关注游戏是为了将翻译工作从北京官话转向以印度—波斯语（Indo-Persian）为中心。在这方面，所谓的沈福宗对"孔子"的蔑视是有用的，因为在他带到伦敦的为数不多的东西中，有一款真正的中国印刷棋盘游戏。海德的基本观点是，国际象棋是一种绝佳的系统战略和互动游戏，它已经从印度传到了欧洲和中国。这种棋先是通过波斯人，然后是阿拉伯人，最后是犹太中间人，尤其是亚伯拉罕·伊本·以斯拉（Abraham Ibn Ezra）、伊本·耶伊亚（Ibn Yehia）、犹达·哈勒维（Jehudah Halevi）和迈蒙尼德（Maimonides）到达欧洲。因为财政署是模仿国王或沙（Shahs）① 的游戏，所以自诺曼征服以来，国际象棋一直是英国财政成功的核心所在，而海德对波斯语、阿拉伯语和希伯来语的了解，使他能够证明这一点。[73] 对于这一点，沈福宗能够在海德著作的第二卷中表明中国象棋是如何受到印度—波斯形式的影响，以及游戏在中国是如何堕落成一种对财富和骰子而非策略的强调。正如海德在第一卷中所述，象棋的美丽之处——尤其是根据一场战局的形式进行组织——在于它在机会、运气或者命运方面都不存在任何基本的原理，它也不是一种虚构的占星术，但它确实是古老的真理，而非现代。[74]

　　档案的翻译和比较工作是证明这一切的关键。海德从波斯语的"沙"（Shah）衍生出"国际象棋"（chess）一词，并使用来自苏拉特的《列王记》副本来证明它来自印度，但他也引用了纳西索斯·马什（Narcissus Marsh）从都柏林发来的古代爱尔兰编年史，以及卡克斯顿（Caxton）的《象棋游戏及其玩法》（*Game and Play of the Chesse*，1474 年出版），这是第二本用英语印刷的书，来说明国际象棋是如何与英国历史交织在一起的。[75]

---

　　① 伊朗国王旧时称号。

国际象棋不仅是译文或善政的隐喻，更是两者的典范。在国际象棋中，"排局"或"布局"从字面意义上是次序或"断定"的衍生问题，海德特别关注一系列走子或翻转的详细布局，它暗示了无限的可能性。这种几何式、表格式及策略式逻辑，是一种普遍的、扩散的逻辑，像棋子一样根据不同的国家和工艺传统而变化，但它仍然有一个核心的"真实"形式。这个游戏的互惠模式也与塞尔登关于法律必须得到外部承认的论点以及海德与沈福宗的翻译关系相一致。正如海德所解释的那样，财政署的两位主要官员也像玩游戏的人一样，相互确保法律得到遵守，条目得到复查。海德将第一本书献给了财政大臣西德尼·格多芬（Sidney Godolphin），这并非偶然。《沙卢迪》（*Shahludi*）的第八章即论象棋，并且 1694 年出版的《奈尔迪卢迪》（*Nerdiludi*）中有大篇幅对象棋的探讨——两本著作的创作都有沈福宗的参与。中国象棋实际上不是以国王为中心，而是以一个常备军的将军为中心，这种向官僚专制主义的转变是詹姆斯二世所憎恶的。所有的棋子都是军用的，而且是专门为中国的政府体系设计的，这与印度象棋非常不同，尽管海德指出这是一个"模型"。象棋并非一种不受商业影响而受城墙束缚的文化，它从整体上揭露的是中国与亚洲的长期融合，上演了一场跨越界河的战争。海德认为这条河是黄河，因为正如中国地图上显示的那样。在强调印度象棋的重要性的同时，海德还对

[224]

中国火药的发明进行了长篇大论，指出塔维尼尔（Tavernier）把火药的发明归功于印度，波义耳描述了勃固城使用大炮的八百多年历史。最终，就像国际象棋一样，火药是印度人发明的，被中国人占用。[76]

在光荣革命后完成的第二卷，对这些问题探讨得更多，但是它似乎也是萌发于海德和沈福宗关于象棋的讨论。第二卷探讨了其他东方游戏，这些游戏被统称为"纳德"（nard，这些游戏对于海德来说是"书呆子"），此外还有西洋双陆棋的阿拉伯前身，以及"特鲁库罗姆"（Trunculorum，或称为"盗贼"），暗指掷骰子游戏。这些碰运气的游戏与国际象棋相反。海德把这篇论文献给了辉格党激进分子小约翰·汉普登（John Hampden）。他因参与"麦酒店密谋案"（Rye House Plot）和西德尼（sydney）一同被捕，正是他于1689年年末创造了"光荣革命"一词。[77] 革命之后，汉普登反对消费税的扩张。他声称，在"10万人的军队的配合下，英国人将像亚洲人一样被奴役"[78]。似乎不仅可以从他对传教生涯的选择，也可以从他带往世界各地的纸制棋盘，能看得出沈福宗十分怀疑官僚政治，这是一种对中国精英官僚政治以及名为"升官图"的游戏的愤世嫉俗的态度。在这个使用骰子的游戏中，宫廷的进步纯粹来自运气，而不是通过考试获得的成绩。[79] 沈福宗在二十出头的时候就离开了中国，尽管他认识很多人物，而且他的父亲是一个社会地位不断

伦敦：塞尔登地图与全球化都市的形成（1549—1689）

上升的医生，但是沈福宗没能在官僚机构中获得一席之地。这个游戏是他早期在南京时的一个很奇特的纪念物，参与游戏的通常是在类似于城市的大型考试中心等待考试的年轻人。[80]

对于那些在改朝换代的过程中难以选择忠诚的人来说，象棋的隐喻作用成为一种重要的暗号。臭名昭著的倒戈者钱谦益于1644年至1645年在南京服务于明朝残余势力。他在诗歌中明确地把郑成功与清王朝的战争描述为"海宇棋"（chess in sea space）[81]。像《升官图》这样的游戏带有一种玩世不恭的意味，在永历和郑氏两大政权的"复辟"遭到决定性失败后，与清政府和解，混合着一种对明朝价值观的忠诚。虽然海德对游戏的兴趣早于沈福宗，至少可以追溯到他在17世纪70年代收集苏拉特的波斯文献的努力，但沈福宗显然是通过一系列隐喻性联想来进行翻译，这些联想将制图科学与游戏的战略和经典映射联系起来。

海德解释说，《升官图》的篇幅较大、错综复杂的表格版面，给人的印象是一种不合理的结构，是一种"未知的森林或迷宫"，即使高超的棋手也无法逃脱。正因如此，他让雕刻师添加解释性罗马数字。他称这个游戏为"一个旋转的场景"，"丝毫没有技术或者经验可谈"，并且游戏的主题仅是"投掷"。[82] 唐朝的作家方千里首先就这一游戏表达了对中国官僚机构中职位的冷嘲热讽（或酸葡萄心理）的悠久传统，他以类似于海德的风格写道：在古人的统治下，有价值的人受到提携，但之后有价值的人则被降职，底层人被提拔。[83]《升官图》是一次性游戏，游戏被印在纸上，而不是像象棋或者西洋双陆棋的棋盘是一块坚硬的板子，与备受推崇且经常被描述的围棋策略游戏相比，这款游戏明显有失水准。[84]

正如海德所写的那样，这个游戏成为对中国政府精英统治的一种严厉批判，这种批判体现在柏应理的翻译中，也体现在文森特所倡导的儒家道德中，同时它是海德与沈福宗合作翻译工作的一个壮观的象征。玩家（左上方的棋子）在国家的官僚阶层中前进。罗马数字 XXXI- XXXIII 代表着低微、重要以及高级的行政单位的领导职位"知"。海德将其译为"civitatem"，事实上对应着"县""州""府"。尽管游戏有蛇和梯子的外形，但是它并不是线性的。掷骰子可以把一个人扔到不同的位置，

[226]
从而使人们能够像掷骰子一样下注，而这正是游戏的实质。

[227]
滚到了双数点——就像图上不同位置标注的双四形——对于描绘"德"以及"才"等属性都有重要的意义。海德给出了掷骰子的一系列说明，但从这些说明来看，游戏本身似乎是不可玩的。对于沈福宗和海德来说，他们不可能就各自在晋升道路上所处的边缘性位置而无动于衷，但是从他们二人的翻译来看，这种边缘性位置成为一种共享翻译理想的方式——毫无疑问需要一位品行良好的君主和一种普遍的宗教环境——以及宫

伦敦：塞尔登地图与全球化都市的形成（1549—1689）

廷生活的腐化、思想意识、继承制度以及机会造成的那种理想的破灭。这与海德的《奈尔迪卢迪》的整体基调是一致的。它传达了一种对 1688 年至 1689 年事件的悲观情绪，从理论上说，大学或法院等权威演绎体系已经从一种理性秩序的理想，转变为看似随机的、诱导产生的等级。

海德将游戏视为翻译与政治的一种模拟环境——语言游戏与游戏理论——这种观念比坦普尔那引人注目的翻译、胡克的人工体系抑或文森特的普遍美德得到了更充分的发展。在最基本的层面上，这是一种对话，至少涉及两名参与者。以海德和沈福宗为例，他们实际上是一种跨语言的伙伴关系，抵制着他们所处的更大的赞助和社会网络所主导的意识形态趋势。然而，与坦普尔和胡克对翻译持有怀疑态度不同，海德的方法为不可预测的结果留下的空间很小，而且在很多方面都是保守的。海德和沈福宗在档案馆中的孤立，以及对游戏隐喻的使用，阻碍了阿马蒂亚·森（Amartya Sen）所称的"社会实现"，在这种社会实现中，合作关系反过来可以利用其他的进程。[85] 海德的游戏模型只是从古老的美德出发，将这种腐化置于现代的腐败之中，最终在游戏无休止的循环中留下了日常生活的审美化，这是一位牛津大学图书管理员和一位从南京来的年轻学者共同遭遇的挫折。

海德的书直到光荣革命之后才出版，由于议会和政党政治的兴起，当时宫廷腐败的信息在很大程度上是无关紧要的。1700年，他终于出版了一本关于波斯宗教的书，这是一本专注于琐罗亚斯德教的学术著作，此后他在英国学习波斯和阿拉伯语的兴趣很快就消失了。这本书在经济上彻底毁了海德。在光荣革命之前的几年里，海德还与波义耳一起参与了一个马来语的印刷项目，但新铸造的字体从未被使用过。最后，在伦敦，海德和牛津的牧师、收藏家约翰·庞特（John Pointer）参与了

[228] 类似马戏团的普林斯·乔罗（Prince Giolo）推销活动。威廉·丹皮尔（William Dampier）从马鲁古群岛将其带回，这样做仅是为了在伦敦展出他的文身。1692年，约翰·庞特在牛津死于天花。海德找了一位熟悉苏拉威西岛（Sulawesi）的荷兰商人来翻译乔罗的故事，并把他的文身描述成一幅地区地图，同时是一种文人文献，体现了坦普尔的"sharawadgi"的精神："那些使用这种艺术的国家，从不允许下等人在他们的身体上看到任何正规的形体。"[86] 庞特收藏的大多是自然珍品。在给乔罗下葬之前，庞特将乔罗的皮剥了下来，将其作为一部无法读懂的文本储存在他的庞特博物馆内，这座博物馆内汇集了蝴蝶、鸡蛋以及贝壳等广泛的藏品。[87] 从理论上讲，如海德所言，在未来的某一天，这部文本终究会被人们仔细研读。而事实上，乔罗的遗骸成为一种有悖常理的好奇心，是在17世纪的翻译领域取得成就的一种极为消极的象征。

伦敦：塞尔登地图与全球化都市的形成（1549—1689）

牛顿体系

海德在光荣革命前后的几年中所做的各种翻译工作达到了顶点，但也出现了一些问题，以及同时存在的坦普尔和胡克的怀疑论。这些都表明，我们需要一种全新的交流"体系"，这种体系首先要意识到关系具有复杂性，而非简单的二元性；其次要认识到对知识采取一种开放且系统的方法的必要性；最后，要理解在语言现象之间进行翻译的潜力是有一定限度的。1686年4月，显然已经放弃了儒家思想的文森特，向皇家学会提交了牛顿《自然哲学的数学原理》（*Philosophiae Naturalis Principia Mathematica*）第一卷的手稿。他将其描述为"开普勒对哥白尼假说的证明"，该假说"通过对太阳中心引力的唯一假设，得出了所有天体运动的现象，引力随着距离的平方成反比地减小"。[88]哥白尼学说之所以在英国传播受到阻碍，部分原因是伽利略的英语翻译家托马斯·索尔兹伯里死于瘟疫，而他的两卷本《数学集与翻译》（1661年、1665年出版）的大部分副本在伦敦大火中烧毁，其中包括伽利略的《对白》（*Dialogo*）和《演说》（*Discoursi*）。火灾之后，乔治·索布里奇在1667年只再版了第一卷，这卷翻译了《关于托勒密和哥白尼两大世界体系的对话》（*Dialogo sopra I due massimi sistemi del mondo*，1632年），1635年

以《宇宙体系》之名出版，这部著作更具体地关注地球的运动，而不是把哥白尼学说体系作为一个整体来描述。[89]牛顿的工作将

[229] 使哥白尼学说的数学化重现于世，直接挑战耶稣会在巴黎、北京和大城府提出的宇宙学的综合学说。对于文森特来说，牛顿同时解决了哥白尼学说之伽利略学派以及儒家学说之耶稣会学派，两者作为"体系"在伦敦被翻译出来遭遇的失败。三周之后，皇家学会决定出版《原理》一书。

几乎立刻就有了一场关于谁的"世界体系"应被刊印的争论，这个短语取自伽利略，但自 1666 年以来胡克就用它来描述自己的引力理论。哈雷表示愿意支付印刷费，他写信给牛顿，建议他在前言中把"推动力或引力"的概念归功于胡克。[90]牛顿对此表示不满，几乎拒绝出版第三卷《世界体系》（*De mundi systemate*）。在这本书中，他试图通过现象（观察结果与计算结果一致）来表明，万有引力支配着彗星的运动。牛顿抑制住自己更强烈的观点，在一份 1685 年名为《世界体系》的手稿中提出了"世界体系"主观点，他认为牧师们的全球性阴谋掩盖了这样一个事实，即古代迦勒底哲学家（海德的琐罗亚斯德教信徒）知道宇宙是以太阳为中心的，并且大部分是由真空组成的。[91]牛顿嘲笑皇家学会的地方信用网络，也就是实验见证者的圈子，尤其是胡克，牛顿认为他们的许多活动都是借用和主张大陆思想，这些思想并未被翻译和出版。他还鄙视以詹姆斯二

330　　　　　　　　　　　　伦敦：塞尔登地图与全球化都市的形成（1549—1689）

世的"天主教现代性"为象征的牧师谋略，这种谋略使专制的神权得以实现。相反，他认为真正的普世主义和正确的知识在这些活动中被掩盖了。世界各地的许多学会已经开始了专制主义策略的试验，这些策略扼杀了伦敦长期以来（自 16 世纪以来）进行的努力，即发展复杂的、分散管理的翻译策略。尽管自 19 世纪以来，学者们一直强调牛顿思想中隐蔽的或者个人的极端新教维度，这些维度近似波兰兄弟会（Polish Brethren）发展出来的索齐尼主义（Socinianism）。事实上，我们应该更多地关注牛顿的"卡伯特式"策略。在该策略描述的关系中，"中心"被限定在一种传统框架之中。

在《原理》中，物理学的概念化始于一个与绝对空间和时间相关的小范围数学，而不是直接介入"地心说"或"日心说"的伽利略式辩论。伽利略的观点是关于相对性的——速度指的是某些物体或参考点，即一个中心或一个普通的参照系（对伽利略来说是船舱），能够被两个或更多的观察者所识别。[92] 这是波义耳和英国皇家学会实验主义的一个重要原则。牛顿则 [230] 从不同的角度开始。第一个命题："物体沿轨道运动的区域是由一个静止的力心的半径所描述的，它们位于不动的平面上，并且与次数成正比。"这个命题通常被认为是《原理》的基石，尽管近年来许多科学史家批评它在数学和逻辑上存在瑕疵。[93] 这个提法试图说明开普勒对火星椭圆轨道描述的数学和物理原因，胡克对此早已提出。胡克在 1679 年 11 月给牛顿的信中写道：行星的天体运动既可以是沿着轨道的切线方向做直线运动，又可以是"向中心天体做引力运动"，也就是他所说的一个新的"世界体系"。[94] 在局部条件下，这样计算是可能的，即一个重心和一个矢量力，但在具有多个重心（"三体"或"n 体问题"）的全局情况下，考虑它变得极具挑战性。直到 1685 年，通过使用三角形，胡克和牛顿都在研究一种方法，将椭圆轨道平面的面积，利用将重心从轨道物体中分离出来的半径，与轨道运动所涉及的力联系起来。但是，胡克——由于他的这一见解（史无前例的天才行为），柯瓦雷（Koyré）用"大胆""直觉"来称赞他——既没有数学模型，又没有经验数据来支持这种系统化的方法，而牛顿在笔记中仍然把它作为一个与单一"不可移动的中心"有关的局部问题。对于牛顿来说，解决这些认知困境的唯一办法是，最终发展出一种在中心之间进行转换的新模式，其方法是通过数学模型的比较使用，利用绝对空间和时间的惯例来描述运动现象（微分方程），并利用全球收集的数据，从开放数据体展示的模式中得出解决方案。[95] 这种理性的解决方案需要与一种更民主的宗教和政治方法相结合，这种方法就是需要收集数据和相互认可空间和时间的共同标准，就像卡伯特、卡文迪什、塞尔登、奥格尔比和海德曾经以不同的方式提出的那样。

　　　　　　　　伦敦：塞尔登地图与全球化都市的形成（1549—1689）

牛顿的"世界体系"的一个重要亮点是在全球范围内使用数据，而不是依赖伽利略（以及皇家学会）的相对论。胡克的兴趣在很大程度上是形式上的——他几乎不愿从事大规模的数据获取或通过计算将数据转换成结论的工作。对于牛顿从事的工作，约翰·弗兰斯蒂德（John Flamsteed）要早于他开始。作为从 1675 年以来格林尼治皇家天文台的负责人，他一直绘制详细的星图，收集行星与彗星的数据，以证明开普勒定律和哥白尼体系。[96] 查理二世曾担心目前的地图不够精确，无法用于全球范围内的航行。正如塞尔登所建议的那样，收集数据的同时需要更好的测量技术，以便获得对海洋更大的主导权。这个项目至少在理论层面是可行的，至少在海德看来，暹罗现在似乎是被错过的一个机会。爱德华·伯纳德通过博德利图书馆，给出了希腊、希伯来、波斯和阿拉伯作者关于观测数据的引证，而海德收集的中国星图在 1687 年夏天也提供了类似的可能性。[97] 牛顿依靠伯纳德和弗兰斯蒂德的数据，以及乔瓦尼·卡西尼（Giovanni Cassini）在路易十四的巴黎天文台收集的法国数据，用于他的"世界体系"的计算。[98] 但是，利用皇家天文台和博德利图书馆收集的数据，只是牛顿基于大量翻译数据发表声明的一个能力。牛顿还利用了商业网络，其中最重要的是弗朗西斯·达文波特（Francis Davenport）收集的数据，他是一名来自波士顿的水手，1672 年来到了新东印度公司位于东京（越南北部）的工厂，该工厂的建立是为了帮助利用来自台湾的郑氏网络。因为红河每天只有一次涨潮和退潮，所以公司命令他于1678年5月至7月在红河测量潮汐，尽管这些数据可能无法与北京的耶稣会教徒的数据相媲美，但考虑到郑经对历法的兴趣，以及日本或暹罗等国家依赖于不同但相互关联的时间和航行数据，这些数据可能会引起海运托运人的兴趣。1683年，罗伯特·诺克斯（Robert Knox）证实了达文波特的观察结果。1688年，威廉·丹皮尔再次对其确认，但达文波特还被认为是不可靠的，尤其是在1688年和1689年，当时乔治·怀特（George White）试图将那场灾难性暹罗战争归咎于他。西蒙·谢弗（Simon Schaffer）最近也这样认为，如果牛顿想证明月球引力对潮汐有影响，他需要可靠的全球信息提供者和信息网络，而公司需要这些人来说服亚洲政界人士和商人，让他们相信公司的商业和技术实力。[99]

达文波特的数据基本上是正确的，但牛顿对它的理论解释产生了一个错误。牛顿试图论证潮汐现象的发生是由于来自南海和印度洋的相反的潮汐的影响。牛顿无法通过测量印度洋和南海的（潮汐）运动，来排除自身不正确的解决方案，他也不知道更复杂的潮汐力的全球运动是如何在特定的地理特征下发挥作用的。在一次讨论比较秘鲁和中国的潮汐时，牛顿遇到了弗朗西斯·培根所说的"路标实例"（An Instance of the Finger-

[232]

　　　　　　伦敦：塞尔登地图与全球化都市的形成（1549—1689）

post），由于未听从培根的劝告，他犯了错误。

> 当我们考察任何一种性质时，我们的理智是如此的平
> 衡，以至于不能确知，在两种或两种以上的性质中，究竟
> 哪一种性质是由于许多性质的经常的、通常的共同作用而
> 引起的。那么让我们来探讨一下，在自然界中是否有这样
> 一种运动，或者它是否只是一种为了方便计算而虚构出来
> 的东西。[100]

牛顿认识到，像重力这样的现象，在某些情况下需要对物
体进行不可能的测量，要么太大，要么太遥远，以至于无法精
确测量，更重要的是，引力的多个中心和力的矢量导致了越来
越复杂的微分问题。伯纳德·科恩（Bernard Cohen）认为，牛
顿在《原理》中大量使用了"假设"一词，直到 1713 年版本中
才出现了重大转变——"现象"一词出现了。[101]"现象"把牛
顿从莱布尼茨的关联性公式中拯救了出来，使他不必考虑极端
距离下的作用、缺少的数据和微小的测量误差，《原理》第一版
已经把这些因素称为"不敏感的细枝末节"。1687 年，"现象"
语言仍然很可疑，正如哈雷在诗中解释说，因为牛顿，人们不
必再被彗星奇怪的路径吓到——这些"有胡子的星体现象"
（bearded astral phenomena）。牛顿在 1686 年的前言中使用了

"现象"的概念，以怀疑的态度看待现代人的飞跃——他们"拒绝实质形式和神秘的本质，致力于将自然现象归结为数学定律"[102]。但是"现象"的语言也允许牛顿在这种语境下认为，"直线"和"圆"不是给定的，而是"问题"。

牛顿开始接受"现象"，正如他的前辈在处理亚洲数据集和文献集时所做的那样，其中最典型的体现就是《原理》第二版（1713年）中"一般性注释"（General Scholium）中的"我没有构建任何假设"（I frame no hypothesis）：

> 到目前为止，我还没有能够从现象中发现重力的这些性质的原因，我也没有捏造任何假设。因为凡是不能从现象中推演出来的东西，就叫作假设；而假设，无论是形而上学的还是物理学的，或者是基于神秘特性的，再或者是机械的，在实验哲学中都没有地位。在这种哲学里，特殊的命题是从现象中推出来的，然后用归纳法加以推广。[103]

[233]

需要观察的不是实验，而是现象，然后，这些数据被转换成绝对时间和空间框架的数据。牛顿的公式并不是一个计算中心的公式，正如英国皇家天文台所做的，把所有的数据都集中在一个地方。[104] 相反，他试图通过翻译现象、翻译网络、媒体和构建知识所必需的契约等过程，尽可能地使数据分散。与培根

　　　　　　　伦敦：塞尔登地图与全球化都市的形成（1549—1689）

强调奇点不同的是，牛顿的方法依赖数据，被世界各地的人用各自的方法翻译的大量数据。和塞尔登一样，但与自然法哲学家不同的是，牛顿已经准备好接受更好的数据可能会改变所描述的现象，从而潜在地改变定律。[105] 因此，他打破了托勒密和欧几里得建立的假设和现象之间的依赖关系，由此为普遍翻译打开了科学大门，而不是像波义耳和英国皇家学会那样采用文化或当地的观察实践。[106] 现象不仅是表象，而且是临时的观察和数据转换，当更好的现象出现时，原来的现象就会被取代。对于牛顿来说，没有假设的中心，没有明显的自然真理，只有由力的明显结合产生的现象，这些力有可能产生了数据。

最后一个仔细研究塞尔登地图的人是 1705 年的埃德蒙·哈雷，他用过时的磁偏角测量数据精确地否定了这幅地图。哈雷在皇家海军"帕拉莫尔"号（HMS Paramore，1698—1700）上收集了有关磁差的数据，并出版了一幅著名的地图——"罗盘变化总图"（1701 年），其上记录了他在北大西洋和南大西洋的调查发现。1705 年 11 月，哈雷被任命为牛津大学的萨维尔几何教授（Savilian Professor）后（1703 年），他终于有机会看到塞尔登地图。不久之前，他根据对彗星出现日期的历史研究，发表了对现在以他的名字命名的彗星回归的预测。塞尔登地图上有关于磁偏角的历史数据，海德对中国罗盘的注释使得这些数据可以被翻译出来，据此，博德利图书馆馆员认为这可以用来制作新版的哈雷海图。然而，哈雷一瞥就知道，虽然地图考虑了磁差，但磁差是固定的，"哈雷先生凭借观察经验，看出地图中满是错误。"[107]。这并不是一个摒弃通过翻译获得知识的问题——哈雷学习阿拉伯语，其目的是完成对爱德华·伯纳德对阿波罗尼的《圆锥曲线论》（*conics*）的翻译，这本书来自博德利图书馆和莱顿的手稿——而是《原理》的编辑按照牛顿方法概述的思路对某一组数据的价值进行评估。

坦普尔、胡克和海德的翻译理论考虑了语言的根本差异、知识的中介性质和系统的相关性，即使牛顿原理的各种实例不是由这些新的翻译理论"引起"的，为这种理解上的转变奠定了现象学基础。牛顿的"世界体系"的更广泛的基础来自更长期、更全球化的翻译过程，这些过程在16世纪塑造了伦敦和诸多大学。正如牛顿对现象的新定义所指出的，这些地心引力的影响恰恰是难以被观察到的，而且可能无法从因果关系的角度加以证明。在一个国家主义（statist）和民族主义日盛的时代，大卫·休谟甚至建议将这种宽泛的归纳过程从原因的领域中剔除，因为它需要连续性和整合。

在休谟身处的时代，数据收集和翻译的效率提高，这有助于强化一种地方和民族主义的过度自信感。当然，1687年，伦敦的一些人认为，伦敦城的庞大规模、经济和贸易网络的发展，确实使他们成为中心。克伦威尔在爱尔兰优秀的数据收集者威廉·配第，在自己的第四篇关于"政治算法"的论文中指出："不管怎么说，伦敦是世界上最伟大、最重要的城市，但显然是最大的商业中心。"他在前一年的两篇政治算法论文中已经指出："对于中国的北京，我们没有什么可说的；中国皇帝在1682年和1683年两次从北京出巡，在描述中也没有任何东西能使我们改变关于伦敦的说法。"德里、阿格拉、开罗和伊斯坦布尔同样被忽略。配第甚至认为巴黎不是一个"大的商业中心"，他只把这种地位归于伦敦（696,000人）、阿姆斯特丹（187,090人）、威尼斯（134,000人）和鲁昂（66,000人）。[108] 尽管配第关于亚洲城市和伦敦的数据是错误的，而且卡文迪什报告的伦敦人口急剧减少，但伦敦商业联系具有的比较优势和全球性已经变得明显，并成为政治自我理解的工具。牛顿最著名的言论之一似乎表明，他深刻地意识到，伦敦的全球性成功催生了这种自信与 [235] 偏狭的奇怪混合："我不知道在世人眼中我是什么样子，但在我自己看来，我只是像一个在海岸玩耍的孩子，不时地为发现一块比平常更光滑的鹅卵石或更美丽的贝壳而感到快乐，而在我面前的是一片未被发现的真理海洋。"光荣革命后新兴的英国国家的强大力量——议会主权、国家银行（1694年）、《出版许可证法案》（1695年）和审查制度的失效、王室的政治联盟（1707年）、新公司领导下的统一的东印度贸易（1709年）、大量的新合股公司以及由高效的消费税网络资助的军事国家——都源于对国家本身作为一种现象的更强烈的感觉，一种内在可理解的、合理的、统一的系统，可以通过数据来衡量。在许多方面，1689年后伦敦获得的成功及其新机构掩盖了"真理的海洋"，即伦敦人在过去两个世纪中，在全球范围内为取得成功所从事的复杂而分散的翻译实践。为了应对日益发展的全球一体化，以及伦敦翻译、媒体与合同之间复杂且难以处理的关系，光荣革命将翻译重新定义为一种国家现象，这种现象是通过议会的主权权威而不是国王、教会或某些想象中的神权概念产生的。牛顿的神秘地心引力，就像上帝的看不见的手，或者斯密的抽象市场，取代了奥格尔比为查理二世或达佩尔为约翰·德·维特（Johan de Witt）想象的那种明确的、人为的全球联系的形象。然而，政治上的"革命"，就像牛顿的科学革命，不仅是一场国家甚至欧洲革命，而是一场全球的革命。这种革命产生于全球的力量，但反过来通过构建一种十分强大的、可翻译的科学"现代化"版本，产生了一种全球性影响。这种现代性是在面对复杂且不可知的现象时以相对确定性为基础的。牛顿革命和光荣革命最终以距离遥远的关系来搁置因果关系的问题，这些关系被认为是不可知的，而倾向于支持更偏狭的真理主张，但这种双重革命是一个半世纪以来通过创造翻译、解释和测量的实践和制度，努力把伦敦建设成一个全球性城市的结果。由于印度洋和东亚的变化，这一进程刚开始即达到高潮。

[236]

结　语　亚洲与现代伦敦的形成

很多学者将 1687 年至 1689 年伦敦和不列颠群岛发生的诸多事件描述为一个真正的革命时刻，即"现代世界的诞生"。[1] 哥白尼和伽利略被转化为牛顿的数学模型和引力体系，这一过程被称为"牛顿革命"；"光荣革命"中出现了议会拥有至高无上的地位并掌握主权的政治模式，以及最终以 1707 年"大不列颠王国"为终结的财政—军事国家的合并之路，都预示了一个重大的转折。法国革命和美国革命有着悠久的渊源，往往可以追溯到洛克和牛顿，甚至是 17 世纪的马基雅维利时期。与这两场革命不同，光荣革命总是显得更加直接和突然。把 17 世纪 80 年代的革命与荷兰早期"激进的启蒙运动"联系起来的努力，伽利略的新教翻译，英吉利共和国时期的激进骚动，一种努力工作和"勤奋"的迸发，城市化，以及培根归纳的一次特别解读的胜利，这些肯定都是这个故事的一部分。最近的其他一些报道将英国和东亚之间的"大分流"描述为一种自然畸形（lusus naturae），一件自然怪事——幸运地获得了煤炭、森林、鳕鱼，以及疾病导致人口减少带来的富余土地，进而创造了庞然大物。[2] 通过与亚洲的城市化、科学和海洋贸易的接触，促进全球化的因素的融合及全球化的兴起是这本书的主题。正是在伦敦，人们努力将这些不同的力量转化为"革命"的概念，才使得后来的"英国启蒙运动"——用罗伊·波特（Roy Porter）的话来说——变得具有韧性、国际化、引人入胜、富有成效。

[237]   在 1688 年至 1689 年光荣革命的标准"辉格党"版本中（1681 年排斥危机结束时，柴尔德就已经在挑战这一版本）这场革命代表着新教价值观和议会主权对反倾向天主教的专制主义在国内与地方上的胜利——英国的利益与法国相左。对于一些修正主义学者来说，如波考克，商业秩序的概念在 17 世纪 80 年代几乎没有发挥作用，因为城市的概念仍然根植于新马基雅维利式公民人文主义概念，它涉及公民士兵的家庭美德。最近史蒂夫·品克斯提出了一个"新辉格派"的观点，认为光荣革命具有政治性和革命性，从某种意义上说，有许多论据——17 世纪 80 年代，辉格党主张以劳工为中心的价值理论，而包括东印度公司董事约西亚·柴尔德爵士在内的托利党人，则倡导以土地为中心的理论——为了抵制法国的现代天主教和专制主义的现代性。双方必须用"现代"和欧洲的术语更全面地阐明他们的政治计划，他与詹姆斯·罗宾逊（James Robinson）一起辩称，这种向政党政治的转变推动了一项经济现代化的计划，该

      伦敦：塞尔登地图与全球化都市的形成（1549—1689）

计划与革命后出现的国家和议会机构息息相关。[3] 然而，这淡化了 16、17 世纪在伦敦所发生的事情具有的全球性，使现代成为一个相对局部的现象。

在 17 世纪的伦敦，那些第一次试图对"现代"提出尖锐突破的人，常常认为自己提出了更普遍、更抽象的主张，就像牛顿在 1687 年发表的《原理》序言中，用现代科学的概念反对古代科学的概念。这本书的一个观点是，从 16 世纪 40 年代到 17 世纪 80 年代，在伦敦出现的"现代早期"实际上在某种程度上是一种晚期的"现代早期"，最早期的"现代早期"不仅出现在葡萄牙、西班牙和荷兰，而且出现在明朝、息斯曼土耳其、萨法维和莫卧儿王朝。桑贾伊·苏布拉马尼亚姆（Sanjay Subrahmanyam）建议将帖木儿在蒙古帝国覆灭后在撒马尔罕进行收集活动（1370—1405 年），作为亚洲"早期现代性"的一个起点，同时提醒说，这样的论述可能会使这一概念超出其含义范围。[4] 伦敦从 18 世纪，尤其是 19 世纪开始，在全球范围内扮演着极其重要的角色，这也是 C. A. 贝利（C. A. Bayly）提出的"现代世界的诞生"的时期，以及伦敦对清朝、莫卧儿王朝，甚至是萨法维王朝和奥斯曼帝国的成功霸权，都可能仅是迟来的结果。[5] 这并不意味着历史学家应该简单地描述"多元现代性"和文化分流。这种非线性的、分散的策略似乎经常是为了避免翻译问题，并且无休止地增加例外主义，这有点像培根的奇点。[6] 在这一点上，人们能够从布鲁诺·拉图尔（Bruno Latour）那里得到启示，把"现代"这一概念完全抛弃，认为它是某种不可避免的自然与社会、偶然与本质的混合体，来自对当前成功的非常有限的看法，这是很有诱惑力的。

但是，当以政治主权、法治和订立契约的自由、思想和信息的自由交流以及一种可验证的科学方法（这种方法可导致关于真理的持久主张）来定义"现代"这个概念时，它仍然具有广泛的跨文化的普遍意义——这一系列思想经常被描述为启蒙运动。为了理解这些实践具有的深刻的可译性，这些实践在一些人看来甚至是"自然法则"，需要重新构建对 17 世纪及"现代"出现的历史理解，以揭示全球化进程导致的政治、经济和社会变化，而不是局部的输出以发挥主导作用。任何对"现代早期"的描述都必须是多中心的。从巴黎、圣彼得堡到北京和江户，这些政治首都都加强了翻译工作，以理解和整合正在出现并不断变化的全球交流模式。这种交流模式过去是，现在仍然是地方层面的——当地的、区域的特别是城市的，是全球化的历史遗址，是多条全球线路交会的地方。[7]

虽然单一的民族国家可能试图通过语言的统一来掩盖翻译过程，进而"想象"一个社群和一个连贯的地方史，但现代早期的全球城市创造了口译和翻译文化，其基础是通过人际网络在政治、经济和法律制度之间进行跨语言的交流所需要的复杂技术和工具。[8] 在塞尔登和格劳秀斯对海商法构成的不同立场中，我们已经可以清楚地看到，在试图将相互承认过程描述为单一的、连贯的、理性的事业时，所出现的矛盾的外在表现。概念上的困难在帝国主义盛行时期再次出现，这与西利（J. R. Seeley）对英国以外社会力量的吸引力的强调和约翰·霍布森（John Hobson）对市场和原材料的资本主义推动形成了鲜明的对比。"二战"后，阿玛蒂亚·森从对 1943 年孟加拉大饥荒的创伤的理解中，归纳出了关于建设能力和实质性自由的斗争，这与卡尔·施密特（Carl Schmitt）提出的君主例外干预的演绎策略形成了鲜明对比。对于他来说，全球化是亚历山大六世的《神圣命令》（Inter caetera divinae）和《托尔德西拉斯条约》（Treaty of Tordesillas，1494 年）制造的帝国的盛会，尤其是拉丁人的盛会。[9] 为了避免格劳秀斯、霍布森或施密特提出的陈词滥调，这些陈词滥调在 20 世纪已经被证明是极具破坏性的，因此需要一种比较的翻译方法，这种方法往往与把全球划分为东方和西方、欧洲和中国以及不同的民族国家的叙述背道而驰。伦敦之所以成为一个成功的城市，不仅是因为它在英国、欧洲或大西洋世界中所扮演的角色，还因为它参与并被印度洋和东亚创造的经济、政治和知识的新模式所塑造。 [239]

从 17 世纪晚期伦敦东印度公司董事约西亚·柴尔德爵士对"新教伦理"的理解中，可以看出这种方法在揭开历史进程的神秘面纱方面的潜力。约翰·洛克从卡罗来纳和大西洋的视角来理解全球力量，威廉·配第通过对爱尔兰的调查做了同样的事情。相较于洛克和配第，柴尔德几十年来一直在阅读东印度公司信件中的"印度墨水"（India ink），他对全球力量特别是亚洲力量对伦敦的影响印象更深刻。很难想象还有类似于柴尔德在 1681 年发表的论文，柴尔德在文中提出完全反韦伯主义的观点，他试图自相矛盾地宣称"东印度贸易是所有对外贸易中最具民族性的"。他试图表明，伦敦并没有通过在贸易和商业方面输出自己的新教价值观而取得成功；相反，由于伦敦与东亚的联系，新教价值观已经出现并变得一致。

柴尔德对因果关系的逆转是他的论文中最引人注目的地方。沙夫茨伯里伯爵等第一代辉格党人对之后的光荣革命起到了重要的作用，他们相信"贸易在新教国家繁荣，因此，新教是我们贸易与航海获得巨大进步的原因，而不是东印度群岛的贸易"。就像太阳绕着地球转的概念一样，这是一种常识性方法，常常得到一种神学上连贯的世界图景的支持。然而，柴尔德认为：

> 首先，贸易的大幅增长，并不是新教的一贯正确的结果，因为这并不是在所有的新教国家都能得到证明。但无论哪个国家的东印度贸易增长了多少，它在其他对外贸易

伦敦：塞尔登地图与全球化都市的形成（1549—1689）

和航海中的增长都是成比例的。其次，承认我国对新教的改革是我国贸易和航运发展的主要原因之一。然而，现在很明显的是，我们的贸易和航海的增加，在上帝的庇佑下，是保护和维护我们新教的一种伟大的手段。对外贸易产生 [240] 财富，财富产生力量，力量保护我们的贸易和宗教，它们相互作用，互相保护。[10]

被韦伯定义的"新教伦理"或"资本主义精神"，并没有创造贸易和航海；相反，贸易和航海的兴起、新教的忏悔胜利，以及后来议会民主的出现，都是由于与亚洲关系的发展，特别是与印度洋和南海的贸易体系的发展。柴尔德的论点对于在"我们的"价值观和"他们的"价值观之间进行区分没有留有余地，但这种区分在 18 世纪和 19 世纪不断地得到重申。这本书已经表明，在英国历史上至关重要的转折点——16 世纪 40 年代末、50 年代早期对新教的定义；16 世纪 80 年代、90 年代，与西班牙之间的决断；17 世纪 20 年代到 50 年代，对荷兰的商业、法律和帝国战略的抵制；17 世纪 60 年代到 80 年代，英国"专制主义"与帝国君主制战略的出现；最终，在光荣革命爆发前的几年里，大量的全球性努力投入翻译过程，显然帮助解决了当地语言与英语的争端。伦敦人会翻译，并且他们不会仅做翻译。交换发生了，翻译实践也得到了发展，书籍被刊印和转录，

结　语　亚洲与现代伦敦的形成

这些进程的踪迹，有时也包括人们本身的发展，都会追溯到伦敦。在每一种情况下，都会有一些人工制品保存下来，就像塞尔登地图，暗示着这个过程的复杂性和参与的人口的范围之广，数以百计的其他文本和物体已经从记忆中消失。但在档案馆里还有许多这样的故事。还有什么更好的时机来努力呈现这些集体的、合作的、相互信任的、经常是暴力的劳动者为建立全球交换网络而做的工作呢？还能在哪个更好的时代去在一本书、一幅地图抑或一场游戏中寻求历史的意义呢？这些事物都曾在世界各地流传并被保存了数个世纪，希望有一天，其中的任何一个

[241] 事物都会重生并被翻译。

伦敦：塞尔登地图与全球化都市的形成（1549—1689）

致　谢

　　在某些方面，这是一本关于图书馆以及收集绘制地图重要
性的书籍。在大卫·赫利维尔（David Helliwell）的指导下，我
在浏览博德利图书馆的中国藏品时发现了塞尔登地图。在大英
图书馆，在安娜贝尔·特·加洛普（Annabel Teh Gallop）、弗朗
西斯·伍德（Frances Wood）和厄休拉·西姆斯·威廉姆斯（
Ursula Sims-Williams）的帮助下，这本书得以完成。有赖于克
拉克（Clark）、盖蒂（Getty）、加州大学洛杉矶分校以及洛杉矶
的亨廷顿图书馆的馆员和工作人员的慷慨帮助，这包括我在亨
廷顿时享有的一份夏季工作职位，我在那里度过了大部分空余
时间。此外，这本书也获得了英国国家档案馆（National Ar-
chives of Britain）、国会图书馆（Library of Congress）、大英博物
馆（British Museum）、格拉斯哥大学（University of Glasgow）、
莱顿大学（University of Leiden）、都柏林圣三一大学（Trinity
College Dublin）、英国皇家学会（Royal Society）、法国国家图书
馆（Bibliothèque nationale de France）、塞维利亚的印度将军档案

馆（Archivo General de Indias in Seville）、剑桥大学图书馆
（Cambridge University Library）、牛津大学圣约翰学院（Oxford's
St. John's College）、耶鲁大学的拜内克古籍善本图书馆和斯特
林图书馆（Beinecke and Sterling at Yale）、斯坦福大学（Stanford
University）、加州大学伯克利分校（UC Berkeley）、罗马的阿尔
西图书馆（the ARSI in Rome）和马什大主教图书馆（Archbish-
op Marsh's Library）等图书馆的帮助。图书馆馆员保存的不仅
是过往的事物，还有翻译的潜力。

我写这本书的地方在佐治亚州的萨凡纳（Savannah），位于
西班牙人的圣奥古斯丁（1565 年）定居点和重新定居的查尔斯
顿（1680 年）之间。我尤其受惠于一群年轻学者，包括托尼
奥·安德雷德（Tonio Andrade）、霍利·布鲁尔（Holly Brew-
er）、金民京（Mi Gyung Kim）、雅各布·赛尔伍德（Jacob Sel-
wood）、菲利普·斯特恩（Philip Stern）和尼克·维尔丁（Nick
Wilding）。我强烈推荐他们的作品，无论是过去的还是待出版
的。他们在佐治亚州立大学、埃默里大学、杜克大学和北卡罗
来纳州立大学举办的会议对我的工作起到了不可估量的作用。
我还要感谢佐治亚南方大学历史系的同事们。在没有昂贵的数
据库和大量藏书的情况下，佐治亚南方大学的扎克·亨德森图
书馆（Zach Henderson Library）的图书管理员们做了一件英勇
[243] 的工作，他们得到了书籍、微电影胶片，有一次还得到了用中

文、日文、巽他文以及许多他们掌握不太流利的欧洲语言打印出来的资源。佐治亚南方大学支持我每年去牛津参加英国 18 世纪研究会会议（BSECS conference），以及去华盛顿特区、北京、伦敦、莱顿、格拉斯哥、巴黎和都柏林进行调研。

我希望我在加州工作的那些年以及之前的一些人能够在这部作品中体现出他们的作用，包括丹尼尔·鲍（Daniel Baugh）、约翰·布鲁尔（John Brewer）、豪恩·萨沃斯（Haun Saussy）、大卫·萨比恩（David Sabean）、彼得·赖尔（Peter Reill）、费利西蒂·努斯鲍姆（Felicity Nussbaum）、本杰明·艾尔曼（Benjamin Elman）、基尔提·乔杜里（Kirti Chaudhuri）、卡洛琳·洛基（Carolyn Lougee）、彼得·斯坦斯基（Peter Stansky）、保拉·费恩德恩（Paula Findlen）以及蒂姆·勒努瓦（Tim Lenoir）。这本书的写作概念来源于会议和一些编辑过的书籍，包括费利西蒂·努斯鲍姆的《全球的 18 世纪》（*The Global Eighteenth Century*，2001 年），约翰·布鲁尔和弗兰克·特伦特曼（Frank Trentmann）的《全球视野下的消费文化》（*Consuming Cultures, Global Perspectives*，2006 年），彼得·曼考尔（Peter Mancall）和丹尼拉·布莱希·玛尔（Daniela Bleichmar）的《跨文化的收藏》（*Collecting Across Cultures*，2011 年），托尼奥·安德雷德和邢航（Xing Hang）的《海洋巡游者、丝绸与武士》（*Sea Rovers, Silk, and Samurai*，2014 年）。我还要感谢彼得·博尔施

伯格（Peter Borschberg）、露西尔·贾（Lucille Chia）、查尔斯·克劳奇（Charles Crouch）、斯蒂芬·大卫（Stephen Davies）、凯瑟琳·德拉诺-史密斯（Catherine Delano-Smith）、薇拉·多罗菲瓦-李希曼（Vera Dorofeeva-Lichtmann）、吴文焕（Go Bon Juan）、迈克尔·约翰·戈尔曼（Michael John Gorman）、米歇尔·哈勃兰德（Michelle Haberland）、荣格·哈特（Roger Hart）、玛丽安娜·霍罗威茨（Maryanne Horowitz）、安妮·麦克拉伦（Anne McLaren）、罗伯特·名泰（Robert Minte）、约翰·墨菲特（John Moffett）、允熙·帕克（Hyunhee Park）、苏马蒂·拉马斯瓦米（Sumathi Ramaswami）、帕特丽夏·西德（Patricia Seed）、彼得·沙平斯基（Peter Shapinsky）、劳拉·谢尔顿（Laura Shelton）、理查德·史密斯（Richard Smith）、萨拉·蒂亚克（Sarah Tyacke）、理查德·图克（Richard Tuck）、杰夫·韦德（Geoff Wade）、查尔斯·惠勒（Charles Wheeler），当然还有许多朋友、学生、会议参与者，以及多年来的老师，不胜枚举。

最后，如果没有米歇尔·科恩（Michele Cohen）、艾伦·谢克纳（Alan Schechner）、阿里尔·卡茨（Ariel Katz）、乔希·阿特金斯（Josh Atkins）、艾米·吉尔伯特（Amy Gilbert）和布拉德·格雷夫（Brad Greve）的慷慨相助和陪伴，我在伦敦的工作是不可能完成的。约翰·布鲁尔把我介绍到伦敦，苏源熙负责

伦敦：塞尔登地图与全球化都市的形成（1549—1689）

翻译中文，基尔提·乔杜里负责东印度公司档案馆和牛津大学图书馆，从而在许多方面为整个项目播下了种子。迈尔斯·奥格伯恩（Miles Ogborn）和雷德·马尔科姆（Reed Malcom）给了我关于出版的早期建议，克里斯蒂·亨利（Christie Henry）、艾比·科利尔（Abby Collier）、米歇尔·科普洛（Michael Koplow）、罗伯特·纳沙克（Robert Nashak）、尼克·维尔丁（Nick Wilding）、约翰·威尔斯（John Wills）、乔纳森·拉布（Jonathan Rabb）以及手稿的匿名评论者给予了我很大的帮助。罗伯特和雪莉·巴切勒（Shirley Batchelor），芭芭拉和爱德华·吉尔伯特（Edward Gilbert），莎莉·吉尔伯特（Sari Gilbert）、内特（Nate）和塞吉·巴切勒（Sage Batchelor）宽容并支持着这个富有雄心的计划，这是我最应该感谢的。

[244]

手稿注释

　　大卫·赫利维尔正在重新整理牛津大学博德利图书馆 17 世纪时期获得的中文藏书。对于这些藏书，我最初的指南用书是爱德华·伯纳德的手稿。一些书籍仍在原处保存，但大多数已被重新分类在"中国学"系列中了。直到 1661 年，多达 63 本中文书籍都是通过捐赠的方式获得的（包括来自劳德藏书的著作重新分类，中国学 41-46 号以及塞尔登，中国学 51-54 号）。许多（但不是全部）中国学书籍（超过 64 本）是在 1696 年为了马什大主教（Archbishop Marsh）在格利乌斯拍卖会（Golius auction）上获得的，拍卖的目录中对此有所记载。我还使用了博德利图书馆中的爪哇材料，这些材料大多是 17 世纪 20 年代获得的［Java b. 1-3, 6-7（R）］。

　　印度事务部档案（India Office Records），包括东印度公司现存的大部分文件，现在都在大英图书馆。对于这项研究，我已经咨询了"Charters"（A），"法庭书籍，1599—1699"（B/1-41），"原始通信，1602—1693"（E/3/1-49），"发至东印度公司的急件"或"书信，1626—1691"（E/3/84-92），"工厂记录"（Bombay，G/3/1-3；China and Japan，G/12/1-4，9-10，13，15-17；Madras G/19/1-6，26-31，36；Java G/21/1-7；G/26；G/40），"海军记录"的杂志（L/MAR/A；L/M AR/B）。

许多藏书都是非常有价值的，包括大英图书馆的棉花手稿（Cotton manuscripts），国家档案局的国家文书（State Papers）和殖民地办公室文件（Colonial Office Papers），博德利图书馆的波科克手稿（Pococke manuscripts）、博德利手稿（Bodley manuscripts）、阿什莫尔手稿（Ashmole manuscripts）、马什手稿（Marshal manuscripts），博德利图书馆和圣约翰学院的劳德藏书（Laud Collections），格拉斯哥猎人手稿的拜尔藏书（Bayer Collection），莱顿大学的格劳修斯藏书（Golius Collection）以及皇家学会的藏书。[245]

除了在博德利图书馆的许多书中留下个人批注，托马斯·海德还留下了一些论文（Sloane 853，Asian），以及他去世时书房里的一些书，这些书被收藏到大英图书馆（Sloane 3323，f. 270-72）。海德的一些手稿在 1692 年被牛津大学博德利图书馆买下，并被列入伯纳目录（Bodleian MS Hyde）。

约翰·塞尔登的手稿分布在好几个地方，尽管他的图书馆中的大部分书籍都在 1659 年被送往牛津大学博德利图书馆。这项研究参考了该图书馆的一些手稿（Selden Supra 105，108，

109, 111, 112, 117, 152；Arch Seld. A. 1, A. 2, A. 38, A. 72
(3), B. 3), 林肯律师学院图书馆（Hale MSS 11, 12, 84, 86；
Maynard MSS 47, 53）, 内殿律师学院图书馆（Petyt 529）；兰贝
斯宫图书馆（Fairhurst Papers MS 3513, 3530, 3472, 3474, 4267）

[246] 以及洛杉矶的克拉克图书馆（Selden 1）。

　　　　　伦敦：塞尔登地图与全球化都市的形成（1549—1689）

注　释

引　言　翻译亚洲

1　安东尼·伍德讲述了这个故事，Anthony Wood, *Life*, ed. Thomas Hearne, (Oxford: Clarendon, 1772), 358-62；关于沈福宗，他的教名为"米歇尔"；参见：Batchelor, "Shen Fuzong," October 2006, Oxford Online Dictionary of National Biography；第5章描述了海德和沈福宗做的这项工作；海德和沈福宗工作的记录可以在博德利图书馆和大英图书馆中书籍的题词中查到。他们工作的手稿记录在大英图书馆（以下简称 BL）Sloane 853，在乔治·夏普的著作中有这些记录的印刷版，即 "Appendix de Lingua Sinensi, Aliisque Linguis Orientalibus Una Cum Quamplurimis Tabulis Aeneis, Quibus Earum Characteres Exhibentur," in *Syntagma Dissertationum Quas Olim Auctor Doctissimus Thomas Hyde* 2 (Oxford: Clarendon Press, 1767), 516-26"，然后是铜版版画以及爱德华·伯纳德等人的手稿目录，参见：*Catalogi Librorum Manuscriptorum Anglia et Hiberniae* (Oxford: Sheldon Theater, 1697)。

2　关于此，并没有比较好的同时代记录，安东尼·伍德记录了一些稍微夸张的民间记忆，参见：*The History and Antiquities of the Colleges and Halls in the University of Oxford*, 2, pt. 2 (Oxford: John Gutch, 1796), 919，还有 Gerard Langbaine, "Preface" to John Cheeke, *The True Subject to the Rebel* [1549] (Oxford: Leonard Lichfield, 1641)。卖给鞋匠的谣言（擦他们的烛台，擦他们的鞋）似乎是朗白对引用约翰·贝尔 1549 年手稿毁坏的一种误读。这种疏忽可能发生在缺席的（牛津大学）校长约翰·梅森爵士（1552-1556）时期，但可以肯定的是，在卡迪纳尔·波尔（1556-1558）在任时期，几乎所有的东西都没了。

3　See: Strickland Gibson, ed., *Statuta antique universitatis oxoniensis* (Oxford: Oxford

University Press, 1931), 342－43; James McConica, "The Catholic Experience in Tudor Oxford," in *The Reckoned Expense*, Thomas McCoog, ed. (Woodbridge: Boydell Press, 1996), 42－44; Claire Cross, "Oxford and the Tudor State," in *The History of the University of Oxford III: The Collegiate University*, ed. James McConica, 3 (Oxford: Clarendon Press, 1986), 133－39; A. Vere Woodman, "The Buckinghamshire and Oxfordshire Rising of 1549," *Oxoniensia* 22 (1957), 79－82.

[247] 4 1549 年 8 月 7 日, 约翰·乌尔姆写给海因里希·布林格, *Original Letters Relative to the English Reformation*, Hastings Robinson, ed. (Cambridge: Cambridge University Press, 1847), 391, 译自希腊语。当然, 这种中断没有那么引人注目, 参见: Alexandra Walsham, *The Reformation of the Landscape: Religion, Identity and Memory in Early Modern Britain and Ireland* (Oxford: Oxford University Press, 2011) 以及 Eamon Duffy, *The Stripping of the Altars: Traditional Religion in England*, *c.* 1400－1580 (New Haven: Yale University Press, 1992)。

5 1611 年 11 月 5 日, 伦敦, 博德利写给辛格尔顿, 伍德将其转载于 *History and Antiquities*, 2: 2: 933。

6 第一本获得的书籍是孔子、孟子著作的选篇, Bodleian Sinica 2。桑迪斯购买的书籍包括李梴的医学文本, 即《编注医学入门》, Bodleian Sinica 3b, 1－2; 王冰的《重广补注黄帝内经素问》, Bodleian Sinica 8, 1－7; 龚新等人的《新刊古今医鉴》, Sinica 12/3。对于一份综合性清单, 参见: David Helliwell, "Chinese Books in Europe in the Seventeenth Century," http://www.bodley.ox.ac.uk/users/d jh/17thcent/17theu.htm; A. F. L. Beeston, "The Earliest Donations of Chinese Books to the Bodleian," *Bodleian Library Record* 4: 6 (December 1953), 306。关于凯瑟琳·桑迪斯, 参见: Theodore Rabb, *Jacobean Gentleman* (Princeton: Princeton University Press, 1998), 49。

7 1607 年 6 月 24 日, 博德利写给托马斯·詹姆斯, 参见: G. W. Wheeler, *Letters of Sir Thomas Bodley to Thomas James* (Oxford: Clarendon Press, 1926), 168。其中, 马修·楚贝捐赠 2 封、弗朗西斯·维尔捐赠 7 封、欧文·伍德捐赠 4 封、拉姆利捐赠 4 封、弗朗西斯·科利尔捐赠 2 封以及博德利本人捐赠 11 封。

8 "Indos, Babylonios, Aegyptios atque Gracos, Arabai et Latinos eam pertransisse iam cernimus, iam Athenas deservit, iam a Roma recessit, iam Parisius praeterivit, iam ad Britanniam insularum insignissimam quin potius microcosmos [in Gk.], accessit feliciter, ut se Graecis et barbaris debitricem ostendat." Thomas James, ed., *Philobiblon* (Oxford: Josephus Barnesius, 1599), 38。关于 "*translatio imperii*", 参见: Le

Goff, *La civilisation de l' Occident médiéval* (Paris: Arthaud, 1964), esp. part 2, ch. 6。关于詹姆斯的捐赠，参见：Batchelor, "Crying a Muck: Collecting, Domesticity and Anomie in Seventeenth – Century Banten and England," in *Collecting Across Cultures*, ed. Daniela Bleichmar and Peter Mancall (Philadelphia: University of Pennsylvania Press, 2011), 122-23。此处的文本是 *Rosa Carita*, Bodleian MS Java b. 1 (R) 和 *Bujangga Manik*, MS Java b. 3 (R)。安东尼·伍德德·伯里的书籍转让给汉弗莱公爵以及乔治·欧文，参见：Wood, *History and Antiquities*, 2: 2: 911。

9　"大城市"的数字来自市长 2004 年的 "伦敦计划"，参见：http://www. london. gov. uk/t helondonplan/thelondonplan. jsp。2009 年的修订版更加关注人口达到 800 万的大都市。"塑造伦敦"，http://www. london. gov. uk/shaping – london/london – plan/d ocs/london – plan. pdf. 。　　　　［248］

10　Ferdinand Braudel, *Civilization and Capitalism: Volume III: The Perspective of the World*, trans. *Siân Reynolds* (Berkeley: University of California Press, 1992), 143.

11　在这方面，弗里西斯最重要的著作是 "Libellus de locorum describendorum ratione"，见于 Petrus Apianus (Peter Apian), *Cosmographia liber* (Antwerp: A. Birckman, 1533), and *Arithmeticae Practicae Methodus Facilis* (Antwerp: Gregorio Bontio, 1540)。参见：N. D. Haasbroek, *Gemma Frisius, Tycho Brahe, and Snellius and Their Triangulations* (Delft: Meinema, 1968); and F. van Ortroy, *Bibliographie de l' Oeuvre de Pierre Apian* (Amsterdam: Meridian, 1963)。关于墨卡托的辩论，参见：Mark Monmonier, *Rhumb Lines and Map Wars* (Chicago: University of Chicago Press, 2004)。

12　参见：Jeremy Boulton, "London, 1540-1700," in *The Cambridge Urban History of Britain: 1540 – 1840*, Peter Clark, David Palliser, and Martin J. Daunton, eds. (Cambridge: Cambridge University Press, 2000), 316. E. A. 瑞格理提出了伦敦人口模型的重要性，"A Simple Model of London's Importance in Changing English Society and Economy, 1650-1750," *Past and Present* 37 (July 1967), 44。他表明，在 1550 年的时候，仅仅有 4 万人，但是之后的学术研究将郊区包含在内，认为人数为 7.5 万 ~ 12 万。Roger Finlay and Beatrice Shearer, "Population Growth and Suburban Expansion," in *London* 1500-1700, A. L. Beier and Roger Finlay, eds. (London: Longman, 1986), 37-59; J. Landers, "The Population of London, 1550-1700: A Review of Published Evidence," *London Journal* 15: 12 (1990), 111-28。根据 1851 年人口普查的目录，英国是世界上第一个拥有众多城市人

口的国家。D. M. Palliser, ed., *The Cambridge Urban History of Britain: Volume I*, 600-1540 (Cambridge: Cambridge University Press, 2000), 3.

13　Patricia Fumerton, *Unsettled: The Culture of Mobility and the Working Poor in Early Modern England* (Chicago: University of Chicago Press, 2006); Miles Ogborn, *Spaces of Modernity: London's Geographies 1680-1780* (Guilford, 1998); Raymond Williams, *The Country and the City* (Oxford: Oxford University Press, 1973), 155.

14　Caroline Barron, *London in the Later Middle Ages* (Oxford: Oxford University Press, 2004), 90-91, 102.

15　参见：Richard Helgerson, *Forms of Nationhood* (Chicago: University of Chicago Press, 1992); Colin Kidd, *British Identities Before Nationalism* (Cambridge: Cambridge University Press, 1999); David Armitage, *The Ideological Origins of the British Empire* (Cambridge: Cambridge University Press, 2000); Karen Newman, *Cultural Capitals: Early Modern London and Paris* (Princeton: Princeton University Press, 2007).

[249]　16　David Ormrod, *The Rise of Commercial Empires: England and the Netherlands* (Cambridge: Cambridge University Press, 2003), xiii-i v, 337, 341。关于这种解释的重要著作有 Theodore Rabb, *Enterprise and Empire* (Cambridge: Harvard University Press, 1967); Kenneth Andrews, *Trade, Plunder and Settlement* (Cambridge: Cambridge University Press, 1984); *Rabb, Jacobean Gentleman* (Princeton: Princeton University Press, 1998)。关于重商主义，参见：E. F. Heckscher, *Mercantilism*, rev. ed, ed. E. F. Soderlund (London: Allen & Unwin, 1955), 128-36。赫克舍之后认为英国在很大程度上是个例外，参见：E. F. Heckscher, "Mercantilism" in *Revisions in Mercantilism*, D. C. Coleman, ed. (London: Meuthen, 1969), 22-23, discussed in Ormrod, 17-27。对于 18 世纪大西洋的强调，其中的一个例子参见：David Hancock, *Citizens of the World* (Cambridge: Cambridge University Press, 1995)。

17　Brenner and Isett, "England's Divergence from China's Yangzi Delta: Property Relations, Microeconomics, and Patterns of Development," *Journal of Asian Studies* 60: 2 (May 2002), 610.

18　这方面极好的例子，参见：Miles Ogborn, *Global Lives: Britain and the World*, 1550-1800 (Cambridge: Cambridge University Press, 2008); Alden Vaughan, *Transatlantic Encounters* (New York: Cambridge University Press, 2006); J. H. Elliot, *Empires of the Atlantic World* (New Haven: Yale University Press, 2006); Jack

Greene and Philip Morgan, *Atlantic History: A Critical Appraisal* (New York: Oxford University Press, 2008); Bernard Bailyn, *Atlantic History: Concept and Contours* (Cambridge: Harvard University Press, 2005)。

19 罗伯特·马克利在这里发现了一种普遍的反生态的"无限生产力和利润的幻想"。参见：Markley, *The Far East and the English Imagination*, 1600 – 1730 (Cambridge: Cambridge University Press, 2006), 5。但是他拒绝接受在这一进程中关于英国通过亚洲而有的任何互相构建的观念，更不用说"远东的富有"。

20 关于 17 世纪晚期与欧洲的贸易差额，参见以下著作的插图表格 5.1 和 5.2，Ogborn, *Global Lives*, 113–14。两者都从拉尔夫·戴维斯的文中修改而来——"English Foreign Trade, 1660-1700, *EHR* 7: 2 (1954), 78–98; "English Foreign Trade, 1700-1774," *EHR* 15: 2 (1962), 285–303——同意作者在之后的著作中进行提炼。参见以下著作中的新"帝国"历史方法，Nicholas Canny, *The Oxford History of the British Empire: Volume I: The Origins of Empire* (Oxford: Oxford University Press, 1998)。费希尔给出了关于探寻新市场方面，16 世纪 50 年代转变的经典陈述，参见：F. J. Fisher, "Commercial Trends and Policy in Sixteenth Century England," *EHR* 10 (1940), 105–7; G. D. Ramsay, *The City of London in International Politics at the Accession of Elizabeth Tudor* (Manchester: Manchester University Press, 1975)。修正主义者强调的是商品经济的形成，而不是寻找市场，参见：Davis, "English Foreign Trade"; David Fischer, "Development and Organization of English Trade to Asia, 1553–1605," (University of London, PhD Thesis, 1970); Kenneth Andrews, *Trade, Plunder and Settlement* (Cambridge: Cambridge University Press, 1984); Robert Brenner, *Merchants and Revolution* (Princeton: Princeton University Press, 1993); Bruce Lenman, *England's Colonial Wars* 1550–1688 (Harlow: Longman, 2001)。

21 1687 年 8 月 3 日，柴尔德写给孟买委员会，BL, India Office Records (hereafter IOR), E/ 3/ 91 f. 209. 参见：Chaudhuri, *The Trading World of Asia*, 316–17。

22 对于这一方面的一些更为广泛的评价，参见：David Crystal, *English as a Global Language* (Cambridge: Cambridge University Press, 2003); David Bellos, *Is that a Fish in Your Ear? Translation and the Meaning of Everything* (New York: Faber and Faber, 2011), 17–22。

23 Martin Jay, *Songs of Experience* (Berkeley: University of California Press, 2005), 216–17. Compare the opposite tendency in Husserl's comments on Galileo's appropriation of the 'ready-made' of geometry in "Der Ursprung der Geometrie als inten-

注　释

tional-historisches Problem，" in *Revue international de* philosophie 1：2（1939）．

24　R. G. Collingwood，*The Idea of History*（New York：Oxford University Press，1956），158；Jay，*Experience*，216-19，235；Bernard Stiegler，*Technics and Time* 3（Stanford：Stanford University Press，2011），36-37. 对于翻译的新学术研究，参见：Haun Saussy, ed. , *Comparative Literature in an Age of Globalization*（Baltimore：Johns Hopkins University Press，2006）；Saussy，"In the Workshop of Equivalences：Translation，Institutions，and Media in the Jesuit Re-f ormation of China，" in *Great Walls of Discourse*（Cambridge：Harvard University Press，2001），15-16；Emily Apter，The Translation Zone（Princeton：Princeton University Press，2005）；Lydia Liu, ed. , *Tokens of Exchange*：*The Problem of Translation in Global Circulations*（Durham：Duke University Press，1999）。关于让翻译"可见"的重要性及英国作为一个国家空间对翻译的抵制，参见：Lawrence Venuti，*The Translator's Invisibility*：*A History of Translation*，2nd ed.（London：Routledge，2008），13。

25　对于这种异国情调，参见：Ros Ballaster，*Fabulous Orients*：*Fictions of the East in England*，1662-1785（Oxford：Oxford University Press，2005）；Markley，*The Far East and the English Imagination.* 关于中文，尤其参见：David Porter，*Ideographia*：*The Chinese Cipher in Early Modern Europe*（Stanford：Stanford University Press，2001），其中大部分是关注英格兰的；Nicholas Dew，*Orientalism in Louis XIV's France*（Oxford：Oxford University Press，2009）。关于东方学，参见：Robert Irwin，*For Lust of Knowing*：*The Orientalists and Their Enemies*（London：Allen Lane，2006），54-140。在这两者之间是"新兴读者群"取代异国情调的观念，参见：Victor Segalen，*Stèles*，Timothy Billings and Christopher Bush, eds.（Middletown，CT：Wesleyan University Press，2007），25。将旅行写作作为一种跨文化的体验（对欧洲文化具有变革性）的最好的文献描述，参见：Joan-Pau Rubiés，*Travel and Ethnology in the Renaissance*：*South India through European Eyes*（Cambridge：Cambridge University Press，2000）；and Mary Pratt，*Imperial Eyes*：*Travel Writing and Transculturaltion*（New York：Routledge，1992）。

26　The *Bujangga Manik* is Bodleian MS Jav. b. 3. 1627 年，这本书和 Rosa Crita（Carita）（MSS Jav. b. 1）一起被捐赠，后者是一本几乎有爪哇文（也用了一些巽他文）书写的宇宙学文稿。See J. Noorduyn in*Three Old Sundanese Poems*，ed. J. Noorduyn and A. Teeuw（Leiden：KITLV，2006），241-76；"Bujangga Manik's Journeys Through Java：Topographical Data from and Old Sundanese Source，" *Bijdragen tot de taal-*，*land-en volkenkunde* 138（1982），413-42；"The Three Palm-

L eaf MSS from Java in the Bodleian Library and Their Donors," *Journal of the Royal Asiatic Society of Great Britain and Ireland* (1985), 58-64; and Batchelor, "Crying a Muck: Collecting, Domesticity, and Anomie in Seventeenth-C entury Banten and England," in *Collecting Across Cultures*, 122-23. 关于性别的比喻, 参见: Aihwa Ong and Michael Peletz, eds. , *Bewitching Women*, *Pious Men: Gender and Body Politics in Southeast Asia* (Berkeley: University of California Press, 1995)。

27 关于将大都市作为一个独特的翻译空间, 尤其是在印度南部和东南亚, 参见: Sheldon Pollock, *The Language of the Gods in the World of Men: Sanskrit, Culture, and Power in Premodern India* (Berkeley: University of California Press, 2006); and R onit Ricci, *Islam Translated: Literature, Conversion, and the Arabic Cosmopolis of South and Southeast Asia* (Chicago: University of Chicago Press, 2011), 22, 31- 65; as well as Kojin Karatani's notion of an 'intercrossing space' in *Architecture as Metaphor: Language, Number, Money*, trans. Sabu Kosho, ed. Michael Speaks （Cambridge: MIT Press, 1995）, xxvi; and Denys Lombard, *Le Carrefour javanais: Essai d'histoire globale* (Paris: L'École des Hautes Études en Sciences Sociales, 1990)。 【251】

28 那些能够被粗略地算作加尔各答学派的历史学家（尽管他们居住在其他地方）——博塞、乔杜里以及阿欣·达斯·古普塔——全都强调将转变的背景和拓扑、比较与互动作为一种方法论, 它比全球主义更合适印度洋。See Kirti Chaudhuri, *Trade and Civilisation in the Indian Ocean* (Cambridge: Cambridge University Press, 1985); Ashin Das Gupta and N. M. Pearson, eds. , *India and the Indian Ocean 1500-1800* (Calcutta: Oxford University Press, 1987); Kenneth McPherson, *The Indian Ocean* (New Delhi: Oxford University Press, 1993); and Sugata Bose, *A Hundred Horizons* (Cambridge: Harvard University Press, 2006), 5. 对于东亚, 也参见对于中国朝贡体系简化观念的不断变化的批判, 参见: John Wills, *introduction to China and Maritime Europe*, 1500-1800 (Cambridge: Cambridge University Press, 2011), 3-11; Leonard Blussé, *Visible Cities: Canton, Nagasaki, and Batavia* (Cambridge: Harvard University Press, 2008); Victor Lieberman, *Strange Parallels: Southeast Asia Global Context*, *c.* 800-1830 (Cambridge: Cambridge University Press, 2003, 2009)。

29 Janet Abu-Lughod, *Before European Hegemony: The World System A. D.* 1250-1350 （New York: Oxford University Press, 1989）, 116-17, 220-21; Li Guo, *Commerce, Culture, and Community in a Red Sea Port* (Leiden: Brill, 2004);

D. Panzak, "Le contrat d'affrètement maritime en Méditerranée: droit maritime et pratique commercial entre Islam et Chrétienté," *Journal of Economic and Social History of the Orient* 45: 3 (2002), 342-62; M. Çizakça, *A Comparative Evolution of Business Partnerships: Islamic World and Europe* (Leiden: Brill, 1996).

30　See James Scott, *The Art of Not Being Governed: An Anarchist History of Upland Southeast Asia* (New Haven: Yale University Press, 2009), xiv. 关于这些方面的侨民，参见: Engseng Ho, *The Graves of Tarim: Genealogy and Mobility across the Indian Ocean* (Berkeley: University of California Press, 2006); Francesca Trivellato, *The Familiarity of Strangers: The Sephardic Diaspora, Livorno, and Cross-Cultural Trade in the Early Modern Period* (New Haven: Yale University Press, 2009); Sanjay Sub rahmanyam, ed. *Merchant Networks in the Early Modern World* (Aldershot: Variorum, 1996)。关于掮客和跨文化的贸易，参见: Kapil Raj, *Relocating Modern Science: Circulation and the Construction of Knowledge in South Asia and Europe* (Basingstoke: Palgrave Macmillan, 2007); Alida Metcalf, *Go-Betweens and the Colonization of Brazil* (Austin: University of Texas Press, 2005); Claude Markovits, *The Global World of Indian Merchants, 1750-1947: Traders of Sind from Bukhara to Panama* (Cambridge: Cambridge University Press, 2000)。关于"外来者"的数字，参见: Subrahmanyam, *Three Ways to Be Alien* (Boston: Brandeis University Press, 2011)。另参见理查德·怀特对"中间立场"的强调, *The Middle Ground: Indians, Empires, and Republics in the Great Lakes Region, 1650-1815* (Cambridge: Cambridge University Press, 1991)。对于一种平行的关系网以及翻译的掮客理论，参见: Anthony Pym, "Alternatives to Borders in Translation Theory," (1993) in *Translation Translation*, Susan Petrilli, ed. (New York: Rodopi, 2003), 451-63。

31　乔杜里提出了一种论点，参见: Chaudhuri, *The Trading World of Asia and the English East India Company* (Cambridge: Cambridge University Press, 1978), 135-45。在书中，作者批判了20世纪30年代以来，J.C. 万·勒乌尔具有重要影响力的著作。勒乌尔认为亚洲的贸易港口因货币、重量、度量衡和海关的多样性而负担过重，同时由于市场的极端本地化，信息也很贫乏，参见: J.C. van Leur, *Indonesian Trade and Society* (The Hague: W. van Hoeve, 1955), 132-35, 201-7, 214。勒乌尔的论点对以下作者很有影响力: Niels Steensgaard, *Carracks, Caravans, and Companies* (Copenhagen: Studentlitteratur, 1973); Clifford Geertz, "The Bazaar Economy: Information and Search in Peasant Marketing," *A-*

　　　　　伦敦：塞尔登地图与全球化都市的形成（1549—1689）

merican Economic Review (1978), 29-30。

32　On "house societies", See: Claude Lévi - Strauss, *The Way of the Masks*, *trans. Sylvia Modelski* (London: Cape, 1983), 184; Lévi-S trauss, *Anthropology and Myth* (Oxford: Blackwell, 1987), 153-55; Charles Macdonald, ed. , *De la hutte au palais: sociétés "à maisons" en Asie du sud-est insulare* (Paris: CNRS, 1987). 大卫·萨比恩使用 "ideologies of the house" 的短语，参见: Sabean, *Property*, *Production, and Family in Neckarhausen*, 1700-1870 (Cambridge: Cambridge University Press, 1990), 88-116, 249, 429。对于房屋作为更为普遍的收藏之地，参见: Craig Clunas, *Superfluous Things: Material Culture and Social Status in Early Modern China* (Urbana: University of Illinois Press, 1991); *Fruitful Sites: Garden Culture in Ming Dynasty China* (Chicago: University of Chicago Press, 2004; 关于荷兰人、参见: Simon Schama, *The Embarrassment of Riches* (Berkeley: University of California Press, 1988); Anne Goldgar, *Tulipmania* (Chicago: University of Chicago Press, 2007)。

33　*Bujangga Manik*, Bodleian Library, Oriental, Palm Leaf MS Jav. b. 3, lns. 287-90, trans. J. Noorduyn, *Three Old Sundanese Poems*, 247.

34　此处的灵感是钱锺书的随笔。See Ronald Egan, trans. , *Limited Views: Essays on Ideas and Letters* (Cambridge: Harvard University Press, 1998)。钱锺书的 "China in the English Literature of the Seventeenth Century," *Quarterly Bulletin of Chinese Bibliography* 1 (1940); *Xie zai renshengbian shang* [写在人生边上 "Written in the Margins of Life"] (Shanghai: Kaiming shudian, 1946)。"对位阅读" 的观念见于 Edward Said, *Culture and Imperialism* (New York: Knopf, 1993), 51。

35　在这方面，这本书的社会学方法很有价值。参见：Adrian Johns, *The Nature of the Book* (Chicago: University of Chicago Press, 1998); Miles Ogborn, *Indian Ink: Script and Print in the Making of the English East India Company* (Chicago: University of Chicago Press, 2007); and Simon Schaffer, "The Asiatic Enlightenments of British Astronomy," in Simon Schaffer et al. , *The Brokered World: Go-B etweens and Global Intelligence*, 1770-1820 (Sagamore Beach: Science History Publications, 2009), 49-104。

36　Bodleian Ashmole 1787 (the calendar is now Sinica 88). 装订的杂集包括程大位的《算法统宗》(1592)，平户代理人理查德·科克斯的日本贵族收入清单（大约 1614 年），来自一份中国医学文本中的一页以及来自欧洲的几份纸质样本。根据杨永智的《明清时期台南出版史》，一份 1667 年和 1683 年的副本幸存于坎达·喜一郎的藏书之中，参见：David Helliwell, "Southern Ming C alen-dars," *Serica*, January 2, 2012, http：//oldchinesebooks. wordpress. com/2012/01/02/southern-ming-calendars/, accessedJanuary27, 2012。

37　"The Books and Papers of the Late Dr Hyde," BL, Sloane MSS, 3323, f. 270-72.

38　关于"图"这一概念的最好的介绍是 Francesca Bray, *introduction to Graphics and Text in the Production of Technical Knowledge in China*, ed. *Francesca Bray, Vera Dorofeeva-Lichtmann, and Georges Métailié* (Leiden：Brill, 2007), 1-5 and passim；Vera Dorofeeva-Lichtmann, "The Political Concept behind an Interplay of Spatial 'Positions'" *Extrême-Orient, Extrême-Occident* 18 (1996), 9-33; and Michael Lackner, "Die Verplanung des Denkens am Beispiel der tu," inH. Schmidt-Glintz-er, ed., *Lebenswelt and Weltanschauung in frühneuzeitlichen China* (Stuttgart：Franz Steiner Verlag, 1990), 134-56。

39　海德有一本福建人的历书 (Print 15298 a. 32; formerly Royal 16 B X)，他在上面做了笔记。此外，他还有被大量注解的《永历历法》。Sloane 853, f. 23 有塞尔登地图的译本，而 f. 37 似乎是 Bodleian Sinica 92 的副本。

40　Benjamin Elman, *On Their Own Terms：Science in China*, 1550-1900 (Cambridge：Harvard University Press, 2005)；R. Bin Wong, *China Transformed：Historical Change and the Limits of European Experience* (Ithaca：Cornell University Press, 1997)；Geoffrey Lloyd and Nathan Sivin, *The Way and the Word：Science and Medi-cine in Early China and Greece* (New Haven：Yale University Press, 2002). 由于其重要性，我就这张地图做了一份备忘录，记载了 2008 年 2 月，赫利维尔送给艾尔曼、蒂莫西·布鲁克以及苏源熙；这就确保了能获得资金来复原这幅地图。

41　索西和乔杜里以不同的方式进行的工作和讨论帮助我重新思考了这个问题。尤其参见：Haun Saussy, "*Impressions de Chine*, Or How to Translate from a Nonex-istent Original," in Victor Segalen, *Stèles*, ed. Timothy Billings and Christopher Bush (Middletown：Wesleyan University Press, 2007)；Kirti Chaudhuri, *Trade and Civilisation in the Indian Ocean* (Cambridge：Cambridge University Press, 1985). 关于纠缠，参见：Nicholas Thomas, *Entangled Objects：Exchange, Material Culture and Colonialism in the Pacific* (Cambridge：Harvard University Press, 1991)。

42　G. R. Elton, *The Tudor Revolution in Government* (Cambridge：Cambridge Univer-sity Press, 1962)；Douglas North and Robert Thomas, *The Rise of the Western World* (Cambridge：Cambridge University Press, 1973), 153-56.

1　布里斯托尔航行的资金结构尚不清楚，但最近发现的档案表明，意大利式合作　[254]
　　关系名义上得到了王室的支持。一些金融支持来自伦敦的奥古斯丁修士（以及
　　他们的"伦巴第大厅"），从历史上看，尤其是通过米兰使节和数学家乔瓦
　　尼·卡纳罗，他们与伦敦的伦巴第商人安克斯有联系。See Evan Jones, "Alywn
　　Ruddock: John Cabot and the Discovery of America," *Historical Research* 81
　　(2008), 231-36; Richard Hakluyt, *Principall Navigations, Voiages and Discoveries
　　of the English Nation* (London: George Bishop and Ralph Newberie, 1589), 517;
　　Jones, "Henry VII and the Bristol Expeditions to North America: The Condon Docu-
　　ments," *Historical Research* 83: 221 (August 2010). 关于布里斯托尔，参见:
　　David Sacks, *The Widening Gate: Bristol and the Atlantic Economy* (Berkeley: Uni-
　　versity of California Press, 1993)。

2　约翰·卡伯特在 1498 年的第二次航行，可能到达了委内瑞拉海岸的科基巴科
　　亚，最终证实卡伯特没有找到中国。See James Williamson, *The Cabot Voyages and
　　Bristol Discovery* (Cambridge: Hakluyt Society, 1962), 107 – 12, 233; Jones,
　　"Ruddock," 244-45.

3　理查·佩森的著作《约翰·蒙德维尔的博克》（伦敦: 1496 年）幸存了唯一一
　　件副本，即 BL G. 6713。威廉·卡克斯顿在 1490 年获得了圣奥尔本斯的曼德维
　　尔手稿副本（BL MS Egerton 1982 年），大概是打算仿造安东·索格 1481 年的
　　奥格斯堡手稿。沃德将其出版为 *A lytell Treatise or Booke*, *named John Mandevyl,
　　Knyht, borne in Englande* (Westminster: 1499, 1503)。塞巴斯蒂安·卡伯特只在
　　地图上引用马可·波罗的记述。

4　Donald Ostrowski, *Muscovy and the Mongols: Cross-C ultural Influences* (Cambridge:
　　Cambridge University Press, 2002), 37-40; and William Hung, "The Transmis-
　　sion of the Book Known as The Secret History of the Mongols," *Harvard Journal of
　　Asiatic Studies* 14 (1951), 433-92. 无论是在地图上，还是在为它制作的小册子
　　上，卡伯特都把"Tartaroru"称为"magnu Can"的王国。Sebastian Cabot, *Dec-
　　laratio chartae novae navigatoiae domini almirantis* (Antwerp?: ca. 1544 – 49), C,
　　Huntington 5680.

5　关于哥伦布原始资料的经典论述是瓦莱丽·弗林特，*The Imaginative Landscape of
　　Christopher Columbus* (Princeton: Princeton University Press, 1992)。有一种观点

认为，合股制公司的特殊性源于其延续了新中世纪的法律定义，参见：Philip Stern，*The Company State*（Oxford：Oxford University Press，2011）。

6　"What ties the ship to the wharf is a rope, and the rope consists of fibres, but it does not get its strength from any fibre which runs through it from one end to the other, but from the fact that there is a vast number of fibres overlapping." Ludwig Wittgenstein，"*The Brown Book*，" The Blue and Brown Books（New York：Harper and Row，1960），87.

7　General Archive of Simancas, Libro de Camara, 1546–48, f. 122–23；Cristobal Péres Pastor，"Sebastian Caboto en 1533 y 1548，" *Boletin Real Academia Historia—Madrid* 22（April 1893），350–51.

8　Richard Hakluyt，*Principall Navigations*（London：1589），519–20；John Dasent，*Acts of the Privy Council of England*（London：Stationery Office，1890–91）2：137，320，374；3：55. 对于皇帝的回应，参见：Privy Council to Sir Philip Hoby，Greenwich，April 21，1550，BL Harleian MSS 523，f. 6–7。

9　关于卡伯特出生在布里斯托尔还是威尼斯的模糊性，参见：Richard Eden，T*he Decades of the new worlde or west India*（London：William Powell，1555），255；以及 George Best，*A True Discourse of the late voyages of discoverie for the finding of a passage to Cathaya*，*by the Northeast*（London：Henry Bynnyman，1578），1. b. 16。他在 1522 年努力声明威尼斯的出生和公民身份，然后是在 16 世纪 50 年代，参见：Dispatch from the Council of Ten to Gasparo Contarini，Venice，September 27，1522，State Archives，Venice，Capi del Consiglio dei X，Lettere Sottoscritte，Filza N. 5，1522；Dispatch to Contarini，April 28，1523，Marciana Library，Venice，It. Cl. VII.，Cod.，MIX. Cart. 294；Peter Vannes to the Privy Council，September 12，1551，Venice；Dispatch from the Council of Ten to Giacomo Soranzo，Sept 12，1551，State Archives Venice，Consiglio dei Dieci Parte Secrete，Filza N. 8，1551–54. 约翰·卡伯特，出生于热那亚，于 1476 年加入威尼斯国籍。"Letters of Naturalization，" March 28，1476，State Archives，Venice，Senato Terra，1473–77，vii. 109；Henry Harrisse，*Jean et Sébastien Cabot leur origine et leurs voyages*（Paris：E. Leroux，1882），387–89. 对于拉穆西奥为卡伯特的利益所做的努力，参见：Ramusio，"Discorso Sopra Varii Viaggi Per Liquali Sono State Condotte Et Si Potrian Condurre Le Spetierie，" *Navigationi et Viagi* 1（Venice：Giunti，1550），401–2。感谢尼克·维尔丁抄录了威尼斯档案馆的参考文献。

10　根据亚当斯的说法，该公司原本应该有 240 名投资者参与合股企业的投资，每

[255]

人 25 英镑，总共 6000 英镑，其中 201 名投资者提供了资金。Royal patent, February 6（26），1555，the National Archives（hereafter TNA）Patent Rolls, C 66/ 883/ 31-32；"The Charter of the Marchants of Russia, graunted upon the discoverie of the saide Countrey, by King Philip and Queene Mary," February 6, 1555, in Hakluyt, *Principall Navigations*（1589），304-9；以及 T. S. Willan, *The Early History of the Russia Company*（Manchester：Manchester University Press, 1956）.

11　克莱门特·亚当斯的报告载于 Hakluyt, *Principall Navigations*（1589），282。

12　约翰·斯托在他的著作中给出了很好的描述，该著作即 *The Survay of London*, 3rd ed.（London：George Purslowe, 1618），161。

13　Cf. Pierre Garcie, *The Rutter of ye Sea*, trans. Robert Copland（London：Richard Bankes, 1528）；*Booke of the Sea Carte*, n. d., BL Add 37, 024；David Waters, *The Art of Navigation in England in Elizabethan and Early Stuart Times*（London：Hollis and Carter, 1958），78-81；N. A. M. Rodger, *The Safeguard of the Sea*（New York：W. W. Norton, 1997），156-57, 164.

14　Paul Griffiths, *Lost Londons*（Cambridge：Cambridge University Press, 2008）11；A. L. Beier, "Foucault Redux? The Roles of Humanism, Protestantism, and an Urban Elite in Creating the London Bridewell, 1500-1560," *Criminal Justice History* 17（2002），33-60.

15　"社会" 是克莱门特·亚当斯的用词（"每个人都愿意成为社会的一分子……"）。关于 "社会" 的论述，参见：Frederic Maitland, introduction to Otto Gierke, *Political Theories of the Middle Age*（Cambridge：Cambridge University Press, 1900），xxiii；George Unwin, *The Gilds and Companies of London*（London：Meuthen, 1908）。

16　Hakluyt, "The new Navigation and discovery of the kingdome of Moscovia, by the Northeast, in the yeere 1553：Enterprised by Sir Hugh Willoughbie knight, and performed by Richard Chanceler, Pilot maior of the voyage," *Principall Navigations*（1589），280.

17　Williamson, *The Cabot Voyages*, 49-53, 204-5.

18　Hakluyt, *Principall Navigations*（1589），264-65.

19　这些 "法令" 经常发行在 Casa de la Contratación，参见：比如 1526 年卡伯特的航行，José Medina, *El Veneciano Sebastián Caboto al Servico de España* 2（Santiago de Chile：Universidad de Chile, 1908），29-40。

20　Hakluyt, *Principall Navigations*（1589），259-63；TNA State Papers（hereafter

注　释

SP）12/ 196，50-59.

21   《大宪章》赋予伦敦市民和自由民以及他们的公司组织拥有永久财产的权利
（即不可转让地获得国王的许可）。"行会、兄弟会、社团、公司或同业公会"，
尤其是慈善宗教团体，对永久财产权的要求，一直是反对迷信使用的法案的目
[256]   标，23 Henry VIII，c. 10（1531），豁免了城市和城镇的法人团体，37 Henry
VIII c. 14（1545），这是为了支付在法国和苏格兰的战争费用，英国扩大了没
收的范围，并对伦敦公司的主要权利提出了疑问。解散慈善机构的法案，1
Edward VI，c. 14 S. R. 24，IX（1547），不涉及"迷信用途"的"大公司、同
业公会、兄弟会、公司、行会的成员"将免于此类没收。

22   参见：斯蒂芬·格林布拉特的经典提法，*Renaissance Self-Fashioning*（Chicago：
University of Chicago Press，1980）。

23   "che venghono cum questa mercantia da luntani paesi ad casa sua altre caravane, le
quale ancora dicono che ad loro sono portate da altre remote regioni. Et fa questo ar-
gumento che se li orientali affermanno ali meridionali che queste cose venghono lonta-
no da loro, et così da mano in mano presupposta la rotundita della terra, è necessario
che li ultimi le tolliano al septentrione verso l'occidente" and "in Londres magior fon-
daco de speciarie che sia in Alexandria." 1497 年 12 月 18 日，Abbé Raimondo de
Soncino to the Duke of Milan，引自 *Annuario Scientifico ed Industriale*，*anno second*
1865（Milan：Biblioteca Utlie，1866），701。

24   Williamson，*Cabot Voyages*，175-89；E. M. Carus-Wilson，*The Overseas Trade of
Bristol in the Later Middle Ages*（Bristol：Bristol Record Society，1937），157-58，
161-65，218-89. 关于哥伦布、亨利七世以及布里斯托尔，参见：David B.
Quinn，"Columbus and the North：England，Iceland，and Ireland，"*William and
Mary Quarterly* 49：2（April 1992），278-97.

25   这份 1505 年的简短文献，字面上的意思是一处"当局"授予了"在加莱的商
人冒险者总督"一项由枢密院盖章的权力，以此"在伦敦城内召集这些商人
的法庭和集会"，时间为 1505 年 1 月 24 日，TNA C/ 66/ 598/ 17。另一份由枢
密院盖章的文件授予他们在荷兰、新西兰、布拉班特和佛兰德斯的贸易权，授
权日期为 1507 年 6 月 14 日，TNA Patent Rolls，C 66/ 603/ 19. Douglas Bisson，
The Merchant Adventurers of England：The Company and the Crown，1474-1564
（Newark：University of Delaware Press1993）；A. Sutton，"The Merchant Adven-
turers of England：Their Origins and the Mercers' Company of London，"*Historical
Research* 75（2000），25-46；E. M.   Carus-Wilson，*Medieval Merchant Venturers*

伦敦：塞尔登地图与全球化都市的形成（1549—1689）

（London：Methuen，1954），115，173-74；William Scott，*The Constitution and Finance of English，Scottish，and Irish Joint-Stock Companies to* 1720，I（Cambridge：Cambridge University Press，1912），11。

26　Caroline Barron，*London in the Later Middle Ages*（Oxford：Oxford University Press，2004），107，109，117。

27　1555 年，伊甸翻译了约维乌斯的一份俄国纪事，*Libellus de legatione Basilii magni Principis Moschoviae ad Clementem VII*（Rome：1525），这是狄米特律斯 1525 年派往莫斯科的教皇特使。

28　Eden，*Decades*，252r.

29　只有一份特许状的脚本幸存了下来，即 Guildhall Library Ms 11894，因为公司的记录在大火中烧毁了。因此，法庭记录从 1666 年或者 1667 年开始，Guildhall Library MS 11741/ 1。

30　1557 年 4 月 28 日，菲利普和玛丽写给伊凡，TNA 20/ 60，1-2。四年后，伊丽莎白写信给伊凡，请求允许安东尼·詹金森在俄国做生意。1561 年 4 月 25 日，伊丽莎白给伊凡的书信，TNA 22/ 60，3。伊丽莎白继续与伊凡通信，通过信件和大使解决贸易问题。 **[257]**

31　关于特许状作为一个范式，参见：Willan，*Russia Company*，8-9。

32　《圣经》拉丁通行本中写道，"Porro ego audivi de te，quod possis obscura interpretari，et ligata dissolvere：si ergo vales scripturam legere，et interpretationem ejus indicare mihi，purpura vestieris，et torquem auream circa collum tuum habebis，et tertius in regno meo princeps eris. "。

33　Stephen Alford，*The Early Elizabethan Polity：William Cecil and the British Succession Crisis*，1558-1569（Cambridge：Cambridge University Press，1998），15-18；G. Lloyd Jones，*The Discovery of Hebrew in Tudor England：A Third Language*（Manchester：Manchester University Press，1983），101.

34　*A Fruteful and pleasaunt worke of the beste state of a publyque weale，and of the newe yle called Utopia：written in Latine by Syr Thomas More knyght，and translated into Englyshe by Ralphe Robynson Citizein and Goldsmythe of London at the procurement，and earnest request of George Tadlowe Citezein and Haberdassher of the same Citie*（London：Abraham Nell，1551）.

35　Susan Brigden，*London and the Reformation*（Oxford：Clarendon Press，1989），6-10，26.

36　Thomas More，Dialogue of Comfort against Tribulation in William Rastell，ed. ，*The*

Workes of Sir Thomas More, *Knyght* (London: John Cawod, et. al. , 1557) sec. II. 关于莫尔和加德纳，参见: Quentin Skinner, *The Foundations of Modern Political Thought* (Cambridge: Cambridge University Press, 1978), 90-98。

37 Stephen Gardiner, *Letters of Stephen Gardiner*, ed. James Muller (Westport: Greenwood Press, 1970), 369-74.

38 参见: Michael Riordan and Alec Ryrie, "Stephen Gardiner and the Making of a Protestant Villain, " *Sixteenth Century Journal* 34: 4 (2003), 1039-63.

39 Cf. 2 Kings 17: 18-23. 关于这一主题，参见: John Day, "A Table of the principall matters conteyned in the Byble, in which the readers maye fynde and practice many commune places, " *The Byble, that is to say all the holy scripture* (London: 1549), BB3-6; *Alford, Kingship*, 33。

40 这种相互依存的观念而不是相互排斥的准则是跨文化贸易的关键，参见: Avner Grief, *Institutions and the Path to the Modern Economy: Lessons from Medieval Trade* (Cambridge: Cambridge University Press, 2006); 以及 Francesca Trivellato, *The Familiarity of Strangers: The Sephardic Diaspora, Livorno, and Cross-Cultural Trade in the Early Modern Period* (New Haven: Yale University Press, 2009)。此处公司的概念来自奥利弗·威廉姆森。

41 Maitland, introduction to Otto von Gierke, *Political Theories*, xviii; Gierke, *Genossenschaftsrecht*, III, 279; Janet Coleman, Ancient and Medieval Memories: Studies in the Reconstruction of the Past (Cambridge: Cambridge University Press, 1992), 501-37. 关于霍布斯后来试图将"虚构的人"的概念扩展到国家，参见: Mark Neocleous, *Imagining the State* (Philadelphia: Open University Press, 2003), 72-97。

[258] 42 C. W. R. D. Moseley, "Introduction," *The Travels of Sir John Mandeville* (London: Penguin Books, 1983), 10; 以及 Moseley, "The Metamorphoses of Sir John Mandeville," *Yearbook of English Studies* 4 (1974). 斯蒂芬·格林布拉特认为，曼德维尔的"表演自我的虚构本质"在当时是不被认可的，但他似乎没有意识到"虚构"的概念，Greenblatt, *Marvelous Possessions* (Chicago: University of Chicago Press, 1991), 165。

43 对于这个区别的一个例子，参见: "Discourse of Corporations" (ca. 1587-89): "it is the site and place where every town or city built which is the chief cause of the flourishing of the same or else some special trade, and not the incorporation thereof. " *Tudor Economic Documents* 3, R. H. Tawney and Eileen Power, eds. (London:

Longmans, 1924), 273-77。

44   Cf. Karl Burmeister, *Sebastian Münster: Versuch eines biographischen Gesamtbildes*
（Basel: Helbig & Lichtenhahn, 1963）, 120 - 21; Matthew McLean, *The Cos-
mographia of Sebastian Münster*（Aldershot: Ashgate, 2007）, 170-74.

45   尤其参见：*Cosmographia*（1550）, 56-73。雅各·福格在一封写于 1542 年 5 月
8 日的公开信中为明斯特辩护，参见：Burmeister, *Münster*, 170-80。

46   July 26, 1550, *Calendar of Patent Rolls*, 1549 - 1551（London: Stationery Office,
1929）, 314.

47   Sebastian Münster, *Cosmographia*（Basel: Petri, 552）, 1083.

48   "Preface to the Reader" in the 1555*Decades*, d. iii（f）.

49   葡萄牙人第一次去日本是在 1543 年，从浙江宁波附近的一个小岛出发，他们
称之为利昂波。卡伯特在 1544 年绘制地图时，显然不知道这一点。

50   Bibliothèque nationale de France（hereafter BNF）, cartes et plans, rès ge. AA 582.
用拉丁语和西班牙语出版小册子的是卡伯特，*Declaratio chartae novae naviga-
toiae*。在后记中，他将卡伯特命名为 "auctor huius chartae"，并将他的体系追
溯到 1544 年。南森·柴特乌斯在 *Variorum in Europa itinerum deliciæ*（Oxford:
1594）中认为它们是重要的，足以重印伦敦地图上的拉丁传奇，这与 "Tabula
Prima" 和 "Tabula Secunda" 有些不同，它们是围绕着 BNF 地图的。1548 年 7
月 9 日，卡伯特获准 "前往德国" 六个月，当时查理五世住在布鲁塞尔的宫
殿里。对于相关的文献，参见：José Medina, *El Veneciano Sebastián Caboto* 1,
394-98。

51   Humphrey Gilbert, *A discourse of a Discoverie for a new Passage to Cataia*（London:
Henry Middleton, 1576）, l. sing. Diii（written before 1566）; Richard Willes, *The
History of Travayle in the West and East Indies*（London: Richard Jugge, 1577）,
232; Samuel Purchas, *Purchas his Pilgrimes* 3（London: William Stansby, 1625）,
807. 威尔斯提及了一份卡伯特在白金汉郡切尼斯的手稿地图，这是第二代贝
德福德伯爵福朗西斯·罗素的家，卡伯特在地图上写的 "你可以在他的名片
上看到他写的航海话语"（235）。给爱德华六世的手稿地图最后一次被记录下
来（"塞巴斯蒂安·加伯特的地图"）是在白厅的一份印有 28 份手稿和 40 份印
刷地图的目录中，所有这些都在 1691 年和 1698 年的战争中烧毁了。Royal   [259]
MSS Appendix 86, f. 94-96. 参见：R. A. Skelton, "The Royal Map Collection of
England," *Imago Mundi* 13（1956）, 181. The "Mappa Mundi cortado por el
equinocio," sent by Cabot to Charles V from London in November 1553 is now lost

as well. 1554 年 11 月 15 日，卡伯特写给查理五世［sic：1553］，*Coleccion de Documentos Inéditos para la Historia de España* 3（Madrid：1843），512-14；以及 Harrisse，*Cabot*，283，其中引用了一份胡安·鲍蒂斯塔·盖希的备忘录（Madrid：Real Academia de la Historia，1843），时间为 1575 年 9 月 20 日。

52　Hakluyt's，"Discourse of Westerne Planting"（1584）notes that "the day of the moneth is also added in his owne［'Gabota'］mappe which is yn the Queenes privie gallorie at Westminster，the copye whereof was sette oute by Master Clemente Adams and is in many marchants houses in London." David Quinn and Allison Quinn，eds.，*A Particuler discourse . . . known as Discourse of Western Planting*（London：Hakluyt Society，1993），95；以及 Hakluyt，*Principall Navigations* 3（London：1599-1600），6.

53　E. G. R. Taylor，*Tudor Geography*（London：Meuthen，1930）.

54　也参见：Richard Pace，*De Fructu quae ex doctrina percipitur liber*（Basel：Froben，1517），他比较了到达乌托邦的容易和实际地理和地图的困难［ed. Frank Manley and Richard Sylvester（New York：Ungar，1967），108-9］。

55　David Quinn，*Sebastian Cabot and Bristol Exploration*（Bristol：Historical Association，1968），25-26.

56　关于迪耶普的地图绘制者，参见：Gayle K. Brunelle，"Images of Empire：Francis I and His Cartographers，" in *Princes and Princely Culture*，E. Gosman，ed.（Leiden：Brill，2003），81-102。

57　1512 年 4 月 1 日，阿方索·德·阿尔伯克基将一幅爪哇地图（在 1511 年 12 月的一场海难中丢失）抄录并翻译成中文，寄给马鲁古的曼努埃尔国王，参见：Armando Cortesão and A. Teixeira da Mota，*Portugaliae monumenta cartographia* 1（Lisbon：Nacional Casa da Moeda，1960），79-80；J. H. F. Sollewijn Gelpke，"Afonso de Albuquerque's Pre-P ortuguese 'Javanese' Map，Partially Reconstructed from Francisco Rodrigues' Book，" *Vijdragen tot de Taal-，Land-en Volkenkunde* 151：1（1995），76-99。

58　"a navegaçam dos chines e gores，com suas lynhas ey caminhos deretos por omde as naos hiam，e ho sertam quaes reynos comsynavam huns cos outros." Afonso de Albuquerque to King Manuel，April 1，1512，*Cartas de Affonso de Albuquerque，seguidas de documentos que as elucidam* 1（Lisbon：Academia Real das Sciencias，1884），64-65.

59　"ver verdadeiramente os chins donde vem e os gores，e as vossas nàos ho caminho

que am de fazer pêra as ilhas do cravo, e as minas do ouro omde sam, e a ilha de jaoa
e de bamdam, de noz nozcada e maças, e a leira deirrey de syam, e asy ho cabo da
terra da navegaçam dos chins, e asy para omde volve, e como daly a diamte nam nave-
gam. " Albuquerque, *Cartas*, 64–65.

60 从 16 世纪 30 年代开始，葡萄牙的波特兰型海图上就出现了类似的点群。

61 关于卡波特转变到葡萄牙语服务，参见：Antonio Barrera-O sorio, *Experiencing
Nature: The Spanish American Empire and the Early Scientific Revolution* (Austin: U-
niversity of Texas Press, 2006), 40。1522 年 12 月 31 日，威尼斯大使盖斯帕罗·
孔塔里尼向威尼斯议会提交的西班牙法庭报告中出现了相互矛盾的叙述，Mar-
ciana Library, Venice, it. Cl. VII, Cod. MIX, Cart. 281-83。据报道，卡伯特还 [260]
与卡迪纳尔·沃尔西就舰队指挥权进行了谈判。Richard Eden, *A treatyse of the
newe India* (London: Edward Sutton, 1553), 1 sig. aa. iiii. 他声称 1517 年卡伯特
与托马斯·佩尔特进行了一次失败的航行。

62 Barrera-O sorio, *Experiencing Nature*, 35-37; José Pulido Rubio, *El piloto mayor
de la Casa de Contratación* (Seville: Escuela de Estudios Hispano-A mericanos de Se-
villa, 1950). 关于葡萄牙, John Law, "On the Methods of Long Distance Con-
trol, Vessels, Navigation and the Portuguese Route to India," in *Law, Power, Action
and Belief* (London: Routledge, 1986), 234-63; G. Beaujouan, "Science livresque
et art nautique au XV siècle, " in *Les Aspects internationaux de la découverte
océanique*, M. Mollat du Jourdin and P. Adam, eds. (Paris: École Practique des
Hautes Études, 1966), 13-14.

63 Alison Sandman, "Spanish Nautical Cartography in the Renaissance," in David
Woodward, ed., *Cartography in the European Renaissance* (Chicago: University of
Chicago Press, 2007), 1095-1142; Sandman, "Mirroring the World: Sea charts,
Navigation and Territorial Claims in Sixteenth-Century Spain," in. *Merchants and
Marvels*, Pamela Smith and Paula Findlen, eds. (New York: Routledge, 2001),
83-108; Ricardo Padrón, "Sea of Denial: The Early Modern Spanish Invention of
the Pacific Rim, " *Hispanic Review* 77: 1 (February 2008), 1-27.

64 Martín Fernández de Enciso, *Suma de Geographia que trata de todas las partidas y
provincias del mundo* (Sevilla: 1519, 1530, 1549).

65 Ricardo Padrón, *The Spacious Word: Cartography, Literature, and Empire in Early
Modern Spain* (Chicago: University of Chicago Press, 2004), 84-91. 16 世纪 30 年
代和 40 年代，对于亨利八世来说，恩索西的两本译文并没有对英国宫廷产生

重大影响，参见：Jean Maillard，"Le premier livre de la Cosmographie en rethorique Francoyse contenant la description des ports et Isles de la mer，" British Library MSS Royal 20 B XII，f. 4r；以及 Roger Barlow，BL Royal 18. B. 28，f. 1. Robert Wyer's 1535 *Mappa Mundi*……*the Compasse，and Cyrcuet of the Worlde*，其中抄写了安特卫普商人理查德·阿诺德 1503 年出版的一本普通的书。也参见："Cosmographia"（1530，创作于大约 1510 年），Royal 13 E VII；另一份副本在 Cotton Nero E. IV。

66　关于里贝罗斯，参见：Cortesão and da Mota，*Portugaliae monumenta cartographia* 1，87–106，plates 37–40；Surekha Davies，"The Navigational Iconography of Diogo Ribeiro's 1529 Planisphere，" *Imago Mundi* 55：1（2003），103–12。

67　Richard Hakluyt，ed.，*Divers voyages touching the discoverie of America*（London：Thomas Woodcocke，1582），B3. See also the MSS copies，the oldest dating from 1539 at Hatfi eld House MSS，no. 29；"The booke made by the worshipfull Master Robert Thorne in Anno 1527，" BL，Lansdowne MSS Codex 100/ 7，f 65–80；and John Dee's damaged copy from 1577，BL，Cotton MSS，Vitellius E VII，used by Hakluyt.

68　See Metcalf，*Go–B etweens and the Colonization of Brazil*，1500–1600，76–77.

69　João de Lisboa，"Tratado da Agulha de Marear"（1514），*Livro de Marinharia*，*Jacinto de Brito Rebello*，ed.（Lisbon：Libanio da Silva，1903），18–24；A. R. T. Jonkers，" Parallel Meridians：Diffusion and Change in Early–M odern Ocean Reckoning" in *Noord–Z uid in Oostindisch perspectief*，J. Parmentier，ed.（The Hague：Walburg，2005），17–42，esp. table 1.

70　David Woodward，"Roger Bacon's Terrestrial Coordinate System，" *Annals of the Association of American Geographers* 80：1（March 1990），109 – 22；O. A. W. Dikce，"The Culmination of Greek Cartography in Ptolemy，" *The History of Cartography* 1：177–200.

71　Medina，Arte de navegar（Valladolid：Francisco Fernandez de Cordua，1545）. See David Turnbull，"Cartography and Science in Early Modern Europe：Mapping the Construction of Knowledge Spaces，" *Imago Mundi* 48（1996），5 – 24；Ursula Lamb，"Science by Litigation：A Cosmographic Feud，" *Terrae Incognitae* 1（1969），40–57；Lamb，"The Spanish Cosmographic Juntas of the Sixteenth Century，" *Terrae Incognitae* 6（1974），51–64.

72　1542 年，来自迪耶普的领航员让·罗茨向亨利八世赠送了一本航海图和一篇航海文章。Jean Rotz, "Boke of Idrography," BL Royal MSS 20. E. IX. 关于约翰・鲁特 1527 年从普利茅斯开始的航行，参见：Irene Wright, *Spanish Documents Concerning English Voyages to the Caribbean*, 1527 - 1568（Utrecht：1929），29。

73　"芭芭拉"号在加勒比海捕获了一艘西班牙船及其航海图，一位名叫格里恩的商人（已去世）"有非常好的记录"，"所有的经验都记录在 'dions' 中，因此新到者发现了陆地，这里有着奇怪的地方"。伯金的威廉・哈尔用 9 先令买下了。R. G. Marsden, ed. "The Voyage of the Barbara to Brazil," *The Naval Miscellany* 2（1912），61-62.

74　See Eric Ash, *Power, Knowledge, and Expertise in Elizabethan England*（Baltimore：Johns Hopkins University Press, 2004），91；Alison Sandman and Ash, "Trading Expertise：Sebastian Cabot between Spain and England," *Renaissance Quarterly* 57：3（Autumn 2004），813-46.

75　Hakluyt, "The voyage of M. Roger Bodenham with the great Barke Aucher to Candia and Chio, in the yeere 1550," *Principall Navigations* II：1（1599-1600），99-101；1550 年 6 月 24 日，吉安・舍夫给匈牙利孀居的王后。1551 年也有二人的通信，参见：Royall Tyler, ed., *Calendar of State Papers*, *Spanish* 10（London：Public Record Office, 1914），115, 214。

76　关于地图能够令当地的各种各样的知识变得灵活和能量化的，参见：David Turnbull, Masons, Tricksters, and Cartographers（London：Taylor and Francis, 2000）；Turnbull, "Rendering Turbulence Orderly," *Social Studies of Science* 25（1995），9-33。

77　Adams. "The newe Navigation and discovery of the kingdome of Moscovia," ca. 1554 in Hakluyt, *Principall Navigations*（1589），280. 也参见：the account by Thomas Edge, "A briefe Discoverie of the Northerne Discoveries of Seas, Coasts and Countries," in Samuel Purchas, *Hakluytus Posthumus, or Purchas his Pilgrimes* 3：3（London：H. Fetherston, 1625），462.

78　Kenneth Arrow, "Toward a Theory of Price adjustment," in Moses A bramovitz et al., eds., *The Allocation of Resources*（Stanford：Stanford University Press, 1959），47, cited in Williamson, *Economic Institutions*, 9. 丹尼斯・弗林和阿图罗・吉拉尔德斯将白银流通描述为一种更普遍的经济失衡状态；参见："Cycles of Silver：Global Economic Unity through the Mid - E ighteenth Century," *Journal of World History* 13. 2（2002），394-95。

79　J. D. Gould, *The Great Debasement*（Oxford: Oxford University Press, 1970）, 118-26.

80　1549 年 4 月 20 日、4 月 25 日、5 月 17 日以及 6 月 9 日，威廉·丹赛尔的通信，见于 Robert Lemon, ed. , *Calendar of State Papers Foreign*, *Edward*, *Mary and Elizabeth*（London: Stationery Office, 1856）。

81　Brenner, *Merchants and Revolution*, 6-9.

82　有些人认为这本书没有在 1581 年出版是约翰·黑尔斯或托马斯·格雷欣的功劳。Raymond de Roover, *Gresham on Foreign Exchange*（Cambridge: Harvard University Press, 1949）, 297-98. 关于史密斯，参见: Mary Dewar, "The Memorandum 'For the Understanding of the Exchange': Its Authorship and Dating, " *EHR* 2 ser. 18（April 1965）, 476-87; Daniel Fusfeld, "On the Authorship and Dating of 'For the Understanding of the Exchange, '" *EHR* 20（April 1967）145-50; yii Gould, *Great Debasement*, 161-64。

83　Smith, *A Discourse of the Commonwealm*, ed. Elizabeth Lamond（Cambridge: Cambridge University Press, 1893）, 16-17, 44, 104-5. 关于将其作为一种"大英帝国"对苏格兰和爱尔兰意识形态的来源，参见: Armitage, *Ideological Origins*, 47-51。

84　W. K. Jordan, ed. , *The Chronicle and Political Papers of King Edward VI*（Ithaca: Cornell University Press, 1966）129, 167.

85　1553 年 4 月 16 日，托马斯·格雷欣, *Calendar of State Papers Foreign*, *Edward*, 273; R. H. Tawney and E. Power, *Tudor Economic Documents* 2（1924）, 146-49, 153。

86　Jack A. Goldstone, "Urbanization and Inflation: Lessons from the English Price Revolution of the Sixteenth and Seventeenth Centuries, " *American Journal of Sociology* 89（1984）, 1122-60; Goldstone, "Monetary versus Velocity Interpretations of the 'Price Revolution': A Comment, " *Journal of Economic History* 51（March 1991）, 176-81; Goldstone, *Revolution and Rebellion in the Early Modern World*（Berkeley: University of California Press, 1991）. Y. S. 布伦纳首先支持人口理论，参见: "The InfLation of Prices in Early Sixteenth Century England, " *EHR* 14（1961）, 225-39。

87　Classically Earl Hamilton, *American Treasure and the Price Revolution in Spain* 1501-1650（Cambridge: Harvard University Press, 1934）. 布罗代尔和年鉴学派采用了这一论点。Braudel and F. Spooner, "Prices in Europe from 1450 to 1750, " in

[262]

Cambridge Economic History of Europe 4, E. E. Rich, ed. (Cambridge: Cambridge University Press, 1967), 374–486.

88 Peter Spufford, *Money and its Use in Medieval Europe* (Cambridge: Cambridge University Press, 1988), 319–38; John Munro, "The Monetary Origins of the 'Price Revolution': South German Silver Mining, Merchant – B anking, and Venetian Commerce, 1470 – 1540," in Dennis Flynn, Arturo Giráldez, and Richard von Glahn, eds. , *Global Connections and Monetary History*, 1470 – 1800 (Aldershot and Brookfield, VT: Ashgate Publishing, 2003), 1–34 and table 2–3.

89 Richard Ehrenberg, *Capital and Finance in the Age of the Renaissance: A Study of the Fuggers and their Connections* (Fairfield, NJ: Augustus Kelly, 1985), 74; Peter Spufford, *From Antwerp to London: The Decline of Financial Centers in Europe* (Wassenaar: Netherlands Institute for Advanced Study, 2005), 16; Herman van der Wee, *The Growth of the Antwerp Market* 2 (The Hague: Martinus Nijhoff, 1963), 109–200.

90 Carlo Cipolla, *Conquistadores, piratas, mercaderes: La saga de la plata espagnola* (Buenos Aires: Fondo de Cultura Económica, 1999), 57.

91 Richard von Glahn, *Fountain of Fortune* (Berkeley: University of California Press, 1996), 83–104, 114; Takeshi Hamashita, "The Tribute Trade System and Modern Asia," *Memoirs of the Toyo Bunko* 46 (1988), 17.

92 关于同一时期倭寇的兴起, 参见: Peter Shapinsky, "With the Sea as Their Domain: Pirates and Maritime Lordship in Medieval Japan, " in*Seascapes, Littoral Cultures and Trans–O ceanic Exchanges*, Jerry Bentley, et. al. eds. (Honolulu: University of Hawaii Press, 2007), 221 –38; Takeo Tanaka, Wako (Tokyo: Kyoikusha Rekishi Shinsho, 1994); C. R. Boxer, *Fidalgos in the Far East*, 1550–1770 (Oxford: Oxford University Press, 1968)。关于日本的银矿, 参见: Nagahara Keiji and Kozo Yamamura, "Shaping the Process of Unification," *Journal of Japanese Studies* 14 (1988), 77–109; and von Glahn, Fountain of Fortune, 88–97, 128–33。 [263]

93 参见 Flynn and Giráldez, "Cycles of Silver," 395; 本文中更细微的区别似乎可以追溯到弗林早期的国际收支方法, "A New Perspective on the Spanish Price Revolution: The Monetary Approach to the Balance of Payments, " *Explorations in Economic History* 15 (1978), 388 – 406。有关复本位制比率的资料, 参见: von Glahn, Fountains of Fortune, 57, 127; William Atwell, "International Bullion Flows and the Chinese Economy circa 1530–1650," *Past and Present* 95 (1982), 82.

注 释   379

94 Sanjay Subrahmanyam, The Portuguese Empire in Asia (London: Longmans, 1993);
    C. R. Boxer, *The Portuguese Seaborne Empire* (New York: Knopf, 1969).

95 Bailey Diffie and George Winius, *Foundations of the Portuguese Empire*, 1415–1580
    (Minneapolis: University of Minnesota Press, 1977), 411–15.

第二章 国家自治

1 C. R. Boxer, "Three Historians of Portuguese Asia (Barros, Couto and Bocarro),"
   Instituto Portugués de Hongkong 1 (1948), 19–20; Donald Lach and Edwin J. Van
   Kley, Asia in the Making of Europe: Volume III, *A Century of Advance* (Chicago: U-
   niversity of Chicago Press, 1993), 738. See Fernão Lopes de Castanheda, *História do
   descobrimento e conquista da India pelos Portugueses* (Coimbra: João de Barreyra and J.
   Alvarez, 1551–1561), N. L. 第一本书翻译成了英语，即 *The first booke of the his-
   torie of the discouerie and conquest of the East Indias* (London: Thomas East, 1582);
   以及 João de Barros, *Décadas da Asia* 1–3 (Lisbon: Germão Galherde, 1552–53;
   João de Barreira, 1563)，其中最早的两本于 1562 年在威尼斯以意大利语版出版。

2 关于明朝的动态，参见：Timothy Brook, *The Confusions of Pleasure* (Berkeley: U-
   niversity of California Press, 1998)；以及 *The Troubled Empire* (Cambridge: Harvard
   University Press, 2010)。

3 对于中国人努力的古典根源，"以概念化空间的方式传达政治思想，"参见：
   Vera Dorofeeva-Lichtmann, "Political Concept behind an Interplay of Spatial ' Posi-
   tions,'" *Extrême-Orient, Extrême-Occident* 18 (1996), 9–33。

4 Richard Hakluyt, *Principall Navigations* (1589), 815.

5 关于将合股制作为共同的认同，参见：Stephen Greenblatt, *Shakespearean Negotia-
   tions* (Berkeley: University of California Press, 1988), 12。关于印刷和民族国家，
   参见：Richard Helgerson, *Forms of Nationhood: The Elizabethan Writing of England*
   (Chicago: University of Chicago Press, 1992), who frames his account (176) with
   Rabb, Enterprise and Empire, and Andrews, *Trade, Plunder, and Settlement*, 其目
   的是在温和的乡绅和商人之间界定一个发展中的民族的伊丽莎白式动力。

6 尤其参见：Deborah Harkness, *The Jewel House* (New Haven: Yale University Press,
   2007)，他强调在整个城市中科学技术日益扩散的努力。

7 Emily Bartels, *Speaking of the Moor* (Philadelphia: University of Pennsylvania Press,
   2008), 100–117;; Jacob Selwood, *Diversity and Difference in Early Modern London*

[264]

（Burlington：Ashgate，2010），1–17.

8　关于这一时期大英帝国的有限概念，参见 Armitage，*Ideological Origins*，105–8，尤其是约翰·迪伊的"Brytanici Imperii Limites"（1576），BL Add MSS 59681。迪伊还致力于通过制图将其与中国的股份制企业联系起来，他与马丁·弗罗比舍和迈克尔·洛克分享了这一点，例如：BL Cotton Augustus I. 1. 1；D. B. Quinn，"Simao Fernandes, a Portuguese Pilot in the English Service ca. 1573–1588，"Congreso Internacional de historia de los descobrimentos，Actas III（1961），449–64。也参见迪伊在费城公共图书馆的极地计划，时间大约为 1582 年，E. G. R. Taylor，"John Dee and the Map of North–East Asia，"*Imago Mundi* 12（1955），103–6。

9　*Calendar of State Papers*，Spanish 4（London：Stationery Office，1899），491–92.

10　哈克卢特印刷的报告题为"The prosperous voyage of the worshipful Thomas Candish of Trimley in the County of Suffolk, Esquire, into the South Sea, and from thence round about the circumference of the whole earth, begun in the year of our Lord 1586, and finished 1588."

11　See Peter Mancall，*Hakluyt's Promise*（New Haven：Yale University Press，2007）；Anthony Payne，*Richard Hakluyt*（London：Quaritch，2008）. Hakluyt published the second full edition of Pedro Mártir de Anglería's eight "decades" in Paris in 1587，*De orbe novo Petri Martyris Anglerii decades octo, labore et industria R ichardi Hakluyti*（Paris：G. Avray，1587）；the first complete edition was（Alcalá de Henares：Michael Eguia，1530）.

12　See David Armitage，"Literature and Empire，" in William Roger Louis et al. , eds. ，*The Oxford History of the British Empire：The Origins of Empire*（Oxford：Oxford University Press，1998），115. 理查德·巴伯详细阐述了这一问题作为伊丽莎白时代戏剧修辞的表达，即"国内代表"和"国外谈判"之间的对立。See *Before Orientalism：London's Theater of the East*（Cambridge：Cambridge University Press，2003），6.

13　"Certaine notes or references taken out of the large Mappe of China, brought home by Master Thomas Candish 1588，" Richard Hakluyt，*Principall Navigations*（1589），813–15. "大"这个字表明这可能是一块大幅印刷地图或手稿地图，可能来自各种来源。16 世纪后期，罗洪先绘制了许多地图，其中包括汪缝预的《广舆考》（1594），通常情况下，手稿的副本都会标记"大明"二字，即《大明广舆考》（1610）BL Or 13160。人口数字和行政区划通常印在地图册的

注　释

底部。

14 Hakluyt, *Principall Navigations* (1589), 814.

15 罗洪先,《广舆图全书》(1579 年版本的副本),他使用的数据在张天复的《皇舆考》中也被重印,1557 年版本作者的前言以及 1588 年的后文,是对李宪等人撰写的《大明一统志》的补充。张天复认为"北直隶"这一地区的人口数量为3,413,254。户数及人口来自《明实录》。人口普查从 1381 年开始,从 1391 年开始每年进行一次(尽管每十年更新一次)。在嘉靖年间(1522—1566 年),这只是以十年为单位的工作,个别省份的数据只在 1381 年和 1391 年的初版中发表。个别省份的数据包含在李东阳的《大明会典》(1502)中。但是(以北京为例)它列出了394,500个家庭,因此不能作为地图数据的来源。门多萨给了"帕格亚"(北京)47 个城市,150 个城镇,274 万个朝贡的人,215.5 万步兵,40 万马夫,我没有找到相应的来源,但可能对应于 15 世纪中期的数据。See Otto van der Sprenkel, "Population Statistics of Ming China," *Bulletin of the School of Oriental and African Studies* 15:2 (1953), 289–326.

[266]

16 《牛津英语词典》第二版首次使用了"datum"一词,其非数学含义为 1646 年,"from all this heap of data . . . it would not follow that it was necessary," 1646 年 11 月 4 日,亨利·蒙蒙德写给弗朗西斯·彻奈尔的信,*The Workes* I (London: Elizabeth Flesher, 1674), 248。亨利·比林斯利(后来的伦敦市长)于 1570 年在伦敦出版了欧几里得的《几何原本》的英译本,约翰·迪伊作了序,但迪伊并没有翻译数据的概念,尽管比林斯利的《几何原本》的拉丁文版本中包含了这一内容, *Euclidis Megarensis mathematici clarissimi Elementorum geometricorum libri XV . . . His adiecta sunt Phaenomena, Catoptrica & Optica, deinde Protheoria Marini, & Data* (Basil: Joannem Heruagium and Bernhard Brand, 1558)。See: R. C. Archibald, "The First Translation of Euclid's Elements into English and Its Source," *American Mathematical Monthly* 57:7 (August – September 1950), 447. 关于数据的概念,参见:Luciano Fiordi, "Philosophical Conceptions of Information," in *Formal Theories of Information: From Shannon to Semantic Information Theory*, ed. Giovanni Sommaruga (Berlin: Springer, 2009), 17–18。

17 此处使用的精准维度排除了这种可能性,即这是基于奥尔特利斯和利玛窦绘制的地图。1535 年,葡萄牙人在会安进行贸易,并建立了传教机构。1558 年,阮潢从北方来到这里,统治这里之后,葡萄牙人与许多日本人、中国人一起工作。See Chingho Chen, *Historical Notes on Hôi-An (Faifo)* (Carbondale: Center for Vietnamese Studies, 1974), 12–16; Anthony Reed, *Southeast Asia in the Age of*

伦敦:塞尔登地图与全球化都市的形成(1549—1689)

Commerce 2 (New Haven: Yale University Press, 1993), 19.

18　1586 年的威尼斯版本由弗朗切斯科·阿凡齐于 1587 年的某个时候在意大利重新印刷，并稍作修改。1587 年 4 月，印刷商托马斯·伊斯特还发表了一个关于安东尼·德·埃斯佩霍记述的翻译，这本书附属于 1586 年马德里版本门多萨对中国的记述，其中详细介绍了 1583 年探险队与新墨西哥州 "15 个省" 的祖尼人、纳瓦霍人和塔诺人的交往。Mendoza, *New Mexico. Otherwise, The voiage of Anthony of Espeio who in the yeare* 1583. *with his company, discouered a lande of* 15. *Prouinces . . . Translated out of the Spanish copie printed first at Madrid,* 1586, *and afterward at Paris, in the same yeare*, trans. Thomas East (London: Thomas Cadman, 1587).

19　Robert Parke, "To the Right Worshipfull and Famous Gentleman M. Thomas Candish, " in Juan González de Mendoza, *The historie of the great and mighty kingdom of China and the situation thereof* (London: J. Wolfe for Edward White, 1589), 2f-3r.

[266]

20　Hakluyt, *Principall Navigations* 3 (1600), 817. 文本错误地称领航员为 "托马斯·德·埃尔苏拉"（与队长托马斯·德·阿尔佐拉混淆了）和 "尼古拉斯·罗德里戈"。

21　William Barlow, *The Navigators Supply* (London: G. Bishop, R. Newberry, and R. Barker, 1597), A4.

22　Barlow, "Epistle Dedicatory to . . . Robert, Earl of Essex, " *The Navigators Supply*, B2, and J4.

23　约翰·迪伊于 1580 年 5 月 15 日要求亚瑟·皮特和查尔斯·杰克曼 "提供一些用制造和印刷的国家地图或图表；有些书也是如此，在 "迪伊先生 1580 年前往中国旅行的书" 中，BL Lansdowne 122 (Burghley Collection), f. 30r. 也参见：BL Cotton Otho. VIII, f. 78-79; and Hakluyt, "Instructions for the North-East Passage by Richard Hakluyt, Lawyer, 1580, " *Principall Navigations* (1589), 492-93. 哈克卢特的堂兄（律师）的版本只提到 "坎巴路或昆赛，从那里带来那个国家的地图"，这表明，与迪伊不同，他仍然完全从 "中国" 的角度来理解行程。这种努力在 1570 年代的欧洲相当普遍。See the account of making the Chinese map for the Guadaroba Nova in the Medici Palazzo Vecchio (1575-76) in Francesca Fiorani, *The Marvel of Maps* (New Haven: Yale University Press, 2005), 115-26.

24　Richard Willes, *The History of Travayle in the West and East Indies* (London: Richarde Jugge, 1577), Aiir. 感谢彼得·曼考尔让我注意到这篇文章。See *Travel Narratives from the Age of Discovery*（Oxford: Oxford University Press, 2006）, 26-27, 156. 约翰·迪在"伟大的亚洲南部和东部海岸的著名而丰富的发现"（1577 年 2 月至 1577 年 5 月）一书中试图用一系列法语、意大利语和拉丁语定义术语，Cotton Vitellius C VII, f. 220-21。

25 Sheltco à Geveren, *Of the ende of this worlde, and second coming of Christ: a comfortable and most necessarie discourse, for these miserable and daungerous days*, Thomas Rodgers, trans.（London: Thomas Dawson, 1577）. 这本书很畅销。1578 年、1580 年、1582 年、1583 年和 1589 年陆续出了英文版。

26 Willes, *History*, 236. The reference to Gemma Frisius is presumably to his "Charta Cosmographica" in *Cosmographia Petri Apiani, per Gemmam Frisium apud Louanianses Medicum & Mathematicum insignem*（Cologne: 1574）. 弗里西厄斯在鲁汶工作，教墨卡托，但他绘制的阿皮安地图显示的是一条更短的西北通道。

27 威廉将此书献给布里吉特·赫西的二女儿伊丽莎白·莫里森，这是她与理查德·莫里森爵士的第一次婚姻所生之女。理查德·莫里森爵士是一名新教徒，在 1575 年被爱德华六世枢密院派往查理五世担任大使后，在玛丽的流放中去世。佩雷拉的叙述出版在米歇尔·特拉米兹诺上，即 *Diversi avisi dell' Indie di Portogallo*（Venice: 1565）. "China"和"Giapan"这两个地名的翻译惯例似乎是由拉穆西奥在他的第三版"*Delle Navigationi et Viaggi 1*"中确立的；cf. "Sommario di Tutti Li Regni, Città et popoli oriental, con li traffichi et mercantile, che sui si trovano, cominciando dal mar Rosso fino alli popoli della China"（324）; and "Informatione dell' isola novamente scoperta nella parte di settentrione chiamata giapan"（377）。两者都是用葡萄牙语书写的。"La Relatione dell' isola Giapan"这个标题也同样引人注目。

[267]

28 Willes, *History*, 237. 这一翻译主要是对 1553 年佩雷拉从福建监狱越狱后所写的一段叙述的删减，这段叙述后来被附在一套耶稣会信件中。*Nuovi Avisi Delle Indie di Portogallo . . . et tradotti dalla lingua Spagnola nella italiana*（Venice: Michele Tramezzino, 1565）.

29 See Jonathan Spence, *The Chan's Great Continent*（New York: Norton, 1998）, 20-31; Timothy Brook, Jérome Bourgon, and Gregory Blue, *Death by a Thousand Cuts*（Cambridge: Harvard University Press, 2008）; and Eric Hayot, *The Hypothetical Mandarin*（Oxford: Oxford University Press, 2009）, 15n17.

30 吴语和闽南语在东亚地区语言翻译方面的持续活跃可以从日语-吴语的翻译中

看到，即 Hou Jigao "Jihpen feng tu ji"［日本风土记 "Record of Japanese Customs"］in*Quan zhe bing zhi kao*［全浙兵制考 "The Entire Military System of Zhejiang Examined"］（16th century）5（Jinan: Qi lu shu she chu ban she, 1997）。

31　威尔斯称马菲为他 "熟悉的老朋友"（253）。由于他拼写 "Giapan" 的方式，威尔斯可能使用了弗罗斯的意大利原稿。来自日本的最初信件被翻译成拉丁文，*Epistolae Japanicae*（Louvain: Rutgerum Velpium, 1569, 2nd ed. 1571）以及 *Epistolae Indicae et Japanicae*（Louvain: J. de Witte, 1570）。当时，威尔斯在鲁汶学习。该文本也遵循了马菲的副本，*Rerum a Societate Jesu in oriente gestarum*（Dillingen: Sebaldum Mayer, 1571; Paris: 1572; Naples: 1573; Cologne: 1574）。对于科斯塔在心中对马菲著作翻译的批评，参见: Josef Wicki, ed. *Alessandro Valignano: Historia del principio y progresso de la Compañía de Jesús en las Indias Orientales*（1542-64）（Rome: Institutum historicum S. J. , 1944）, 486-89。

32　Willes, *History*, 253.

33　《食货志》，朱纨撰《甓余杂集》，齐鲁书社，1997 年。

34　The "Biography of Zhu Wan" in the Mingshi accuses Zhu of "taking the law too literally," 一种来自王阳明学派的批判。Zhang Tingyu et. al. , *Mingshi*（Beijing: Zhonghua shuju, 1974）, 5403-5, 5424. 也参见: C. R. Boxe, *South China in the Sixteenth Century*（London: Hakluyt Society, 1953）, xxviii-x xxi; Tien'tse Chang, *Sino-Portuguese Trade from 1514 to 1644*（Leiden: Brill, 1933）, 82-84。

35　参见: 1555 年 11 月 20 日，费尔诺·曼德斯·平托写给巴尔塔萨·迪亚斯，参见. Rebecca Catz, *Cartas de Fernão Mendes Pinto e Outros Documentos*（Lisbon: Editorial Presença, 1983）, 60-66; Paul Pelliot, "Un ouvrage sur les premiers temps de Macao, " *T'oung Pao* 31（1934-35）: 58-94。

36　在这一方面，Peter Shapinsky, "Piracy and Cartographic Exchange in Sixteenth-Century East Asia, " a paper delivered at the Renaissance Society of America, San Diego, 2013, cites Kuroda Hideo, "Gyo　kishiki 'Nihonzu' to wa nanika," in Kuroda Hideo et al. , eds. , *Chizu to ezu no seiji bunkashi*（Tokyo: Daigaku Shuppankai, 2001）, 3-77。

37　关于行基的地图，参见: Mary Berry, *Japan in Print*（Berkeley: University of California Press, 2006）, 69. The Homem map is British Library, Additional MSS 5415A; 参见: Armando Cortesão and A. Teixeira da Mota, *Portugaliae monumenta cartographia* 2（Lisbon: 1960）, 5-8. 13; Peter Barber, *The Queen Mary Atlas*（London: Folio Society, 2005）。

[268]

38 Zheng Ruozeng, *Chouhai tubian* [筹海图编 "Ocean Plan: Compilation of Maps"], ed. Hu Zongxian (1624 ed., originally 1561)。一份更全面的多卷本日本民族志，即 Zheng Shungong's *Riben Yijian* (Mirror of Japan, 1565)，由明朝派往源氏的使者所作，流传较少，其中也有行基及其路线图。

39 "Instructions for the two Masters Charles Jackman and Arthur Pett, given and adventured to them, at the Court day, gotten at the Moscovy Court, he 17th of May, Anno 1680," BL Lansdowne 122 No 5, f 30, 哈克卢特之后对其重印。

40 See Vicente Rafael, *Contracting Colonialism: Translation and Christian Conversion in Tagalog Society* (Durham: Duke University Press, 1993).

41 See Bronwen Wilson, *The World in Venice* (Toronto: University of Toronto Press, 2005), 215-21; Derek Massarella, "Envoys and Illusions: The Japanese Embassy to Europe, 1582-90, *De Missione Legatorvm Iaponensium*, and the Portuguese Viceregal Embassy to Toyotomi Hideyoshi, 1591," *Journal of the Royal Asiatic Society* 15 (2005), 329-50; Judith Brown, "Courtiers and Christians: The First Japanese Emissaries to Europe," *Renaissance Quarterly* 47: 4 (Winter 1994), 872-906.

42 J. A. Abraanches et al., eds., "Les instructions du Père Valignano pour l'ambassade jaaponaise en Europe," *Monumenta Nipponica* 6 (1943), 395-401.

43 Guido Gualtieri, *Relationi della venuta degli ambasciatori giaponesi a Roma fi no all partita di Lisbona* (Rome: Francesco Zannetti, 1586), 182-83. 据说，佛罗伦萨的人群看到 "la vera Chiesa" 的全球影响力，流下了喜悦的眼泪。Lodovico Muratori, *Annali d' Italia dal principio dell' era volgare sino all' anno 1750 10: 2* (Rome: Barbiellini, 1754), 324-25.

44 "Brief relation of the oath taken to Prince Philip in Madrid at the church of St. Jerome," November 12, 1584, TNA SP 94/ 2/ 22. The idea of "whiteness" is also articulated by Valignano in his "Summary of the Things of Japan." C. R. Boxer, *The Christian Century in Japan* (Berkeley: University of California Press, 1967), 74; Brown, "Courtiers and Christians," 884-85.

45 "News from Rome," Florence, March 6/ 16th, 1584/ 5, TNA SP 101/ 72/ 12; "News from Rome" March 19/ 29, 1584/ 5, TNA SP 101/ 72/ 15; "News from Rome and Venice," June 1/ 11, 1585, TNA SP 101/ 72/ 16; "News from Rome and Venice," June 8, 1585, TNA SP 101/ 72/ 17; "Newsletter Sent from Venice," June 29, 1585, TNA SP 101/ 72/ 18; "News from Divers Parts," TNA SP 101/ 95/ 24; "News from Italy," Venice, August 10, 1585, TNA SP 101/ 72/ 23. 使

臣于 1586 年 4 月 8 日离开里斯本前往日本。这样的消息也在欧洲范围内传播，既通过信件至少也通过印刷的书籍，包括他们访问罗马的拉丁版本的几个译本。*Acta Consistorii publica exhibiti a. .. Gregorio Papa XII, regnum japoniorum legatis Romae*（Rome：Franciscum Zannettum, 1585），后来在 1625 年由帕切斯译成英语。Lach, *Asia* 1：2, 688–706.

46 David Quinn, ed. , *The Last Voyage of Thomas Cavendish*, 1591（Chicago：University of Chicago Press, 1975）; and "The admirable adventures and strange fortunes of Master Antonie Knivet, which went with Master Thomas Candish in his second voyage to the South Sea, 1591, " in *Hakluytus Posthumous or Purchas His Pilgrims* 16, Samuel Purchas, ed.（New York：AMS Press, 1965）, 178–79. [269]

47 Von Glahn, *Fountains of Fortune*, 118.

48 The "Gujin xingsheng zhi tu" survives in the Archivo General de Indias, Seville, Mapas y Planos Filipinas, 5. 参见：J. B. Harley and David Woodward, *History of Cartography* 2：2（Chicago：University of Chicago Press, 1994）, 59; Li Xiaocong, *A Descriptive Catalogue of pre-1900 Chinese Maps Seen in Europe*（Beijing：International Culture Press, 1996）, 144–46.

49 Emma Blair and James Robertson, *The Philippine Islands* 3（Cleveland：A. H. Clark, 1903）, 276, 284.

50 Hakluyt, *Principall Navigations*, ed. Arber, 3（1903）, 7–23. 在第二版中，哈克卢特将 "Navidad" 改为 "Acapulco"，因为西班牙人改变了他们的港口。

51 Report of the expedition of Miguel Lopez de Legazpim, 1565, in *Coleccion de documentos ineditos . . . de Ultramar*, 2nd ser. , vol. 2, "De las Islas Filipinas"（Madrid：Real Academia de la Historia, 1886）, document 27, 291–92.

52 关于福建的印刷业，参见：Lucille Chia, *Printing for Profit*：*The Commercial Publishers of Jianyang*（Harvard：Harvard University Press, 2002）。

53 Escalante'*sDiscurso de la navegacion que los portugueses hazen à los reinos y provincias del Oriente, y de la noticia q se tiene de las grandezas del Reino de la China*（Seville：Alonso Escrivano, 1577）. 西班牙商人约翰·弗兰普顿很快将其翻译为 "*A discourse of the nauigation which the Portugales doe make to the realmes and prouinces of the east partes of the worlde and of the knowledge that growes by them of the great thinges, which are in the dominions of China*（London：Thomas Dawson, 1579）"，它试图包括一个汉字 "城"。弗兰普顿还翻译了一个版本的马可·波罗，*The Most Noble and Famous Travels of Marcus Paulus*（London：Ralph Newbery, 1579），

after the Spanish of Rodrigo Fernández de Santaella。Gaspar da Cruz's *Tractado em que se côtam muito por este so au cousas da China* (Evora: André de Burgos, 1569)，这本书没有被翻译，可能是因为它是用葡萄牙语写的，不太容易获得。

54 对于"弗里尔·赫拉达"带回的书目清单，参见：Juan Gonzáles de Mendoza, *The Historie of the great and mightie Kingdom of China* 1, G. T. Staunton, ed. (London: Hakluyt Society, 1853-54), 134-37; 以及 Lach, *Asia* 1: 2, 778-80。

55 罗马的耶稣会档案有 1587 年版《大明会典》，Jesuit Archives, Rome, Japonica-Sinica IV, 13-24。See Albert Chan, *Chinese Books and Documents in the Jesuit Archives in Rome* (Armonk: M. E. Sharpe, 2002), 547.

56 Mendoza, *Historie* 1: 23-24, 80-82, 90-91.

57 David Goodman, *Power and Penury: Government, Technology and Science in Philip II's Spain* (Cambridge: Cambridge University Press, 1988), 62-63; Maria Portuondo, *Secret Science: Spanish Cosmography, and the New World* (Chicago: University of Chicago Press, 2009), 261; A. Cortesão and A. Teixeira da Mota, *Portugaliae monumenta cartographica* 2 (Lisbon: Imprensa Nacional Casa da Moeda, 1960), 123-25.

[270]

58 在巴布达地图的背面，也有来自伊斯卡兰特的一系列汉字，巴布达向伊斯卡兰特承认了他的债务。巴布达还引用了可能来自拉穆西奥的杜阿尔特·巴尔博萨、安德烈·科尔沙利、巴罗斯、皮加费塔和耶稣会的信件。地图上的项目也表明他曾见过葡萄牙人巴尔托洛梅乌·维霍（1561 年）和费尔诺·多拉杜（1568 年、1571 年和 1580 年）绘制的中国图表。Lach, *Asia*, 1: 2, 818-19; Cortesão and da Mota, II, 96; III, 4-7.

59 之后一份中国地图出现在以下著作中：Cornelius de Jode, *Speculum Orbis Terrae* (Antwerp: Gerardi de Iudaeis, 1593)。

60 Portuondo, *Secret Science*, 262; Jan Hendrik Hessels, *Abrahami Ortelii . . . epistolae* (Cambridge: Ecclesia Londino-B atava, 1887-97), letters no. 62, 99, 210.

61 1589 年，安特卫普［亨廷顿图书馆，地图，149499］出现了一幅新的单页地图，显示它是一个西班牙湖，并宣布在日本出现了"multa Christianorum"。同样，在手册大小的《奥特利亚尼剧院》（安特卫普：克里斯托弗·普兰提努斯，1589 年）中，中国地图被 1584 年的中国的地图（M4—5 年）所取代。

62 德雷克航海的细节直到 1592 年才被公开，但谣言四起。See Harry Kelsey, *Sir Francis Drake* (New Haven: Yale University Press, 1998), 177-79.

63 对于 16 世纪 80 年代卡姆登和奥特利乌斯之间的信件，cf. BL Cotton MSS Julius

C. V, f. 6, 13, 24, 28, 33, 42. 墨卡托也访问了卡姆登，这卷包括了他 1579 年的一封信（f. 5）。

64　1580 年 12 月，威斯敏斯特，威廉·卡姆登写给亚伯拉罕·奥特利乌斯，BL Cotton MSS Julius C. V., f. 13. The letter begins "amico suo singulari." 迪伊与卡姆登在 16 世纪 70 年代和 80 年代的确切关系尚不清楚，尽管迪伊可能把奥特利乌斯介绍给了卡姆登，卡姆登当然也利用了莫特莱克图书馆。

65　See Henry Kamen, *Empire: How Spain Became a World Power* (New York: Harper Collins, 2004), 224-26; Carlos Vega, "Un proyecto utópico: La conquista de China por España," *Boletin de la Asociación Española de Orientalistas* (1982), 14-18.

66　1584 年 9 月，利玛窦写给蒂斯塔，Pietro Venturi, ed., *Opere Storiche del P. Matteo Ricci* 2 (Macerata: Filippo Giorgetti, 1913), 36-49。这封信在马霍尔的著作中有译文，Historie, 1: lxxvii-l xxxix。关于在这封信和所附的地图上，参见：Boleslaw Szczesniak, "Matteo Ricci's Maps of China," *Imago Mundi* 11 (1954), 127-36。

67　Mendoza, *Historie*, 1: 92.

68　*Avvisi del Giapone de gli anni M. D. LXXXII. LXXXIII. et LXXXIV. Con alcuni altri della Cina dell' LXXXIII. et LXXXIV. Cauati dalle lettere della Compagnia di Giesù. Riceuute il mese di dicembre M. D. LXXXV* (Rome: Francesco Zanetti, 1586), 182.

69　Hakluyt, *Principall Navigations* 3 (1600), 821-22. 与卡文迪什不同，德雷克在 1580 年访问南爪哇岛两周，似乎并没有将其视为中国贸易领域的一部分。See Kelsey, *Drake*, 201-3.

70　"A Letter of M. Thomas Candish to the right honourable the Lord Chamberlaine," September 9, 1588, in Hakluyt, *Principall Navigations* (1589), 808.

71　Ping-ti Ho, *Studies in the Population of China* (Cambridge: Harvard University Press, 1959), 3-23. 关于明朝的财产市场以及乡绅，参见：Timothy Brook, *The Confusions of Pleasure*, 58-60; Valerie Hansen, *Negotiating Daily Life in Traditional China* (New Haven: Yale University Press, 1995)。

72　Timothy Brook, "The Spatial Organization of Subcounty Administration" in Brook, ed., *The Chinese State in Ming Society* (New York: Routledge Curzon, 2005), 19-42; Kung-Chuan Hsiao, *Rural China* (Seattle: University of Washington Press, 1960), 31-32, 201. The concept of a "localist turn" is too strong, despite the insights behind it. Peter Bol, "The 'Localist Turn' and 'Local Identity' in *Later Impe-* [271]

rial China, " Late Imperial China 24. 2 (2003), 3–4.

73　Luo Hongxian, *Nianan wenji* (Taibei: Shangwu yingshuguan, 974), 6. 6a – 7b; James Tong, *Disorder Under Heaven* (Stanford: Stanford University Press, 1991); David Robinson, "Banditry and the Subversion of State Authority in China: The Capital Region During the Middle Ming Period (1450–1525), " *Journal of Social History* 33: 3 (2000), 527–63; Frederick Mote, "The Ch'eng hua and Hung–c hih Reigns, 1465–1505, " in *Cambridge History of China* 7: 1 (Cambridge: Cambridge University Press, 1988), 376–77.

74　参见: Anne Gerritsen, *Ji'an Literati and the Local in Song–Y uan–M ing China* (Leiden: Brill, 2007), 217–23; Kandice Hauf, "The Community Covenant in Sixteenth Century Ji'an Prefecture, Jiangxi," *Late Imperial China* 17: 2 (1996), 1– 22; Robert Hymes, "Lu Chiu–yuan, Academies, and the Problem of the Local Community, " in *Neo–Confucian Education*, Wm. De Bary and John Chaffee, eds. (Berkeley: University of California Press, 1989), 432–56.

75　Hu Zhi (1517–85), "Nianan xiansheng xingzhuang" (Record of Conduct of Luo Hongxian), *Henglu jingshe canggao* in *Siku quanshu zhenben*, 366 – 70 (Taipei: 1984), 23/ 17a; Luo Hongxian, "Ke xiangyue yin" ["An Introduction to the Engraving of the Xiangyue"], in *Nianan Luo Xiansheng* (Taipei: Siku quanshu zhenben collectanea, 1974), 6/ 6b; Hauf, "Community Covenant, " 14, 38–39.

76　关于图的不同形式, 参见: Francesca Bray, Vera Dorofeeva–Lichtmann, and Georges Métalié, eds. , *Graphics and Text in the Production of Technical Knowledge in China* (Leiden: Brill, 2007)。

77　Edmund Plowden, *Les commentaires ou les Reportes* (London: Richard Tottel, 1571), 213, cited in Ernst Kantorowicz, *The King's Two Bodies* (Princeton: Princeton University Press, 1957), 7.

78　See Jean Bodin, "De la souveraineté, " *Les six livres de la République* 1: 8 (Paris: Jacques du Puys, 1576), 85–86; J. H. Franklin, *Jean Bodin and the Rise of Absolutist Theory* (Cambridge: Cambridge University Press, 1973). 在这一点上, 博丁对明朝一无所知。See Lach, Asia, 2: 2, 312 n350.

79　乔瓦尼·德拉·卡萨创造了这个短语来区分民法 (普通理性) 和君主的高级行为 (国家理性)。See Peter Burke, "Tacitism, Scepticism, and Reason of State," in *The Cambridge History of Political Thought*, 1450–1750, J. H. Burns, ed. (Cambridge: Cambridge University Press, 1991), 479–80.

80 Robert Peterson, trans., *A treatise concerning the causes of the magnficence and greatness of cities* (London: R. Ockould and H. Tomes, 1606), 3.

81 理查德·埃瑟林顿以手稿的形式, 对这篇文章进行了简短的翻译, 并献给了亨利·霍巴特爵士。霍巴特爵士是英国普通上诉法院 (Court of Common) 的首席大法官, 他的研究重点是波特罗对马基雅维利的攻讦。BL Sloane 1065.

82 Botero, *The worlde or An historicall description of the most famous kingdomes and commonweals therein ... Translated into English*, Robert Johnson, trans. (London: Edm. Bollifant, 1601), 168. 关于约翰逊, 参见: Andrew Fitzmaurice, "The Commercial Ideology of Colonisation in Jacobean England: Robert Johnson, Giovanni Botero, and the Pursuit of Greatness," *William and Mary Quarterly* 64: 4 (October 2007)。关于英格兰的波特罗, 参见: George Mosse, *The Holy Pretense* (Oxford: Blackwell, 1957), 35-38。 [272]

83 See Richard Tuck, *Philosophy and Government* (Cambridge: Cambridge University Press, 1993), 116. 关于罗利方法的局限性, 参见: Nicholas Popper, *Walter Raleigh's "History of the World"* (Chicago: University of Chicago Press, 2012)。

84 TNA Colonial Office (hereafter CO) 77/ 1/ 11-12. 1592 年, 新成立的黎凡特公司中的土耳其商人数量增加到 53 人, 是原来的一倍多, 其中许多人后来推动了 1599 年东印度公司的成立。Cf. Brenner, *Merchants and Revolution*, 64-65.

85 Samuel Purchas, *Purchas his Pilgrimes* 4 (London: William Stansby, 1625), 1181. 卡文迪什的两份西班牙图表幸存下来, 即 Biblioteca Nationale Centrale, Firenze, Port. 30, and Algemeen Rijksarchief, The Hague, Leupe Inv. 73。1594 年至 1595 年, 哈克卢特可能得到了后一张图表, 然后通过伊曼纽尔·万·梅特然将其卖给了荷兰人。

86 Robert Hues, *Tractatus de Globis et eorum usu* (*London:* 1594); John Davis, *The Seaman's Secrets* (London: Thomas Dawson, 1594); 以及 Davis, *The Worlde's Hydrographical Description . . . whereby appears that there is a short and speedy passage into the South Seas, to China, Molucca, Philippina, and India by Northerly Navigation* (London: Thomas Dawson, 1595). 他把这本书献给了罗利, 讲述了"中国"的含义从曼德维尔到卡伯特再到卡文迪什的历史变迁, 以及关于仪器和数据收集的重要性的序言。

为了避免混淆, 我应该提到在这个时期有三个名叫约翰·戴维斯的著名人士。约翰·戴维斯 (1550? —1605 年, 又名戴维) 在 16 世纪 80 年代参与了早期的航行, 寻找通往中国的北方通道, 1591 年与卡文迪什一起航行, 出版了《水手的秘密和水文描述》，与科尼利厄斯·豪特曼（1598—1600 年）和詹姆斯·兰开斯特（1601—1603 年）一起航行，1605 年死于婆罗洲。莱姆豪斯的约翰·戴维斯（生于 1621 年，又名戴维）第一次与兰开斯特一起航行是在 1601 年，他留下了一份东印度群岛的航海日志（BL Sloane 3959)，也由塞缪尔·珀切斯出版，《珀切斯世界旅行记集成》（伦敦：威廉·斯坦斯比，1625)，440—44。最后，约翰·戴维斯（1563—1625，又名戴维斯)，这本书中没有涉及他，他在数学领域出版，参与了埃塞克斯阴谋。

87　Colm Lennon, *Sixteenth Century Ireland: The Incomplete Conquest* (Dublin: Gill & Macmillan. 1994), 229‑34; Nicholas Canny, *Making Ireland British 1580‑1650* (Oxford: Oxford University Press, 2001), 146‑64.

88　See Vaughan, *Transatlantic Encounters*, 31‑35. 关于在界定"几何景观"方面哈利奥特的重要性，参见：Amir Alexander, *Geometrical Landscapes: The Voyages of Discovery and the Transformation of Mathematical Practice* (Stanford: Stanford University Press, 2002), 以及他的数学文章手稿, BL Add 6782‑89, 其中说明了这一方法。

89　E. G. R. Taylor, ed. , *The Original Writings and Correspondence of the Two Richard Hakluyts*, 2, 369.

90　*Twelfth Nigh*, act 3, scene 2, lns. 79‑80.

91　尽管地图保持不变，但是在南太平洋和南大西洋有两个版本的不同的椭圆形装饰，例如参见：BL 683. h. 5, 6 for the south Pacific version and BL 212. d. 1‑2 for

the south Atlantic version。

92　HKUSC, G7400 1590. S54. 这张地图的副本来自棉花图书馆, BL Cotton Augustus, II. ii. 45, 时间为 1607 年。省份、水系、海岸线、长城和戈壁沙漠的描绘都源自罗洪先，但朝鲜半岛的长龙明显归功于喻时，而日本地图与罗的地图并不一致。在《航行中的某些错误》（伦敦：瓦伦丁·西姆斯，1599 年）的序言中，赖特发表了洪迪厄斯两封道歉信的摘录，试图平息赖特对"基督教骑士"地图的愤怒。

93　赖特的方法在托马斯·布伦德维尔的著作中首次被描述, *M. Blundevile his Exercises, Containing Six Treatises* (London: John Windet, 1594)。

94　尤其参见都柏林圣三一学院 MS 387; Wright, Certaine Errors, PPP3; Ash, *Power, Knowledge, and Expertise in Elizabethan England*, 166‑68; Mark Monmonier, *Rhumb Lines and Map Wars* (Chicago: University of Chicago Press, 2004), 63‑74。正如蒙莫聂尔所言，托马斯·哈里特在这一问题上的解决方法更为简洁。

95 彼得·巴伯在法庭上强调人们对地图缺乏兴趣，参见 Barber, "Was Elizabeth I Interested in Maps—and Did It Matter?" *Transactions of the Royal Historical Society* 14 (2004), 185-98。对于一种论证充分的论点，参见：Leslie Cormack, *Charting an Empire: Geography at the English Universities*, 1580-1620 (Chicago: University of Chicago Press, 1997), 204。1596 年，伊丽莎白代表本杰明·伍德和商人托马斯·布罗姆菲尔德和理查德·艾伦写信给中国的 "serenissmóque principi"，"imperatori" 和 "Monarchae"，但以失败告终。See TNA CO 77/ 1/ 17, 其中 which has annotations in Robert Cecil's hand; Hakluyt, *Principall Navigations* 3 (1600), 853-54.

96 "The names of such persons as have written with their own hands, to venture in the pretended voyage to the East Indies," (September 22, 1599) in *The Dawn of British Trade to the East Indies as Recorded in the Court Minutes of the East India Company* 1599-1603, Henry Stevens, ed. (London: Henry Stevens and Son, 1886), 1-4.

97 "An assembly of the persons heerunder named holden the xxiiith of September 1599," in Stevens, *Dawn*, 4-6.

98 "At an assemblie of the Comitties or ye directors of the viage the xxvth of September 1599," in Stevens, *Dawn*, 7-9. 通过荷兰的内部通信，荷兰人在爪哇获得胜利的消息于 1597 年 8 月 8 日传回，State Papers Foreign, Holland, SP 84；参见：*Calendar of State Papers Colonial Series*, *East Indies*, *China and Japan*, 1513-1616 (London: Longman, 1862), 2, 98 no. 253。

99 "An assembly of Committies holden at Mr Aldn Godderd the 4 of october 1599," in Stevens, *Dawn*, 9.

100 《约翰·惠根·范·林舍滕，谈及印度西部的航行，四卷本》（伦敦：约翰·沃尔夫，1598 年）也支持这一观点。威廉·塞西尔作为伊丽莎白的财务主管，在哈特菲尔德收藏了大量的地图，还有一份奥特利乌斯的地图集，里面还有约翰·迪伊和罗伯特·诺曼的地图手稿。See R. A. Skelton, *A Description of Maps and Architectural Drawings in the Collection Made by William Cecil, First Baron Burghley, Now at Hatfield House* (London: Roxburghe Club, 1971).

101 1598 年 9 月 30 日，贾尔斯·凡·哈德威克写给彼得·阿特森，*Calendar of State Papers Colonial*, 99。 [274]

102 1599 年 8 月 9 日，科平写给罗伯特·塞西尔的信，HMC Salisbury, 9: 282-83。关于海军的地位和格雷维尔的疏忽，参见：Rodger, *The Safeguard of the Sea*, 338-39；Ronald Rebholz, *The Life of Fulke Greville* (Oxford: Clarendon Press,

1971)，118-19。

103 哈克卢特的第二版《航海原理》有一页1598年的标题，许诺记述埃塞克斯在加的斯的胜利。1599年，当哈克卢特将第二卷和第三卷献给罗伯特·塞西尔时，这部分被删减了。

104 1600年8月1日，诺森伯兰伯爵写给塞西尔，*Calendar of the Manuscripts of…Salisbury. The Cecil Manuscripts* 10（London：Historical Manuscripts Commission，1904），260。1596年，伊丽莎白写给本杰明·伍德的一封拉丁文信（1600年，印刷于哈库伊特），而一份用意大利语写成的讽刺手稿，声称是对"泰科萨马王子"的回应，很可能出自当时的埃塞克斯郡，是对塞西尔派的一种批判。参见："1600 The Emperor of China his letter to the Queene of England，"Folger MS V. a. 321，34v-35r, reprinted in A. R. Braunmuller, *A Seventeenth-Century Letter-Book*（Newark：University of Delaware Press, 1983）；Timothy Billings，"The Emperor of China His Letter to Queen Elizabeth，"http：//www. folger. edu/h tml /folger_ institute/m m/EssayTB. html；1602年至1603年3月20日，霍金斯写给塞西尔，HMC Salisbury, 12：697。

105 See Joseph Moxon's map of the northern hemisphere from 1660, BL Map 792. d. 8.

106 Bruce, *Annals*, 1：121-26.

107 TNA CO 77/ 1/ 26-27 ca. 1599-1600. 被转录于 Bruce, *Annals*, 1：115-21。旁边的文件是一份日期为1600年的"东印度群岛的商品"的综合清单，TNA CO 77/ 1/ 30。也参见草稿亨廷顿 EL2360，被转录于 Heidi Brayman Hackel and Peter C. Mancall, "Richard Hakluyt the Younger's Notes for the East India Company in 1601，"*Huntington Library Quarterly* 67：3（2004），423-36.

108 BL Harleian, 306, f. 17-25；重印于 Bruce, *Annals*, 136-39.

109 Barlow, *The Navigators Supply*, K. 111.

110 *Measure for Measure*, act 2, scene 1, ln. 93.

第三章　历史的价值：语言、记录与法律

1 Wallace Notestein and Frances Relf, eds. , *Commons Debates for* 1629（Minneapolis：University of Minnesota Press, 1921），62.

2 最初（遗失的）手稿在1619年夏天应白金汉公爵的要求传阅，但詹姆斯一世想要修改它，它在第二次提交时被拒绝了。See G. J. Toomer, *John Selden：A Life in Scholarship* 1（Oxford：Oxford University Press, 2009），388 - 432；David

Berkowitz, *John Selden's Formative Years* (Washington: Folger Library, 1988), 54-55, 308-9. 塞尔登告诉了我们关于这个故事的他的版本，参见: *Vindiciae Joannis Seldeni* (London: Cornelius Bee, 1653), 15-28. 在查理一世统治时期，就造船费存在争议的时候，塞尔登首次出版了一次修订的版本，参见: *Mare Clausum seu De dominio maris* (London: William Stanesbeius, 1635)。在第一次《航海条例》（1651 年）的支持下，英译本问世，Marchamont Nedham, trans., *Of the dominion, Or, Ownership of the Sea* (London: William Du-G ard, 1652)。 **[275]**

3 中文名字来自塞尔登地图。对于一般性陈述，参见: Batchelor, "The Selden Map Rediscovered: A Chinese Map of East Asian Shipping Routes, c. 1619, " *Imago Mundi* 65: 1 (January 2013), 37-63。

4 对于东印度公司和荷兰东印度公司日益独立，却借鉴中世纪时期的法律先例这一意识，参见: Stern, *The Company State*; Eric Wilson, *Savage Republic: De Indis of Hugo Grotius* (Leiden: Martinus Nijhoff, 2008)。关于这一点体现的传统父系方面，参见: Julia Adams, *The Familial State* (Cornell: Cornell University Press, 2005)。对于长期以来东南亚国家形成的过程而言，这一时期是一个奇怪的对比，参见: Lieberman, *Strange Parallels* (2003), 这本书的第一卷。

5 1623 年至 1624 年，理查德·科克斯从日本回到伦敦时，带来了日本最早使用活字印刷的历史书之一的 "Azuma Kagami"，其中记录了 1180 年至 1266 年的历史，科克斯死于途中。他的著作幸存的前两卷广为传播。都柏林圣三一学院，MS 1645，都柏林约翰·帕克大主教给予；Cambridge UL FJ. 274. 17, 1715 年，伊利·约翰·莫尔主教图书馆捐赠。剑桥卷标着 "牛津 1626"，可能与塞尔登地图同时交换了所有者。科克斯提到，1616 年，他在京都买了 54 卷书。See Peter Kornicki, *The Book in Japan* (Leiden: Brill, 1998), 313. 他早些时候寄回了一本 1615 年的历书。Bodleian Library Sinica 47, printed in 1614, See Purchas, *Pilgrimes*, I. 4. 407.

6 Tonio Andrade, *Lost Colony: The Untold Story of China's First Great Victory over the West* (Princeton: Princeton University Press, 2011); John Wills, "Maritime Europe and the Ming" and Wills and John Cranmer-Byng, "Trade and Diplomacy with Maritime Europe, 1644-c. 1800, " in Wills, ed., *China and Maritime Europe, 1500-1800* (Cambridge: Cambridge University Press, 2011), esp. 24-77 and 183-254.

7 这使它在美国历史上几乎成为一个神话，正如 Charles Andrews, *The Colonial Period of American History: England's Commercial and Colonial Policy* 4 (New Haven: Yale University Press, 1938), 36-37. 1663 年，1652 版的所有者可以购买一个新

的标题页和对查尔斯一世的旧献词，以便重新装订他们的旧副本。佩皮斯在 4 月 17 日做了这件事，"为把另一个人奉献给联邦而感到羞耻"。

8　论清朝战略的新颖性，以及法国和俄国在 17 世纪后期采用的比较方法，参见：Laura Hostetler, *Qing Colonial Enterprise: Ethnography and Cartography in Early Modern China*（Chicago: University of Chicago Press, 2001）。

9　关于塞尔登更为广泛的文化生活，参见：G. J. Toomer, *John Selden: A Life in Scholarship*（Oxford: Oxford University Press, 2009）。他将梅尔·克劳苏姆看成是非常软弱却有政治动机。[1: 388-437].也参见那些关注宗教历史的人：Jason Rosenblatt, *Renaissance England's Chief Rabbi: John Selden*（Oxford: Oxford University Press, 2006），以及 Reid Barbour, *John Selden: Measures of the Holy Commonwealth*（Toronto: University of Toronto Press, 2003）；以及那些关注自然法和普通法的人：Sergio Caruso, *La miglior legge del regno. Consuetudine, diritto naturale e contratto nel pensiero e nell'epoca di John Selden*（Milan: Giuffrè, 2001）以及 Paul Christianson, *Discourse in History, Law, and Governance in the Public Career of John Selden*（Toronto: University of Toronto Press, 1996）。

[276]

10　关于哈克卢特的翻译，参见：David Armitage, ed., *The Free Sea*（Indianapolis: Liberty Fund, 2004）。

11　See William Welwood, "Of the Community and Propriety of the Seas, " *An Abridgement of All Sea-Lawes*（London: Humfrey Lownes for Thomas Man, 1613），chapter 27, 61-72. 丹麦女王安妮也持这种北方观点，她要求威尔伍德做出更直接的回应，*De dominio maris, iuribusque ad dominium praecipue spectantibus assertio breuis et methodica*（London: Thomas Creede, 1615）。See J. D. Alsop, "William Welwood, Anne of Denmark, and the Sovereignty of the Sea, " *Scottish Historical Review* 49（1980），171-74. 格劳秀斯在手稿中留下了他的回应，"Defensio capitis quinti Maris Liberi oppugnati a Guilielmo Welwood"（ca. 1615），in *Mare Clausum*, ed. Samuel Muller（Amsterdam: F. Muller, 1872），331-61。

12　Inner Temple Library, MS Petyt 529; Armitage, *The Free Sea*, xx-x xi; Taylor, *The Original Writings and Correspondence of the Two Richard Hakluyts*, 2: 497-99. 哈克卢特还参与了圣哥达·阿尔苏的翻译，即 *Dialogues in the English and Malaiane Languages*, trans. Augustine Spalding（London: William Welby, 1614）。See F. M. Rogers, "Hakluyt as Translator," *The Hakluyt Handbook* 1, ed. David Quinn（London: Hakluyt Society, 1974），37-39. 关于英荷之间的协商，参见：G. N. Clark and W. J. M. van Eysinga, "The Colonial Conferences between Eng-

　　　　　伦敦：塞尔登地图与全球化都市的形成（1549—1689）

land and the Netherlands in 1613 and 1615, " *Bibliotheca Visseriana* (1940), 15: 1-270; 17: 1-155。早期持怀疑态度的是理查德·科克斯，他于 1614 年 12 月 10 日在伦敦写信给托马斯·威尔逊说，荷兰人扣押中国船只的习惯危及与中国和日本的贸易。Purchas, *Pilgrimes*, 1. 4. 408-9.

13 关于 1606 年荷兰和西班牙争夺德那第的战争，参见：Bartolomé Leonardo de Argensola, *Conquista de las Islas Malucas* (Madrid: Alonso Martin, 1609); Antonio de Morga, *Sucesos de las Islas Filipinas* (Mexico: Cornelio Cesar, 1609)。亨利·米德尔顿爵士在 1606 年带回了德那第、蒂多雷和万丹统治者的信件。信中提到德雷克和苏丹的前任送给伊丽莎白一枚金戒指 (1605 年 6 月)，TNA SP 102/ 4/ 24, as does Argensola, *Conquista*, 263-64。

14 Sir Thomas Hawkins, trans. , *The Cause of the Greatness of Cities . . . With certain observations concerning the sea* (London: Elisabeth Purslowe, 1635)，增补了罗伯特·彼得森 1606 年的译文（他或许得到了罗利的帮助），其中不包含 "Relatione del mare. "。

15 David Armitage, "Making the Empire British: Scotland in the Atlantic World 1542-1707, " *Past and Present* 155 (May 1997), 52-53; Peter Borschberg, *Hugo Grotius, the Portuguese, and Free Trade in the East Indies* (Singapore: NUS Press, 2010), 1-19. 格劳秀斯与萨拉曼卡学派的西班牙自然法传统，尤其是多明我会的弗朗西斯科·维多利亚，有过有限的接触 (*De Indis*, 1532; and *De potestate civili*, 1528, from the schoolbook version Relectiones Theologicae XII, 1557) and Fernando Vázquez de Menchaca (*Controversiae illustres*, 1572), written in opposition to Portuguese claims as well as the work of more contemporary "Spanish Lawyers" like Diego de Valdés's *De dignitate regum regnorumque Hispaniae* (Granada: Ferdinand Diaz a Montoya, 1602)。See *Mare Clausum* (1635), 72-74.

16 Aka*De Rebus Indicanis*. See Borschberg, Hugo Grotius, 48-53. 格劳秀斯依赖新闻 [277] 的小册子，即 *Corte en sekere Beschrijvinghe vant veroveren der rijcke ende gheweledighe kracke comende uyte Ghewesten van China* (Middelburg: Richard Shilders, 1604)。

17 Grotius, *De Jure Praedae Commentarius* (Oxford: Clarendon Press, 1950), 298; Borschberg, *Hugo Grotius*, 52; Martine Julia van Ittersum, *Profit and Principle: Hugo Grotius, Natural Rights Theories, and the Rise of Dutch Power in the East Indies*, 1595-1615 (Leiden: Brill, 2006), 50. 塔克指出，作为有神论自然法的替代品，格劳秀斯的理论更普遍地强调"社交性"和睦邻友好的重要性。Richard

Tuck, *Natural Rights Theories: Their Origin and Development* (Cambridge: Cambridge University Press, 1979), 60, 72.

18　塞尔登的书非常受欢迎，以至于在 1636 年 4 月，也就是 1635 年 11 月他写完序言的几个月后，查理一世发布了一项禁止进口外国盗版的公告，*A proclamation to forbid the importing, buying, selling, or publishing any forraine edition of a booke lately printed at London by His Maiesties command, intituled Mare Clausum* (London: Robert Baker, 1636)。第二版也于 1636 年出版。塔克指出了对格劳秀斯著作的参考，即 *De Jure Belli ac Pacis* (Paris: Nicholas Buon, 1625; Amsterdam: William Blaeu, 1631)，书中指出了塞尔登在 1618 年至 1635 年进行了修订。Tuck, *Natural Rights Theories*, 86; also See Tuck, "Grotius and Selden," in *The Cambridge History of Political Thought*, J. H. Burns and Mark Goldie, eds. (Cambridge: Cambridge University Press, 1991), 499-529.

19　Malynes, *Consuetudo, vel lex mercatoria, or The ancient law-merchant Diuided into three parts: according to the essentiall parts of trafficke* (London: Adam Islip, 1622).

20　*Mare Clausum* (1635), 91-97. Ambrose, Hexameron, ch. 10, had said there were only land measurers ("Geometram") and not sea measurers ("Thalassometram"). 塞尔登引用了约翰·特兹特的吕哥弗隆版本。See: Toomer, *Selden*, 1: 408. "水文学"的概念出现在约翰·迪伊的数学学科树形图中，也就是在他为 1570 年版《欧几里得》所写的序言的最后。

21　也参见: 1646 年 6 月 25 日，塞尔登写给坎特伯雷东方学家弗朗西斯·泰勒的信，*Memoirs of the Life and Writings of Brian Walton* 1 (London, 1821), 41n-43n，在书中，塞尔登声称，《圣经》中的东方语言的研究与伽利略的望远镜在消除混淆和揭示星空使者方面同样有用。关于阿拉伯字体的历史，参见: Toomer, *Eastern Wisedome*, 114-15, 171, 271。1637 年，牛津的阿拉伯字体从莱顿传入，塞尔登在他的一本著作中大量使用，即 *De Jure Naturali et Gentium. For his Titles of Honour* (London: William Stansby, 1614; 2nd ed., 1631)，塞尔登让人做了阿拉伯木刻插页。

22　*Mare Clausum* (1635), 72-74.

23　"Sed interea stabilitum est ex Jure Universali Obligativo, quo Pactis standum est et servanda fides." *Mare Clausum* (1635), 16; 参见: Toomer, *Selden*, 1, 397.

24　See Tuck, *Philosophy and Government*, 217; *Natural Rights*, 89, 96-98. 关于这一论点最清晰的版本是塞尔登的 *De Jure Naturali et Gentium*, 35，他参考了格劳秀

　伦敦：塞尔登地图与全球化都市的形成（1549—1689）

斯的 *De Jure Belli ac Pacis.*

25 Pocock, *The Machiavellian Moment* (Princeton: Princeton University Press, 1975), 333–400; Pocock, *The Ancient Constitution and the Feudal Law* (Cambridge: Cambridge University Press, 1957), 64, 289; Alan Cromartie, *Sir Matthew Hale* (Cambridge: Cambridge University Press, 1995), 107–8. **[278]**

26 Harold Berman, "The Origins of Historical Jurisprudence: Coke, Selden, Hale, " *Yale Law Journal* 103: 7 (May 1994), 1695. 也参见: 更有限的 "合伙时代" 和 "公司时代" 概念, Holden Furber, *Empires of Trade* (Minneapolis: University of Minnesota, 1976); B. B. Kling and N. M. Pearson, eds. , *The Age of Partnership* (Honolulu: University of Hawaii Press, 1979); James Tracy, *The Rise of Merchant Empires* (Cambridge: Cambridge University Press, 1990)。

27 1619 年, 詹姆斯一世提议成立联合公司, TNA CO 77/ 15 Eliz–Charles II, f. 2–12。关于作用, 参见巴达维亚总督简·彼特斯·科恩的信件, H. T. Colenbrander, ed. , *Jan Pietersz Coen. Bescheiden omtrent zijn bedrijf in Indië*: 1 (The Hague: Nijhoff 1919), esp. 543–44。

28 See J. C. Van Leur, *Indonesian Trade and Society* (The Hague: 1955); Anthony Reid, *Southeast Asia in the Age of Commerce*, 1450–1680 (New Haven: Yale University Press, 1988, 1993) .

29 与罗利一样, 在这方面, 桑蒂斯似乎是受到了波特罗而不是格劳秀斯的影响。See Tuck, *Philosophy and Government*, 117; Theodore Rabb, "The Editions of Sir Edwin Sandys' Relation of the State of Religion, " *Huntington Library Quarterly* 26 (1963), 323–36.

30 1627 年 6 月 20 日, 桑迪斯, BL IOR B/ 10 20–29, 论桑迪斯在自然法方面的模糊性, 参见: Rabb, *Jacobean Gentleman*, 30; Noel Malcolm, "Hobbes, Sandys, and the Virginia Company, " *Historical Journal* 24: 2 (June 1981), 306. 参见: Toomer, *Selden*, 1: 320。

31 Ogborn, *Indian Ink*, 59–60; Annabel Teh Gallop, "Ottoman Influences in the Seal of Sultan Alauddin Riyat Syah of Aceh (r. 1589–1604), " *Indonesia and the Malay World* 32: 93 (July 2004), 176–90; L. F. Brakel, "State and Statecraft in Seventeenth–Century Aceh, " *Pre-colonial State Systems in Southeast Asia*, ed. Anthony Reid (Kuala Lumpur: Royal Asiatic Society, 1975), 56–66; William Foster, ed. , *Voyages of Sir James Lancaster* (London: Hakluyt Society, 1940), 124.

32 伊丽莎白的原始信件的英文版, TNA CO 77/ 1 1570–1621, 32–33。第二封信

在 Samuel Purchas, *Purchas his Pilgrimes* 1: 3（London: 1625），154-55。迈尔斯·奥格伯恩强调了在传递信件时解读与翻译的积极因素，罗伯特·马克利强调了对伊比利亚人"第三者"的合作意识。Ogborn, *Indian Ink*, 62-63; Markley, *Far East*, 39.

33 贸易许可证位于 Bodleian MS Douce OR. e. 4，在马来西部地区，形容印章最常见的词语是"*cap*"，来自北印度语"*chhap*"和波斯语"*chhapa*"。弗雷德里克·得·霍特曼的马来语词汇表（汇编于 1599—1601 年，印刷于 1603 年）用"tjap"替换"seghel"和"zeghel"（143, 176）。See Annabel Teh Gallop, *Malay Seal Inscriptions* 1（Phd. University of London, SOAS, 2002），56-58. 关于"法曼"作为一种外交工具的复杂性，参见: Sudipta Sen, *Empire of Free Trade: The East India Company and the Making of the Colonial Marketplace*（Philadelphia: University of Pennsylvania Press, 1998），77-80。关于阿拉丁的"篡位者"，参见: Anthony Reid, "Trade and the Problem of Royal Power in Aceh: Three Stages,", *Pre-colonial State Systems in Southeast Asia*, ed. Anthony Reid and Lance Castles（Kuala Lumpur: MBRAS, 1975），48-49。

[279]

34 关于这次俘获，参见: Sanjay Subrahmanyam, *Improvising Empire*（New Delhi: Oxford University Press, 1990），42-45, 170; Borschberg, *The Singapore and Melaka Strait*（Singapore: National University of Singapore Press, 2010），60-61; and Martine Julia van Ittersum, introduction to Hugo Grotius, *Commentary on the Law of Prize and Booty*（Indianapolis: Liberty Fund, 2006），xiii。

35 带有抄本和注释翻译的阿拉伯语书信如今藏于 MS Bodleian Or 575, f. 14-19。1635 年，大主教威廉·劳德把这封信，里面有两篇中国文章（Sinica 42），一本 1615 年的日本历书（见下文），以及一系列其他阿拉伯语信件、抄写本和译文，其中包括摩洛哥苏丹齐丹·纳西尔 1615 年的三封糖贸易通令。阿拉伯语信件第二部分的另一份副本位于 Bodleian MS Douce Or. e. 5 f. 1f. ca。珀切斯 1625 年的藏书中也出现了阿拉伯文书信，由威廉·贝德维尔翻译成英语，Pilgrimes 1: 3, 160。

36 1603 年 8 月 27 日，万丹的雅各·万·海姆斯凯克写给阿姆斯特丹的荷兰东印度公司，在格劳秀斯著作的附录中有其译文，*Commentary on the Law of Prize and Booty*, 535-36.

37 F. C. Wieder, ed., *De reis van Joris van Spilbergen naar Ceylon, Atjeh en Banten, 1601-4*（The Hague: Martinus Nijhoff, 1933），82-83.

38 See Johann Theodore de Bry, *Icones seu Gennuinae et Espressae Delineationes Omnium*

伦敦：塞尔登地图与全球化都市的形成（1549—1689）

Memorabilium（Frankfurt：Wolfgang Richter，1607），images VII and IX.

39　1606—1607 年冬天，格劳秀斯代表荷兰东印度公司给提多的苏丹写信，*Commentary on the Law of Prize and Booty*，553。

40　论泽兰与莫舍龙与加勒比和非洲利益的关系，参见：van Ittersum，"Mare Liberum in the West Indies? Hugo Grotius and the Case of the Swimming Lion，a Dutch Pirate in the Caribbean at the Turn of the Seventeenth Century，" *Itinerario* 37（2007），59-94。

41　Chaudhuri，*The English East India Company*（London：Cass，1965），21.

42　对于东印度公司的第四次航行，参见："Lycence for transportaion of moneys uncoyned 1607，" 1609 年 4 月 11 日，索尔兹伯里勋爵罗伯特写信给东印度公司，*The First Letter Book of the East India Company*，1600-1619，Sir George Birdwood，ed.（London：Bernard Quaritch，1893），224-27，282. 塞西尔在 1608 年批准了 2 万英镑，到 1609 年 4 月，剩下 6000 英镑用于大卫·米德尔顿的第五次航行。

43　TNA 14/ 44，62＊. Cf. J. Knowles，"Jonson's Entertainment at Britain's Burse：Text and Context，" in*Re-Presenting Ben Jonson*，M. Butler，ed.（Basingstoke and London：Macmillan，1999），133；Linda Levy Peck，*Consuming Splendor*（Cambridge：Cambridge University Press，2005）.

44　See Leonard Blussé，"No Boats to China：The Dutch East India Company and the Changing Pattern of the China Sea Trade，1635-1690，" *Modern Asian Studies* 30：1（February 1996），51-76.

45　See Van Dyke，"The Anglo-D utch fleet of Defense，1618-1622，" in Leonard Blussé，*About and Around Formosa*（Taipei：SMC Publishing，2003），61-81.

46　关于达波尔，参见：Foster，*English Factories*，1618-1621，286-89，296-97，300；English Factories 1622-1623，228，264-71. Niels Steensgaard，*Carracks，Caravans，and Companies*（Copenhagen：Studentlitteratur，1972），其中认为占领霍尔木 [280]
兹是新公司的胜利，但阿辛·达斯·古普塔认为它的意义在于鼓励苏拉特的崛起和中型商船的使用。Das Gupta，"Indian Merchants and the Western Indian Ocean：The Early Seventeenth Century，" *Modern Asian Studies* 19：3（1985），487.

47　"Translation of the Joint agreement between the English Company and the Netherlanders for Establishing the Trade of Bantam"（1622），BL，IOR，G/ 21/ 3A，v. II，f. 361-62.

48　参见英国人制作的图表，TNA MPF 189（formerly part of SP 112/ 39）；约 1617 年由埃塞尔·格里茨绘制的导数图表，TNA MPF 188（formerly SP 112/ 38）。

Sarah Tyacke, "Gabriel Tatton's Maritime Atlas of the East Indies, 1620 – 1621: Portsmouth Royal Naval Museum, Admiralty Library Manuscript, MSS 352," Imago Mundi 60: 1 (January 2008), 59.

49　首先是帕特里克·科普兰和托马斯·诺尔斯写的支持英国人的小册子。*A Courant of Newes from the East India* (February 8, 1622); *A Second Courant of Newes from the East India in Two Letters* (1622); followed by the pro-VOC pamphlet *The Hollanders Declaration of the Affairs of the East Indies* (Amsterdam [London]: Edward Allde, 1622), translating *Waerachtich verhael, van 't geene inde eylanden van Banda, inden jaere sestien-h ondert eenentwintich, ede te vooren is ghepasseer* (1622); which was in turn responded to by Bartholomew Churchman, *An Answer to the Hollanders Declaration, Concerning the Occurents of the East India* (London: Nicholas Okes, 1622). Further pamphlets followed. On the orang kaya see J. Kathirithamby-Wells, "Royal Authority and the Orang Kaya in the Western Archipelago, ca. 1500-1800," *Journal of Southeast Asian Studies* 17: 2 (September 1986), 256-67; and John Villiers, "Trade and Society in the Banda Islands in the Sixteenth Century," *Modern Asian Studies* 15: 4 (1981), 723-50.

50　*Calendar of State Papers East Indies*, 1622-24, 283; BL IOR B/ 6/ 31, May 1624; [Sir Dudley Digges], *A True Relation of the Unjust, Cruell, and Barbarous Proceedings against the English at Amboyna* (London: H. Lownes for Nathanael Newberry, 1624); *Waerachtich verhael van de tijdinghen gecomen wt de Oost-Indien* (Amsterdam: 1624), *A True Declaration of the News that Came out of the East Indies* (London: 1624); *Antwoorde van de Duytsche relatie, aengaende die ghepretendeerde conspiratie vande Enghelschen in Amboyna* (Amsterdam: 1624); John Skinner, *The Answer unto the Dutch Pamphlet, Made in Defence of the Unjust and Barbarous Proceedings against the English at Amboyna* (London: 1624); the ballad "News out of the East India of the Cruell Usage of Our English Merchants at Amboyna" (London: ca. 1625); and a sermon dedicated to the EIC, Robert Wilkinson and Thomas Myriell, *The Stripping of Joseph or the Crueltie of Brethren to a Brother* (London: William Stansby, 1625).

51　Chaudhuri, *English East India Company*, 31, 65.

52　Thomas Mun, *England's Treasure by forraign trade* (London: J. G. for Thomas Clark, 1664), 34.

53　"To the Reader," A True Relation of the Unjust, Cruell, and Barbarous Proceed-

ings, A1-4. 作为伦敦第一个真正的与亚洲有关的 "公共" 问题, 参见: Antho-
ny Milton, "Marketing a Massacre: Amboyna, the East India Company, and the
Public Sphere in Early Stuart England," in *The Politics of the Public Sphere in Early
Modern England*, Peter Lake and Steven Pincus, eds. (Manchester: Manchester Uni-
versity Press, 2007), 168-90; and Karen Chancey, "The Amboyna Massacre in Eng-
lish Politics, 1624-1632," *Albion* 30: 4 (Winter 1998), 583-98。 [281]

54 Cf. Toomer, *Selden*, 1: 132-33, 154-55; Selden, *Titles* (1614) 51, 85-111,
374-81; 2nd ed. (1631), 109; 1622 年 2 月 17 日, 塞尔登写给埃珀尼厄斯,
Bodleian Library; MS Selden Supra 108, 208. Selden's notebook for the 1631 edi-
tion of *Titles of Honour* with notes on collecting also survives as Clark Library, MS Sel-
den 1。对于来自不同君主的信件, 其中的许多都是通过东印度公司写给詹姆斯
一世的, 参见: Lincoln's Inn MSS, Hale 11, 48/221-42, Hale 12, DD/ 59/
354。最近的日期是 1631 年 11 月, 萨法维王朝的沙哈·萨菲 (1629—1642) 写
给查理一世的。对于此, 波斯版本的原信件为 TNA SP 102/ 4/ 10。关于在牛津
的塞尔登与波科克在阿拉伯语和埃塞俄比亚语的工作, 参见: Lambeth Palace,
Fairhurst Papers MS 3513, f. 32-38。也参见塞尔登关于蒂多雷、万丹以及西班
牙丝绸转运的信件的其他抄录, 参见: MS 3472, f. 77, 85-86, 113。

55 "Dedication," *The Workes of Benjamin Jonson* (London: William Stansby, 1616).
塞尔登对希伯来语、阿拉伯语和阿拉伯语的介绍可能是在 1609 年通过詹姆
斯·厄舍开始的。Cf. Jason Rosenblatt, "Milton, Natural Law, and Toleration,"
in *Milton and Toleration*, Sharon Achinstein et al., eds. (Oxford: Oxford University
Press, 2007), 133.

56 Stow, *The Survay of London*, 29.

57 珀切斯的第一版《世界旅行记集成》(伦敦: 威廉·斯坦比写给亨利·费瑟斯
通, 1613 年) 中有塞尔登的一首献词诗, 在第二版中, 珀切斯写道: "我的博
学的朋友塞尔登在内殿律师学院, 他的书和笔记为这本书和其他观点提供了不
少注解。" *Pilgrimage* 2 (1614), 131. 关于律师学院与塞尔登, 参见: Toomer,
John Selden, 1: 9-27。

58 约翰·伯勒是伦敦塔的文献保存者, 他在 1633 年收集了大量支持英国对海洋
拥有主权的文件, 这些文件是在有关《航海条例》的辩论中公布的, 正如 *The
Sovereignty of the British Seas; Proved by Records, History and the Municipal Laws of
this Kingdom* (London: J. Roberts, 1651)。关于科顿、阿伦德尔以及其他人,
参见: Jennifer Summit, *Memory's Library* (Chicago: University of Chicago Press,

2008), 136–96; Richard Ovende, "The Libraries of the Antiquaries (c. 1580–1640) and the Idea of a National Collection," in *The Cambridge History of Libraries* 1 (Cambridge: Cambridge University Press, 2006); Colin Tite, *The Manuscript Library of Sir Robert Cotton* (London: British Library, 1994)。1629 年，查理一世下令将科顿图书馆的藏书分散，1623 年后，卡姆登的藏书也包括在内，Cf. Toomer, Selden, 1: 45–46. Selden's catalog of Arundel's marbles is *Marmora Arundeliana* (London: John Bill, 1629)。

59 1625 年，白金汉写给特拉桑，TNA SP 16/ 13/ 155–56。

60 J. C. T. Oates, *The Manuscripts of Thomas Erpenius* (Melbourne: Bibliographical Society of Australia and New Zealand, 1974); G. J. Vossius, *Oratio in obitum clarissimi ac praestantissimi viri, Thomae Erpenii . . . Item Catalogus librorum Orientalium, qui vel manuscripti, vel editi, in bibliotheca Erpeniana exstant* (Leiden: Johannis Maire, 1625).

61 波斯语手稿是一篇对《古兰经》的评论，Cambridge MS. Mm. 4. 15。

62 See Arthur Macgregor, *Tradescant's Rarities* (Oxford: Clarendon Press, 1983), 17–18. 将掠夺视为一种展示"拥有者的差异性能力"的尝试，参见：Susan Stewart, *On Longing* (Baltimore: Johns Hopkins, 1984), 148; Finbarr Flood, *Objects of Translation* (Princeton: Princeton University Press, 2009), 121–26。关于科普对哈克卢特的影响，参见 1602 年 10 月 29 日，后者给塞西尔的信，Antonie Galvano, *The Discoveries of the World* (London: G. Bishop, 1601)。

[282]

63 Temple, ed., Travels 2: 1 (1919), 1–3. 对这一时期收藏的介绍，参见：Marjorie Swann, *Curiosities and Texts: The Culture of Collecting in Early Modern England* (Philadelphia: University of Pennsylvania Press, 2001)。

64 1626 年 10 月 3 日，班布里奇写给厄舍尔，Ussher, *Letters* no. 110, p. 370; 1627 年 8 月 27 日，班布里奇写给塞尔登，MS Selden supra 108, f. 236r。现在"Minhaj"的副本藏于 Bodleian MS Laud Or. 278. 参见：Toomer, *Eastern Wisdome*, 72–73。

65 Summit, *Memory's Library*, 197, 208.

66 Francis Bacon, "The Advancement of Learning," book II, in*Francis Bacon: A Critical Edition*, Brian Vickers, ed. (Oxford: Oxford University Press, 1996), 230.

67 Bacon, *Novum Organum* 1 (London: 1620), cxxix. 关于这些技术的模糊起源，其根源在 *Polydore Vergil's De Inventoribus Rerum* (Venice: Christophorus de Pensis, 1499)。See: Paolo Rossi, *Philosophy, Technology, and the Arts in the Early Modern*

Era, trans. *Benjamin Nelson* (New York: Harper Torchbooks, 1970), 83, 88-89.

68   Summit, *Memory's Library*, 203-4. 关于出版日期，参见：Vickers, ed., Francis Bacon, 786-87。第一稿可能是在殖民会议期间起草的，也就是说在《海洋自由论》之后，《闭海论》之前。

69   Ph. S. van Ronkel, "Account of Six Malay Manuscripts of the Cambridge University Library," *Bijdragen tot de Taal-*, *Land-en Volkenkunde van Nederlandsch-I ndie* 6: 2 (1896), 1-53.

70   "waerinne dat vergadert zijn diverse woorden in Duyts en de Maleys," Cambridge MS Or. L 1. 6. 5; the handwriting changes at f. 26. 一般参见 L. F. 布莱科尔的版本，*The Hikayat Muhammad Hanafi yyah* (The Hague: Martinus Nijhoff, 1975)。另一份手稿是 *Hikayat Yusuf*, Cambridge MS Or. Dd. 5. 37, 以及一份混合的手稿，Cambridge MS Or. Gg. 6. 40。

71   *Hikayat Bayan Budiman*, Bodleian MS Pococke 433, 1693 年波科克去世后，图书馆获得了这份材料。波科克大约是 1630 年至 1640 年获得的，书皮上写道："This is the Mola tounge Spoke By the Molaianes in the Sou [th] Seases the Coste of Vormeo ["Morneo" crossed out]" and "Malaica quaedam folia imperfect"。这指出了一个事实，这本书仅仅包含了前三个故事。博德利的残本是现存最古老的马来语副本，参见：R. O. Winstedt, ed., *Hikayat Bayan Budiman* (Kuala Lumpur: Oxford University Press, 1966)。

72   Hikayat Seri Rama, MS Laud Or. 291. Max Saint, "Laud, Pococke, and Three Malay Manuscripts in Oxford," *Indonesia and the Malay World* 14: 41 (November 1986), 45-48.

73   *Caritanira Amir*, Bodleian MS Jav. b. 2. 这是现存最早的 "menak" 的复制品。可能是因为珀切斯当时它认为来自印度西南部的马拉巴尔海岸，封面上用墨水写着 "Liber Lingua Malabanca Style ferrio scriptus"。

74   Amartya Sen, *The Idea of Justice* (Cambridge: Harvard University Press, 2009), 70.

75   Lambeth Palace, Fairhurst Papers MS 3513, f. 37. 17 世纪 40 年代末，塞尔登越来越怀疑语言的犹太神秘哲学和神秘主义理论，认为数字的人工社会性是一种 "人道的象征"。Selden, Table Talk, 84; 对于通用语言的计划，尤其参见： **[283]** Francis Lodwick, *A Common Writing* (London: Francis Lodwick, 1647); Lodwick, *The Groundwork, or foundation laid (or so intended) for the framing of a new perfect language: and an universal or common writing* (London: s. n., 1652); Cave Beck, *The Universal Character* (London: Thomas Maxey, 1657); 以及 1657 年乔治·达

尔加诺出版的两则大报，参见：David Cram and Jaap Maat, *George Dalgarno on Universal Language*（Oxford：Oxford University Press，2001）。17 世纪 50 年代，洛德维克收藏了大量的中国书籍，从威尔金斯那里借来了几本，其中包括他为文章所刻的主祷文。Vivian Salmon, *The Works of Francis Lodwick*（London：Longman，1972），135；Felicity Henderson and William Poole, *On Language*, *Theology*, *and Utopia*（Oxford：Clarendon Press，2010），22-23；John Wilkins, *Essay towards a Real Character and a Philosophical Language*（London：S. Gellibrand，1668），450-51.

76 由布赖恩·沃尔顿编辑的伦敦"多语圣经"在爱德华·波科克、托马斯·格里夫斯、托马斯·海德、詹姆斯·厄谢尔和其他许多人的帮助下，于 1654 年至 1657 年以 9 种语言出版，参见彼得·米勒，《圣经学术的'古物化'和伦敦多语言圣经（1653—1657），》*Journal of the History of Ideas* 62：3（July 2001），463-82。

77 塞尔登学生的文本，Clark Library Selden MS 10，其中附有关于宇宙学的研究。此外，还有 MS. 1963. 007，"A Briefe treatise of a book called Speculum Universe or Universal mirror"，1605 年 5 月 17 日，已经实现广泛使用希腊语和希伯来语，以及表格的逻辑方式，Clark MS 1, f. 133，其中包含塞尔登关于法律权威概念的早期树形图。对于拉穆斯技术在法律教育中的普及，参见：Abraham Fraunce, *The Lawiers Logike*：*Exemplifying the Praecepts of Logic by the practice of the common Lawe*（London：William How，1588）。

78 See Grotius, "The Preliminary Discourse," *The Rights of War and Peace* 1，Richard Tuck，ed.（Indianapolis：Liberty Fund，2005），79-81. 亨德森和普尔认为，洛德维克的情况并非如此，*On Language*，x，49，201-2。与塞尔登的历史观不同的是，洛德维克在一篇复辟的文章中以语言和原始术语提出了这一论点，间接证明了皇家非洲公司的合理性（MS Sloane 913, f. 363-64）。

79 参见：这份详细目录大概制作于 1654 年，Bodleian Library MS Selden Supra 111，f. 121v-128r；1649 年 10 月，著作的详细目录，Lambeth Palace，Fairhurst Papers MS 3513, f. 21，1649 年 11 月和 12 月，附有修订；M. Barratt，"The Library of John Selden and Its Later History，" *Bodleian Library Record* 3：31（March 1951），128-42。

80 此处的引用来自《论出版自由》并且提及了塞尔登的 *De Jure Naturali et Gentium Iuxta Disciplinam Ebraeorum*（London：Richard Bishop，1640），dedication 1639，塞尔登的隽语，"loca, nullius ante trita solo. Iuvat integros accedere Fontes

Atque haurire" from Lucretius, *De Rerum Natura*, 926–27。对于这些请求的故事，参见：David Wilkins, *Opera omnia* 1, xliv；J. Milton French, *The Life Records of John Milton* 2（New Brunswick：Rutgers University Press, 1949–58），237。

81　1650 年 8 月 23 日，爱德华·波科克写给塞尔登，Bodleian Library, Selden Supra 108, f. 147；更为普遍的是，杰勒德·郎白尼和波科克在 1652 年至 1654 年的数次通信，Bodleian Library, MS Selden Supra 109。波科克和塞尔登合作编写了拉丁/阿拉伯语文本：*Eutychii Patriarchae Alexaandrini Aannalium*（Oxford：Henry Hall, 1654）。格里夫斯将塞尔登的手稿用于他的著作，*Discourse of the Roman Foot*（London：M. F. for William Lee, 1647），以及塞尔登本人想要出版的一本书，*Elementa linguae Persicae*（London：Jacob Flesher, 1649）。1648 年，塞尔登拯救了格里夫斯的图书馆，使其免遭议会的查封；参见：Mordecai Feingold, "John Selden and the Nature of Seventeenth-Century Science," in *In the Presence of the Past*, Richard Bienvenu, ed.（Dordrecht：Kluwer, 1991），66。 [284]

82　Theodor Graswinckel, *Maris liberi vindiciae*（The Hague：Adrian Vlacq, 1652）；Selden, *Ioannis Seldeni vindiciae*（London：Cornelius Bee, 1653）. 格拉温克尔在 1635 年给塞尔登寄来了一篇评论文章，塞尔登没有回应，而这篇评论更直接地指向彼得罗·布尔古斯的 *De dominio Serenissimae Genuensis Reipublicae in mari Ligustico*（Rome：Marcianus, 1641），支持有限的热那亚人对利古里亚海的主张。另外两本很可能是内德姆写的英国小册子也支持议会的事业：*Additional Evidences Concerning the Right of Soveraigntie and Dominion of England in the Sea*（London：William Du Gard, 1652）；*Dominium Maris：or the Dominion of the Sea . . . translated out of Italian*（London：William Du Gar, 1652）。格劳秀斯著作的英译本，*Of the law of warre and peace*, appeared in London in 1654 and 1655. 参见：Tuck, *Natural Rights Theories*, 89。

83　该短语来自 *De synedriois et praefecturis juridicis veterum Ebraeorum liber tertius et ultimus*, 3：14. 9（London：Cornelius Bee, 1655），304, in reference to a Greek inscription and frieze in the museum reproduced on 305。

84　See Eric Nelson, *The Hebrew Republic*（Cambridge：Harvard University Press, 2010）；Adam Sutcliffe, "The Philosemitic Moment? Judaism and Republicanism in Seventeenth-C entury European Thought, " in Sutcliffe, et. al., *Philosemitism in History*（Cambridge：Cambridge University Press, 2011），67–92.

85　托马森对于这些著作的清单保存于 Bodleian BB 8（9）Art. Selden 以及 *Catalogus Librobum Diversis Italiae*（London：John Legate, 1647），47–56。议会提出的在

剑桥建一座现代公共图书馆的更广泛的计划失败了，*Journals of the House of Commons* 5（London：1803），512；Israel Abrahams and C. E. Sayle，"Purchase of Hebrew Books by the English Parliament in 1647，"*Transactions of the Jewish Historical Society of England*（1915－17），63－77；Oates，*Cambridge University Library*，231－40；Toomer，*Selden*，2：577。

86 塞尔登尤其感兴趣伊德里西的 *Geographia Nubiensis*；cf. Feingold，"John Selden，"68。博德利在他的图书馆里有一本乔叟的"Treatise on the Astrolabe"（1391-93），Bodleian Library MS Bodley 619。关于这些物件的交换，参见：Avner Ben-Zaken，*Cross-Cultural Scientific Exchanges in the Eastern Mediterranean，1560-1660*（Baltimore：Johns Hopkins University Press，2010）。对于天体观测仪的礼物，参见：Toomer，*Selden*，1：390-92。

87 塞尔登的星盘在牛津科学史博物馆，no. 37527，North Africa，ca. early 17th century. Robert Gunther，*The Astrolabes of the World* 1（London：Holland Press，1976），293-97。

88 塞尔登版本的标题是 *Xinqin quanxiang dazi tongsu yanyi sanguozhi zhuan*［新锓全像大字通俗演义三国志传 "Newly engraved，fully illustrated，great writing，everyday moral narrative *Three Kingdoms History*"］Bodleian Sinica 51/ 1-6。The 1592 Liu Longtian edition *Xinke anjian quanxiang piping sanguozhi zhuan*［新刻按鉴全像批评三国志传］also made its way to London，surviving as juan 7-8（University Library Cambridge，donated Richard Holdsworth，1649），juan 9-10（Württemberg Landesbibliothek），juan 11-12（partial，Bodleian Sinica 46，donated by Laud），juan 19-20（BL 15333. e. 1）. The London booksellers George Thomason and Octavian Pullen had juans 15-20 of what appears to be a different edition *Xinke yanyi quanxiang sanguozhi zhuan*［新刻演义全像三国志传］printed at Liguang Pavilion. Bodleian Sinica 55，donated July 6，1659. 现存已知最古老的版本是 1548 Ye Fengchun obtained through Fujian in the 1570s，E scorial G. IV. 24－30。参见：Helliwell，"Chinese Books in Europe in the Seventeenth Century"；Frances Wood，"Chinese Books in the British Museum，" in *The Art of the Book in China*，Ming Wilson and Stacey Pierson，eds.（London：Percival David Foundation，2006），223-24；Anne McLaren，"Popularizing The Romance of the Three Kingdoms，"*Journal of Oriental Studies* 33：2（1995），165-83. Hyde may have owned juan 19-20 and the colophon reprinted by Walton since he translated it with Shen in 1687 on the same sheet with notes about the Selden Map，BL Sloane 853，f. 23。

[285]

89 "Specimen Characterum Chinensum, ex initio eujusdam libri, eorum typis impres-si," in Walton, ed., "Prolegomenon 2," *Biblia Sacra Polyglotta* (London: Thom-as Roycraft, 1657), 14. The colophon reads "Wanli renchen zhongxia yue / shu lin Yu shi Shuangfeng tang" [万历壬辰仲夏月/ 书林余氏双峰堂 "Wanli 29 (1592), second month of summer / Book collection of the Yu family, Shuangfeng Hall (Yu Xiangdou)"]。As noted, juan 1 from which the colophon came is no longer ex-tant. Richard Holdsworth, who had juan 7 and 8 of the novel, was a signatory along with Walton and Ussher to a moderate Royalist petition in 1647 suggesting Charles I offer temporary toleration for dissenters. 关于版本记录，参见: Lucille Chia, "Chi-nese Books in the Philippines, " in *Chinese Circulations: Capital, Commodities and Networks in Southeast Asia*, Eric Tagliacozzo and Wen-Chin Chang, eds. (Durham: Duke University Press, 2011), 271-72。

90 Bodleian MS. Arch Selden A. 1, ca. 1540, on European paper. Printed in Purchas, *Pilgrimes* 3 (1625), 1065-1117. See H. B. Nicholson, "The History of the Codex Mendoza, " in Frances Berdan and Patricia Anawalt, *The Codex Mendoza* 1 (Berke-ley: University of California Press, 1992), 1-2. 图书馆的目录是 MS Selden Supra 111, f. 121v-128r. B. C. Barker-B enfield suggests that the "liber" was the Codex Selden and the "rotulus" the Selden Roll. Barker-B enfield, "The Bindings of Codex Mendoza, " *Bodleian Library Record* 17: 2 (October 2000), 100, 104。

91 Purchas, *Pilgrimes* 3 (1625). 1067. 约瑟夫·斯卡利格在 16 世纪提出了描述历史时间的不同方式的问题；参见: Anthony Grafton, *Joseph Scaliger* 2 (Oxford: Oxford University Press, 1993), 394-459。

92 Purchas, *Pilgrimes* 3 (1625), 1065.

93 Bodleian "Selden Roll, " MS. Arch. Selden A. 72 (3). The history of the Mixtec was first discussed in Spanish in Antonio de Herrera y Tordesillas, *Historia general de los hechos de los Castellanos en las islas y tierra firme del Mar Oceano* 3 (Madrid: Juan Flamenco, 1601), ch. xii-x iv.

94 Bodleian "Codex Selden, " MS. Arch Selden A. 2, dated 1560 on cover, with 1556 as the last date according to the Aztec calendar. 伊丽莎白·希尔·布恩认为这份手稿虽然有足迹图案，但并不是地图上的。Boone, "The House of the Eagle, " in *Cave, City, and Eagle's Nest*, David Carrasco and Scott Sessions, eds. (Albuquer-que: University of New Mexico Press, 2007), 35.

95 关于科德斯·博德利，Bodleian MS Mex D 1, 参见: Nicholas Johnson, "Roads   [286]

as Connectors in Mixtec Pictorial Histories," in *Painted Books and Indigenous Knowledge in Mesoamerica*, Elizabeth Boone, ed. (New Orleans: Middle American Research Institute, 2005), 131. Codex Laud, Bodleian Library MS. Laud Misc. 678, was part of a set of manuscripts called the "Borgia group," made by the Tolteca-C hichimeca alliance between the Mixtecs and Tenochtitlan at Cholula and using a very different style。

96 参见: James Ussher, "Epistle to the Reader," *Annals of the World* (London: John Crook, 1658), 该书在 1650—1654 年首次以拉丁语问世。1609 年，塞尔登与厄舍尔会面，并在 17 世纪 20 年代和 30 年代，分别与厄舍尔、班布里奇和佩雷斯克通信，当时厄舍尔作为阿马大主教在爱尔兰（1625-56）。1654 年，厄舍尔发表了塞尔登的葬礼演说。The two collaborated with Ralph Cudworth on the work *De anno civili veterum* (Leiden: Pieter van der Aa, 1644), a comparison of Jewish and Karaite calendars. 参见: Feingold, "John Selden," 68; and Cudworth's notes in Selden's edition of Johann Kepler and Tycho Brahe, *Astronomia Nova α τιολογητ ς, seu Physica cœlestis* (Prague and Heidelberg: Gotthard Vögelin for Kepler, 1609), Bodleian A. 1. 2 Med. Seld. (previously G. 1. 16 Art. Seld.).

97 "Codicil," June 11, 1653, in David Wilkins, *Works of John Selden* 1 (London: 1726), lv. The compass is now Oxford Museum for the History of Science, 44055. 对于塞尔登地图起源的一份完整的描述，参见: Batchelor, "The Rediscovery of the Selden Map: An Early Seventeenth-Century Chinese Map Depicting East Asian Shipping Routes," Imago Mundi 65: 1 (January 2013), 37-63。

98 七十人的"古犹太最高评议会兼最高法院"是由第五任君主主义者约翰·罗杰斯和少将托马斯·哈里森提出的，尽管由于巴雷本议会的实际情况，在 7 月第一次开会时，克伦威尔建议 140 名议员参加。Selden's history of the Sanhedrin is*De synedriis et praefecturis juridicis veterum Ebraeorum*, published in three parts, 1650, 1653, and 1655 by Jacob Flesher and Cornelius Bee.

99 关于伦普的商业政策，参见: J. E. Farnell, "The Navigation Act of 1651, the First Dutch War, and the London Merchant Community," *Economic History Review* (1964), 438-54; Brenner, *Merchants and Revolution*, 577-637; Blair Worden, *The Rump Parliament*, 1648 - 1653 (Cambridge: Cambridge Univ. Press, 1974), 254-62。

100 See Marchamont Nedham, "To the Supreme Autoritie of the Nation, the Parliament of the Commonwealth of England, November 19, 1652," in John Selden, *Of the*

Dominion or Ownership of the Sea (London: William Du Gard, 1652). 威廉·瓦茨在 1636 年做了一个翻译，可能是内德汉姆版本的基础。Cf. William Watts to John Selden, July 11, 1636, Bodleian MS Selden Supra 108, 82.

101 Bodleian Laud Or. 145. *Shunfeng xiangsong* is written in Chinese characters on the front flysheet with an interior inscription, "Liber Guil. Laud Archibpi Cant et Cancillar Universit Oxon 1637. " Cf. the transcription along with another Bodleian rutter in Xiang Da, ed. *Liang zhong hai dao zhen jing* (Beijing: Zhonghua shu ju, 1961). 对于其构成的相互矛盾的解释，参见：Roderick Ptak, "Jottings on Chinese Sailing Routes to Southeast Asia, Especially on the Eastern Route in Ming Times, " *Portugal e a China. Conferencias nos encontros de historia luso-c hinesa* (Lisbon: Fundação Oriente, 2001), 113–17; J. V. G. Mills, trans. , *Ma Huan Ying-y ai sheng-lan: The Overall Survey of the Ocean's Shores* (Cambridge: Cambridge University Press, 1970); Mills, "Chinese Navigators in the Insulinde about AD 1500, " *Archipel* 18 (1979), 69–93; Tian Rukang, "The First Printed Chinese Rutter—Duhai fangcheng, " *T'oung Pao* 68: 1–3 (1982)。 [287]

102 Purchas, *Pilgrimes*, I: xlvi.

103 See Edmund Scott, *Exact Discourse of the Subtilties, Fashishions [sic], Pollicies, Religion, and Ceremonies of the East Indians, as well Chyneses as Javans, there abyding and dweling* (London: W. White for Walter Burre, 1606).

104 BL Sloane 3668, 3959.

105 Purchas, *Pilgrimes*, I: 4, 385–95, 440–44.

106 Purchas, *Pilgrimes*, III: 2, 361.

107 BL Cotton Augustus, I. 1. 45. 科顿声称要建立一个国家图书馆，这一言论使 "State Papers" 大为震惊。莎拉·提亚克建议塔顿作为一个可能的抄写员 （个人通信）。See the very similar printed map "Sinarum Regni alioruq regnoru et insularu illi adiacentium description, " ca. 1597–1607, HKUST, G7400 1590 . S54.

108 The Cotton map claims the Ming has " 150 great Cittes, 235 small ones, 1154 townes, villages decayed 211, forts of guard 213. " British Library, Cotton Augustus, II. ii. 45. *The Mingshi* (Taibei: Guo fang yan jiu yuan, 1963; orig. Beijing: 1739), juan 40, counts 159 prefectures (qu 区), 240 subprefectures (zhou 州), and 1144 counties (xian 县). Gerritsz's chart is Berlin, Staatsbibliothek Preussischer Kulturbesitz, T. 7557. See the reproduction in Tyacke, "Gabriel Tatton, " 49. 对于 "Kadoya" 表格，参见：the reproduction in Nakamura, "The Japanese Por-

注 释   411

tolanosm" fig. 4; and Nakamura, *Goshuinsen kokaizu* (Tokyo: Nihon Gakujutsu Shinkokai, 1965), 550-51。Both Ortelius (1587) and Jan Huygen van Linschoten, *Itinerario*, Voyages ofte Schippvarert (Amsterdam: Cornelis Claesz, 1596), between 22-23, included maps of East Asia as well.

109　从法语翻译而来，"Memoire des commoditéz de l'union et incommoditéz de la diversité des compaaignies traffiquants aux Indies orientales"（1615），Nationaal Archief, The Hague, 1.10.35.02, Collectie Hugo de Groot, Supplement, 40: 137-41；参见：Borschberg, *Hugo Grotius*, 76, 315-16。

110　Richard Cocks, *Diary*, ed. E. M. Thompson, 2 (London: Hakluyt Society, 1883), 42, June 15, 1618. 1604 年至 1617 年，富有且强大的大阪商人 Sueyoshi Magozayemon Yoshiyasu（1570-1617）拥有吕宋岛、东京岛和暹罗岛的日本红章许可证（1604 年至 1617 年），并拥有一张波特兰海图. Hirosi Nakamura, "The Japanese Portolans of Portuguese Origin of the XVIth and XVIIth Centuries," *Imago Mundi* 18 (1964), 29. Li seems to have taken over those routes by 1618.

111　来自福建泉州和漳州的中国商人至少从 16 世纪 90 年代就来到台湾，作为鹿皮贸易的一部分。参见：Chen Di（陈第），Dongfan ji［东番记，"Eastern Foreigners Record"］（1603）。塞尔登的地图显示了在台湾的两个补给基地的营地，即北港以及加里山，其中一家很可能是由颜思齐经营的。cf. Tonio Andrade, *How Taiwan Became Chinese* (New York: Columbia University Press, 2007), 11; Salvador Diaz, "Relaçao" in José Borao, *Spaniards in Taiwan* 1 (Taipei: SMC, 2001), no. 21.；台湾开始出现在 1618 年 2 月李旦与东京（Tonkin）的航运记录中；参见：Iwao Seiichi, "Li Tan, Chief of the Chinese Residents at Hirado," Memoirs of the Research Department of the Toyo Bunko 17 (1958), 44-45。

[288]　112　伊丽莎白事情的现存记述包括里昂·佩奇，Histoire de la religion chrétienne au Japan 1 (Paris: C. Douniol, 1869), 450, 抄写一个被俘的牧师的信；Jacinto Orfanel, *Historia Eclesiastica de los sucessos de la christianidad de Japon* (Madrid: Alonso Martin, 1633), 141-52; and the diary of the Hirado chief factor Richard Cocks, itself not part of the EIC papers but surviving as BL Additional MS 31, 300-1, running from June 1, 1615, to January 14, 1619, and from December 5, 1620, to March 24, 1622. 其他的资料见于 Anthony Farrington, ed., *The English Factory in Japan*, 1613-1623 (London: British Library, 1991)。

113　Cocks, *Diary*, 2: 324.

114　See the April 6, 1625, report of Wang San, an owner of a junk travelling from Quanz hou to Batavia, to the Dutch in *Daghregister gehouden in 't Casteel Batavia* (The Hague: Martinus Nijhoff, 1896), 139-40, which also gives a good account of the junk trade.

115　80 这个数字来自巴尔托洛米·马丁内斯, 1619 年 1 月, 这个多明我会的外地人从利港偷越荷兰的封锁线, 向广东和福建的中国商人发出警告。His report on this failed mission is APSR (Avila), Formosa, Tomo 1, f. 371-77, is reprinted in Borao, *Spaniards in Taiwan*, 1: 46.

116　理查德·科克斯 (1614 年 12 月 10 日, 1617 年 2 月 15 日)、爱德蒙·塞耶 (1615 年 12 月 5 日, 1616 年 12 月 4 日) 的信件, 见于 Purchas, *Pilgrimes*, 1. 4. 409-11。塞耶抱怨说, 他们在暹罗雇佣的中国领航员只知道沿海航行, 结果生病了, 迫使塞耶在航行中一片混乱。

117　当沈福宗 1687 年看到塞尔登地图的时候, 他在风向的线路图或者罗盘刻度盘 (作为一种格盘) 和塞尔登地图上的 "罗经" 之间做了区分。BL Sloane 853, f. 23.

118　Laud's *Shunfeng Xiangsong* will say to *zhen* or to *needle* rather than *ji* or "to plot" when giving navigational instructions. "Watch" (literally "change") indicated both time and distance, and for distance it was very much an approximation, somewhere between fourteen and twenty miles. Mei-L ing Hsu, "Chinese Marine Cartography: Sea Charts of Pre-M odern China, " *Imago Mundi* 40 (1988), 112 n2.

119　1650 年 12 月, 杰拉德·兰拜恩送给塞尔登一份莫德林学院图书馆阿利皮乌斯的 "音乐导论" 的希腊手稿, 里面有复杂的表格, 展示了音符之间的和谐关系。Clark Library, MS 3.

120　See Roger Hart, *The Chinese Roots of Linear Algebra* (Baltimore: Johns Hopkins U-niversity Press, 2011); and more broadly Jack Goody, *The East in the West* (Cam-bridge: Cambridge University Press, 1996), 49-81.

121　See Batchelor, "The Selden Map Rediscovered, " and in the same issue Stephen Da-vies, "The Construction of the Selden Map: Some Conjectures, " *Imago Mundi* 65: 1 (January 2013), 97-105.

122　William Baffin, *The Voyages of William Baffin* (London: Hakluyt Society, 1891), 145, 154. See Laurens Reael, *Observatien of Ondervindinge an de Magneetsteen, end de Magnetische Kracht der Aerde* (Amsterdam: Spillebout, 1651), 他后来对印度洋和东亚的范围也做了类似的观察。

123 Henry Gellibrand, *A Discourse Mathematical on the Variation of the Magneticall Needle* (London: William Jones, 1635).

124 A. R. T. Jonkers, *Earth's Magnetism in the Age of Sail* (Baltimore: Johns Hopkins University Press, 2003), 202. 绘制这些数据的地图只显示了从 1651 年到 1700 年的数据。

[289]

125 See Tyacke, "Gabriel Tatton, "42, 60; Jonkers, *Earth's Magnetism*, 138-41.

126 Fei Xin, *Xing cha sheng lan* [星槎胜览 "Description of the Starry Raft"] (1436), 引用了水手们之间流行的说法。

127 Needham, *Science and Civilisation*, 4: 1, 286, showing a compass on loan to the Ashmolean. 关于"jian"的概念，参见: Batchelor, "A Taste for the Interstitial (间): Translating Space from Beijing to London, " in David Sabean and Malina Stefanovska, eds. , *Spaces of the Self* (Toronto: University of Toronto Press, 2012), 281-304。

128 Alexander Wylie, "The Magnetic Compass in China, " Chinese Researches 3 (Shanghai, 1897), 157, originally *North China Herald*, March 15, 1859; cited by Joseph Needham, *Science and Civilisation in China* (Cambridge: Cambridge University Press, 1971), 4: 1, 310. 我无法证实威利的这些引用。也参见: the figure of 7. 5° west recorded in Xu Zhimo (徐之镆), Chong juan luojing ding men zhen jian yi tu jie [重铸罗经顶门针简易图解] (ca. 1580?, preface 1623) reprinted in Siku quanshu cunmu congshu zibu 64 (Tainan: Zhuangyan wenhua, 1997)。《论李约瑟的表格作为一组不同的、去文本化的例子的问题本质》，参见: Fu Daiwie, "On Mengxi Bitan's World of Marginalities and 'South-Pointing Needles, '" in Viviane Alleton and Michael Lackner, eds. , De l'un au multiple (Paris: Editions MSH, 1999), 177-201.

129 耶稣会士对盖里布兰德的发现做出了回应，见于 Athanasius Kircher, *Magnes* (Rome: L. Orignani, 1641)，其中认为磁场沿着纤维在固定的天极和地极之间流动。为了支持这一观点，他引用了来自世界各地（包括中国）耶稣会的观察结果，见于最原始的 1641 年著作的 1654 年版本（Rome: V. Mascardi, 1654)。

130 *Bianyong Xuehai qunyu* [便用学海群玉, "Convenient to use: Seas of knowledge, mines of jade"], revised by Wu Weizi (Jianyang: Xiong Chongyu, 1607), juan 2. 幸存的副本位于 Leiden University Acad. 226。See Koos Kuiper, *Catalogue of Chinese and Sino-Western Manuscripts in the Central Library of Leiden University*

414   伦敦: 塞尔登地图与全球化都市的形成（1549—1689）

(Leiden: Leiden University Library, 2005), 70-75. 也参见类似的形象, Xiong Chongyu (熊冲宇 aka. Chengye), ed. , *Xinke taijian lifa zengbu ying fu tongshu* [新刻太监历法增补应福通书, "Newly engraved court calendar system supplement and almanac"] (Jianyang: Xiong Chongyu, ca. 1573-1619), Naikaku Bunko, 305. 288; Zhang Huang (章潢, 1527-1608), *Tushu bian* [图书编 "Compendium of Maps and Writings"], ed. Wang Shanglie (1613), 该书汇编于 1562 年至 1585 年。Yu Xiangdou, ed. (余象斗) *Xinke tianxia simin bianlan santai wanyong zhengzong* [新刻天下四民便览三台万用正宗 "Santai's newly engraved convenient orthodox instructions for myriad uses among the people of the world"] (Jiangyang: Yu Xiangdou, 1599), Tokyo Daigaku, Toyo Bunka, N307, reproduced in *Chugoku nichiyou ruisho shusei* 3-5 (Tokyo: Kyuko shoin, 2000). Timothy Brook sees the *Wanyong zhengzong* as the source for the map of the Ming; personal communication, April 22 2013.

131 On *fenye* versus geomancy or the "form" vs. "compass" schools, See Richard **[290]**
Smith, *Fortune-tellers and Philosophers: Divination in Traditional Chinese Society* (Boulder: Westview Press, 1991), 67-70, 134-39; John Henderson, "Chinese Cosmographical Thought, " *History of Cartography*, 2: 12: 210, 216-24. 这就是天文学在北京如此重要的原因。在翻译一封来自福建官员的信时, 珀切斯使用了一种谄媚的语言, 说中国的皇帝 "是如此强大, 他管理着所有月亮和太阳照耀的地方"。[Pilgrimes, 3. 2. 309]

132 通过东西路线界定南海的重点著作是陈大震的《大德南海志》(ca. 1307)。也参见: Wang Dayuan, *Daoyi zhilue* (1350), and his reference to southern "island peoples. " For an indication of what was new ca. 1617, See Zhang Xie, *Dongxiyang kao* [东西洋考, "Inspection of Eastern and Western Oceans"] (Zhangzhou: 1617/ 1618).

133 Jane Burbank and Frederick Cooper, *Empires in World History* (Princeton: Princeton University Press, 2010), 183. See Lauren Benton, *A Search for Sovereignty: Law and Geography in European Empires* (Cambridge: Cambridge University Press, 2009); and Sailha Belmessous, *Native Claims: Indigenous Law Against Empire* (Oxford: Oxford University Press, 2011).

1　参见奢华的印刷版本打算在伦敦以外的地方流传，John Ogilby, *The Relation of his Majesties Entertainment Passing through the City of London*, *to his Coronation* (London: Thomas Roycroft, 1661) .

2　See Plato, The Sophist, 223d, as cited in Grotius, *Mare Liberum*, ch. 8. 关于 1659 年贸易萧条期间出现的王室商业中心这一主题，参见：Blair Hoxby, "The Government of Trade: Commerce, Politics, and the Courtly Art of the Restoration, " *ELH* 66: 3 (1999), 591-627。

3　关于这一解决方案的脆弱性，参见：Gary S. De Krey, *London and the Restoration* (Cambridge: Cambridge University Press, 2005), 14-15, 47-63。

4　Barbour, *Before Orientalism*, 68-101; Daniel Vitkus, *Turning Turk: English Theater and the Multicultural Mediterranean*, 1570-1630 (London: Palgrave, 2003); Jonathan Burton, *Traffic and Turning: Commerce, Conversion, and Islam in English Drama* (Newark: University of Delaware Press, 2005); Kevin Sharpe, *Image Wars: Promoting Kings and Commonwealths in England*, 1603-1660 (New Haven: Yale University Press, 2010) .

5　在 16 世纪 50 年代对纳沃纳广场和方尖碑的描绘，参见：Rose Marie San Juan, *Rome: A City Out of Print* (Minneapolis: University of Minnesota Press, 2001), 187-217; 更为普遍的是 Dorothy Metzger Habel, *Urban Development of Rome in the Age of Alexander VII* (Cambridge: Cambridge University Press, 2002)。对于在巴黎做的相似努力，参见：Orest Ranum, *Paris in the Age of Absolutism* (University Park: Penn State University Press, 2002)。要了解雕刻对复辟保皇主义的重要性，可以看看约翰·伊夫林的当代记述，他声称雕刻是一门中国艺术，*Sculptura or the history and art of chalcography and engraving in copper* (London: J. C. for G. Beedle, 1662), 32-33, 47; 查理二世的雕刻师威廉·费索恩的记述，*Art of Graveing and Etching* (London: William Faithorne, 1662)。

6　Brenner, *Merchants and Revolution*, 4.

7　约翰·威尔斯详细阐述了"贡"这个概念在明清、葡萄牙和荷兰之间仍然可以被翻译，*Pepper, Guns, and Parleys* (Cambridge: Harvard University Press, 1974); and Wills, *Embassies and Illusions* (Cambridge: Harvard University Press, 1984).

8　Ogilby, *Entertainments*, 9-10.

[291]　9　Chaudhuri, *Trading World of Asia*, 143. 要了解科罗曼德尔海岸贸易的详细运作情

况，参见：Sinnappah Arasaratnam, *Merchants, Companies, and Commerce on the Coromandel Coast* 1650-1740（Delhi：Oxford University Press，1986）。

10 关于复辟时期合作的需求，参见："Pressure from Leadenhall：The East India Company Lobby, 1660-1678," *Business History Review* 50：3（Autumn 1976），329-55。关于对大西洋殖民地奴隶制的新强调以及"国家对人民的管理"和"领土"问题，参见：Christopher Tomlins, *Freedom Bound：Law, Labor, and Civic Identity in Colonizing English America*（Cambridge：Cambridge University Press，2010），426-28；Alison Games, *The Web of Empire*（New York：Oxford University Press，2008），291-93。

11 1651 年 10 月 9 日，Henry Scobell, *A Collection of Several Acts of Parliament* 2（London：John Field，1652），176.

12 12 Car. II, Cap. 18, "Charles II, 1660：An Act for the Encouraging and increasing of Shipping and Navigation" *Statutes of the Realm* 5（London：1819），246-50.

13 BL Add. MSS 25, 115 f. 81；TNA C. O. 389/ 1, f. 8；以及一份不完整的副本 TNA C. O. 77/ 7, no. 90。

14 BL IOR, G/ 21/ 4, f. 4-8.

15 "An Act for the Encouragement of Trade" 1663], *Statutes of the Realm* 5：449-52.

16 典型的例子是几内亚公司（"1618 年成立的伦敦冒险者公司"），由于缺乏资金，该公司向私人贸易商发放许可证，同时还向其他许多相互竞争、经常倒闭的组织发放许可证，直到 1660 年。Cf. Holly Brewer, "Slavery, Sovereignty, and 'Inheritable Blood, '" http：//www. nyu. edu/p ages /a tlantic/Lockeslavery-nyu. pdf, accessedNovember1, 2012.

17 "Articles of Agreement between the Royal Company and the East India Company made the 16th day of October 1662," BL, IOR E/ 3/ 86 f. 171；K. G. Davies, *The Royal African Company*（London：Taylor and Francis，1957），41-46；Chaudhuri Trading World of Asia，169-70.

18 See Simon Schaffer, "Golden Means：Assay Instruments and the Geography of Precision in the Guinea Trade," in*Instruments, Travel, and Science：Itineraries of Precision*, Marie-N oëlle Bourguet, et al.（London：Routledge，2002），20-50.

19 这种贸易很复杂，因为荷兰人以更有利的价格制造出更好的枪支，这引起了 17 世纪 80 年代英国枪支制造商的抱怨。甚至连东印度的商品，如宝贝螺，也常常从荷兰获得。See Davies, *Royal African Company*，173.

20 1642 年，荷兰人把葡萄牙人赶出黄金海岸（加纳），从 1651 年到 1675 年，荷兰奴隶贸易增加到64,800人，葡萄牙奴隶贸易减少到53,700人。See David El-tis, "The Volume and Structure of the Slave Trade: A Reassessment," *William and Mary Quarterly* 58:1 (2001), 43. 根据奴隶贸易的数据库，在 1663 年到 1675 年，在该公司和它的继任者皇家非洲公司的带领下，55 次航行离开了伦敦。大多数航行是前往巴巴多斯和牙买加的。Cf. The Trans-Atlantic Slave Trade Database, http://www.slavevoyages.org.

21 Bruce Lenman, "The East India Company and the Trade in Non-Metallic Precious Metals from Sir Thomas Roe to Diamond Pitt," in*The World of the East India Company*, H. V. Bowen, et al. eds. (Boydell Press, 2002), 97-109. 罗伯特·波义耳在 1663 年的文章《一颗在黑暗中发光的钻石的观察》中指出："钻石值得被
[292]
探寻，因为它们有助于维持世界东西方地区之间的商业往来，这是非常可观的。" Peter Shaw, ed., *The Philosophical Works of the Honourable Robert Boyle* 3 (London: W. and J. Innys, 1725), 144.

22 Gedalia Yogev, *Diamonds and Coral* (Leicester: Leicester University Press, 1978), 82-93.

23 参见奥新顿的通信：BM Add 40699, 40700, 40701; Larry Neal and Stephen Quinn, "Markets and Institutions in the Rise of London as a Financial Center in the Seventeenth Century," in*Finance, Intermediaries, and Economic Development*, Stanley Engerman et al, eds. (Cambridge: Cambridge University Press, 2003), 19-20。

24 Craig Muldrew, The Economy of Obligation: The Culture of Credit and Social Relations in Early Modern England (London: Macmillan, 1998), 115; S. Quinn, "Balances and Goldsmith-Bankers: The Co-ordination and Control of Inter-banker Clearing in Seventeenth-Century London," in*Goldsmiths, Silversmiths, and Bankers: Innovation and the Transfer of Skill*, 1550 *to* 1750, D. Mitchell, ed. (London: Centre for Metropolitan History, 1995), 53-76.

25 Ward Barrett, "World Bullion Flows," in*The Rise of Merchant Empires*, J. D. Tracy, ed. (Cambridge: Cambridge University Press, 1990), 251. 这里使用的金银兑换比率是 14.5:1。

26 J. Horsefield, *British Monetary Experiments* (Cambridge: Harvard University Press, 1960), xii-xiv.

27 Von Glahn, *Fountains*, 226. 关于复本位制的恢复，参见：Flynn and Giráldez, "Cycles of Silver," 391-427。戈德斯通认为这对奥斯曼人和西班牙人尤其有害，Goldstone, *Revolution and Rebellion*, chapter 4. 对荷兰人的影响，参见：

伦敦：塞尔登地图与全球化都市的形成（1549—1689）

Leonard Blussé, "No Boats to China: The Dutch East India Company and the Changing Pattern of the China Sea Trade, 1635 – 1690, " *Modern Asian Studies*, 30 (1996), 51-76。

28 参见从 1662 年 2 月到 1664 年 12 月的孟买士兵开支账目，TNA CO 77/ 8 (1655-62) f. 170。

29 G. Z. Refai, "Sir George Oxinden and Bombay, 1662-1669," *English Historical Review* 364 (1977), 573-81.

30 参见："The State of the Ship King Ferdinando's Voyage to East India, " TNA CO 77/ 11, 1668-70, f. 222, 关于奥新登中国之行的欺诈和阴谋的海报。由此引发的诉讼在英国上议院悬而未决，"William Love, et al. v. Henry and Sir James Oxinden, et al. ," October 30, 1673。

31 Richard Temple, ed. , *The Diaries of Streynsham Master* 1 (London: John Murray, 1911), 190-92; See correspondence in BL Add. MSS 40696-40713, 54332-54334.

32 TNA SP Ext. 8. 2 f. 126f 是一份原始的阿拉伯信件，英译文版本为 f. 126r。1675 年，第二批写给查理二世和丹麦的克里斯蒂安五世的信件是 f. 45, 46, and 58。

33 Cotton Mather, *A Brief History of the Warr with the Indians in New-England* (Boston and London: John Foster and Richard Chiswell, 1676); Elliot, *Empires of the Atlantic World*, 78, 102, 149-50, 266-67.

34 Peter Heylyn, *Microcosmus or A Little Description of the Great World: A Treatise Historicall, Geographicall, Political, Theological* (Oxford: John Lichfield and James Shor, 1621), "Dedication, " 11. 副本是 Huntington Rare Books 55354.

35 George Vernon, *The Life of the Learned and Reverend Dr. Peter Heylyn* (London: C. Harper, 1682); and John Barnard, *Theologico-Historicus, or the True Life of the Most Reverend Divine, and Excellent Historian Peter Heylyn* (London: C. Harper, 1683) . [293]

36 Foster, *Court Minutes*, 1660-3, 148-57.

37 James Hart, *Justice Upon Petition* (London: Harper Collins, 1991), 246; December 17, 1667, *Journal of the House of Lords* 12 (London: 1767-1830), 172-73.

38 De Kray, *London and the Restoration*, 321-25; TNA Royal African Company Court Minute Book, 1672-78, T/ 70/ 100, f. 8-22.

39 See Shapin and Schaffer, Leviathan and the Air Pump; Peter Dear, "Totius in verba: Rhetoric and Authority in the Early Royal Society, " *Isis* 76 (1985), 145-61.

40 Wilkins, *Essay Towards a Real Character*, 10, 13. 关于威尔金斯和韦伯，参见：

Rhodri Lewis, *Language, mind and nature: artificial languages in England from Bacon to Locke* (Cambridge: Cambridge University Press, 2007), 190 and passim; David Porter, *Ideographia*, 26-48。威廉·梅斯顿和 1682 年驻伦敦的万丹使团共同致力于马来语的研究，参见："Gramatica Mallayo-A nglica," Bodleian Library MS Ashmole 1808, f. v-x, donated by Elias Ashmole (d. 1692)。另一个副本是 BL Oriental Malay Add. 7043。关于罗伯特·波义耳传阅曼斯顿的手稿，参见：Mainston to Boyle, December 19, 1682, May 15, 1683, Michael Hunter, ed. *Correspondence of Robert Boyle* 5 (London: Pickering and Chatto, 2001), 369, 411。马来语被用作商人的一种礼貌语言，这种说法最早由林施滕提出，参见：Itinerario, *voyage ofte schipvaert* (Amsterdam: Cornelis Claesz, 1596), 24。See William Poole, *The World Makers* (Oxford: Peter Lang, 2010), 82.

41 John Webb, *An Historical Essay Endeavoring a Probability that the Language of the Empire of China is the Primitive Language* (London: Nathaniel Brook, 1669), 118. 第二版的标题为 *The Antiquity of China* (London: Obadiah Blagrave, 1678)。这封进献的书信写于 1668 年 5 月，韦伯为沃尔顿的《多语言圣经》（1657 年）设计了卷首。

42 1668 年 7 月 14 日，比尔写给伊夫林，BL Add. MS 78312, f. 105。

43 关于奥格尔比，参见：Katherine S. Van Eerde, *John Ogilby* (Folkestone: Dawson, 1976); 关于胡克和奥格尔比，参见：E. G. R. Taylor, "Robert Hooke and the Cartographical Projects of the Late Seventeenth Century (1666-1696)," *Geographical Journal* 90 (1937), 529-40。

44 John Ogilby, *An Embassy from the East-I ndia Company of the United Provinces, to the Grand Tartar Cham Emperour of China* (London: John Macock, 1669)，约翰·尼霍夫将其翻译成 *Het Gezantschap der Neerlandtsche Oost-I ndische Compagnie aan den Grooten Tartarischen Cham* (Amsterdam: van Meurs, 1665)。关于这篇论文，参见：Leonard Blussé and R. Falkenburg, *Johan Nieuhofs Beelden van Een Chinareis, 1655-1657* (Middelburg: Stichting VOC publicaties, 1987)。

45 TNA SP 44/ 23, Warrants, 1666-67, f. 416-17.

46 Lach and Van Kley, *Asia* 3: 1 (1993), 483.

47 继奥格尔比之后，是伊尔卡娜·西斯特的话剧，*The Conquest of China by the Tartars* (London: 1676; performed ca. February 1674)，其中将明清的更替描述为一种合法的继承，以此反对一些消极的荷兰记述。See Edwin Van Kley, "An Alternative Muse: The Manchu Conquest of China in the Literature of Seventeenth-

Century Northern Europe," *European Studies Review* 6（1976），21-44. 征服的消息来自马提尼的 *Novus Atlas Sinensis*（Amsterdam：Blaeu，1655），此书翻译成了荷兰语、法语和日耳曼语，他的历史著作是 *Sinicae historiae decas prima* 　**［294］**（1658），但仅仅是对 Álvaro Semedo，*The History of that Great and Renowned Monarchy of China*（London：E. Tyler for John Crook，1655）一书的翻译，后者是1638 年创作的，也就是在明朝瓦解之前。在奥格尔比翻译之前就出现了英译本。

48　See Benjamin Schmidt，"Accumulating the World，" in Lissa Roberts, ed. , *Centers and Cycles of Accumulation in and Around the Netherlands*（Munster：LIT Verlag，2011），129-54；Friderike Ulrichs，*Johan Nieuhofs Blick auf China*（Wiesbaden：Harrassowitz Verlag，2003），43-53；Dawn Odell，"The Soul of Transactions：Illustration and Johan Nieuhof's Travels in China，" *De zeventiende eeuw* 17：3（2001），225-42；Leonard Blussé and R. L. *Falkenburg*，*Johan Nieuhofs beelden van een Chinareis*（Middelburg：Stichting VOC Publicaties，1987）.

49　关于中国的雕刻，参见：Ernst van den Boogaert，*Het verheven en verdoven Azië：Woord en beeld in het Itinerario en de Icones van Jan Huygen van Linschoten*（Amsterdam：Het Spinhuis，2000）；Sun Ying，*Wandlungen des europäischen Chinabildes in illustrierten Reiseberichten des 17. und 18. Jahrhunderts*（Frankfurt am Main：Peter Lang，1996）；Richard Strassberg，*China on Paper*（Los Angeles：Getty Research Institute，2007）。

50　Athanasius Kircher，*China monumentis*，*qua sacris qua profanis*，*nec non variis naturae et artis spectaculis*，*aliarumque rerum memorabilium argumentis illustrata*［"*China illustrata*"］（Amsterdam：Jan Janszoon van Waesberge and Eliza Weyerstraet，1667），这些版画取自中国和莫卧儿的原作，可能被奥地利耶稣会会士约翰·格鲁伯（1623-1680）收藏。Lack and Van Kley，Asia 3：4（1993），1737. 1668年，J. H. 格拉泽梅克将其译成荷兰语，1670 年 F. S. 达尔奎将其翻译成法语。基尔舍雕刻的陕西和长城的一处"栈道"首次亮相于伦敦，See *Philosophical Transactions* 2：26（June 3，1667），484-88. 关于他的宗教融合，参见：Dino Pastine，*La nascita dell'idolatria*：*L'oriente religioso di Athanasius Kircher*（Firenze：La Tuova Italia，1978）。汤若望的著作由耶稣会会士约翰·弗赖斯为欧洲出版编辑的，*Historica Narratio de Initio et Progressu Missionis Societatis Jesu apud Chinenses*（Vienna：Matthaei Cosmerovij，1665）.

51　John Adams［Johann Adam Schall von Bell］，"A Narrative of the Success of an Embassage sent by John Maatzuyker de Badem General of Batavia Unto the Emperour of China and Tartary, the 20th of July 1655 . . . Written by a Jesuite in those Parts," in Ogilby, *Embassy*, 9 (added to the end and paginated separately).

52　See Haun Saussy, "China Illustrata: The Universe in a Cup of Tea," in*The Great Art of Knowing*, Daniel Stolzenberg, ed. (Stanford: Stanford University Libraries, 2001), 107.

53　论 17 世纪末中国、俄国、法国等国的帝王形象塑造，参见：Laura Hostetler, *Qing Colonial Enterprise: Ethnography and Cartography in Early Modern China* (Chicago: University of Chicago Press, 2001)。

54　乔治·亨布尔出版了 The Prospect of the Most Famous Parts of the World (London: John Dawson, 1627)，有些地图由约翰·斯皮德增订或修改。雕刻画都是在荷兰完成的。

55　Bodleian Western Manuscripts, MSS Wood 658, f. 792.

56　TNA SP 29/ 173, f. 226, item 109.

57　1684 年 2 月 29 日，BL IOR E/ 3/ 90, f. 254。

58　Arnold Montanus, *De Nieuwe en Onbekende Weereld Beschryving van America en 't Zuidland* (Amsterdam: Jacob van Meurs, 1671) for America andOlfert Dapper's *Naukeurige Beschrijvinge der Afrikaensche Gewesten* (Amsterdam: Jacob van Meurs, 1668); Dapper, *Gedenkwaerdige Gesantschappen der Oost-Indische Maetschappy in 't Vereenigde Nederland aen de Kaisaren van Japan* (Amsterdam: Jacob van Meurs, 1669); and Dapper, Asia, *of naukerige beschrijving van het rijk des grooten Mogols en de groot gedeelt van Indien* (Amsterdam: Jakob van Meurs, 1672), for Africa, Japan, and Asia respectively; and, in addition to a new edition of Nieuhof, Dapper's *Gedenkwaerdig bedryf der Nederlandsche Oost-indische Maetschappye op de kuste et in het keizerrijk van Taising of China*, 2 vols. (Amsterdam: Jacob van Meurs 1670) for China. 对于这些的历史，参见：John Wills, "Author, Publisher, Patron, World: A Case Study of Old Books and Global Consciousness," *Journal of Early Modern History* 13 (2009), 375–433。

59　1669 年 4 月，布洛姆试图注册翻译并出版非洲卷，但未能成功。See G. E. Eyre, *A transcript of the registers of the worshipful company of Stationers* 2 (New York: Smith, 1950), 399. 奥格尔比的《不列颠卷》（1675）也可以与布洛姆的 1673 年版本相媲美。

60　正如威尔斯在认识论的和政治的术语中所论述的那样，"Author, Publisher,"

[295]

422　　　　　伦敦：塞尔登地图与全球化都市的形成（1549—1689）

376，389-90。从宗教的角度看激进的启蒙思想，参见：Jonathan Israel, *Radical Enlightenment: Philosophy and the Making of Modernity*, 1650-1750（Oxford：Oxford University Press, 2001）；从商业视角看的话，参见：Harold Cook, *Matters of Exchange*（New Haven：Yale University Press, 2007）。

61　Ogilby, *Africa*, 424-29.

62　参见坦普尔非常流行的著作，*Observations Upon the United Provinces of the Netherlands*（London：A. Maxwell, 1673）。该书大致写于 1668 年，也就是他任使臣期间，他于 1670 年提交了书稿，但是只在战争期间出版了。

63　David Armitage, "John Locke, Carolina, and the *Two Treatises on Government*," *Political Theory* 32：5（October 2004）, 602-27. "基本宪法"的原件创作于 1669 年 7 月 21 日，TNA 30/24/47/3，作为一幅带有沙夫茨伯里亲笔签名的手稿，日期为 1670 年 3 月 1 日，但很可能出版于 1671 年至 1672 年之间。

64　Ogilby, *America*, 206-7.

65　关于这一综合物，参见：Wills, "Author, Publisher," 405-13。

66　"The Chineses also keep great Feasts in their Vessels on the River, making merry with varieties of Meat and strong Liquor; in which manner the greatest Mandarins often recreate themselves." Ogilby, *Atlas Chinensis*（1671）, 358-59, from Dapper, Gedenkwaerdig, 392. 关于消费的旅行和朝圣，参见：Pomeranz, Great Divergence, 142；Glen Dudbridge, "A Pilgrimage in Seventeenth Century Fiction：T'ai-shan and the Hsing-s hih yin-y uan chuan," *T'oung Pao* 77：4-5（1991）, 226-52；and Susan Naquin and Chun-fang Yu, eds., *Pilgrims and Sacred Sites in China*（Berkeley：University of California Press, 1992）. 关于瓷器上的类图案，参见：Batchelor, "On the Movement of Porcelains," 104.

67　Liuxi Meng, *Poetry as Power*（Lanham：Lexington Books, 2007）, 26.

68　Ogilby, *Atlas Chinensis*（1671）, 571. The Dapper versions of these are *Beschryving*, 106-11.

69　Ogilby, *Atlas Chinensis*（1671）, 543，进一步参见该书的第 544-546 页。Dapper, p. 136-123（印刷者出了错，书籍的页码是 136-139）。

70　Gu Zuyu, Dushi fangyu jiyao（ca. 1630-60），卷九十给出的浙江省会杭州的数字是 3300 里，而不是 3340 里。卷八十给出的数字是湖南省会长沙 5870 里，而不是"郡南"5570 里。顾炎武的著作直到 1811 年才出版，也参见：Gu Yan-wu's（顾炎武）*Tianxia Junguo libing shu*（天下郡国利病书 "On the benefits and faults of imperial local administration," ca. 1639-62）。对于《商程一览》，参见： 　[296]

Chia, *Printing for Profit*, 228 – 29, 325; Timothy Brook, *Geographical Sources of Ming-Qing History* (Ann Arbor: University of Michigan Press, 1988)。对于贾晋珠 (Lucille Chia) 为我提供一份来自 Naikaku Bunko 123. 0005 的文本副本，我表示感谢。

71 Ogilby, *Atlas Chinensis*, 613.

72 *An advertisement concerning the English atlas, with the proposals* (London: John Ogilby, February 10, 1671/ 2)，哈佛大学特别藏书的副本。

73 Ogilby, *Britannia: Vol 1 or an Illustration of the Kingdom of England and Dominion of Wales: By a Geographical and Historical Description of the Principal Roads thereof. Actually Admeasured and Delineated in a Century of Whole – S heet Copper – Sculps* (London: John Ogilby, 1675). 这本书几乎立即被翻印，用于约翰·斯皮德和罗伯特·怀特的新著作出版，即 *Theater of the Empire of Great Britain* (London: Thomas Basset and Richard Chiswel, 1676)。

74 12 Car. II, cap. 35. 也参见约翰·希尔早期的伦敦到约克"便士邮局"的计划。*Penny Post, or a Vindication of the Liberty and Birthright of every Englishman in carrying Merchants' and other Men's Letters against any restraint of Farmers* (London: s. n. , 1659).

75 James How, *Epistolary Spaces* (Aldershot: Ashgate, 2003), 52 – 55; Howard Robinson, *The British Post Office* (Princeton: Princeton University Press, 1948).

76 奥格尔比在 1675 年还出版了廉价版的著作，即 *Itinerarium Angliae, or a Book of Roads*，在奥格尔比死后，印刷厂的威廉·摩根 (威廉·摩根是奥格尔比的合作伙伴，也是查理二世宇宙志学者的继任者) 多次再版该书。

77 1680 年，威廉·多克拉和罗伯特·默里为"便士邮局"申请了专利。这是伦敦的一种私人邮政系统，从市中心以 7 英里为半径，通过商店、咖啡馆、酒馆和酒吧的网络发送邮件，参见: *The Practical Method of the Penny-Post* (London: 1681); Steven Pincus, 1688: *The First Modern Revolution* (New Haven: Yale University Press, 2009), 72; Mark Knights, *Politics and Opinion in Crisis* (Cambridge: Cambridge University Press, 2006), 173.

78 "分散的知识" 这一想法来自 Michael Fischer, *Mute Dreams, Blind Owls, and Dispersed Knowledges* (Durham: Duke University Press, 2004)，尤其是第一部分，关于琐罗亚斯德教的仪式和《列王纪》。

79 关于与此相关的恐惧，参见: Nabil Matar, *Turks, Moors, and Englishmen* (New York: Columbia University Press, 1999), 105 – 7。

80 关于德莱顿，参见：Rahul Sapra, *The Limits of Orientalism：Seventeenth-Century Representations of India* (Newark：University of Delaware Press, 2011)。这部话剧再现了 1658 年开始的沙贾汗（公元 1666 年）的继承危机，正如弗朗索瓦·贝尼埃所描述的那样，*Histoire de la dernière revolution des états du Grand Mogul* (Paris：Claude Barbin, 1670, 1671)；*Évènmens particuliers, ou ce qui s'est passé de plus considerable après la guerre pendant cinq ans . . . dans les États du Grand Mogul* (Paris：Claude Barbin, 1670, 1671)，皇家学会秘书亨利·奥尔登堡分别将其翻译成英文，即 *The History of the Late Revolution of the Empire of the Great Mogul* **【297】** (London：Moses Pitt, 1671, 1676)；*A Continuation of the Memoires of Monsier Bernier concerning the empire of the Great Mogol* (London：Moses Pitt, 1672)。关于贝尼埃，参见：Dew, *Orientalism in Louis XIV's France*, 131–67。

81 See Thomas Garraway (Garway), "An exact description of the growth, qualities and virtues of the tea leaf" (London：ca. 1658), British Museum；"That excellent and by all Physitians approved China Drink," Mercurius Politicus 435 (September 1658)；*A True and Perfect Description of the Strange and Wonderful Elephant Sent from the East-I ndies and Brought to London on Tuesday the Third of August*, 1675 (London：1675). 德莱顿的话剧于 1675 年 11 月 17 日首次公演。

82 除了向博德利图书馆捐赠许多波斯语和阿拉伯语手稿，劳德在 1639 年还向圣约翰斯捐赠了一套 8 本的阿拉伯语和波斯语的手稿，这是在他被流放到法国之前从科奈姆·迪格比那里获得的。See Emilie Savage-S mith, *A Descriptive Catalogue of Oriental Manuscripts at St. John's College* (Oxford：Oxford University Press, 2005). 这些也包括 *Ulugh Beg's Ziji-i Jadid-i Sultani* (ca. 1420–38) (this copy dated 1532, St. Johns College, Oxford MS 151)。海德用乌鲁伯格以及博德利图书馆 MS Pococke 226 and MS Saville 46，用于他的著作出版，即 *Tabulae longitudiniis and latitudinis stellarum fixarum ex observatione Ulugh Beighi* (Oxford：Henry Hall, 1665)，更新前三部分版本（1648、1650、1652），为他做更新工作的是约翰·格里夫斯，他用自己的波斯语和阿拉伯语副本——MS Greaves 5 (Cairo：al-Rifa'i, 1536)，以及 Johns MS 91。后者的阿拉伯语副本是在 1640 年之后从劳德那里得到的，格里夫斯做了大量的注释。

83 *Risalat Hayy ibn Yaqzan* (AH 707/ 1303 CE), Bodleian Library MS Pococke 263. Edward Pococke (ed.) and Edward Pococke, Jr. (trans.), *Philosophus Autodidactus sive Epistola Abi Jaafar ebn Tophail de Hai Ebn Yokdhan. In qua Ostenditur quomodo ex Inferiorum contemplatione ad Superiorum notitiam Ratio humana ascendere possit*

（Oxford：H. Hall，1671）. See G. J. Toomer, *Eastern Wisedome and Learning* （Oxford：1996），218-23；G. A. Russell，"The Impact of Philosophus Autodidactus," in Russell, ed. , The '*Arabick' Interest of the Natural Philosophers in Seventeenth Century England* （Leiden：Brill，1994），224-62；and Avner Ben-Z aken，*Reading Hayy Ibn-Yaqzan：A Cross-Cultural History of Autodidacticism* （Baltimore：Johns Hopkins University Press，2011）.

84　Pococke, *Litvrgiœ Ecclesiœ Anglicanœ, Partes pracipuae . . . in linguam Arabicam traductae* （Oxford：Henry Hall，1674）.

85　失败是游戏中的一个重要主题，*The Web of Empire*，253，它强调了英国的宗教分裂，而不是在英国以外的文本生产的作用。

86　Eliot, *Mamusse Wunneetupanatamwe Up-B iblum God* （Cambridge，MA：Samuel Green and Marmaduke Johnson，1663），这本书是献给查理二世以及牛津和剑桥的。波义耳还赞助了用威尔士语和爱尔兰语书写的《圣经》的分发活动，并参与了威廉·西曼的著作，即 *Kütüp-ü paklarin Türkide bir nümudari-yi yahsi Kadis Yuhanna Resulin Türki zebana mütercem olmus üç risalesidir. Specimen Turcicum S. S. Scripturae* （London：James Flesher，1659），使用了牛津阿拉伯字体。

87　1605 年 10 月，万丹统治者拉图国王写给詹姆斯一世的第一封信用的是阿拉伯语（TNA SP 102/4/8）。但另外两封写给查理一世的书信是用马来语写的（TNA SP 102/ 4/ 50；TNA SP 102/ 4/ 37），时间分别为 1628 年、1635 年。苏丹阿卜杜勒·法塔赫在给查理二世的信中最初使用阿拉伯语，作为他在亚齐和柔佛领导下将万丹与伊斯兰世界——尤其是奥斯曼帝国和莫卧儿王朝——联系起来的更广泛计划的一部分。January 4, 1665/J umadilakhir 16, 1075, TNA SP Ext. 8/ 2 f. 126；n. d.（before 1675）Ext. 8/ 2 f. 45. 1675 年 1 月 31 日（根据信上的阿拉伯日期，Zulkaidah 5, AH 1085），苏丹阿卜杜勒又开始用马来语给查理二世和丹麦的克里斯蒂安五世写信。TNA Ext 8/ 2, f. 46；TNA Ext. 8/ 2 f. 58. 这似乎是暂时的，因为除了 1680 年 "年轻的苏丹" 阿布·纳萨尔用罗马化马来语写的一封信（附有英文翻译）（TNA CO 77/ 14, f. 22-23），苏丹阿卜杜勒用阿拉伯语发送了所有剩余的信件（一封来自 1680 年的信，TNA CO 77/ 14, f. 38；three from 1682, CO 77/ 14, f. 111；CO 77/ 14 f. 112；CO 77/ 14, f. 114-15），参见：Gallop，"Seventeenth-C entury Indonesian Letters in the Public Record Office," 412-39。

88　1677 年 3 月 5 日，波义耳写给罗伯特·汤姆森，*The Works of the Honourable Robert Boyle* 4，Thomas Birch, ed.（London：J. and F. Rivington，1772），226；

[298]

1678 年 12 月 9 日，斯特雷沙姆写给塞缪尔·马斯特的信，Royal Society Boyle Letters, 4, f. 39, Fol/ 1。阿蒙·海德的书中有一本哈迪基的信笺簿，名字是 *Makturat Persice* dated Rabi 2, AH 1077 (Surat: 1666), Nasta'liq Persian, BL Asian Reg. 16. B. 23，书中附有写给亲属、朋友以及低层官员等群体的书信模板。他也有一份拉米著作 *Masnavi* 的词汇表，日期为 AH 1081 (Surat: 1670), Nasta'liq Persian, BL Asian Reg. 16. B. 19，这是一部重要的综合学术著作，回应了莫卧儿王朝对苏非派诗歌的追求。关于 1674 年海德在完成博德利图书馆的目录编纂后，转向实用语言的研究，参见：David Vaisey, "Thomas Hyde and Manuscript Collecting at the Bodleian Library," in *The Foundations of Scholarship: Libraries and Collecting*, 1650 – 1750 (Los Angeles: William Andrews Clark Library, 1992), 8。

89 *Jang ampat evangelia derri tuan kita Jesv Christi, daan Berboatan derri jang apostali bersacti: bersalin dallam bassa Malayo = The four Gospels of Our Lord Jesus Christ, and the Acts of the holy Apostles, translated into the Malayan tongue* (Oxford: H. Hall, 1677).

90 1678 年 12 月 9 日，斯特雷沙姆写给塞缪尔·马斯特的信，*Correspondence of Robert Boyle* 6, *appendices*。对马德拉斯的经纪人关系，特别是斯特雷沙姆和卡西·维拉那之间的关系有很好的描述，See Ogborn, Global Lives, 80–93; and Arasaratnam, *Merchants, Companies, and Commerce.*

91 其中有三本是《萨达尔》的副本 *Saddar* ("Hundred Subjects," ca. 16th century) (Navsari: 1674) BL Asian, Reg. 16. B. 7, previously Hyde's; (Navsari: 1675) copied by Herbad Hormuzyar, BL Add 6998; Reg. 16. B. 1, 174b – 330; and Reg 16. B. 15。伊朗夏·本·马拉克沙用拉丁语 "Sudder Nuzzum" 归类的一种诗的版本，时间为 1495 年，海德在其著作中对其进行了翻译和描述，即 *Historia Religionis veterum Persarum* (Oxford: Sheldonian Theater, 1700), 431–88，包括波斯语的引言和结语。扎托史特·巴哈姆的著作 *Zaratusht-Nama* (13 世纪晚期) 的一份副本，由抄写员哈德·本·伊斯法迪娅·本·拉斯特姆书写 [（Navsari）1679）BL Asian, Reg. 16. B. 8,]。到达了伦敦。最后，还有两本扎托史特·巴哈姆 13 世纪晚期用波斯语翻译的 *Arda Viraf Nama* (ca. 300–600 CE) 的两本副本，Avestan and Nasta'liq Persian, BL Asian, Reg. 16. B. 2 and Reg. 16. B. 1, f. 18–174a；两者都是由抄写员哈德·霍尔施德·本·伊斯法迪娅·本·拉斯特姆书写的。后者的扉页上写着："This booke very hard to be procur'd. For when I had prevailed with the priest to write it for me, he durst not let

注 释   427

his owne cast or sect know of it, but wrote it all in the night when all eyes were shut and asleep," suggesting a complex politics of sharing such texts. [B. 1 Hyde failed to get a copy of the Zend‑A vesta. [Hyde to Boyle, November 29, 1677, Boyle, *Works*, 6：567.]。关于阿维斯塔语，一般参见：the Avestan Digital Archive, http：//ada. usal. es∕; and Karl Hoffmann, "Avestan Language," *Encyclopedia Iranica*, 3：1 (1987), 47-62。就昂吉尔这方面的宗教基础而言，他对待新教的方式似乎与约翰·洛克在卡罗来纳的方式相似，参见：Stern, *The Company State*, 101-13。

92   参见：D. L. White, *Parsis as Entrepreneurs in Eighteenth Century Western India：The Rustum Manock Family* (PhD. thesis, University of Virginia, 1979); Jivanji Modi, "Rustam Manock (1635-1721), the Broker of the English East India Company and the Persian Qisseh of Rustam Manock," *Asiatic Papers* 4 (Bombay：1929), 101-337, 它描述了约 1711 年波斯的赞美之诗，以 1664 年或者 1670 年苏拉特的两次劫掠中的一次之后，拉斯特姆·马奈克帮助帕西人为开端。关于"panchayat"的习俗或者制度，对于 17 世纪的帕西人来说是新奇的，并以印度的乡村集会（yat）为模型。参见：Jesse Palsetia, *The Parsis of India* (Leiden：Brill, 2001), 25-26。

93   BL Asian, Reg. 16. B. 6. 不幸的是，曾经属于大英博物馆收藏的海德的阿维斯塔语或者波斯语的藏书，如今已无法找到了。

94   BL Asian Reg. 16. B. 14. 也参见海德在另一本著作，即 *Historia Religionis Persarum*, 319。

95   论阿克巴向波斯语的转变及其作为行政语言和文学语言的传播，参见：Muzaffar Alam, "The Culture and Politics of Persian in Pre‑C olonial Hindustan," in*Literary Cultures in History：Reconstructions from South Asia*, Sheldon Pollock, ed. (Berkeley：University of California Press, 2003), 159-67。由于宗教破坏而移民的故事在 Behman Kaaikobad Sanjana 广受推崇，*Qisseh-i Sanjan* (Navsari：1599), 该文本只在后来的副本中存在，但在 17 世纪的苏拉特是众所周知的。

96   对于"*jizya*"重新引入的通常日期是 1679 年，但包括婆罗门和帕西人在内的特定群体在 1675 年就已经开始征收新的人头税。参见：Surat to Company, November 26, 1669, in Forrest, *English Factories in India*, 1668-9, 190; John Fryer, Bombay, September 22, 1675, in his *New Account of East India and Persia in Eight Letters Being Nine Years Travels Begun* 1672 *and Finished* 1681 (London：Chiswell, 1698), 144。

428   伦敦：塞尔登地图与全球化都市的形成（1549—1689）

97 Aungier, "Proposals Touching Bombay Island," (1671) in *Selections from the State Papers preserved in the Bombay Secretariat* (Home Series) 1, George Forrest, ed. (Bombay: Government Central Press, 1887), 51-56. 17 世纪 70 年代, 万丹人的贸易发展得很好 (而红海的情况却很糟糕), 1674 年, 在希望与莫卧儿人建立联系的万丹苏丹的鼓励下, 古吉拉特人试图恢复与爪哇的贸易。Cf. Chaudhuri, *Trading World of Asia*, 197.

98 关于在伦敦的印度洋货币关系的知识, 参见: Adam Olearius, *Voyages and Travels*, trans. John Davies (London: T. Dring and J. Starkey, 1662), esp. 299-300; and Jean-B aptiste T avernier, *The six voyages of John Baptista Tavernier, trans. John Phillips* (London: Daniel Cox, 1677)。 [300]

99 Fryer, *A New Account of East India and Persia*, 64-65.

100 关于这些网络, 一般参见: G. A. Nadri, "The Maritime Merchants of Surat: A Long-t erm Perspective," *Journal of the Economic and Social History of the Orient* 50: 2-3 (2007), 235-58; Sanjay Subrahmanyam, "Iranians Abroad: Intra-A sian Elite Migration and Early Modern State Formation," *Journal of Asian Studies* 51 (1992)。

101 Aungier to Bombay, April 26, 1677, in Forrest, *Home Series*, 1: 111-13.

102 John Shepherd, *Statecraft and Political Economy on the Taiwan Frontier*, 1600-1800 (Stanford: Stanford University Press, 1993); Liu Ts'ui-j ung, "Han Migration and the Settlement of Taiwan," in Mark Elvin and Liu Ts'ui-jung, *Sediments of Time: Environment and Society in Chinese History* (Cambridge: Cambridge University Press, 1998), 165-74.

103 See Chen Di, *Dongfanji* (东番记, "Eastern Barbarian Record," 1603); Emma Jinhua Teng, *Taiwan's Imagined Geography: Chinese Colonial Travel Writing and Pictures*, 1683-1895 (Cambridge: Harvard East Asian Monographs, 2006), 62-67; Laurence Thompson, "The Earliest Chinese Eyewitness Accounts of the Formosan Aborigines," *Monumenta Serica* 23 (1964), 175.

104 See Tonio Andrade, *Lost Colony* (Princeton: Princeton University Press, 2011); Andrade, *How Taiwan Became Chinese* (New York: Columbia University Press, 2008); Wills, "Maritime China from Wang Chih to Shih Lang," *From Ming to Ch'ing*, 216-17. 关于南明, 参见: Lynn Struve, *The Southern Ming*, 1644-1662 (New Haven: Yale University Press, 1984)。

105 1670 年 4 月 7 日, 在万丹的亨利·戴克写给乔治·福克斯克罗夫特, BL IOR

G/ 21/ 5E, f. 6. 台湾的信件也可以在安东尼·法林顿那里找到，Chang Hsiu-Jung, and Ts'ao Yung-Ho, eds., *The English Factory in Taiwan*, 1670-1685 (Taipei: Taiwan National University, 1995)。

106　1672 年 9 月 6 日，在台湾的西蒙·戴波写给东印度公司，BL IOR G/ 21/ 4B f. 137。

107　Captain William Limbrey, January 6, 1673, BL IOR G/ 21/ 4B f. 100.

108　Kristof Glamann, *Dutch - Asiatic Trade*, 1620 - 1740 (Copenhagen: Nijhoff, 1955), 54-63.

109　1671 年副本及其所有者是 Bodleian Library Sinica 57 (Robert Boyle)；Sinica 58 (Henry Aldrich, Dean of Christ Church)；Magdalen College, Cambridge, Pepys Library 1914 (Samuel Pepys)；Emmanuel College, Cambridge, MS 3. 2. 17 (fragment)；Clare College, Cambridge G1. 3. 44 (Joseph Mayron)；BL 15298. a. 30 (Thomas Hyde)；BL 15298. a. 6 (1)。A 1676 copy is St John's College, Cambridge S. 14 (John Dacres), and for 1677 see Bodleian Sinica 88.

110　参见：1678 年 2 月 24 日，在台湾的查尔斯·斯威廷和托马斯·昂吉尔写信给在厦门的爱德华·巴维尔和约翰·查普尔。Charles Sweeting and Thomas Angeir at Taiwan to Edward Barwell and John Chappell at Amoy, February 24, 1678, BL IOR G/ 12/ 16 f. 103.

111　关键的转变是 1664 年发生的历法事件，在这个事件中，汤若望和其他耶稣会士最初因为创建了一个错误的历法而被监禁；参见：Chu Pingyi, "Scientific Dispute in the Imperial Court: The 1664 Calendar Case," *Chinese Science* 14 (1997), 7-34。

112　对于历法的唯一研究是 Huang Dianquan, *Nanming da tongli* (Tainan: Jing shan shu lin, 1960). 也参见：Jiang Risheng, *Taiwan Waiji*［台湾外记 "External Records of Taiwan"］(完稿于 1704，约 1713 年出版).

113　Richard Smith, *Fortune-Tellers and Philosophers: Divination in Traditional Chinese Society* (Westview, CT: Westview Press, 1991), 78-79；Richard Smith, *Chinese Almanacs* (Oxford: Oxford University Press, 1992), 8；Marc Kalinowski, *Divination et société dans la Chine medieval* (Paris: Bibliothèque nationale de France, 2003), 106.

[301]

114　海德和沈福宗将 "中兴" 翻译成 "mediae gloriae"，或者根据永历的年号（与永乐相对），这里暗指了一系列有抱负的概念。［"se sperando seu optando hoc tempus esse mediae seu sumum gloriae hujuas familiae, non autem finem seu de china. "〕为永历建言献策的人，把"复辟"作为官僚机构与王权重新统一的政治目标，参见：Jin Bao, "Ling hai fen yu," 5b-7a in *Shiyuan Congshu* (Wuxing: Bing Chen, 1916), cited in Ian McMorran, "Wang Fu-Chih and the Yung-li Court," in Spence and Wills, *From Ming to Ching*, 150; and Qu Shisi, "Bao zhongxing jihui shu," in *Qu Shisi ji* (Shanghai: Shanghai guji chubanshe, 1981), 104-7。

115 1671 年 6 月 30 日，万丹的亨利·戴克写信给在台湾的巴塞洛缪·皮特里、詹姆斯·阿瓦克、艾莉丝·克利斯布，BL IOR G/ 21/ 6A f. 19-22。当荷兰人告诉日本人，查理二世娶了一位葡萄牙公主时，这个计划失败了。See Simon Delboe's diary ("Japan Journall"), BL IOR G/ 21/ 4 f. 118-30; TNA CO 77/ 12 f. 232-47, 250-60, and 262-69.

116 Bodleian Library, Ashmole 1787 (1).

117 Ad Dudink and Nicolas Standaert, "Ferdinand Verbiest's *Qionglixue* 穷理学 (1683)," in *The Christian Mission in China in the Verbiest Era*, Noel Golvers, ed. (Leuven: Leuven University Press, 1999), 11-31; Elman, *On Their Own Terms: Science in China*, 1550-1900, 144-46, 397.

118 尤其参见这一卷的 Print 15298 a. 32 (formerly Royal 16 B X)，figure 35。在这本 17 世纪的福建历书的第二页和第三页有一个宇宙的象征和更多的卦图。博德利图书馆也获得了一份清朝的历法，可能是 17 世纪 70 年代，*Chen liang jun xuan xinhai nian tongshu bianlian* [陈良骏选辛亥年通书便览 "Well-explained and selected year 48 almanac and brief guide"] (Guangzhou: 1671-7?)，时间为康熙十年，位于图书馆中文书籍 96 号。

119 1670 年 9 月，在台湾的英国工厂的契约，BL IOR G/ 21/ 4B, f. 54。

120 1674 年 10 月 23 日，东印度公司写给戴克，BL IOR E/ 3/ 88, f. 136; 1674 年 12 月 4 日，戴克写给东印度公司，BL IOR G/ 21/ 4B, f. 115; 1675 年 2 月 8 日，戴克写给伦敦的约翰·维迪，BL IOR G/ 21/ 4B, f. 143。

121 EIC Court Minutes, BL IOR B/ 33, f. 365-69.

122 1677 年 3 月 10 日，查尔斯·詹姆斯和凯撒·张伯伦在苏拉特写给东印度公司，BL IOR E/ 3/ 37 no. 4270。

123 John Dacres, Edward Barwell, and Samuel Griffith at Taiwan, August 1675, BL IOR G/ 12/ 16 f. 88; John Dacres et al. , August 5, 1675, BL IOR G/ 12/ 16 f. 87; and John Dacres et al. to Henry Dacres, December 22, 1675, BL IOR E/ 3/ 36, no. 4150. 枪手是爱德华·佩伯、菲利普·彼邵普、约翰·巴普蒂斯塔以

及安东尼·玛提凡。

124　1677 年 11 月 2 日，在厦门的爱德华·巴维尔到苏拉特，BL IOR E/ 3/ 38 no.
4293。

125　1681 年 8 月 12 日，东印度公司到厦门，BL IOR E/ 3/ 89, f. 372-77；约西
亚·柴尔德写给厦门和台湾之王郑经，BL IOR E/ 3/ 89, f. 380。

[302]　126　1682 年 7 月 15 日，东印度公司写给万丹和伦敦，BL IOR E/ 3/ 90, f. 6. 旁
边的标题写着"这十年来，整个南海的贸易费用都没有增加"。

第五章　世界体系

1　尤其是詹姆斯二世对路易十四政策的支持以及法国耶稣会士反对教皇英诺森十
一世的计划，参见：Pincus, 1688, 122-31。

2　暹罗革命从 1688 年 5 月持续到 9 月。对于这一事件，作为一场革命而非看成一
次王朝继位事件，参见：Pierre Joseph d'Orléans, *Histoire de M. Constance, premi-
er minister du Roy de Siam, et de la dernière revolution de cet Estat* (Paris：Daniel
Horthemers, 1690)；Jean Vollant des Verquains, *Histoire de la rév olution de Siam
arrivée en l'année* 1688 (Lille：J. -C. Malte, 1691)；Marcel Le Blanc, S. J. , *His-
toire de la revolution du roiaume de Siam arrivée en l'année* 1688 (Lyon：Horace Mo-
lin, 1692)；还有最重要的著作，即 Simon de La Loubère, *De Royaume de Siam*
(Paris：Abraham Wolfgang, 1691；拉·罗贝拉是路易十四的全权公使。1688 年
11 月，他通过皮拉·彼特拉克增添一条关于法国人驱逐的"必要广告"。"革
命"这一词语似乎出自法国的记述和出版作品，很快就翻译成了英语："这是
最近在暹罗王国发生的伟大而奇妙的革命的完整而真实的关系……是 1688 年
10 月和 1689 年 2 月从暹罗和科罗曼德尔海岸写来的信件的主要内容。以前从
未以任何语言出版，现在被翻译成英语。"（London：Randal Taylor, 1690）这
段文字似乎翻译了一封来自荷兰的信和一位法国官员的日记。伊利胡·耶鲁在
一封自马德拉斯写给东印度公司的信中提道"有关暹罗伟大革命的奇怪消
息"，时间为 1689 年，BL IOR E/ 3/ 47 no. 5658；也参见：January 30, 1690,
E/ 3/ 48, no. 5698。一般来说，参见：E. W. Hutchinson, 1688 *Revolution in Si-
am* (Hong Kong：Hong Kong University Press, 1968)。基尔提·乔杜里和乔纳
森·以色列解释道，"欧洲现代早期的历史学家通常不承认 1688—1689 年不仅
标志着英国的一场'革命'，而且标志着印度洋上的一场"革命"，"东印度公
司与 1688-1689 年革命"，in Israel, *The Anglo-Dutch Moment* (Cambridge：Cam-

　　　　伦敦：塞尔登地图与全球化都市的形成（1549—1689）

bridge University Press, 2003), 407; 对于更广泛的图景, John Wills, 1688 (New York: Norton, 2001)。

3 Gabriel de Magalhães, *A New History of China* (London: Thomas Newborough, 1688), 254. 克劳德·贝诺翻译了玛吉赫斯的葡萄牙手稿, 这是柏应理在 1682 年带回来的。贝诺将其翻译为 *Nouvelle Relation de la Chine* (Paris: 1688; new editions in 1689 and 1690)。

4 1690 年 2 月, 与莫卧儿的战争以条约的形式结束, 与此同时, 公司下令与暹罗人的战争在革命后结束, 革命推翻了君士坦丁·华尔康和法国军队。See "East India Company to Sir John Child at Bombay," January 31, 1690, BL IOR E/ 3/ 92, f. 78-79.

5 关于明古鲁的这家不盈利但长久存在的工厂 (成立于 1685 年), 参见: Anthony Farrington, "Bengkulu: An Anglo-Chinese Partnership, " in *The Worlds of the East India Company*, H. V. Bowen et al. , eds. (Woodbridge: Boydell Press, 2002), 111-17。

6 此处, 平克斯对 "天主教现代性" 的强调是非常有用的, 尽管他将贸易强调为 [303] "零和" 游戏, 这未能理解影响伦敦的亚洲贸易的变化问题。Cf. Pincus, 1688, 372-81.

7 1687 年 12 月 13 日, 东印度公司写给伊利胡·耶鲁, 参见: John Bruce, *Annals of the Honorable East India Company*, 591。100, 000 这个数字来自 Om Prakash, *European Commercial Enterprise in Pre-colonial India* (Cambridge: Cambridge University Press, 1998), 148。

8 C. H. Philips, "The Secret Committee of the East India Company," *Bulletin of the School of Oriental Studies* 10, no. 2 (1940), 299-315.

9 August 6, 1684, Court Minutes , B/ 37; Ray and Oliver Strachey, *Keigwin's Rebellion* (Oxford: Clarendon Press, 1916), 116.

10 参见 *An Historical Account of Some Memorable Actions*, *Particularly in Virginia* (London: J. Roberts, 1716) 中的新资料。1684 年至 1685 年的协商期间, 格雷欣和其他人使用了 "革命" 这一词语; 参见 Strachey and Strachey, *Keigwin's Rebellion*, 142。弗吉尼亚州州长威廉·伯克利和格雷欣将 1676 年发生在弗吉尼亚州的起义定性为 "叛乱"。

11 *Cobbett's Complete Collection of State Trials* 10 (London: Hansard, 1811), 371-554. 这段记录来自塞缪尔·佩皮斯作为海军部秘书所做的笔记手稿, 现藏于剑桥大学莫德林学院。

12 EIC v. Sandys, 382, 392, 412, 414. 平卡斯认为这是一场关于贸易的"零和游戏"的争论（1688, 376），原告律师芬奇实际使用的语言是关于"竞争对手"的，"不仅是关于印第安人自己，也包括其他外国国家，他们是我们在这一行的竞争对手，准备利用一切有利条件来反对我们"。

13 EIC *v. Sandys*, 376 and 421. 就自由贸易而论，被告引用了 Coke, 3 Inst. 181。

14 EIC *v. Sandys*, 466, 523, 538, 552-53. The notion of "societati mercatorum" relies in part on Puffendorff, *Jure Naturae et Gentium*, lib. 5, f. 655。

15 Ogborn, Indian Ink, 141. 随着革命的到来，这个案例被印刷出来，作为一种试图避免对公司特权的攻击的方式。See *The Argument of the Lord Chief Justice of the Court of King's Bench concerning the Great Case of Monopolies between the East-India Company, Plaintiff, and Thomas Sandys, Defendant*（London：Randall Taylor, 1689）.

16 The Loyal Protestant 143（April 18, 1682），1; Jenkins to Child, April 24, 1682, TNA SP 44/ 68/ 68; newsletter to John Squire, May 2, 1682, TNA ADM 77/ 2/ 30; newsletter to Roger Garstell, dated May 2, 1682, TNA ADM 77/ 2/ 29.

17 Adam Elliot, *A Modest Vindication of Titus Oats*（London：Joseph Hindmarsh, 1682）.

18 1687 年 9 月 28 日，BL IOR E/ 3/ 91, f. 209. 这些引文可以追溯到阿尔弗雷德·莱尔，他将这段时期描述为商业和"政治"之间的过渡时期。Lyall, *The Rise and Expansion of the British Dominion in India*（London：John Murray, 1894），49; Philip Stern, "A Politie of Civill & Military Power：Political Thought and the Late Seventeenth-Century Foundations of the East India Company-State, " *Journal of British Studies* 47：2（April 2008），282.

19 "Charter Granted by the Governor and Company of Merchants Trading into the East-Indies, to the Mayor, Aldermen and Burgesses of Madras, " December 30, 1687, in John Shaw, *Charters Relating to the East India Company from 1600 to 1761*（Madras：R. Hill, 1887），84-96.

[304] 20 1684 年 7 月 2 日，东印度公司写给圣乔治据点，E/ 3/ 90, f. 329; "Journal of Captain W. Heath in the ship Defense on a voyage to Fort St. George and Bencoolen, " BL IOR L/M AR/B / 90. Yale became governor of Madras in 1687。

21 Wills, 1688, 286-87.

22 See Paul Van Dyke's landmark *The Canton Trade：Life and Enterprise on the China Coast, 1700-1845*（Hong Kong：Hong Kong University Press, 2006）.

23　Fu Lo-shu, *A Documentary Chronicle of Sino-Western Relations*（Tuscon：University of Arizona Press, 1966）, 1：61, 2：461n.

24　Nikolaas de Graaf, Reisen（Hoorn：Ryp；Amsterdam：Wed, 1701）, 174-81；see also Wills, *Embassies and Illusions*.

25　Ts'ao Yung-Ho, "The English East India Company and the Cheng Regime on Taiwan, "in*The English Factory in Taiwan*, 1670-1685, Chang Hsiu-Jung et al. , eds.（Taipei：National Taiwan University Press, 1995）, 17；Leonard Blussé, *Visible Cities：Canton, Nagasaki, and Batavia*（Cambridge：Harvard University Press, 2008）.

26　1687 年 6 月 29 日，约西亚·柴尔德和本杰明·巴瑟斯特写给詹姆斯二世，BL Add MSS 41822 Middleton f. 107。

27　海德有一份韦尔比斯特 1671 年的月食论，他在书中写道："This tho small in bulk is a great rarity, it being the only thing of this kinde now in England, 1700. " BL Or. 74. b. 6. 书中有沈福宗的手稿批注。海德也有韦尔比斯特 1680 年的满文语法的片段。BL Asian Reg. 16. B. 3.

28　关于出版柏应理的书籍，朱斯特尔还写信给皇家学会 ［February 2, 1687, Royal Society（hereafter RS）EL/I 1/ 110］，玛吉赫斯的之后的翻译（June 8, 1687, RS EL/I 1/ 114）。柏应理首次刊登了在华的耶稣会传教士的名单，Catalogus patrem Societatis jesu（Paris：R. J. B. de la Caille, 1686）；还有中国君主的有争议的日期，Philippe Couplet et al. , *Tabula Chronologica Monarchiae Sinicae*（Paris：Bibliotheca regia, 1686）；接下来是"四书"的翻译，Philippe Couplet et al. , *Confucius Sinarum Philosophus, sive scientia sinensis*（Paris：Daniel Horthemels, 1687）；Couplet, *Breve raguaglio delle cose piu notabili spettanti al grand' imperio della Cina*（Rome：s. n. , 1687）；佩拉·德·奥尔良将坎迪德·晓的拉丁生活翻译成了法语，*Histoire d' une dame chrétienne de la Chine*（Paris：Michallet, 1688）。奥尔良也出版了马提尼和汤若望撰写的满族历史，*Historie des deux conquerans Tartares qui on subjugué la Chine*（Paris：Claude Barbin, 1688）以及克劳德·贝诺对加百利·德·玛吉赫斯的翻译，*Nouvelle Relation de la Chine*（Paris：Claude Barbin, 1688）。孔子的著作最初是由阿姆斯特丹的柏应理用法语删节的，Louis Cousin, ed. , *La Morale de Confucius, Philosophe de la Chine*（Amsterdam：Pierre Savouret, 1688）, 其中一个英文译本由兰德尔·泰勒翻译，The Morals of Confucius, *a Chinese Philosopher*（London：Randal Taylor, 1691）, 他还首次发表了关于暹罗革命和桑迪斯案的报道。法国的妥协主义者越来越依赖欧洲的学术研

究，而不是与北京的学者对话，参见：Jensen, *Manufacturing Confucius*, 111-18。关于孔子哲学思想的迅速传播，参见：Dew, *Orientalism*, 205-34。关于柏应理购书的事，其中有些书是随沈福宗而来的。See Thomas Birch, *The History of the Royal Society*, 4：426.

29　Thomas Hobbes, *Leviathan* (London：Andrew Crooke, 1651), 714-15.

30　Verbiest, "A Voyage of the Emperor of China, into the Eastern Tartary, in the year 1682," *Philosophical Transactions* 16 (1686-92), 40, 49, 52, 57. 关于地图集，参见：Martini, *Novus atlas Sinensis* (Amsterdam：Joan Blaeu, 1655)。1684 年，柏应理把罗洪先的地图集副本送给了尼古拉斯·维特森，现藏于米曼诺-埃斯特里尼安博物馆 M. 115. B。See Marcel Destombes, "A Rare Chinese Atlas, "*Quaerendo* 4：4 (1974), 336-37.

31　*Philosophical Transactions* 16 (1686-92), 62.

32　"An Account of a Large and Curious Map of the Great Tartary, lately Publish'd in Holland, by Mr. Nicholas Witsen, " *Philosophical Transactions* 16 (1686-92)：492-94. 威特森与牛津大学的爱德华·伯纳德关系特别密切，他在 1686 年给了西奥多·彼得雷乌斯的科普特语词典，以及两套科普特和埃塞俄比亚语词典。他还与沃西乌斯通了信，但他们一直在争论是否要让查理二世知道北美和亚洲之间有一条海峡的可能性，这导致了 1676 年英国远征的失败。

33　这些事件在欧洲被报道，A. de Chaumont, *Relation de l'ambassade de M . . . de Chaumont à la cour de roy de Siam* (Amsterdam：Mortier, 1686)；Abbé de Choisy, *Journal du voyage de Siam fait en 1685 et 1686* (Paris：S. Mabre-Cramois, 1687)；Guy Tachard, *Voyage de Siam des Pères Jésuites envoyés par le Roi aux Indes et à la Chine* (Paris：Daniel Horthemels and Arnoul Seneuze, 1686)。关于波斯人，参见：the account of the embassy by Ibn Mohammed Ibrahim, *Safine-ye Solaymani*, British Library, Asia, Oriental MSS 6942, translated by John O'Kane as *The Ship of Solayman* (London：Routledge & Kegan Paul, 1972)；Jean Aubin, "Les Persans au Siam sous le regne de Narai (1656-1688)," *Mare Luso-Indicum* 4 (1980), 95-126；Hiromu Nagashima, "Persian Muslim Merchants in Thailand and Their Activities in the 17th Century：Especially on Their Visits to Japan, " *Nagasaki Prefectural University Review* 30：3 (Jan. 30, 1997), 387-99。1688 年 1 月，第二个萨法维使团抵达，但塞缪尔·怀特拒绝让他们搭乘他的船返回班达尔-阿贝斯。

34　按照佛教历法，对戈尔康达的正式宣战的日期是 the 21st of the 2nd moon, 2228，也就是大约 1685 年的 5 月份。See Anthony Farrington and Dhiravat na

436　　　　　　　　　　　　　伦敦：塞尔登地图与全球化都市的形成（1549—1689）

Pombejra, eds. , *The English Factory in Siam*, 1612-1685 2（London：British Library, 2006）, 1071. 关于在暹罗发生的商人暴乱, 参见：Michael Smithies, "Accounts of the Makassar Revolt 1686," *Journal of the Siam Society* 90（2002）, 73-100. 关于官员清洗, 参见：1684 年 8 月 28 日, 在马德拉斯的伊利胡·耶鲁写给东印度公司, BL IO G/ 40/ 3A f. 83v.

35　*Huang yuditu kao*（皇舆地图考 "Imperial World Map Verified"）and *Tonghua jingwei tu kao*（通华经纬图考 "Verified Complete Chinese 'Warp-Weft' Diagrams"）, Bodleian Library, Sinica 123. 随之而来的是日本漆器的礼物; 参见：1684 年 1 月 14 日, 在亚齐的约翰·沃克斯写给东印度公司, BL IO E/ 3/ 43 no. 5007.

36　Ignatio à Costa and Prospero Intorcetta, *Sapientia sinica*（Nanfeng, Jiangxi：1662）. 这可能是现在的 BL C. 24. b. 2。

37　Nathaniel Vincent, *The Right Notion of Honour as it was delivered in a Sermon Before the King at Newmarket*, *October* 1674 *published by his majesties special command with Annotations*（London：Richard Chiswell, 1685）, 25; 1682 年 7 月 27 日, 纳撒尼尔·文森特写给塞缪尔·佩皮斯; 1682 年 12 月 11 日; 1688 年 5 月 12 日; 1682 年 12 月 23 日, 佩皮斯写给文森特, 见于 R. Bentley, *The Life*, *Journals and Correspondence of Samuel Pepys*（London：R. Bentley, 1841）, 1：304, 311, 316; 2：124。文森特在布道的脚注中写道, "There is an ingenious Merchant, a Fellow of the Royal Society, who hath put into the hands of one of his Colleagues, several of Cumfusu's Books brought from Siam, where they were printed, in order to ［sic］an English Edition of them, and of a *Lexicon* and *Clavis* to the Language, and to ［306］ a new World of Learning"（25）。关于文森特, 参见：Matt Jenkinson, "Nathanael Vincent and Confucius's 'Great Learning' in Restoration England," *Notes and Records of the Royal Society* 60：1（January 2006）, 35-47, who argues that the FRS alluded to by Vincent was Francis Lodwick。

38　Bray, "Introduction, " *Graphics and Text*, 39.

39　Lach and Van Kley, *Asia in the Making of Europe* 3：3, 1190.

40　Ronald Love, "Rituals of Majesty：France, Siam, and Court Spectacle in Royal Image-Building at Versailles in 1685 and 1686, " *Canadian Journal of History* 31（August 1996）, 171-98.

41　Guy Tachard, *A Relation of the voyage to Siam performed by six Jesuits sent by the French king to the Indies and China in the year* 1685：*with their astrological observa-*

tions and their remarks of natural philosophy, geography, hydrography and history (London: J. Robinson and A. Churchill, 1688), 1686 年版本的一段翻译。

42 "A Proclamation for the Recalling of all his Majesty's Subjects from the Service of Foreign Princes in East Indies," July 11, 1686, Windsor and London, TNA CO 77/14/ 160-61.

43 "King Narai of Siam's declaration of war against the East India Company, Lopburi, August 11, 1687, " in *Records of the Relations between Siam and foreign countries in the seventeenth century* 4 (Bangkok: Vajirañana National Library, 1915-21), 183-200. 报道这场战争的开端见于 *London Gazette*, 2270, August 18 to August 22, 1687, in a letter from the "Bay of Bengal"。暹罗海军有两艘配备了 50 支火枪的舰艇,主要由英国雇佣兵驾驶,起初并没有被视为主要威胁,"Commission from Sir John Child at Bombay to Captain Joseph Eaton," May 23, 1687, BL IOR E/ 3/ 47 no. 5597. 1688 年 5 月,一艘挂着法国国旗的暹罗船扣押了一艘英国船。1688 年 5 月 1 日,耶鲁写给在本地治里的弗朗索瓦·马丁,BL IOR G. 19. 21 (2) 26-27, 1688 年 6 月 23 日,耶鲁写给马丁,1688, G/ 19/ 21 (2) 41-42.

44 For the Company's awareness of this see EIC to William Gyfford at Madras, March 22, 1687, IOR E/3/91, 276-80; EIC in London to John Child at Surat, March 23, 1687, E/3/91, 271-75.

45 Nicholas Gervaise, "Épître dédicatoire, " *Histoire Naturelle et Politique du Royaume de Siam* (Paris: Claude Barbin 1688).

46 The *Sapientia Sinica*, f. 1 reads (in parallel text with the Mandarin) "Magnum virorum sciendi institutum constititi in illuminando virtutibus spiritualem potentiam a coleo inditam nempe Animam ut haec redice posit ad originale claritatem quam appetites animales obicubilaverant. " 相比较,1687 年的巴黎版本会使用镜子的比喻和理性自我的改善。"Magnum adeoque virorum Principum, sciendi institutum consistit in expoliendo seu excolendo rationale naturam a coelo inditam; ut scilicet haec, ceu limpidissimum speculum, abstersis pravorum appetitum maculis ad pristinam claritem suam redire posit." 大卫·芒格罗认为,《智慧》的翻译"过于精神化",而《中国的孔子》则"过于合理化",参见: Mungello, *Curious Land* (Honolulu: University of Hawaii Press, 1989), 257-58。

[307]

47 John Milton, *Paradise Lost* (London: Peter Parker, Robert Boulter, and Matthias Walker, 1667) xi, 115. 这是亚当的悔改和顺服之书,参见《以弗所》的英译

本，1：17："That the God of our Lord Jesus Christ the Father of glory, may give unto you the Spirit of wisedome and revelation in the knowledge of him: The eyes of your understanding being enlightened."关于保守的启蒙运动，参见斯宾诺莎对乔纳森·以色列概述的波义耳的批判，*The Radical Enlightenment：Philosophy and the Making of Modernity*（Oxford：Oxford University Press，2002），252-57。论耶稣会士与基尔舍对"道"的翻译的复杂策略，在这里，"道"成为"法"，参见：Timothy Billings, "Jesuit Fish in Chinese Nets: Athanasius Kircher and the Translation of the Nestorian Tablet," *Representations* 87（Summer 2004），1-42。

48　光荣革命之后在坦普尔刊印，*Miscellanea：The Second Part*（London：R. Simpson，1690）。

49　对于坦普尔发明的声明，参见：S. Lang and Nikolaus Pevsner, "Sir William Temple and Sharawadgi," *Architectural Review* 106（1949），391-92。对于最近的尝试，参见：Ciaran Murray, "Sharawadgi Resolved," *Garden History* 26：2（Winter 1998），208-13; Michael Sullivan, "Chinese Art and Its Impact on the West," in *Heritage of China*, Paul Ropp, ed.（Berkeley：University of California Press，1990），285。

50. 阿普尔（*Translation Zone*，211）引用了加百利·德·弗吉奈的著作 *La Terre Australe connue*（Geneva：Jacques Vernevil，1676），以此作为一个例证，即"Australe" grammar was self-translating, making standard language strange to itself and superimposing a private grammatical logic. On "Confucius" as a European representation see Jensen, *Manufacturing Confucianism*, 113-47.

51. Vincent, *Right Notion of Honour*, 15. 参见：我对坦普尔"英雄道德"的讨论，Batchelor, "Concealing the Bounds: Imagining the British Nation through China," in Felicity Nussbaum, *The Global Eighteenth Century*, 87。

52　尤其是"英雄道德"和坦普尔"关于古代与近代知识的论文"似乎是在模仿艾萨克·沃斯乌斯 1685 年发表的文章，即"De artibus & scientiis Sinarum" in *Variarum Observationum Liber*（London：Robert Scott，1685），69-85。沃斯乌斯的藏书献给了查理二世，也包含"De Antiquae Romae et Aliarum Quarumdam Urbium Magnitudine"，其中描述了不同古代社会的伟大城市，然后用第 13 章来撰写"De magnis Sinarum urbibus"，描绘了与其他城市和国家相比，中国人口的庞大。

53　John Locke, *Essay Concerning Human Understanding*, II, ch. 22, sec. 2-7.

54　R［obert］H［ooke］, "Some observations made concerning the Chinese Characters, " *Philosophical Transactions* 16 (1686), 63-78.

55　See Francis Lodwick, *An Essay Towards a Universal Alphabet* (London: s. n. , 1686).
1686 年 11 月, 数学家约翰・沃利斯 (John Wallis) 也写信给哈雷, 谈论关于
中文书籍的事宜。1686 年 11 月 8 日, 约翰・沃利斯写给埃德蒙・哈雷的信,
读给皇家学会听, RS EL/W 2/ 41。

56　William Poole, "The Divine and the Grammarian: Theological Disputes in the 17th-
C entury Universal Language Movement, " *Historiographia Linguistica* 30 (2003),
273-300, 291; Hooke's diary entries for June and July 1693 in BL Sloane 4024. 威
尔金斯在随笔中, 用音译和汉字印刷了他在大火前从洛德维克那里收到的
《主祷文》(Essay, 450-51).

57　在胡克和洛德维克的圈子里, 威廉・普尔强调异端邪说, "The Genesis Narra-
tive in the Circle of Robert Hooke and Francis Lodwick, "in Hessayon and Keene,
eds. , *Scripture and Scholarship in Early Modern England* (Aldershot: Ashgate,
2005); Poole, "Francis Lodwick's Creation: Theology and Natural Philosophy in
the Early Royal Society, " *Journal of the History of Ideas* 66: 2 (2005), 245-63;
Steven Shapin, "Who Was Robert Hooke?" in *Robert Hooke: New Studies*, Michael
Hunter and Simon Schaffer, eds. (Woodbridge, Suffolk: Boydell Press, 1989),
253-86。

58　感谢苏源熙的建议, 这串字符看起来像一个写作练习。这本名为《中国抄本》
(Hyde) 的书是一本书法样本, 博德利图书馆中文书籍 91 号未装订成册, 并
且缺了最后一页, 可能是胡克的原稿。

59　这些观点与胡克在其他地方的灾变论信仰相一致, 在灾变论中, 历史上有一些
涉及某些语言和文化消失的根本性突破。See Hooke, *Lectures and Discourses of
Earthquakes and Subterraneous Eruptions* (London: R. Waller, 1705) and William
Poole, "Isaac Vossius, Robert Hooke, and the early Royal Society's use of Sinolo-
gy" (2008) Oxford ResearchArchive, http: //ora. ouls. ox. ac. uk/objects/uuid:
e5acc4b0-968e-45a8-938a-16a8b0f38570.

60　Thomas Hyde, *De Ludis Orientalibus Libri Duo* (Oxford: Sheldon Theater, 1693-
94), initially published as *Mandragorias, seu Historia Shahiludii* (Oxford: 1689,
1694) and volume two, *Historia Nerdiludii* (Oxford: 1694).

61　RS, EL/I 1/ 98.

62　乔治・达尔加诺的书店就在亨弗雷公爵图书馆旁边。

63　参见第四章的讨论以及海德在百科全书简本、算数初级读本以及汉字书(《增

[308]

补素翁指掌杂著全集》中表格的拉丁文注释，"Essential Supplement for the Mis-
cellaneous Words and Complete Works of the Hand"）。Bodleian Sinica 74，2：
12-14. 也参见中文书籍 107 号以及 BNF 中的复印本，Département des manu-
scrits，Chinois 7706。

64　See BL Asian，Oriental Manuscripts Reg. 16. B. 3；Reg. 16. B. 4；Reg. 16. B. 20. 东
　　方手稿中也有两段汉语对话，Reg. 16. B. 21，第二卷（20—24 页）由沈福宗汇
　　编，最初使用汉字，但后来只是简单的音译。海德让牛津的雕版师迈克尔·伯
　　格尔斯准备了一些版画，BL Print OR. 70. BB. 9，为的是一个尚未实现的图书
　　计划。大多数已经雕刻的标本，包括塞尔登地图上的中国指南针，都出现在夏
　　普的附录中，*Syntagma Dissertationum*。

65　博德利图书馆，MS Hyde 6，即"Parvum Vocabularium Sinico-Anglicum，forma
　　oblonga"是一本英中词典，这本词典似乎不是海德和沈福宗的作品。MS Hyde
　　7，"Aliud parvum Vocabularium Sinense，"是一份福建方言的带有数字的手稿，
　　一份英文和音译中文的初级读本（没有汉字），还有一节关于数字的书写。两
　　者都可能来自万丹或中国台湾，尽管暹罗和东京（Tokin）也有可能。海德曾
　　与克里斯蒂安·门泽尔通信，讨论他 1683 年出版的汉语词典。1683 年 2 月 16　[309]
　　日，托马斯·海德写给克里斯提安·门泽尔，Glasgow University Library，MS
　　Hunter 299（U. 6. 17），"Collectio Sinicorum MSS Opusculorum，" f. 195 - 96
　　（U. 6. 21-22）。门泽尔与柏应理的通信也在这一卷（f. 175-95）.

66　参见 British Library，Asian，Sloane 853，f. 23. F. 37，这部分有关于另一份印刷
　　的中国地图北方部分的注释，Bodleian Sinica 92。

67　"Ad Occidentalim hujus muri extremitatem（in Regni Chinensis Mappa quam ab
　　Amplissimo Viro D. Georgio White Mercatore Anglo accepi，）Sinicis characteribus
　　notatum legitur，*Cho chang ching ki cu，chi Liao-t ung chi，id est，Fabricatio longi
　　muri incipit hic，apud Liao-t ung desinit.*" Thomas Hyde，"Sinensium Epistola，" in
　　Edward Bernard，*De Mensuris et Ponderibus Antiquis libri tres. Editio altera，purio et
　　duplo locupletior*（Oxford：Sheldon Theater，1688）. 参见大英图书馆 Sloane853，
　　f. 37. 海德和沈福宗做的拉丁文和中文的注释。

68　参见海德的安德里亚斯·穆勒副本的手稿注释，*Disquisitio Geographia & Histori-
　　ca，de Chataja*（Berlin：Rungianis，1671），BL Print 10055. ee. 32，esp. f. 40-54。
　　海德的前言上的批注是这样写的，"In the columnes subscribed Emendatè are the
　　true Characters written by the Chinese which may discover the illness of these in the
　　next columns by Müller and Golius. In hoc exemplari accuratius et emendations seri-

buntur omnes characteres sinici manu Chinensis nativi Shin Fo‐ç ungh com notisca [illeg.] in Oxino."

69　1687 年 5 月 25 日，沈福宗写给托马斯·海德，见于 Sharpe,"Appendix," 519; 1687 年 7 月 26 日，托马斯·海德写给托马斯·波义耳，见于 Birch, ed., *Works* 5, 591. 波义耳的信表明，在此之前，牛津大学博德利图书馆可能还有另一位中国翻译，他和沈福宗一样懂拉丁文和中文，但死于 1687 年。

70　1688 年 2 月，柏应理和沈福宗与克拉伦登伯爵亨利·海德共进晚餐。亨利·海德在他的妹夫詹姆斯二世那里失宠了，并且他很快就会在光荣革命中帮助威廉。Henry Hyde, *The Correspondence of Henry Hyde* 2 (London: Henry Colburn, 1828), 162.

71　Robert Boyle, "Workdiary 36: Entry 69" Royal Society, Boyle Papers, 21, p. 288.

72　1687 年 7 月 26 日，海德写给波义耳，*Correspondence of Robert Boyle* 6, 226。

73　一些希伯来人的作品可能创作于 1689 年，随着艾萨克·阿班达纳来到牛津，海德还负责翻译迈蒙尼德的著作，即 "*More Nevochim*"。

74　Hyde, "Epistola Dedicatoria," *Mandragorias seu Historia Shahludii* (1694), 时间为 1694 年 11 月 9 日。在这一点上，戈多尔芬是一名秘密的雅各宾派成员，在因为 1696 年针对威廉三世的暗杀阴谋而被迫辞职之前，他是财政大臣。

75　海德写了一篇关于《列王纪》的散文节本，BL Asian, Reg. 16. B. 14, 语言为波斯语，东印度公司董事在苏拉特获得，也参见：Hyde, *Historia Religionis Persarum*, 319。

76　Hyde, *Mandragorias*, 160-78.

77　Lois Schwoerer, *The Revolution of* 1688-9 (Cambridge: Cambridge University Press, 2004), 3. 汉普顿于 1696 年 12 月 12 日自杀。

78　引用巴兹尔·杜克·亨宁的话，*The House of Commons*, 1660-1 690 1 (London: Secker and Warburg, 1983), 470。

[310] 79　"Ade out hic Ludus sorti ac fortunae subjectus sit et obnoxious, uti sunt ubique omnes Promotiones a Curia Regia dependents, quae non solent dari dignioribus cum Reges plerumque aliorum auribus et oculis audire et videre gestiant" (Historia Nerdiludii, 73). 关于唐朝的游戏，参见：Andrew Lo, "Official Aspirations: Chinese Promotion Games," in Colin Mackenzie and Irving Finkel, *Asian Games: The Art of Contest* (New York: Asia Society, 2004), 64-75。唯一已知的比海德重新刻的更早的版本是在国子监，这是林维功从南京翻印的明初版本。

80　1684 年，在 1 万名考生中，只有 73 人通过了南京的地方考试，这是自 1393 年到 1893 年的最低比例。See Benjamin Elman, *A Cultural History of Civil Exams* (Berkeley: University of California Press, 2000) 143, 178-79, 681.

81　Lawrence C. H. Kim, *The Poet-H istorian*, Qian Qianyi (New York: Routledge, 2009), 92-93, 130-31, 141, 181-82; Qian Zhonglian and Yan Ming, "Qian Qianyi shi zhong de qi yu," *Zhongguo wenzhe yanjiu tongxun* 14. 2 (June 2004), 63-91.

82　Nerdiludi, 72-73. 在这里很难不想到 "geworfenheit" 一词。

83　Fang Qianli, *Touzi xuan ge* (骰子选格 "Rules for Selection through Dice") in *Shuo fu sanzhong* [说郛三种], Tao Zongyi, ed. Cf. Andrew Lo, "The Game of Leaves: An Inquiry into the Origin of Chinese Playing Cards, "*Bulletin of SOAS* 63: 3 (2000), 392.

84　海德花在中国西洋双陆棋上的时间要少得多, pp. 65-68, 花在围棋上的多, pp. 195-201。诚然, 这是一款更容易描述的游戏。

85　Amartya Sen, *The Idea of Justice* (Cambridge: Harvard University Press, 2009), 315.

86　[Thomas Hyde], *An Account of the Famous Prince Giolo, Son of the King of Giolo, Now in England... Written from his own Mouth* (London: R. Taylor, 1692). 对文身的引用在第 27 页。海德个人的副本最初在 BL Oriental Manuscripts, Reg. 16. B. 17, 现在可能在 BL, Print, 10825 b. 47, 1930 年损坏, 被重新装订。关于乔罗, 参见: Geraldine Barnes, "Curiosity, Wonder, and William Dampier's Painted Prince, "*Journal of Early Modern Cultural Studies* 6: 1 (Spring/S ummer 2006), 31-50. Dampier's journal is British Library, Sloane 3236。

87　参见新闻报纸以及关于剥皮的报道, Musaeum Pointerianum-Curiosities vol. IV, St. John's College, Oxford, MS 254, f. 21-23。

88　Birch, *History of the Royal Society* 4: 479-80.

89　Galileo'sDiscorsi e dimostrazioni matematiche, *intorno à due nuove scienze* (Leiden: Elsevier, 1638), 这本书更广泛地描述了他对物理学的看法, 而索尔兹伯里的传记将这些内容置于背景中, 这是第二卷的一部分。对于出版的历史, 参见尼克·维尔丁的最新发现, "The Return of Thomas Salusbury's Life of Galileo (1664), "*British Journal for the History of Science* 41 (June, 2008), 241-65。索尔兹伯里的兄弟是东印度公司的人, 他在 17 世纪 70 年代变成了非法的盈利者。

90　Richard Westfall, *Never at Rest: A Biography of Isaac Newton* (Cambridge: Cambridge University Press, 1983), 443-51. 更广泛的争论发生在 1679 年, 然后是 1686 年。See H. W, Turnbull, ed. , *Correspondence of Isaac Newton* 2 (Cambridge University Press, 1960), 297-314, and 431-448.

91 Cambridge University Library, MS Add. 3990. 这是约翰·康迪特出版的, 名为 "De Mundi Systemate Liber" (London: J. Tonson, 1728), 翻译为 "*A Treatise of the System of the World*" (London: F. Fayram, 1728), 也参阅 the Hebraicist history in Isaac Newton, *The Chronology of Ancient Kingdoms Amended* (London: J. Tonson, 1728), 一切都可以追溯到所罗门神庙。

92 参见: 在加利利乌斯·林塞乌斯的一艘船中关于实验的著名讨论, *The Systeme of the World: In Four Dialogues. Wherein the Two Grand Systemes of Ptolomy and Copernicus are largely discoursed of*, trans. *Thomas Salusbury* (London: William Leybourne, 1661), 165-66。

93 尤其参阅: D. T. Whiteside, "The Prehistory of the Principia from 1664-1686," *Notes and Records of the Royal Society of London* 45 (1991); 以及科恩关于这一命题的注释, *Principia* (1999)。

94 1679 年 11 月 24 日, 胡克写给牛顿的, *The Correspondence of Isaac Newton* 2: 297。这些思想的轮廓作为一个新的 "世界体系" 出现了, 参阅: Hooke's *Attempt to Prove the Motion of the Earth by Observations* (London: 1674), 27-28。See Alexandre Koyré, "An Unpublished Letter of Robert Hooke to Isaac Newton 9 December 1679], " *Isis* 43 (1952), 312-37. 关于胡克的重要性, 参阅: M. Nauenberg, "Hooke, Orbital Motion, and Newton's Principia, " *American Journal of Physics* 26 (1994), 331-50; "On Hooke's 1685 Manuscript on Orbital Mechanics, " *Historia Mathematica* 25 (1998), 89-93。

95 威廉·哈伯使用的一个定义, 参见: *Isaac Newton's Scientific Method* (Oxford: Oxford University Press, 2011), 50。

96 See John Flamsteed, *The Doctrine of the Sphere: Grounded on the motion of the earth, and the antient Pythagorean or Copernican system of the world* (London: A. Gobid and J. Playford, 1680) .

97 1681 年 8 月 14 日, 爱德华·伯纳德写给弗拉姆斯蒂德的一封信, *The Correspondence of John Flamsteed* (1995), 796-807。伯纳德写道, 他只查阅了博德利图书馆中一半的著作。See Raymond Mercier, "English Orientalists and Mathematical Astronomy," in G. A. Russel, ed. , *The 'Arabick' Interest of the Natural Philosophers in Seventeenth-C entury England* (Leiden: Brill, 1994), 158-214. 除了怀特

[311]

在 1684 年捐赠给博德利图书馆的星图，海德还有一幅更大的中文星图，BL A-sian, Oriental Manuscripts, Reg. 16. B. 26。

98 Nicholas Dew, "*Vers la ligne*: *Circulating Measurements Arount the French Atlantic*," in *Science and Empire in the Atlantic World*, James Delbourgo and Dew, eds. (London: Taylor and Franics, 2008), 57.

99 关于北部湾潮汐的记载是《原理》第 3 卷第 24 主题。关于达文波特的不可靠性，参见: George White, *Reflections on a scandalous paper . . . together with the true character of Francis Davenport the said Company's Historyographer* (London: s. n., 1689); *A Letter to Mr. Nathaniel Tenche in Answer to the Paper Published by him* (London: s. n., 1689)。甚至连该公司的小册子作者纳撒尼尔·坦奇都避免试图"证明达文波特先生是一个诚实的人"; 参阅: *Animadversions upon George White's Reflection* (London: s. n., 1689)。在这场辩论中，这些以及其他小册子的副本可以从以下地方找到，即 BL IOR Mss Eur D. 300。对于在东京进行的数据观测，参阅: Birch, *History of the Royal Society* 4 (London: 1757), 226-27, for November 21, 1683, and William Dampier, *A new voyage around the world* (London: James Knapton, 1697), 97。See Simon Schaffer, "The Asiatic Enlightenments of British Astronomy," in *The Brokered World*, 72-74; David Cartwright, "The Tonkin Tides Revisited," *Notes and Records of the Royal Society* 57 (2005), 135-42.

[312]

100 *Novum Organon*, 2: xxxvi. See Bernard Cohen, *Isaac Newton*: *The Principia* (Berkeley: University of California Press, 1999), 242.

101 Bernard Cohen, "Hypotheses in Newton's Philosophy, " *Physis* 8 (1966), 163-84.

102 "Omnis enim Philosophiae difficultas in eo versari videtur, ut a Phaenomenis motum investigemus vires Naturae, deinde ab his viribus demonstremus phaenomena reliqua." "现象的语言"从早期就被英国皇家学会使用，参阅: Robert Boyle, *An Attempt for the explication of the phenomena observable in an experiment* (London: J. H. for Sam. Thomson, 1661)。

103 Cohen and Whitman, trans. *Principia* (1999), 943.

104 布鲁诺·拉图尔将"计算中心"概念作为推动科学发展的动力，参见: *Science in Action* (Cambridge: Harvard University Press, 1987), 215-57。

105 I. Bernard Cohen, *The Newtonian Revolution* (Cambridge: Cambridge University Press, 1980), 131.

106 在这一点上，牛顿转向了"奇点"，参阅：Peter Dear, *Discipline and Experience*, 48-50, 212-43, 以及对伽利略新发现的现象问题的讨论，100-107.

107 See Thomas Hearne, "An Extract and particular Account of the rarities in the Anatomy School," Bodleian MS Rawl. C 865, reprinted in R. T. Gunther, *Early Science in Oxford*, vol. 3 (Oxford, Hazell, Watson and Viney, 1925), 264-74; and Thomas Hearne, *Hearne's Remarks and Collections*, vol. 1, ed. C. E. Doble (Oxford, Clarendon Press, 1885), 70.

108 William Petty, "Concerning the proportions of People in the eight eminent Cities of Christendom undernamed," *Five Essays on Political Arithmetic* (London: H. Mortlock, 1687).

结　语　亚洲与现代伦敦的形成

1 在不同的领域绝佳的例子是科恩，*The Newtonian Revolution*；Margaret Jacobs, *The Radical Enlightenment* (London: George Allen & Unwin, 1981); John Brewer, *The Sinews of Power* (New York: Knopf, 1989); Roy Porter, *The Untold Story of the British Enlightenment: The Creation of the Modern World* (New York: Norton, 2001); Pincus, 1688; P. G. M. Dickson, *The Financial Revolution in England* (London: Macmillan, 1967)。

2 对于这些材料的论点，参见：Kenneth Pomeranz, *The Great Divergence: China, Europe and the Making of the Modern World Economy* (Princeton: Princeton University Press, 2000)。论碎片化和城市集中对集权化的重要性，参见：Jean-L aurent Rosenthal and Roy Bin Wong, *Before and Beyond Divergence* (Cambridge: Harvard University Press, 2011); 对于"工业革命"，参见：Jan de Vries and Ad van der Woulde, *The First Modern Economy: Success, Failure, and Perseverance of the Dutch Economy, 1500-1815* (Cambridge: Cambridge University Press, 1997); and most recently Pincus, 1688, 59 and passim. 对于欧洲"世界体系"相对于其他模式的成功和扩散的经典描述，参见：Braudel, *Civilization and Capitalism*; and Immanuel Wallerstein, *The Modern World System* 1 & 2 (New York: Academic Press, 1974 and 1980)。

3 参见：Pincus and James Robinson, "What Really Happened During the Glorious Revolution," July 2011, http://scholar. harvard. edu/files/jrobinson/files/whatreallyhappenedfinal. pdf, accessed April 24, 2013. Pincus, 1688, 367-99, critiques

[313]

both J. G. A. Pocock, *Virtue, Commerce, and History* (New York: Cambridge University Press, 1985), 108; and *The Machiavellian Moment*, 423-26; 道格拉斯·诺斯和巴里·温加斯特对体系的解释，"Constitutions and Commitment: The Evolution of Institutions Governing Public Choice in Seventeenth-C entury England," *Journal of Economic History* 49 (1989), 815-16; Weingast, "The Political Foundations of Limited Government: Parliament and Sovereign Debt in Seventeenth-and Eighteenth-Century England," in *The Frontiers of New Institutional Economics*, John Drobak and John Nye, eds. (New York: Academic, 1997), 23。平卡斯和罗伯特·马克利都是约西亚·柴尔德爵士对事件解读的尖锐批评者，尽管他们在交换问题上对他的解读完全相反。

4　关于亚洲，参见：Sanjay Subrahmanyam, "Connected Histories: Notes towards a Reconfiguration of Early Modern Eurasia," *Modern Asian Studies* 31: 3 (July 1997), 735-62; and more recently John Darwin, *After Tamerlane: The Global History of Empire* (London: Allen Lane, 2007)。

5　C. A. Bayly, *The Birth of the Modern World* (Malden: Blackwell, 2004).

6　对于例子，参见：Peter Taylor, *Modernities: A Geohistorical Interpretation* (Minneapolis: University of Minnesota Press, 1999)。

7　Saskia Sassen, *A Sociology of Globalization* (New York: Norton, 2007), 18. 萨森认为，在全球化时代，学者们不得不接受某些集合——艾瓦·昂和斯蒂芬·科利尔将"混合技术、政治以及活动者的体系"限定的过于狭隘和正式，Sassen, Territory, *Authority, Rights: From Medieval to Global Assemblages* (Princeton: Princeton University Press, 2006), 5; Aihwa Ong and Stephen Collier, *Global Assemblages: Technology, Politics, and Ethics as Anthropological Problems* (Malden, MA: Blackwell, 2005), 4, 9-14。当然，当代的集合概念在很大程度上要归功于克劳德·莱维·斯特劳斯的拼凑概念，在他著作中有所体现，即 *The Savage Mind* [*La Pensée Sauvage*, 1962] (Chicago: University of Chicago Press, 1966), 19-21, 甚至还应归功于弗朗西斯·培根的归纳法。

8　Burbank and Cooper, *Empires*, 151; Sassen, *Territory, Authority, Rights*, 349; Benedict Anderson, *The Spectre of Comparisons: Nationalism, Southeast Asia and the World* (London: Verso, 1998); and Anderson, *Imagined Communities* (London: Verso, 1991).

9　See Amartya Sen, *Development as Freedom* (New York: Anchor, 1999); Carl Schmitt, *The Nomos of the Earth in the International Law of the Jus Publicum Europae-*

um 1950], trans. G. L. Ulmen (New York: Telos, 2003).

10　[Sir Josiah Child], *A Treatise wherein is demonstrated . . . That the East-India Trade is more profitable and necessary to the Kingdom of England, than to any other Kingdom or Nation in Europe* (London: J. R. for the East India Company, 1681), 29.

[314]

索　引

(页码为原书页码，即本书边码)

A

A bdul Fatah (Ageng Tirtayasa, aka the old Sultan), Sultan of Banten, 162, 181, 298–99n87

Abdul Kahar Abu Nasr (Sultan Haji, aka the new Sultan), Sultan of Banten, 203

absolutism, image of, 24, 152 – 56, 166, 178, 197 – 99, 207, 214 – 16, 218, 225, 238, 241

abstraction, 54 – 55, 99, 150, 155, 175, 236, 238

Acapulco, 71, 74, 270n51

accommodation, 84, 206, 215, 223, 305n28

Aceh, 20, 21, 100–2, 106, 110, 116, 118, 122, 126 – 27, 138, 163, 199, 205, 299n88 *Hikayat Aceh* (ca. 1613), 106, 127

Adam and primitive language, 168, 216, 308n47

Adams, Clement, 32, 49, 57, 256nn10 – 11&d5

Adams, William, 100

Aden, 20–21, 47, 48, 110, 131, 143

Aesop, 168

Affaitati syndicate, 62

Africa, 7, 9, 50, 55 – 56, 101, 112, 115, 119, 155 – 60, 162, 166, 170 – 72, 185, 280n40, 284n78, 296n59

See also specific places

Agas map of London (ca. 1563), 34, 69

Agra, 110, 131, 235

Akbar, Mughal Emperor, 155, 183, 300n95

Alauddin III Riayat Syah Sayyid al-Mukammil, Sultan of Aceh, 116

Albuquerque, Afonso de, 51, 260nn60–61

Alday, John, 56

Aleppo, 4, 110, 131, 221

Alexander VI, pope, 239

Alexander VII, pope, 154

Alexander the Great, 178

伦敦：塞尔登地图与全球化都市的形成（1549—1689）

astrolabe, 108, 110, 124, 130 – 31, 132, 285nn86–87

astronomy, 96, 99, 123, 125, 180, 207, 211, 214, 230–32, 290n131, 312n97

Atlantic Ocean/ Atlantic World, 7 – 8, 26, 56, 70, 106–7, 109, 111, 118, 120, 135, 147–48, 153 – 54, 156 – 59, 162, 172 – 73, 234, 240, 250nn16&18, 292n10

atlas, 6, 24, 65 – 66, 72, 81, 85 – 87, 90, 92, 97, 102, 104, 133, 138, 170 – 76, 194, 207, 274n101, 294n47, 306n30
See also specifi c atlases and atlas makers

Aucher, Anthony, 56

Augustinians, 73–74, 87, 91

Aungier, Gerald, 182–85, 310n75

Aurangabad, Deccan, 198

Aurangzeb, Mughal Emperor, 179, 183, 197–98, 204

Avestan, 182, 299–300n91, 300n93

Ayutthaya, Siam, 20, 21, 85, 163, 198, 210, 218, 230
See also Siam (Ayutthaya)

Azores Islands, 97, 100, 109

Aztec, 286n94
See also Mexica, painted books

backgammon (nard), 225

B

Backwell, Edward, 159

Bacon, Francis, 74, 94, 108, 123, 125 – 26, 128, 133, 151, 233 – 34, 237 – 38, 283n67, 314n7

Bacon's Rebellion (1675), 162, 181

Badajoz, Junta of, 54

Baffi n, William, 147

Baffi n Island ("Meta Incognita"), 70, 147

Bainbridge, John, 125

Baja California, 27, 30, 71

Baltic (Eastland) Company, 68, 70

Baltic Sea, 33, 68, 109, 119, 198

Banda, 20–21, 51, 95, 148, 187

Bank of England (1694), 159, 236

Bankside, London, 68, 69

Banten, 6, 17, 20, 21, 25, 97, 102, 104 – 5, 107, 111, 115, 117 – 18, 120 – 22, 137 – 38, 141– 42, 147, 157, 160, 162, 163, 165, 179, 181 – 82, 184 – 85, 187 – 88, 191–92, 194, 198, 201, 202, 202, 203, 205, 208, 214, 221, 277n13, 282n54, 294n40, 298–99n87, 300n97, 309n65

Barbados, 154, 158, 163, 172, 292n20

Barbary, 116, 202

Barbary Company, 68, 70

Barbosa, Duarte, 270n59

伦敦：塞尔登地图与全球化都市的形成（1549—1689）

204-5, 208, 293n28

Corporation of, 199

Bongsu, Raja of Johor, 117

Boni, Sulawesi, 52, 229

Book of Common Prayer (1549), 3, 40

Borges, Fernão, 80

Borneo, 47, 48, 52, 75, 87, 101, 127, 162, 273n87, 283n71

Bose, Sugata, 11, 252n28

Botero, Giovanni, 94 – 96, 111 – 12, 128, 164, 272n82, 279n29

Boyle, Robert, 166, 168, 181, 223, 225, 228, 231, 234, 292n21, 294n40, 298n86, 301n109, 308n47, 310n69, 313n102

Braudel, Ferdinand, 6, 9, 263n90

Braun, Georg, 34

Brazil, 51, 55

Brenner, Robert, 7

Bridewell Prison (1553), 33, 34

Brier, Peter Denis de, 165

Bristol, 7, 27, 31, 33, 38, 53 – 56, 254n1, 255n9, 257n24

Bristol Society for Merchant Venturers (1552), 35

Britain (British Empire), 67, 104, 112, 119, 172, 176, 178, 237, 303n2

British Library, 15

Browne, Valentine, 96

Bruges, 61-62

Brunei, 20, 21, 77, 110

Brussels, 32

Buddhism, 81, 84, 92, 173, 197, 207, 306n34

Bujangga Manik (ca. late 15th cent. , Bodleian MS Java b. 1 R), 11 – 14, 13, 251n26

Bukhara (Shaybanid Khanate), 40

Burbank, Jane and Cooper, Frederick, 150

Burma. *See* Pegu (Burma)

Byzantium, 44

C

Cabot, John, 27 – 31, 35, 37, 43 – 46, 56, 254n1, 255n2, 256n9

Cabot, Sebastian, 19, 22, 27 – 40, 43 – 60, 62-63, 71, 73 – 74, 76, 78, 113, 119, 230-31, 255n3, 255n9, 256n19,

259n52, 260n64, 273n87

See also Cabot Map (ca. 1544-49)

Cabot Map (ca. 1544 – 49), 27, 28 – 30, 31-32, 40, 41, 48, 49 – 59, 52, 55, 63, 71, 78, 93, 97, 255n4, 259nn51 –

伦敦：塞尔登地图与全球化都市的形成（1549—1689）

Sultaness Head, 179

Cohen, Bernard, 233

Coke, Edward, 114, 120

Coley, Henry, 15, 191

collecting and collections, 12 – 14, 24, 71, 87, 102, 104, 107 – 8, 123 – 27, 129 – 31, 133 – 35, 142, 148, 151, 173, 182, 191 – 92, 206, 220 – 23, 226, 228 – 29, 238, 243, 245, 253n32, 274n101, 282nn54&58, 283n63, 284n75, 298n82

College of Physicians, London, 135, 202

Collingwood, R. G., 10

coloniae, 115

Columbus, Christopher (Cristoforo Colombo), 31, 208, 257n24

commenda, 12, 37 – 38

common law, 114, 200, 276n9

Compagnie des Indes, 210

Company of Cathay (1577–80). See Frobisher, Martin

compass, 17, 19, 23 – 24, 47, 51, 53, 55, 65, 67, 75, 113, 118, 123 – 24, 126, 130 – 31, 135, 139, 141, 143, 146, 147 – 48, 186, 189, 192, 218, 222, 234, 287n97, 290nn127 – 28

compass rose, 55, 143, 145, 145, 222, 289n117, 309n64
geomantic, 143, 146, 147, 287n97, 290n131

interval (间 jian), 148, 290n127

Confucianism, 173, 206, 214, 216, 218, 223 – 24, 226, 229 – 30, 305n28, 307n46
neo–Confucianism, 92, 94

Confucius. See Kong Fuzi (孔夫子 Confucius, Kongzi)

Con Son Island, 20 – 21, 52

Constantinople (Istanbul), 94, 109, 208

contracts, 43, 104, 106, 108, 113 – 15, 117, 130, 151 – 52, 165 – 66, 200 – 1, 216, 234, 236, 239 Cope, Walter, 124, 283n62

Copernicus, Nicolaus, and Copernican system, 214, 229 – 30, 232, 237

Coptic language, 124, 306n32

Cornhill, 34, 153

Cornwallis, Charles, 139

Coromandel Coast, 117, 126 – 27, 141, 179, 187, 199, 206, 210, 220, 292n9

corporation, joint – stock, 22 – 23, 27, 33 – 40, 46, 67, 77, 99 – 100, 114 – 15, 155, 158, 166, 236, 255n5, 256n10, 257n21, 264n5, 265n8, 281n46

corporation, urban (citizen), 27, 33, 38, 44, 197, 200, 205, 256n21, 259n43
See also specific cities

Corporation for the Propagation of the Gospel in New England (1649/ 1662), 181

Corsali, Andrea, 270n59

Cortés, Hernán, 54

cosmography and cosmology, 5-6, 12, 22, 27, 30-31, 46-58, 65, 67, 74, 77, 79, 88, 93, 96-97, 99, 112, 123, 150-51, 164, 171, 180, 191, 195, 214, 251n26, 267nn26-27

cosmopolis, 11, 75, 127, 251n27

Costa, Ignatio à, 210

Cottington Treaty (1630), 122, 159

cotton, 141, 156, 160, 162, 173, 184, 187forward system in India, 156, 160-61

Cotton, Robert, 123, 125, 129-30, 139, 140, 150, 245, 279n30, 282n52, 288nn107-8

Council of Lyon, 44

Council of the Indies, 55

Couplet, Philippe, 206-7, 223, 226,

303n3, 305n28, 306n30, 310nn65&70

courtesy, 37

Coverdale, Miles, 43

Cox, Richard, Chancellor of Oxford, 3

Cranmer, Thomas, Archbishop of Canterbury, 3

Croce, Benedetto, 10

Cromwell, Oliver, 107, 129, 135, 153-55, 165, 235, 287n98

Cruz, Gaspar da, 87, 270n54

Cudworth, Ralph, 287n96

Cu Lao Thu, 20-21, 52

Cunningham, James, 120

customs revenue, 37-38, 119, 155, 158, 171, 204, 205-6, 253n31

Cyrus, 72, 93

D

da Costa, Manuel, 79

dalal (broker), 182, 252n30

Dalgarno, George, 221, 284n75, 309n62

Da Ming huidian(大明会典), 88, 266n15

Dampier, William, 229

Da Nang, 20, 21, 143

Dansell, William, 60, 232, 311n86

Daoism, 92, 173

Dapper, Olfert, 171-72, 174, 175, 180, 236, 296nn66&68, 297n70

data, 33, 65-67, 72-74, 86, 91-102, 108, 113, 134, 138, 145, 147-48, 175, 211, 231-36, 265n15, 266nn15-16, 273n87

Datong calendar, Ming, 188, 189

Dauntsey, Christopher, 60

Davenport, Francis, 232, 312n99

Davies, Stephen, 147

Dryden, John, 152, 179, 217, 297n80, 298n81

Dudley, John, 1st Duke of Northumberland, 56, 63

Dudley, Robert, 1st Earl of Leicester, 67

Duke Humfrey's Library (1487), 3, 15, 42, 247n2, 248n8, 309n62

Dutch. *See* United Provinces (Dutch)

Dutch East India Company. *See* East India Company, Dutch

E

East, Thomas, 266n18

East End, London, 68, 69

East India Company, Dutch (VOC, Verenigde Oost-Indische Compagnie), 4, 105-6, 108, 111-21, 126-27, 139, 141-42, 147, 159, 162, 169, 173, 208, 223, 276n4, 280n39, 281n49

East India Company, London (EIC), 4-6, 8, 24-25, 44, 86, 97, 99-102, 105-6, 111, 113-22, 124, 126, 138-41, 147, 153, 153-62, 163, 164-66, 167, 169, 171-72, 178-79, 181, 185, 187-88, 191, 194-95, 198-202, 202, 204-6, 208, 210, 214, 221, 232, 238, 240, 245, 273n85, 276n4, 280n42, 281n50, 282n54, 307n44, 311n89

[320] East India Company (1709), 236

East India Company, Scottish (proposed), 120

East India Company *vs. Thomas Sandys*, 199-201, 304nn11-15

Eden, Richard, 6, 22, 41, 46-48, 48, 71, 78, 257n27, 261n64

Edo (Tokyo), 7, 20-21, 239

Edward VI of England, 3, 22, 32, 35, 40, 46, 57-58, 74, 93

Egyptian hieroglyphics, 125, 133, 170

EIC. *See* East India Company, London (EIC)

Eikon Basilike, 129

elephants, 158, 179

Eliot, John, 181

Elizabeth I of England, 22, 30, 36, 40, 43, 66, 68, 78, 81, 84, 90-91, 93, 95, 99, 100, 108, 112-13, 116-17, 166, 257n30, 274n96, 277n13

Elliot, Adam, 202

Elman, Benjamin, 17

Elmina Castle, Ghana, 172

Elton, Geoffrey, 23

empire, 7, 22, 68, 72-73, 76, 91-93, 95, 99, 104, 106, 108, 112, 114-15, 137, 145, 151, 153-54, 156, 168, 170, 175-76, 178, 186, 197-98, 204, 208, 211, 218, 226, 265n8

geometry, 72, 96, 99, 113, 123, 250n23, 278n20

German cities, 3, 41, 46 - 47, 53, 57, 74, 219, 259n52

See also Holy Roman Empire

German silver, 60-61

Gerritsz, Hessel, 139, 281n48, 288n108

Gervaise, Nicholas, 215

Gesio, Juan Bautista, 88, 260n53

Gilbert, Humphrey, 49, 265n8

Gilbert, William, 147

Giolo (Halmahera), 70, 70, 221, 229

Giolo, Prince of, 228-29, 311n86

Glorious Revolution, 8, 22, 25, 197, 204- 5, 215, 225, 228-29, 236-38, 240-41, 308n48, 310n70

Go (围棋 *weiqi*), 192, 226, 311n84

Goa, 62, 100-1, 120, 159, 161

go-between (mediator), 12, 44, 252n30
   See also *dalal* (broker)

Gobi Desert, 274n93

Godolphin, Sidney, 224, 310n74

Góis, Damião de, 41, 113

Golconda, Sultanate of, 160, 197, 199, 204, 210, 214, 306n34

gold, 39, 41, 56-57, 60, 71, 156-59, 161, 166, 172, 184, 186 - 88, 194, 199, 293n25

Golius, Jacob, 180, 222, 245, 310n68

Gombroon, 163, 199

Goto Islands, 20, 21, 143

Grantham, Thomas, 199, 304n10

Graswinckel, Theodor, 129, 285n82

graticule, 55, 81, 92-93, 139, 145

Chinese, 81, 92-93, 211

Ptolemaic, 55

Gray, Elizabeth, 129

Gray, Henry, 8th Earl of Kent, 129

Great Bible (1539-41), 43

Great Wall of China, 197, 222, 274n93, 295n50

Greaves, John, 180, 298n82

Greaves, Thomas, 124, 284n76, 285n81

Greek (ancient) language, 15, 35, 48, 77, 111, 123, 130, 134, 168 - 70, 232, 284n77, 285n83, 289n119

Greenblatt, Stephen, 37, 257n22, 258n42, 264n5

Greenwich, 6, 32, 70
   See also Royal Observatory, Greenwich (1675)

Gregory III, Pope, 84

Gregory XIII, Pope, 84, 133

Gresham, John, Lord Mayor, 32, 60

273n89,274n95

Harvard, 181

Hassan, Kadi, 127

Hawkes, Henry, 86

Hawkins, John, 7, 41

Hawkins, William, 55

Hebrew language, 48, 77, 123 – 24, 129 –
30, 134, 170, 224, 232, 282n55,
284n77, 310n73

Hebrew law. *See* Jewish law

Hebrew Republic, 24, 130, 287n98

Heckscher, E. F., 249n16

Helliwell, David, 17, 245, 254n40

Henry VII of England, 32, 44, 257n24

Henry VIII of England, 3, 31 – 33, 50, 53 –
54, 56 – 58, 62, 261n68, 262n75

herbad, 182 – 84, 299 – 300n91

Herbert, William, 3rd Earl of Pembroke,
127

Heurnius, Justus, 148

Heylyn, Peter, 164, 170

hikayat, 106, 126 – 27, 283nn70 – 72

Hindu, 183 – 85, 198
　Bania caste, 185
　Brahmin caste, 300n96

Hippocrates, 135

Hirado, Japan, 20, 21, 105, 120, 138, 141 –

43, 144, 185, 253n36, 289n112

Hispaniola, 41, 154

history and history writing, 7, 10 – 11, 24,
86, 95, 104, 106, 114, 116, 124, 127 –
31, 133, 135, 164, 170, 239,
309n59, 311n91

Hobart, Henry, 272n82

Hobbes, Thomas, 10, 94, 130, 151 – 53,
156, 164, 206, 258n41

Hobson, John, 239

Hoi An (会安, alt. Hai Pho 海浦,
Faifo), 20 – 21, 73, 110, 139, 143,
144, 266n17

Holland. See United Provinces (Dutch)

Holmes, Robert, 172

Holt, John, 200

Holy Roman Empire, 5 – 6, 9, 44, 74
　See also German cities

Homem, Lopo and Diogo, 81, 269n38

Homer, 169

Hondius, Jodocus (Joost de Hondt), 68,
70, 70, 96 – 97, 111, 138, 274n93

Hongwu emperor, 92

Honshu, Japan, 74

Hooke, Robert, 170, 176, 218 – 21, 223,
228 – 31, 235, 294n43, 308n56, 309nn
57 – 59, 312n94

household (户 *hu*), 65, 67, 72 – 73, 80, 88,

索　引

103,265n15,266n15

house society,12,120,253n32

Houtman,Cornelius,100

Houtman,Frederick de,279n33

Hormuz（Ormuz）,20 - 21, 47, 48, 63,
120,143,221,281n46

hospitals,London,33,34

Howard, Thomas, Earl of Arundel,
123,130

Huangce（黄册 Yellow Registers）,92

Huang He（Yellow River）,225

Huang Zongxi,64

Hues,Robert,95-99,273n87

Hugli,Bengal,163,179,204

humanists and humanism,41-43,47,48,
55,59,71,75,77-78,122,180-82,238

Humble,George,170,295n54

Hume,David,8,235

Humphrey of Lancaster, 1st Duke of
Gloucester,Lord Protector,3

Husayn（Hussein）ibn Ali,126

Husserl,Edmund,250n23

Hussey, Bridget, Countess of Bedford,
77,267n27

Hutchins,Edwin,56-57

Hyde,Henry,Earl of Clarendon,310n70

Hyde, Thomas, 1, 15, 17, 25, 180 - 82,
184, 190, 191-92, 193, 194, 218, 220-
30,221,222,227,232-35,246,247n1,
254n39, 284n76, 286n88, 298n82,
299nn88&91, 300n93, 302n114,
305nn27 - 28, 309nn58&63 - 65,
310nn67 - 68&73 - 75, 311nn79&84,
312n97

hypothesis. *See* phenomenon versushypoth-
esis

I

Ibn al-Banna al-Marrakushi,125

Ibn Ezra,Abraham,224

Ibn Sina,135,180

Ibn Tufail,180-81

Ibn Yehia,224

Iceland,38

imperium,44, 58, 93, 103, 108 - 9, 111,
115,138,151,156

India,47,48,113,115,155-56,158-61,
166, 199, 204 - 5, 210, 214, 224 - 25,
251n27,300n92
See also specifi c places

Indian Ocean, 5, 11, 31, 47, 48, 50, 75 -
76,78,101,106-7,113,117,120,127,
131, 147 - 48, 153, 156, 178 - 85, 187,
196, 199, 201, 232, 236, 240 - 41,
252n28,289n122,300n98,303n2

indigo, 173, 189

infl ation, 43, 58−59

Inner Temple, 111, 129, 202, 282n57

Innocent IV, Pope (Sinibald Fieschi), 44

Innocent X, Pope (Giovanni Pamphili), 154

Innocent XI, Pope (Benedetto Odescalchi), 206, 223, 303n1

Inns of Court, 22, 24, 122−23, 282n57

interpreter (*interpretes*), 40, 42 − 44, 46, 258n32, 279n32, 310n69

Intorcetta, Prospero, 210

Ireland, 7 − 8, 46, 67 − 68, 70, 72, 85, 94, 96, 99 − 100, 109, 115 − 16, 153 − 54, 166, 168, 235, 240, 263n86, 287n96

Munster Plantation, 8, 96

Irish language, 224, 298n86

Islam and Muslims, 44, 51, 56, 73, 75 − 76, 79, 95, 116, 122, 127, 130, 139, 158, 162, 179 − 80, 182 − 83, 185, 200, 202, 210, 299n87, 306n34

Islamic law and courts, 139

Ismail ibn Sharif (Moulay Ismail) of Morocco, 197

Italian cities, 94
See also individual cities

Italian language, 73, 79, 91, 203, 221, 267nn24&27

Italian merchants, 12, 33, 41, 254n1 Lombard Street, 34

Ivan IV of Russia, 39−40

J

Jackman, Charles, 84, 267n23

Jamaica, 154, 163, 172, 292n20

Jambi, 20, 21, 165

James, Thomas, 4−5, 76, 248n8

James I of England (James VI of Scotland), 105, 119−21, 125, 138, 143, 152, 275n2, 279n27, 282n54, 298n87

James II of England (James VII of Scotland), 1, 25, 156, 158, 172, 176, 178, 184, 197 − 98, 206 − 7, 214 − 15, 220, 223, 225, 230, 303n1, 310n70

Japan, 19, 27, 36, 49, 52, 52, 61, 64 − 67, 72−76, 78 − 80, 81, 84 − 85, 90, 95, 97, 101−3, 105−7, 111, 119−23, 133, 138− 39, 141 − 43, 145, 147 − 48, 150, 157 − 58, 160, 171 − 73, 186− 88, 191, 194, 207, 212, 222, 232, 253n36, 259n51, 264n95, 266n17, 268n32, 269n39, 272n62, 273n87, 277n12, 288n111, 296n58, 302n115
Azuma Kagami (1605), 106, 276n5

"Embassy" to Europe (1582 − 86), 84 − 85, 269n46

Map of, 81, 82−83, 274n93

M

Macao, 53, 81, 84, 90 – 91, 100, 117, 141, 205 Machiavelli, Niccolò, 37, 92, 111 – 12, 197, 237–38, 272n82

Madagascar, 47, 48, 154

Madras (Fort St. George, Chennai), 163, 171, 179, 181, 185, 189, 198, 204 – 5, 210, 214, 299n90, 305n20

Madrid, 73, 84, 88, 91, 139 – 40, 140, 266n18

Maffei, Giovanni Petro, 79, 268n32

Magalhães, Gabriel de, 197, 303n3, 305n28

Magellan, Ferdinand, 50, 52, 54, 68

Magna Carta, 104, 256n21

magnifi cat, 40

Maimonides, 224, 310n73

Mainston(e), William, 294n40

Maitland, Frederic, 23

Majapahit Empire, 11

Malabar Coast, 9, 220, 283n73

Malacca. See Melaka (Malacca)

Malay, 9, 15, 51, 53 – 54, 61 – 62, 75, 79, 85, 91, 108, 116–17, 120, 124, 126–27, 138, 141, 168, 181 – 82, 203, 228, 279n33, 283n71, 294n40, 298n87

Malindi, 75

Maluku Islands (Moluccas), 52, 54, 64, 86, 95, 101, 111 – 12, 120, 141, 160, 228, 260n59
See also Gilolo (Halmahera)

Malynes, Gerard, 113

Mamluk Sultanate, 37

Maneck, Rustom, 182, 184, 300n92

Mandarin language, 223

Mandeville, John, 27, 30, 44 – 45, 74, 255n3, 258n42, 273n87

Mango Copac (Manqu Qhapaq), 218

Manila, 20 – 21, 71, 73, 75, 77, 85 – 91, 105, 110, 111, 120, 139–43, 158, 160– 61, 186–87

Manteo of Croatan, 68, 96

Manuel I of Portugal, 62, 113

Manzi (Manci), 45, 47, 48

maps and mapping, 17–19, 18, 20–21, 23– 24, 27–31, 29–30, 34, 41, 48, 48–57, 52, 64–78, 66, 69–70, 80–81, 82–83, 85–93, 89, 95–99, 98, 102–5, 107–8, 109–10, 111, 113, 120, 123–24, 130– 51, 136, 140, 144 – 45, 149, 152, 153, 157, 160, 163, 169, 175–78, 177, 185– 86, 188 – 89, 192, 202, 205 – 11, 208, 212–13, 220 – 23, 222, 225 – 26, 229, 231– 32, 234, 241, 243, 249n11, 254nn39–40, 255nn3 – 4, 259nn51–53,

Nicolay, Nicholas de, 56

Nietzsche, Friedrich, 10

Nieuhof, Johan, 169-71, 175, 186, 296n58

Nine Years' War, 96, 100, 116

Ningbo, Zhejiang, 80, 205, 259n51

Noah, fl ood and ark, 124, 126, 168

Nonsuch, Treaty of, 84

Norden, John, 68, 69

Noremberger, Lazaro, 50

North, Douglas, 23, 314n3

North America, 8, 50, 70, 76, 114-16, 118-19, 157-58, 162, 172, 181, 185, 198, 237, 306n32

See also specifi c places

Northeast and Northwest Passage, 30, 70, 90, 96, 267n26, 273n87

North Sea, 7, 38, 56, 109

Nova Albion (California), 70, 70

Nova Francia, 70

Nycoll, Robert, 55

O

Oakeshott, Michael, 10

Oates, Titus, 202

Ogborn, Miles, 201, 279n32, 299n90

Ogilby, John, 24, 152-55, 153, 168-78, 174, 177, 180, 182, 194-95, 231, 236, 291n1, 294nn43&47, 296n59, 297n76

Oldenburg, Henry, 180, 298-99n80

Oliver, John, 153

O Neill, Hugh, Earl of Tyrone, 100, 116

orang kaya, 120, 281n49

orang laut, 12

Orientalism, 14, 26, 72, 251n25, 278n21

Ortelius, Abraham, 6, 65-66, 72, 78, 81, 87-88, 89, 90, 96-97, 133, 138, 176, 266n17, 271nn64-65, 274n101,

288n108

ortogh, 12

Osaka (Sakai), 141-42, 288n110

Ottoman Empire (the Turk), 41, 48, 48, 77, 95, 100, 109, 113 14, 116-17, 123-24, 179-80, 183-84, 197, 238, 293n27, 299n87

Oviedo, Gonzalo Fernandez de, 78

Oxford, 1-3, 6, 34, 40, 67, 71, 76, 122-23, 125, 128-29, 164, 166, 181-82, 184, 195, 207, 218, 220, 223, 228-29, 234, 247n2, 276n5, 278n21, 282n54, 293n30, 298n86, 306n32, 309n64, 310n73

Oxinden, George, 161, 293n23

Pacifi c Ocean (South Sea), 53, 65, 70,

伦敦：塞尔登地图与全球化都市的形成（1549—1689）

25,30,79,122-24,126-27,130,132, 134,179-84,222,224,226,228,232, 279n33, 282nn54&61, 298n82, 299nn88&91,300nn92&95

Peru,41,61,87,111,120,218,233

persona,36,44

persona fi cta,44,62-63,258nn41-42

Persons,Robert,73

Peter the Great,Russian emperor,197

Petition of Right (1628),104,114

Pett (Pet),Arthur,84,267n23

Petty,William,94,235,240

Phaulkon, Constantine (KonstantinosGer-akes),210,215,303n4

phenomenon versus hypothesis, 233 - 36,313nn102&106

Phetracha of Siam,215,303n2

Philip II of Spain,23,31-32,39-40,43, 48,63,65,67,73,78,81,86-88,91, 106,108

Philip III of Spain,100,106

Philip IV of Spain,106

Philippines,64-65,71,73,75,77,84-91, 103,105,111-12,120,139-43

Philosophical Transactions, 180, 207 - 8,218

physics and mechanics, 196, 230 - 33,311n89

Pigafetta,Antonio,270n59

Pincus, Steve, 196, 238, 303n6, 304n12, 314n3

Pindar,Paul,4

Pires,Tomé,49

Pizarro,Francisco,54

plague

Black Death (1348),7

Great Plague (1665), 7, 154, 164 - 65, 169,229

Plano Carpini,John of,44

plantations,7,115,163,173

Plantin,Christoffel,88

Plowden,Edmund,93

Plymouth,England,7,33,55,70,95

Plymouth Colony,163

Pocock,J. G. A.,114,238,314n3

Pococke, Edward (Sr. and Jr.), 123, 180-81,283n71,284nn76&81,298n83

Pointer, John (Musaeum Pointerianum, Oxford),228-29

Pole,Reginald,43,45,247n2

Pollock,Sheldon,10,251n27

Polo, Marco, 12, 27, 39, 45, 73 - 74, 255n3,270n54

Polyglot Bible,131,180,284n76,294n91

R

Raleigh, Walter, 50, 68, 70, 95 – 96, 100, 108, 113, 124, 273nn84&87, 277n14, 279n29

Ramayana, 127

Ramus, Petrus, 128, 284n77

Ramusio, Giovanni Battista, 5, 32, 71, 79, 256n9, 267n27, 270n59

Ranke, Leopold von, 12

Ratcliff, 68, 69

Ratu, Pangeran of Banten, 298n87

Ratu, Pangeran of Jambi, 165

reason of state, 94, 96, 101, 111, 272n80

Red Sea, 47, 113, 120, 300n97

Reformation, 3, 22, 36, 41, 240

See also Protestantism

Restoration, English (1660), 22, 94, 122, 152 – 56, 162, 163, 164 – 69, 174 – 78, 189, 191, 195, 200, 226, 284n78, 291n5, 292n10, 302n114

revolution, political, 22, 196 – 97, 199, 215, 225, 228, 236 – 38, 240 – 41, 303n2, 303n4, 304nn10&15, 305n28, 310n70

Ribault, Jean, 56

Ribeiro, Diogo, 54 – 55, 261n69

Riccard, Andrew, 157

Ricci, Matteo, 79, 87, 90 – 91, 169, 192, 266n17

Ricci, Ronit, 10

rights, legal, 10, 31 – 32, 36, 104 – 5, 109, 113 – 14, 135, 165 – 66, 169, 171, 185, 195, 200, 204, 257nn21&25

Rio de la Plata, 41, 54 – 55

roads, 175 – 78, 177

Roanoke, 70

Rodrigues, Francisco, 51

Rodriguez, Gomez and Alphonso, 159

Roe, Thomas, 4, 122, 155, 279n30

Roger, John, 43

Roman Empire, 64, 152, 308n52

Roman law, 114

Rome, 54, 64, 73, 84, 91, 109, 148, 154, 170, 191, 206, 221, 269n46

Ronquillo, Gonzalo, 90

routes, shipping and merchant, 12, 17, 18, 19, 24, 31, 35, 41, 47 – 49, 48, 51 – 53, 70, 74, 81, 83, 85 – 87, 93, 97, 100, 105, 107, 111 – 13, 135, 138 – 40, 143, 144, 145, 147 – 48, 150 – 51, 175 – 76, 185 – 86, 197, 205, 208, 214, 269n39, 278n20, 288n110, 291n132*ji*(計 plot or vector), 51, 143

value of, 63, 145

Royal African Company, 153, 158, 166, 172, 284n78, 292n20

Royal Exchange (Gresham 's Exchange 1565/1571), 34, 59 – 60, 119, 152, 153, 165

Royal Observatory, Greenwich (1675), 6, 189, 214, 231 – 32, 234

Royal Society, London (1660), 6, 147, 153, 166, 168, 180 – 82, 206, 208, 210, 220, 222, 229 – 31, 234, 297n80, 305n28, 307n37, 313n102

Russell, Anne, Countess of Warwick, 78

Russell, Francis, 2nd Earl of Bedford, 259n53

Russia, 6, 25, 30, 39 – 40, 43, 78, 118, 197, 207 – 8, 257nn27&30, 276n8, 295n53

Russia (Muscovy) Company, 30, 32, 39 – 40, 67, 70, 114 – 15, 163

Rustichello of Pisa, 45

Rye House Plot, 225

Ryukyu Islands (Gores, Lequois, Liuqiu), 20 – 21, 51 – 52, 61, 66, 73 – 74, 80 – 81, 83, 85, 101, 143

S

Sabean, David, 253n32

[330] Saddar, 182, 299n91

Safi , Shah of Safavid Empire, 282n54

Salusbury, Thomas, 229, 311n89

Sandys, Edwin, 4, 115 – 16, 120, 279nn 29-30

Sandys, Katherine, 4

Sandys, Thomas. *See East India Company vs. Thomas Sandys*

Sanguozhi yanyi (三 国 志 演 义), 131, 285n88

Sanskrit, 10, 181, 183, 220

Santa Ana, 71, 90 – 91

Santa Catarina, 108, 117 – 18

Saris, John, 17, 102, 104, 135, 136, 137– 39, 142

Sassamon (Wassausmon), John, 181

Saussy, Haun, 19, 254nn40 – 41, 309n58

Sayer, Edward, 289n116

Scaliger, Joseph, 286n91

Schaffer, Simon, 232

Schall von Bell, Johann Adam, 148, 170, 189, 295n50, 301n111

Schmitt, Carl, 239

science, 10, 24, 166, 196 – 97, 207, 215, 219, 226, 231, 234, 237–38

See also Royal Society, London (1660) ; and specifi c individuals

Scotland, 8, 70, 85, 109, 109, 152 – 54,

伦敦：塞尔登地图与全球化都市的形成（1549—1689）

168, 257n21, 263n86

Sea of Verrazano, 50

Secret History of the Mongols (*Mongqol-un niqucha tobchiyan*), 30

Seeley, J. R., 239

Seile, Henry and Anne, 164

Sejarah Banten, 127, 162

Sejarah Melayu, 127

Selden, John, 1, 17, 19, 24, 104−5, 107−8, 109−10, 111−14, 117, 122, 128−52, 200, 220, 224, 231−32, 234, 239, 278n21, 279n30, 282nn54&57, 283n75, 284n81,

Mare Clausum (1635), 19, 105, 107−9, 109, 111−12, 119, 122−25, 128−30, 135, 151, 200, 224, 232, 239, 276n9, 278nn18&20

Selden Map of China (ca. 1620, Bodleian MS Selden Supra 105), 17−22, 18, 20−21, 51−52, 52, 63, 65, 87, 91, 104−5, 110, 111, 120, 134−52, 157, 160, 178, 185−86, 188, 192, 205, 208, 211, 222, 222, 234, 241, 243, 276nn3&5, 288n111, 289n117, 309n64

Semedo, Álvaro, 169, 295n47

Sen, Amartya, 228, 239

Seville, 9, 49, 53−55

Seymour, Edward, 1st Duke of Somerset, Lord Protector, 3, 32, 42, 58

Shakespeare, William, 96−97, 103, 127

Shangcheng yilan, 175

Shanhai jing, 86

sharawadgi, 217−18, 229, 308n49

Shen Fuzong (Michael), 1, 2, 15, 17, 25, 207, 220−28, 222, 227, 247n1, 286n88, 289n117, 302n114, 305nn27−28, 309nn64−65, 310nn67&69−70

Sheng guan tu (升官图 "Promotion of Mandarins Game"), 17, 225−26

Sherley brothers (Thomas, Robert, and Anthony), 180

Shi Lang, 205

Shinto, 84

Shipman, Abraham, 161

ship money, 113, 275n2

Shoreditch, London, 68, 69

Shunfeng xiangsong (顺风相送 "Escorting Picture for Favorable Winds"), 135, 148, 287n101, 289n118

Shunzhi Emperor, Qing dynasty, 170, 188

Siam (Ayutthaya), 20, 21, 25, 51, 54, 85, 95, 101, 110, 142−43, 148, 157, 171, 188, 194, 196−200, 204, 208, 210, 212−13, 214−16, 220, 221, 222, 232, 288n110, 289n116, 303nn2&4, 305n28, 306n34, 307nn37&43, 309n65

Siamese embassies to Paris and London, 210−11, 212−13, 214−16

mon), 5, 8, 33, 37, 60, 62, 91, 100 – 1,
103, 120, 155 – 56, 187

Spinola, Francesco Maria, 223

Spinoza, Baruch, 308n47

Spitalfields, London, 68, 69

Spratley Islands. See Wanli Shitang (Para-
cels/Spratleys?)

Sri Lanka (Ceylon, Zaylon), 47, 130,
199, 220, 221

St. Albans Abbey, 45

Stationers' Company (1557), 34, 236

St. Helena, 154, 163

Stow, John, 123, 256n12

St. Pauls, London, 153, 167

Strait of Ainan, 1

Straits of Sunda, 47

Strand, London, 68, 69, 119, 169

Subrahmanyam, Sanjay, 238

Sufis, 180, 183, 299n88

sugar, 9, 86, 91, 154, 156, 158, 186 –
87, 280n35

Sukasaptati (*Tutinama*), 127

Sumatra (Taprobane), 9, 47, 48, 54, 95,
100 – 1, 116, 123, 148, 162, 165, 181,
198, 205 – 6, 211

Sundanese language, 5, 11, 105,
248n8, 251n26

Surat, 25, 155, 161, 163, 179, 182 – 83,
187, 194, 198 – 99, 204, 221, 224, 226,
281n46, 300nn92&95, 301n100, 310n75

Suriname, 154, 163

Suzhou, 173

Svalbard Archipelago, 109

Sydney, Algernon, 225

Syriac language, 4, 124, 134

system, concept of, 229 – 37, 312n94

T

Tagalog language, 84

Taichang Emperor, Ming Dynasty, 142

taijitu (yin–yang symbol), 192, 193

Taiwan (Formosa), 6, 15, 20, 21, 25, 51,
107, 110, 139, 141 – 43, 163, 169, 178 –
79, 182, 185 – 92, 194, 198, 202, 207 – 8,
219 – 20, 221, 232, 288n111,

301n105, 309n65

Tamil language, 179

Tangiers, 25, 163, 172, 179, 197

Tartars, 73, 207 – 8, 209, 225, 235,
255n4, 271n62

Tatton, Gabriel, 141 – 43, 147, 288n107

Tavernier, Jean–Baptiste, 225

254n38, 272n77, 290n128

See also diagram

Tuck, Richard, 278nn17-18

Turkish language, 4, 123, 134, 183

Tyndale, William, 43

Tyrone's Rebellion, 100, 116

U

Ulmer, Johann, 3

Ulugh Beg, 180, 191, 222, 298n82

United Provinces (Dutch), 8, 22, 24, 65, 67-68, 69, 76-77, 84, 90, 95, 97, 99-100, 105-8, 111-22, 127-28, 131, 135, 137-39, 141-42, 148, 150, 153-55, 157-59, 161-62, 164-66, 168-73, 175, 182, 184-88, 191, 194, 197-99, 205-8, 210, 215-16, 229, 238, 241, 253n32, 273n86, 274n99, 277nn12-13, 288n111, 289n115, 291n7, 292nn19-20, 293n27, 294n47, 302n115, 303n2

universalism, 10, 15, 17, 84, 99, 230

universal languages. See artificial and universal languages

universitas, 44

Uruai (Uruguay), 41

Ussher, James, Archbishop of Armagh, 125, 134, 282n55, 284n76, 286n89, 287n96

usury laws, repeal, 59

Uyghur. See Chagatay

Uzbek. See Chagatay

V

Valignano, Alessandro, 84, 269n45

Valladolid, Alonzo de, 74

Van der Cun, Peter (Petrus Cunaeus), 130

Van Erpe, Thomas (Erpenius), 122, 124

Van Heemskerck, Jacob, 117

Van Hoorn, Pieter, 173

Van Linschoten, Jan Huygen, 288n108, 294n40

Van Meteren, Emanuel, 273n86

Van Meurs, Jacob, 169, 171, 174

Van Spilbergen, Joris, 117

Varthema, Ludovico di, 75, 78

Vasco da Gama, 47, 75

Vaz Dourado, Fernão, 271n59

Vega, Fernando de, 91

Velho, Bartolomeu, 271n59

Venice, 31-32, 35-37, 40, 44-45, 49, 71, 84, 94-95, 109, 111, 235, 255n9

Verbiest, Ferdinand, 189, 191-92, 206-8, 211, 221, 305nn27-28

Verenigde Oost - Indische Compagnie. See East

India Company, Dutch

Vermigli, Pietro Martire (Peter Martyr Vermigli), 3

Verrazano, Giovanni, 50

Verrazano, Girolamo, 50

Vespucci, Amerigo, 53

Vietnam (Cochinchina/ Cauchinchina), 50, 73-74, 81, 85, 97, 101, 135, 143, 162, 188, 198

See also specifi c places

Vijayanagara Empire, 47, 48, 179

Vile, Thomas (London Mercury newspaper), 201

Villiers, George, Duke of Buckingham, 121, 124

Vincent, Nathaniel, 201-11, 216-18, 220, 226, 228-30, 306n37

Viranna, Kasi, 299n90

Virgil, 168, 217

Virginia, and Virginia Company, 7-8, 46, 70, 96, 99, 113-15, 121-24, 158, 163, 172, 181, 199, 279n30, 304n10
Slave Code (1661), 172

Visayan language, 87

VOC. See East India Company, Dutch

Voltaire, 218

Vossius, Isaac, 218, 220, 306n32, 308n52

W

Wallis, John, 308n55

Walsingham, Frances, Countess of Essex, 75

Walsingham, Francis, 64, 75, 84

[333] Walton, Brian, 128, 131, 284n76, 286nn88-89, 294n41

Wanchese of Roanoke, 68, 96

Wang Dayuan, 52, 291n132

Wang Yangming, 92, 94, 268n35

Wanli Changsha (Paracels), 20-21, 51-52

Wanli Emperor, Ming dynasty, 175, 189, 286n89

Wanli Shitang (Paracels/ Spratleys?), 20-21, 51-52

Wanyong zhengzong. See Yu Xiangdou

Wapping, London, 68, 69

wayang, 14

Webb, John, 168-70, 178, 219-20, 294nn40-41

Weber, Max, 240-41

Welwood, William, 277n11

West End, London, 67-68, 69

Whelock, Abraham, 124

Whig party (First Whigs), 201, 225, 240

Whig theory of history, 8, 237-38

Whitchurch, Edward, 3

White, George, 210, 232, 310n67, 312n97

White, Hayden, 10

White, Robert, 202-3

White, Samuel "Siamese," 210, 214-15, 222, 306n33

Whitechapel, London, 69

Whitefriars, London, 19, 107, 134

Whitehall, 49

Whorf, Benjamin, 196

Wilkins, John, 128, 166-69, 181, 219, 221, 284n75, 294n40, 309n56

Willes, Richard, 49, 76-81, 102, 267n27

William III of England (William of Or-

ange), 26, 171, 310n70

Williamson, Oliver, 43, 258n40

Willoughby, Hugh, 33, 35, 39

Willoughby, Robert, 53

Wills, John, 12, 252n28

Windham, Thomas, 56

Witsen, Nicolaas, 208, 209, 306nn30&32

Wittgenstein, Ludwig, 255n6

wokou pirates, 49, 61-62, 80-81, 263n95

Wolfe, John, 73-74, 266n18

Wolsey, Thomas, Cardinal, 260n64

Wood, Benjamin, 274n96, 275n105

Woolwich Dockyard (1512), 34

Worde, Wynkyn de, 255n3

worldliness, 42

Wren, Christopher, 153, 168

Wright, Edward, 19, 24, 96-97, 98, 99, 108, 113, 274nn93-95

Wu Weizi, 148

Wyclif, John, 40

X

Xavier, Francis, 36

xiangyue (乡约 village covenants), 92

xinmin (新民 renewed people), 92

xixue (西学 Western learning), 189

Xu Guangxi, 148